정보관리기술사 & 컴퓨터시스템응용기술사

Information Management
Computer System Application

vol.6 알고리즘

권영식 지음

BM 성안당
www.cyber.co.kr

■ 도서 A/S 안내

성안당에서 발행하는 모든 도서는 저자와 출판사, 그리고 독자가 함께 만들어 나갑니다.

좋은 책을 펴내기 위해 많은 노력을 기울이고 있습니다. 혹시라도 내용상의 오류나 오탈자 등이 발견되면 "좋은 책은 나라의 보배"로서 우리 모두가 함께 만들어 간다는 마음으로 연락주시기 바랍니다. 수정 보완하여 더 나은 책이 되도록 최선을 다하겠습니다.

성안당은 늘 독자 여러분들의 소중한 의견을 기다리고 있습니다. 좋은 의견을 보내주시는 분께는 성안당 쇼핑몰의 포인트(3,000포인트)를 적립해 드립니다.

잘못 만들어진 책이나 부록 등이 파손된 경우에는 교환해 드립니다.

저자 e-mail : simon_kwon@naver.com (권영식)

본서 기획자 e-mail : coh@cyber.co.kr(최옥현)

홈페이지 : http://www.cyber.co.kr 전화 : 031) 950-6300

머리말

필자는 기업에 입사 후 학습량이 절대적으로 부족한 상태에서 여러 번 응시한 적이 있었고, 그때마다 답안 작성을 위해 참고할 만한 서적이 있었으면 하는 생각이 간절했었습니다. 1.6mm 볼펜으로 400분 동안 자신이 알고 있는 내용을 요약해서 해당 교시 별로 14 페이지에 논리적으로 기술하기란 쉬운 일이 아닙니다. 심지어 알고 있는 내용일지라도 답안에 기술하기란 또한 쉽지 않습니다.

이 책은 이런 어려움을 극복하기 위한 차원에서 학원 수강을 통해 습득한 내용과 멘토링을 진행하면서 스스로 학습한 내용을 바탕으로 답안 형태로 작성하였고, IT분야 기술사인 정보관리기술사와 컴퓨터시스템응용기술사 자격을 취득하기 위해 학습하고 있거나 학습하고자 하는 분들을 위해 만들었습니다.

기술이란 과거 기술의 연장선으로 성능을 향상하였거나 보안요소 그리고 저전력, 사용자 편의성을 지향하는 방향으로 발전되고 있습니다. 해당 기술은 어떤 필요성에 의해 탄생이 되었을까? 그리고 어떤 기술 요소를 가지고 있고 다른 기술과의 관계는 어떻게 형성이 되는지? 그리고 향후에는 어떻게 발전될 것이며, 현업(실무자 차원)에서 경험한 문제와 해결 방법 등을 답안에 기술해야 고득점을 획득할 수 있습니다.

답안은 외워서 작성하는 것 보다 실무 경험에서 쌓은 노하우를 논리적으로 기술하는 방법이 제일 좋습니다. 특히 IT 분야는 매우 다양하기 때문에 현업을 수행하면서 주위의 동료나 다른 부서의 팀원과의 교류를 통해 간접적인 경험을 축적해 보는 것이 학습에 많은 도움이 되며, 직접 경험하지 못한 분야에 대해서는 간접적인 경험을 통해 습득하는 것도 좋은 방법입니다.

알고리즘 학습 방법의 예를 들자면 아래와 같이 전반적인 내용을 미리 숙지해 두는 것이 좋습니다. 예를 들어 알고리즘(Algorithm)의 전반적인 구성을 보면 아래와 같습니다.

파트	분류	내용
1	자료구조(Data Structure)와 알고리즘	– 자료구조의 형태, 구성 단위 – 알고리즘의 정의 · 분석, Big-Oh(O) 표기법 – 시간 복잡도와 공간 복잡도 – 반복문, 연산수, 매개변수 전달 방법 – Call-by-value, Call-by-reference, Call-by-name

파트	분류	내용
2	재귀함수 (Recursion Function)	- 재귀호출 알고리즘의 수행 동작 - 피보나치 수열(Fibonacci Sequence) - 하노이 타워(The Tower of Hanoi)
3	배열(Array)과 연결 리스트(Linked List)	- 배열의 장단점과 메모리 할당 방법 - 배열과 연결 리스트(Linked List)의 차이점 - Linked List 삽입과 삭제 동작 - 이중(Double Linked List) 삽입과 삭제 동작
4	스택(Stack)과 큐(Queue)	- Stack의 용어와 연산, Stack 삽입과 삭제 - Stack의 Overflow 방지 방법 - Queue의 삽입과 삭제 - 원형 큐(Circular Queue) Empty, Full 상태 - 데크(Deque: Enqueue, Dequeue) - 우선 순위 큐(Priority Queue)
5	정렬(Sorting)	- 버블 정렬(Bubble Sort) - 선택 정렬(Selection Sort) - 삽입 정렬 (Insertion Sort) - 병합 정렬(Merge Sort) - 기수 정렬(Radix Sort) - 2-원 합병 정렬 (2-way Merge Sort) - 쉘 정렬(Shell Sort) - 퀵 정렬(Quick Sort) - 힙 정렬(Heap Sort), Heap 구조로 재정렬 - 외부정렬(External Sort) - 균형병합정렬(Balanced Merge Sort) - Sort 알고리즘의 성능 비교와 특징
6	탐색(Search)	- 순차 검색(Sequential Search) - 이진 검색(Binary Search) - 보간 검색(Interpolation Search) - 블록 검색(Block Search) - 피보나치 검색(Fibonacci Search) - 이진 검색 트리(Binary Search Tree) - 해싱 검색(Hashing Search) - Hashing(해싱) 충돌과 해결방법 - 검색 알고리즘(Search Algorithm) 성능 및 특징
7	산술식 표현과 트리(Tree)	- 우선순위 연산자를 고려한 산술식 계산 - Tree의 용어 - 이진트리(Binary Tree)의 유형 및 삽입, 삭제 - 스레드 이진 트리(Thread Binary Tree) - 전위 운행, 중위 운행, 후위 운행, 레벨 운행 - Thread Binary Tree의 메모리 저장 - AVL Tree 구성 및 균형(LL, LR, RL, RR 회전) - 2-3 Tree, 2-3-4 Tree 삽입, 삭제 방법 - Red Black Tree - m-원 탐색 Tree - B-Tree, B*-Tree, B+-Tree, T-Tree 삽입 삭제

파트	분류	내용
8	그래프(Graph)	– Graph의 용어 및 종류 – 인접 행렬과 인접 List 표현법 – 깊이 우선 검색(DFS: Depth – First Search) – 넓이 우선 검색(BFS: Breadth – First Search) – 최소신장 트리(Minimal Spanning Tree) 알고리즘 – Prim's / Kruskal's / Sollin's 알고리즘
9	기타 알고리즘	– Flow Chart 작성 : DMA(Direct Memory Access) 동작, Buffer 크기 – Dekker 알고리즘, Peterson 알고리즘 – Process 병행시의 인터리빙(Interleaving) – Two phase Locking – 직렬 불가능(Non–serialization) → 직렬가능 방법 – 기계학습 및 Agent
10	알고리즘 Source Code (부록)	– 1파트: Binary 변환, Callbyname, Callbyreference, Callbyvalue – 2파트: FactorialN, FibonacciCode, FibonacciSequence, TheTowerOfHanoi – 3파트: LinkedListOrderedInsertDeletePrint – 4파트: QueueInsertDelete, stackPushPop – 5파트: Bubble_Flag, Bubble_noFlag, InsertSort, QuickSort, SelectionSort – 6파트: BinarySearch, SequentialSearch – 7파트: Tree 순회(Traversal)

위와 같은 형태로 Domain별 세부내용과 전체 구성을 미리 파악하면 학습에 많은 도움이 됩니다.

본 교재는 발전 동향, 배경 그리고 유사 기술과의 비교, 다양한 도식화 등 25년 간의 실무 개발자 경험을 토대로 작성한 내용으로 풍부한 경험적인 요소가 내재되어 있는 장점이 있습니다. 다시 한번 더 학습자 여러분의 답안 작성 방법에 많은 도움이 되었으면 하는 바람입니다.

교재 구입 후 추가로 궁금한 내용이나 문의 사항에 대해서는 운영중인 카페 http://cafe.naver.com/96starpe에 질문 답변을 통해 언제든지 성심성의껏 답변드릴 것을 약속 드리오며, 본 교재의 내용도 지속적으로 보완하여 학습자에게 도움을 드리고자 합니다.

총 8권의 책자가 집필되는 동안 옆에서 묵묵히 내조해 준 사랑하는 아내와 딸 지혜, 아들 대호에게 고맙고, 출판을 위해 여러모로 도움을 주신 성안당 관계자 분들께 감사드립니다.

저자 권영식

차 례

PART 1 자료구조(Data Structure)와 알고리즘(Algorithm)

PART 2 재귀함수(Recursion Function)


```
# include <stdio.h>
int Factorial (int n);
int main(void)
{
  Factorial(3);      // 3에 대한 Factorial 수행
  return 1;
}
int Factorial(int n)
{
  if (n==1)
    return 1;
  else
    return n * Factorial(n-1);
}
```



```
#include < stdio.h >
int  Fibo(int n);

int main(void) {
  int i;
  for(i=1;i<15;i++)
    printf("%d", Fibo(i)); // 결과보기
  return 0;
}
int  Fibo(int n) {
  if(n==1) return 0;
  else if (n==2) return 1;
  else return Fibo(n-1) + Fibo(n-2);
}
```



```
#include < stdio.h >
int  Fibo(int n);
int main(void) {
  Fibo(6);
  return 0;
}
int  Fibo(int n) {
  printf("n 실행순서: %d ₩n",n);
  if(n==1) return 0;
  else if (n==2) return 1;
  else return Fibo(n-1) + Fibo(n-2);
}
```

PART 3 배열(Array)과 연결 리스트(Linked List)

PART 4 스택(Stack)과 큐(Queue)

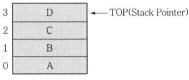

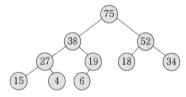

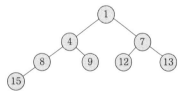

PART 6 탐색(Search)

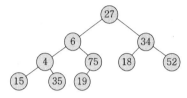

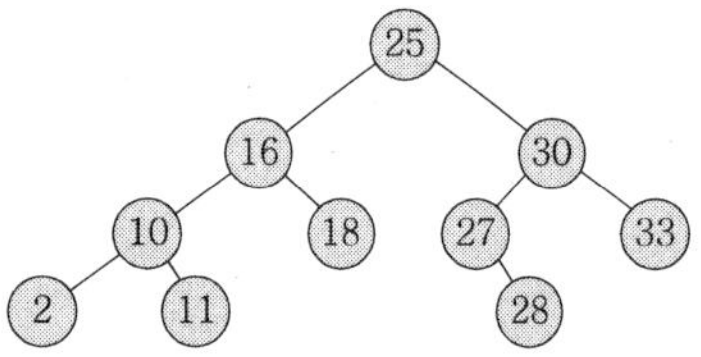

EDCDIC Code Table			
1	A	J	–
2	B	K	S
3	C	L	T
4	D	M	U
5	E	N	V
6	F	O	W
7	G	P	X
8	H	Q	Y
9	I	R	Z

PART 7 산술식 표현과 트리(Tree)

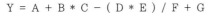

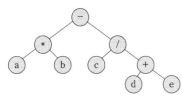

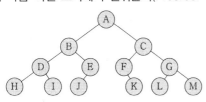

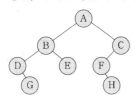

※ Node 구조

LeftTag	LChild	DATA	RChild	RightTag

각각 한 Byte로 총 5Bytes로 구성

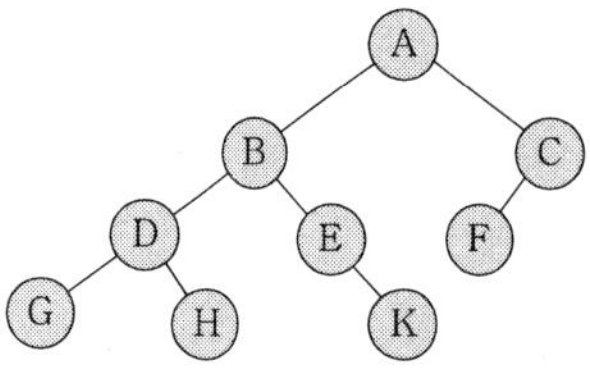

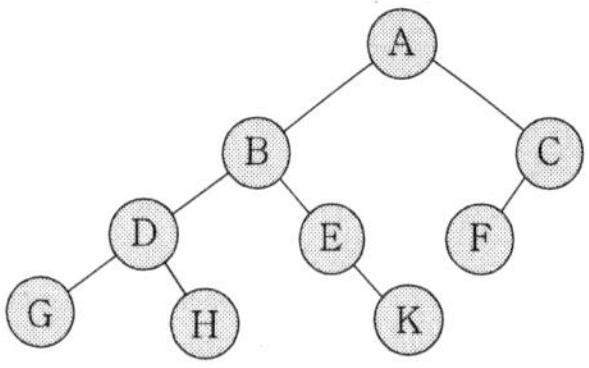

※ Node 구조

Left Child	Data	Right Child

각각 1Bytes로 총 3Bytes라고 가정한다.

※ Binary Tree

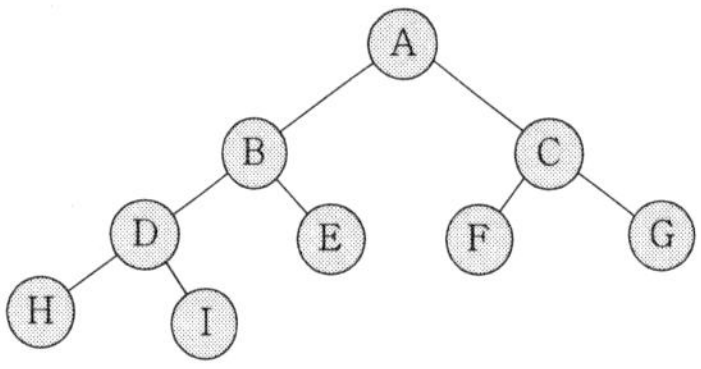

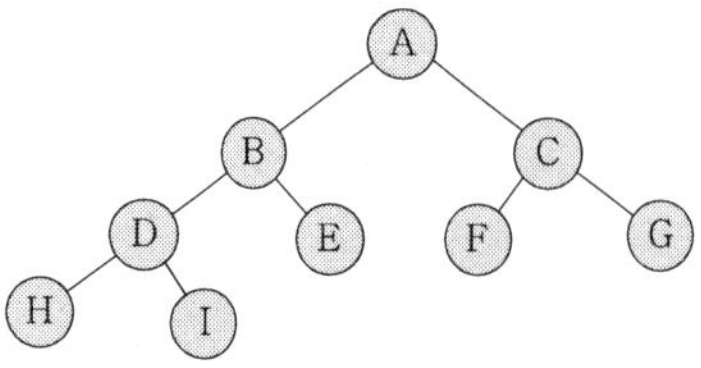

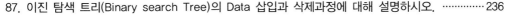

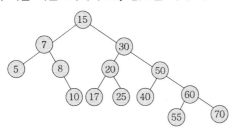

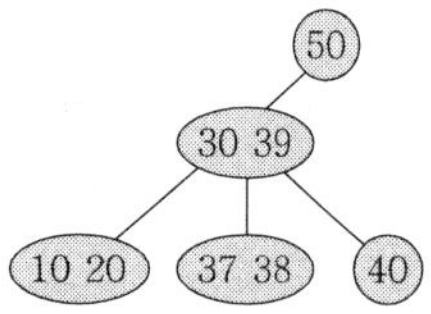
50
30 39
10 20
37 38
40

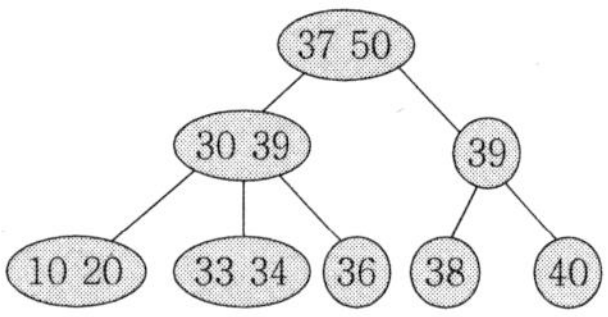
37 50
30 39
39
10 20
33 34
36
38
40

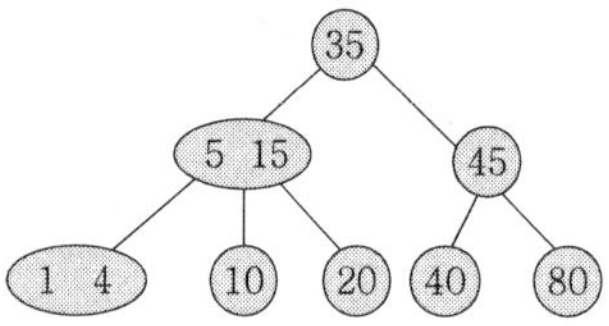
35
5 15
45
1 4
10
20
40
80

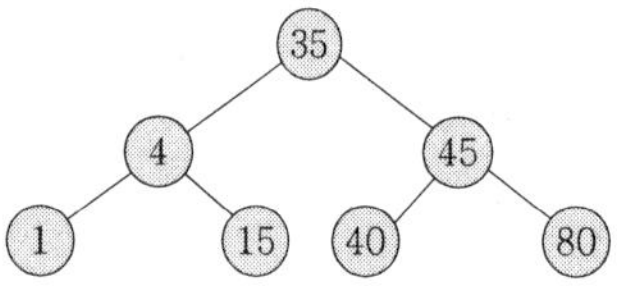
35
4
45
1
15
40
80

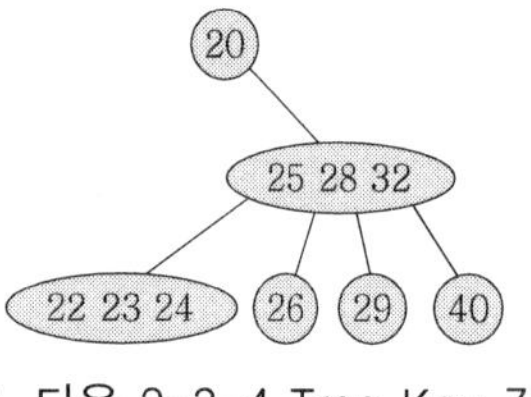
20
25 28 32
22 23 24
26
29
40

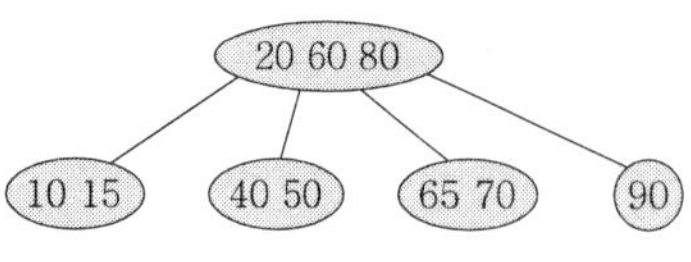
20 60 80
10 15
40 50
65 70
90

PART 8 그래프(Graph)

2) 인접 행렬을 표현하시오.

3) 인접 리스트를 표현하시오.

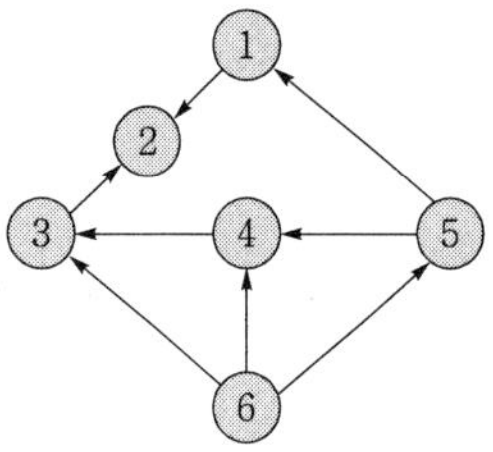

118. 아래 그래프(Graph)에서 깊이 우선 검색(DFS: Depth – First Search)으로 운행 (Traversal)시 방문 순서와 stack의 동작과정을 기술하시오. ······ 312

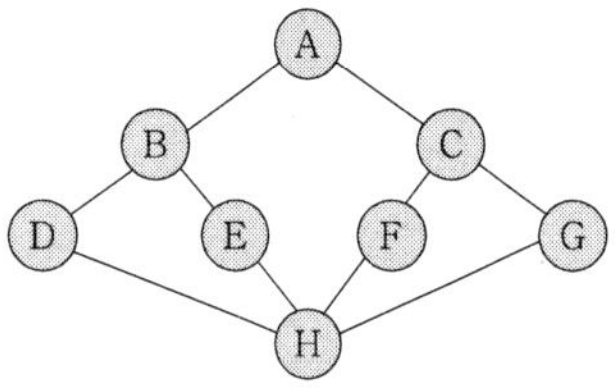

119. 아래 그래프(Graph)에서 넓이 우선 검색(BFS: Breadth – First Search)으로 운행 (Traversal)시 방문 순서와 Queue의 동작 과정을 기술하시오(비방향성 Graph). ······ 315

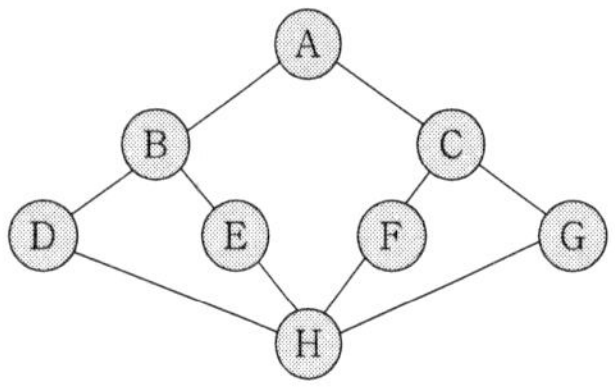

120. 다음 그래프(Graph)를 이용하여 최적 경로를 찾는데 이용되는 최소 신장 트리(Minimal Spanning Tree)알고리즘에 대하여 설명하시오. ······ 318

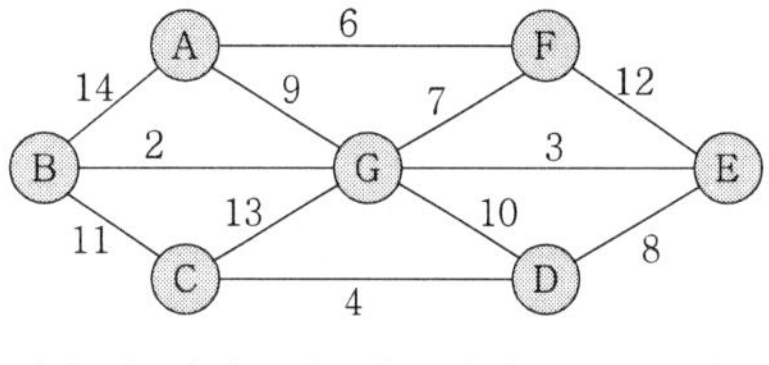

121. 다음과 같이 7개 신도시의 도로 공사를 최소의 비용으로 설계할 때, 다음 물음에 답하시오. 단, 노드는 도시 이름을 나타내고 간선은 공사 비용이다. ······ 321

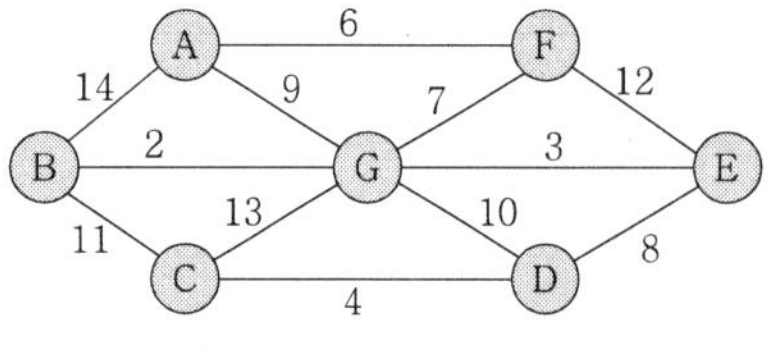

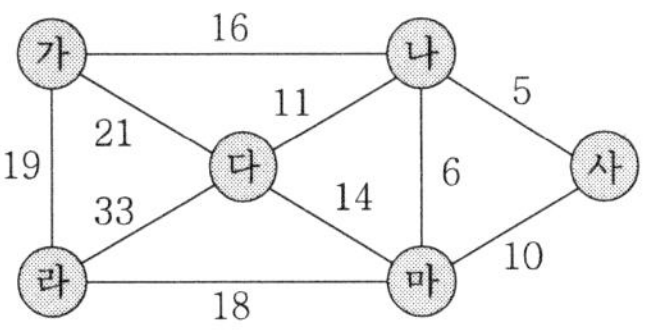
가
나
다
라
마
사
16
11
5
21
19
6
14
33
10
18

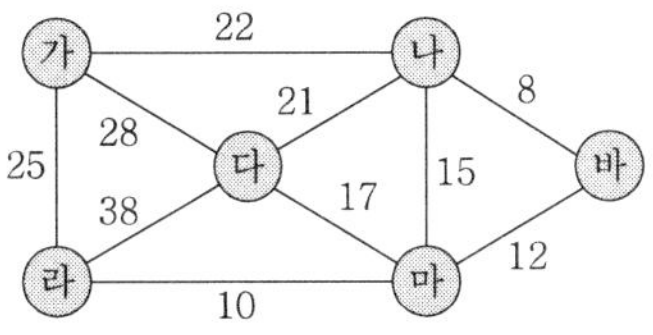
가
나
다
라
마
바
22
21
8
28
25
15
17
38
12
10

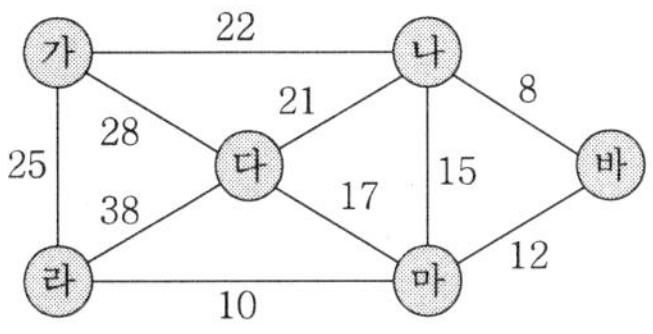
가
나
다
라
마
바
22
21
8
28
25
15
17
38
12
10

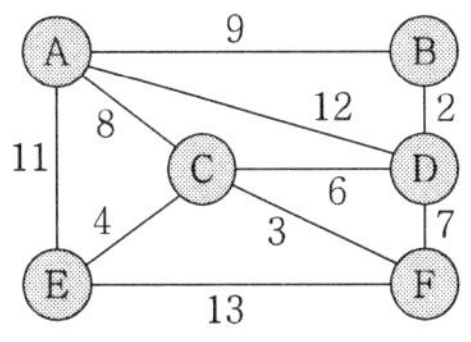
A
B
C
D
E
F
9
12
2
8
11
6
4
3
7
13

PART 9 기타 알고리즘

T1	T2
R(A) A=A+100 W(A)	
	R(A) A=A * 2 W(A) R(B) B=B * 2 W(B)
R(B) B=B+100 W(B)	

PART 10 부록. 알고리즘 Source Code

※ Visual Studio 환경에서 정상적으로 실행된 Source Code입니다.

PART 1

자료구조와 알고리즘 (Data Structure & Algorithm)

자료구조(Data Structure)란 무엇인가? 자료구조의 형태, 구성 단위, 알고리즘의 정의, 분석, Big-Oh(O) 표기법, 시간 복잡도와 공간 복잡도, 10진수와 2진수의 변환 방법, 음수 표현, 반복문, 연산수, 매개변수 전달 방법, Call-by-value, Call-by-reference, Call-by-name에 대한 내용을 학습하는 Part입니다.

[관련 토픽 - 13개]

문 1) 자료구조(Data structure)에 대해 설명하시오.

답)

1 Computer system의 효율적 활용, 자료구조의 개요.

가. 자료구조(Data structure)의 정의(Definition)

- Computer 기억 장치내에 Data(자료)를 어떻게 표현할지, 표현된 자료를 효율적으로 저장하는지, 자료들간의 관계는 어떠한지를 파악하여 여러 작업을 수행하기 위한 알고리즘을 연구하는 이론

나. Data structure가 필요한 이유

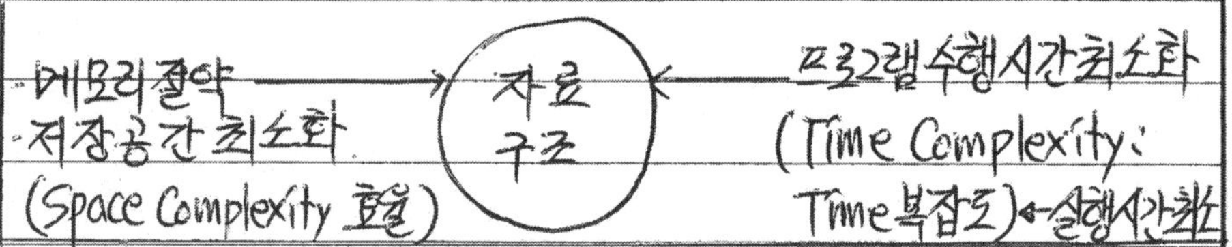

2. 자료구조(Data structure)의 분류 – MECE 원칙 적용

분류	자료간관계	종류	설명
단순구조	자료자체	숫자표현	정수, 실수, 문자, 문자열(String)
선형구조 (Linear Data Structure)	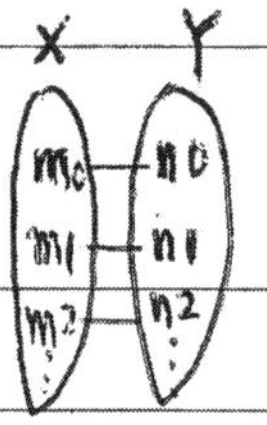 자료간 1:1 대응관계	리스트 (List)	자료의 논리적인 순서와 기억장소에 저장되는 물리적 순서가 일치하는 구조
		연결 리스트 (Linked List)	물리적인 순서에 상관없이 포인터를 사용하여 논리적인 순서를 갖는 구조
		스택(Stack), 큐(Queue)	자료의 삽입, 삭제 연산시 삽입, 삭제위치에 대해 제한 조건을 갖는 구조
비선형 구조	 1:다 관계	트리(Tree)	자료항목이 Node를 가지는 Tree구조
		그래프(Graph)	그물망 같은 구조

MECE(Mutually Exclusively, Collectively Exhaustive)
– 서로 배타적이면서 전체를 포괄해야 한다는 의미

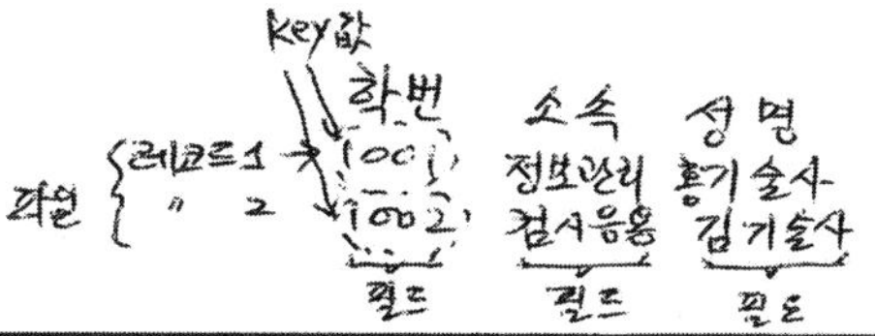

파일구조 (보조기억장치-(HDD, ODD, SSD)에 기록되는 구조)	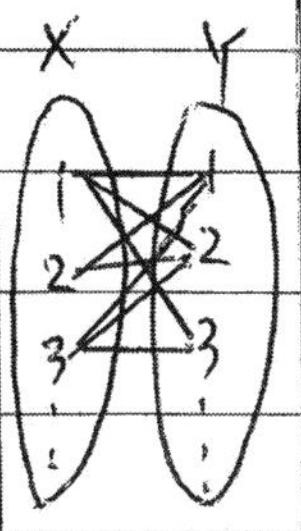 자료항목간 다:다 대응관계	순차 파일	Record들이 하나 또는 그 이상의 키 필드값에 따라 차례로 연속되게 저장
		색인 파일 (Index)	각 레코드에 포함되어 있는 key(키)값에 따라서 논리적 순서에 의해 나열된 것(연속&색인통해 직접접근)
		직접 파일	해싱하는 데이터 레코드를 직접 Access하는 파일

3. 자료구조(Data structure)를 사용하는 목적

목적	설명
효율성	효율적인 알고리즘이 될수 있도록 자료를 구조화
추상화	크고 복잡한 문제를 해결하는데 있어, 핵심적인 개념이나 중요한 특징만을 간추려내고 단순화 시키는 작업
재사용성	기능별로 모듈화를 통해 재사용이 가능 ← 생산성 극대화

"끝"

문 2) 자료구조(Data Structure)의 형태, 구성, 단위에 대해 설명하시오.

답)

1. Computer상에 표현하는 기술, 자료구조의 개요.

가. Quick Search, 효율적 저장, 자료구조의 정의.

- 실생활의 다양한 형태의 정보(Information)들을 Computer상에서 활용하기 위해 컴퓨터상에 표현하는 방법

나. 일상생활에서 자료구조와 관련된 예

일상생활 예	자료구조	설명
물건을 쌓아두는것	Stack(스택)	F.I.L.O (First In Last out)
영화관 매표소의 줄	Queue(큐)	FIFO
Action Item	List	project수행시 Activity
영어 사전	Search 구조	탐색(Index;-"A"문자)
지도	Graph	G=(V, E)
조직도	트리	상하관계, 구성도

2. 자료구조의 구성및 형태.

가. 자료구조의 구성 → 자료와 정보로 구성됨

자료구조	세상에서 관찰이나 측정을 통하여 얻어지는 사실이나 값
정보	문제를 해결하는데 필요한 사실.
자료구조	자료의 표현및 자료를 저장하기 위한 논리적인 구조와 그것과 관련된 연산.

나. 자료구조의 형태.

G=(V, E) ⇒ Vertex(정점), Edge(간선)

↓

Graph

자료구조형태	종류
단순구조	정수(Integer), 실수(Real), 문자(char.), 문자열
선형구조	Array(배열), Linked List(단순 연결 리스트)
(Linear List)	Circular Linked List(환형), Doubly Linked List
	Stack(스택), Queue(큐), Dequeue(데큐)
비선형구조	Tree(트리), Graph(그래프)
파일구조	순차파일, 색인(Index)파일, 직접파일
자료구조 취급내용	Search(검색, 탐색), Sorting(정렬)

3. 자료구조의 단위

Bit	Ø과 1로 정보 표현, 정보의 최소 단위
Byte	8개 Bit, 문자를 표현하기 위한 최소 단위.
Word	Byte의 모임, Word(2byte), Full word(4B), Double(8B)
Field	자료처리의 최소단위, DB에서 Attribute와 상응
Record	하나이상의 Field 모임, 논리적처리기본단위, 보조기억장치의 입출력 단위, 물리적으로는 Block에 해당, DB=Tuple
File	Record의 모임. 순차/색인/직접파일구조.
Database	File의 집합, DB는 Data 모델에 따라 계층, 망, 관계형구조

"끝"

문 3) 알고리즘(Algorithm)의 정의, 조건, 접근방법, 분석 방법에 대해 설명하시오.

답)

1. 어떠한 문제를 해결하기 위한 절차, Algorithm의 개요.

가. 복잡성 제거, 단순화 과정 알고리즘(Algorithm)의 정의

- 주어진 문제를 해결하기 위한 방법을 추상화하여 일련의 단계적 절차를 논리적으로 기술해 놓은 명세서.

나. Algorithm의 조건

특징	설명
입력(Input)	외부에서 제공되는 입력 자료가 1개 이상
출력(output)	적어도 1개 이상의 결과가 생성되어야 됨
명확성(Definiteness)	각 명령어는 의미가 모호하지 않고 명확해야 함.
유한성 (finiteness)	알고리즘의 명령어 대로 수행 했을 경우, 유한 번의 수행후 종료되어야 함.(무한 동작하면 안됨)
유효성 (Effectiveness)	모든 명령은 실행 가능한 연산일것. ex) Ø으로 나누는 연산등 실행할수 없는 연산은 안됨

2. Algorithm의 접근 방법

- 문제가 주어 졌을때 문제의 목적과 성격을 파악하여 접근

분류(접근방법)	설명	예제
무작위 알고리즘	-Randomized 알고리즘: 난수(Random Number)를 발생시켜 진행과정을 결정하는 방법, ex) 동전 던지기	암호학, Quick 정렬, 양자컴퓨터의 알고리즘

분할 정복 알고리즘 (Divide&Conquer)	- 작은문제로 분할하여 문제 해결 - 분할 → 정복 → 결합(Combine)순	- 합병정렬, 고속 푸리에 변환문제
동적 프로그래밍 (Dynamic Programming)	분할 정복 기법과 같이 부분문제의 해를 결합해 최적화 문제를 해결	- Matrix 곱셈 - Matrix-chain 계산
탐욕 알고리즘 (Greedy Algorithm)	- 매순간 가장 좋아보이는 값을 선택. - 지역적 최적 결정 → 전역적 최적해 바람	- 허프만코딩기법 - 배낭문제
근사 알고리즘 (Approximation)	최적의 해를 구하는 대신에 "충분히 좋은", 유사한 값(해)를 구하는 방식	- 외판원 문제 : 한도시 한번 방문

- 근사 알고리즘은 근사 해를 구하기 위해 휴리스틱(heuristic) 사용

3 Algorithm 성능 분석 방법

분석 방법	설 명	
공간복잡도	Space Complexity, 메모리 사용 최소, 시간복잡도가 중요함	
시간복잡도 (Time Complexity)	Worst Case	원하는자료찾지못할경우 - 최악의 입력경우분석
	Best case	최적의 Input 경우에 대한 분석
	Average Case	모든 Input의 경우에 대한분석 (어려움)
성능표기법	Big-O 표기	$T(n)=5n^3+3n=O(n^3)$, 상위 한계표시
	Big-Omega(Ω)	하위 한계를 계수 범위 내에서 표현(표시)
	Theta(Θ)	상위와 하위 한계를 표현(표시)

- Big-O(oh), o : small-oh, ω : small-omega도 있음.
- 직관적으로 생각할때 Θ는 =와 유사, O는 <=, Ω >=, o는 <와 ω는 >과 유사함.

"끝"

문4) 알고리즘 실행시간을 추정하는데 사용되는 Big-oh(O) 표기법에 대해 설명하시오.

답)

1. 시간 복잡도(Time Complexity) 사용, Big-oh(O)의 개요.

가. 알고리즘의 실행시간 추정, Big-oh의 정의

- 알고리즘을 실제로 실행시키지 않고 실행시간을 추정해보기 위해 시간복잡도를 사용하여 실행시간을 추정하는 점근적 표기법.

나. Big-oh(O)의 수학적 정의

- f와 g를 각각 양의 정수를 갖는 함수일때 어떤 두양의 상수 a와 b가 존재, 모든 $n \geq b$에 대해 $f(n) \leq a \cdot g(n)$ 이면 $f(n) = O(g(n))$ ← 함수 $f(n)$의 시간복잡도가 $O(n)$이라는 뜻

2. Big-oh(O)의 표기법과 연산시간의 크기 순서

가. Big-oh(O)의 표기법

표기	의미 설명
$O(1)$	상수시간(Constant time)
$O(\log n)$	로그 시간(logarithmic time)
$O(n)$	선형시간(Linear time)
$O(n\log n)$	n로그시간(nlogn time)
$O(n^2)$	평방시간(Quadratic time)
$O(n^3)$	입방시간(Cubic time)
$O(2^n)$	지수시간(Exponential time)
$O(n!)$	계승시간(Factorial time)

점근(漸近): 먼저 어떤 근사값을 구하여 이용하여 더 가까운 근사값을 찾아 점차 정확도를 높여가는 방법.

4. Big-Oh(O) 연산 시간의 순서

$O(1) < O(\log n) < O(n) < O(n\log n) < O(n^2) < O(n^3) < O(2^n) < O(n!)$

- 함수 f(n)에 대한 연산 함수값과 그래프

연산 함수값

f(n) \ n	1	2	4	8
logn	0	1	2	3
n	1	2	4	8
nlogn	0	2	8	24
n^2	1	4	16	64
n^3	1	8	64	512
2^n	2	4	16	256
n!	1	2	24	40320

그래프

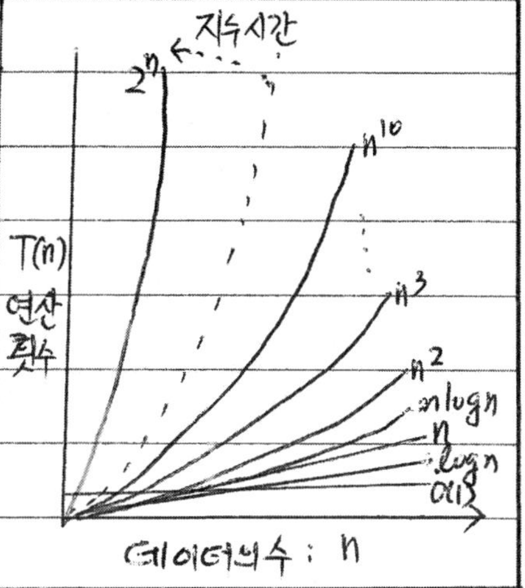

3. 알고리즘 실행 시간(성능분석) 분석시의 고려할점

- Platform에 따라 결과의 차이, 실행 환경에 따른 차이 발생
- Worst/Best/Average Case에 따른 분석 필요.

"끝"

Space Complexity에 대해 설명하시오.

문 5) 알고리즘의 평가방법인 Time Complexity (복잡도)와

답)

1. Algorithm 성능평가의 정의 및 성능평가의 유형

가. (Algorithm 성능평가의 정의) - 알고리즘 수행시 필요로 하는 시간 및 공간에 대한 자료를 기준으로 알고리즘 성능을 판단하는 과정(process)

나. 알고리즘 성능 평가 유형

구분	유형	설명
성능 분석	알고리즘 복잡도분석	- 시간복잡도: 수행 시간분석 - 공간복잡도분석: 수행시필요로하는 메모리공간분석
성능 측정	수행 시간측정	- 알고리즘의 실제 수행시간을 측정 하는것 - 알고리즘의 구현물(Code)과 동일 H/W 사용

2. Time Complexity 개념과 분석 방법.

가. (Time Complexity (복잡도)의 정의) - 알고리즘 수행에 필요한 시간의 양을 활용하는 방법, 알고리즘이 수행하는 연산의 개수로 측정

나. Time 복잡도 분석 방법.

중요 ☆ (2)

알고리즘 A	알고리즘 B	알고리즘 C

sum = n*n	for(i=1;i<=n;i++)
	sum = sum + n;
		for(i=1;i<=n;i++)
		for(i=1;i<=n;i++)
		sum = sum + 1;

대입연산(=) : 1 곱셈연산(*) : 1	대입연산 : n 덧셈연산 : n	대입연산 : n*n 덧셈연산 : n*n
전체 연산수 : 2	전체 연산수 : 2n	전체 연산수 : $2n^2$

3. Space Complexity (복잡도) 개념과 분석 방법

가. (Space Complexity 정의) - 알고리즘 수행에 필요한 공간 (Memory)의 양을 활용한 방법.

고정 영역	- 알고리즘 수행시 Data 크기와 관계 없이 일정하게 필요한 공간
가변 영역	- Data 개수에 따라 변하는 가변적 공간, ex) list[i]

나. Space Complexity의 실제 분석 방법

Code	분석
Float sum(float list[], int n)	- n개의 Data를 더하는
{	프로그램
float tempsum = 0;	- 필요 Data 공간.
int i;	: n는 가변됨. (필요시)
for(i=0; i<n; i++)	: list[], i, temsum 공간
tempsum += list[i];	- 필요한 공간 계산
return tempsum;	1) 프로그램 사이즈 = 고정
}	2) Data size = n + 3

"끝"

list[], i, tempsum

필요시 가변될수있음

list[i]
← i값에 따라 list 배열의 크기는 변경됨 (가변)

문 6) 10진수 53을 2진수로 변환하고 2진수 110101을 10진수로 변환하는 과정을 기술하시오.

답)

1. 10진수와 2진수의 정의

10진수의 정의	0, 1, 2, ...9까지의 10개 숫자, 이들 10개 숫자를 사용하고 9 다음의 수로 자리올림(carry)을 하여 수를 표시
2진수	0과 1의 숫자만 사용, Computer에서 사용되는 수

2. 10진수 53을 2진수로 변환

2) 53
2) 26 — 나머지수 1
2) 13 — 나머지수 0
2) 6 — 1
2) 3 — 0
1 — 1

결과: 1 1 0 1 0 1 — $53_{10} \rightarrow 110101_2$

3. 2진수 110101을 10진수로 변환

$$110101 = 1\times2^5 + 1\times2^4 + 0\times2^3 + 1\times2^2 + 0\times2^1 + 1\times2^0$$
$$= 32 + 16 + 0 + 4 + 0 + 1$$
$$= 53_{10}$$

결과: $110101_2 \rightarrow 53_{10}$

" 끝.

문 7) 10진수 $\emptyset.6875_{10}$를 2진수로 변환하고 그 결과를 다시 10진수로 기술하시오.

답)

1. $\emptyset.6875_{10}$를 2진수로 변환 과정

1단계	10진수에 2를 곱함
2단계	결과 값이 1보다 작으면 "0", 1보다 크면 "1", 1-2단계 지속

- 결과값이 1보다 클 경우 다음 진행시는 1을 뺌
- 결과값이 $\emptyset$이 될 때까지 1/2 단계 과정 반복

A = $\emptyset$.6875 (↑ 특정값)

0.6875	0.375	0.75	0.5
× 2	× 2	× 2	× 2
1.375	0.75	1.5	1.0
−1		−1	−1
0.375	0.75	0.5	$\emptyset$
$b_{-1}=1$	$b_{-2}=\emptyset$	$b_{-3}=1$	$b_{-4}=1$.

결과: $0.6875_{10} \rightarrow \emptyset.1\emptyset11$

2. 결과값 $\emptyset.1\emptyset11_2$ 2진수값을 10진수로 변환

가. MSB인 b_{n-1}의 좌측에 2진 소숫점이 있는 소수인

$A = b_{n-1} b_{n-2} \cdots b_1 b_\emptyset$를 10진수로 변환하는 방법

$A = b_{n-1} \times 2^{-1} + b_{n-2} \times 2^{-2} + \cdots b_1 \times 2^{-(n-1)} + b_\emptyset \times 2^{-n}$

$A = \emptyset.1\emptyset11 = 1 \times 2^{-1} + \emptyset \times 2^{-2} + 1 \times 2^{-3} + 1 \times 2^{-4}$

$= 0.5 + \emptyset + 0.125 + 0.0625$

$=$ **0.6875_{10} ← 결과값**

"끝"

문 8) 2진수를 음수로 표현하는 방법 3가지 이상 나열하고 설명하시오.

답)

1. 2진수 체계에서 음수표현 방법

- 2진수 체계에서는 '-' 기호를 사용할수 없으며 Ø과 1로 모든수(음수포함)를 표현

2. 2진수 체계에서 음수 표현 방법의 종류및 예제

종류	설명	예제
부호화 크기표현	-MSB: 부호Bit  -나머지: 수의 크기	+9: Ø ØØØ1ØØ1 -9: 1 ØØØ1ØØ1
1의 보수표현	-모든Bit를 반전 -해당 Bit를 모든 Toggle시킴	+9: Ø ØØØ1ØØ1 -9: 1 111Ø11Ø
2의 보수표현	-모든 Bit를 반전후 1을 더함	+9: ØØØØ1ØØ1 -9: 1111Ø11(1) 1더함

3. 음수표현 방법의 비교

구분	부호화크기	1의 보수	2의 보수
장점	가장 간단	간단	복잡
단점	부호와 크기 별도처리 +Ø, -Ø이 존재	+Ø, -Ø이 존재	-Ø 존재 안함

"끝"

문 9) 알고리즘 표현 방법과 반복문인 for, while, do~while 문을 사용하여 1에서 100까지 덧셈 하는 Code 예제와 순서도를 작성하시오.

답)

1. 알고리즘(Algorithm) 표현 방법

종류	내용	특성
자연어 (Natural 언어)	사람이 사용하는 일반적인 언어로 표현	기술 방법에 따른 일관성, 명확성 차이, 표현 부적절
순서도 (Flow chart)	알고리즘(Algorithm)을 그림으로 도식화해서 표현	단계를 직관적 순서로 표현 - 복잡한 알고리즘 표현 비효율
의사 코드 (pseudo Code)	특정 프로그래밍 언어가 아닌 가상의(유사한) 언어로 표현	자연어보다 체계적 기술 가능 - 가상코드, 유사코드, 슈도코드
프로그래밍 언어	C, C++, C#, JAVA와 같은 프로그래밍 언어로 표현	Source Code로 표현 - Compiler로 컴파일

2. 반복문을 사용하여 1부터 100까지 덧셈 방법

가. for문을 사용한 1부터 100까지의 덧셈.

순서도

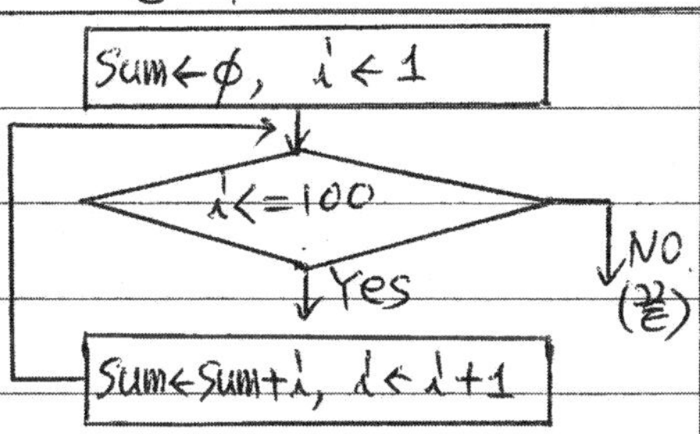

Code 예제

```
sum ← φ;
for(i←1; i<=100; i←i+1)
{   초기값    조건식    증감값
   Sum ← sum+1; //명령문
}
```

나 While문을 사용한 덧셈

순서도	Code 예제

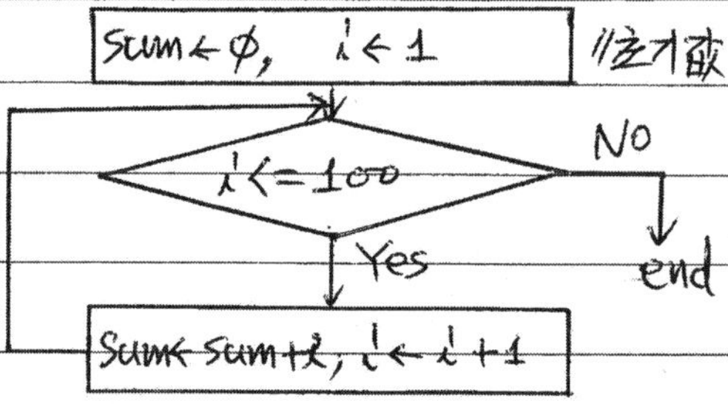	sum ← ∅;
	i ← 1;
	While(i <= 100) {
	sum ← sum+i;
	i ← i+1;
	}

다. do-while문을 사용한 덧셈 (순서도와 Code 예제)

순서도 (Flow chart)	Code 예제

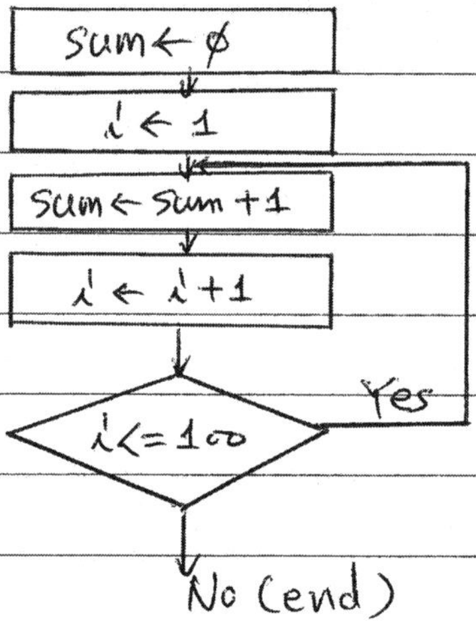	sum ← ∅;
	i ← 1;
	do {
	sum ← sum+i;
	i ← i+1;
	}
	While(i <= 100);

"끝"

문10) 아래 3개 A, B, C 알고리즘 사용시 n에 대한 전체 연산수를 구하시오

알고리즘 A	B	C

Sum n*n;	for i←1 to n do
	sum sum+n;
		for i←1 to n do
		for 1 to n do
		Sum sum+1;

답)

1. Algorithm의 성능 분석 기법.

실제수행 시간측정	-세개의 알고리즘의 실제 시간을 측정 하는것. - 실제로 Code로 구현하는 것이 필요. - 동일한 H/W (동일환경)를 사용 해야함	
알고리즘의 복잡도분석	시간복잡도분석	실행되는 빈도수를 계산
	공간복잡도분석	수행시 필요로 하는 메모리공간분석

2. 주어진 알고리즘들의 전체 연산수 계산

항목	A	B	C
대입연산	1	n	n*n
덧셈	-	n	n*n
곱셈	1	-	-
나눗셈	-	-	-
전체연산수	2	2n	$2n^2$
반복수	없음	for문(반복문)	for문 2번

3. 알고리즘 A, B, C 에서의 연산 횟수에 따른 속도.

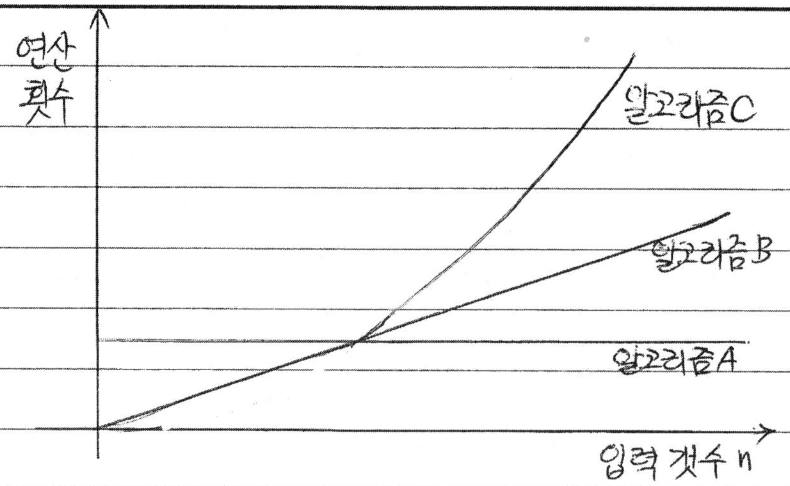

"끝"

문 //) 프로그램 언어에서 함수간 매개변수 전달기법인 Call-by-value, call-by-reference, call-by-name에 대해 실제 Code 예제를 보이시오.

답) ☆(2)

1. program 언어에서 함수간 정보 전달& 참조, 매개변수 개요

가. 매개 변수의 정의

☆ (실)매개변수(Actual parameter) - 함수 호출문의 매개 변수

(형식)매개 변수(Formal 파라미터) - 호출 당하는 함수의 매개 변수

나. 매개변수(parameter)의 전달 방법의 종류

☆

Call by value	실매개 변수의 (값)을 형식 매개 변수에 (복사)
Call by reference	실매개 변수의 (주소)를 형식 매개 변수에 (복사)
Call by name	실매개 변수를 (전역 변수)(Extern 선언) 화하고 형식매개 변수 사용

2. 각 매개 변수전달 기법의 도식과 실제 Code 예제

가. Call-by-value 방식의 도식과 Code 예.

☆(2)

전달 방식	Code 및 설명
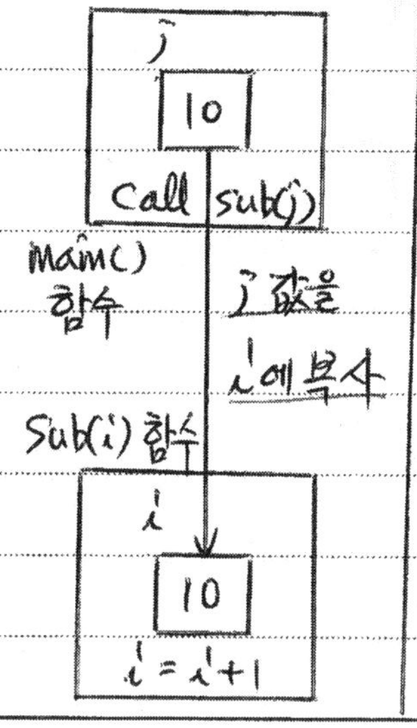	(code below)


```
#include<stdio.h>
int sqrt(int); //함수선언
void main(){
  int result, var; //변수선언
  var = 10;     // 변수초기화
  result=sqrt(var); //실매개변수 var
  printf("%d,%d", result,var);
}                 //출력결과 100, 10
int sqrt(int x){
  x = x*x;
  return(x) //Main함수에 x값을 반환
}
```

4. Call by refrence 방식의 도식과 Code 예

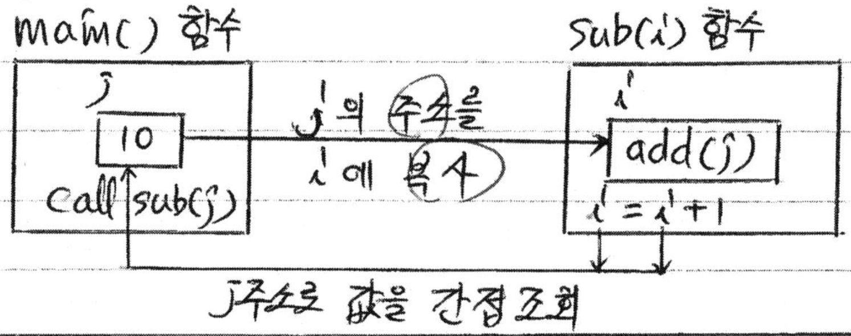


```
#include <stdio.h>
int ifact(int, int*);  // ifact() 함수선언
void main(void)
{
  int n, count;
  scanf("%d", &n);   //실 매개변수는 &count의 주소
  printf("%d\n", ifact(n, &count));
  printf("Value of Parameter: %d", Count);
}
int ifact(int x, int *fac)  //Count의 주소를
                              fac에 복사
{
  int i=1;
  While (i++ < x)
      *fac *= i;   // 실매개 주소 값에 저장 (의 내용)
  return *fac;     // fac 주소값의 내용을 return.
}
```

라. Call-by-name 방식의 도식과 Code 예

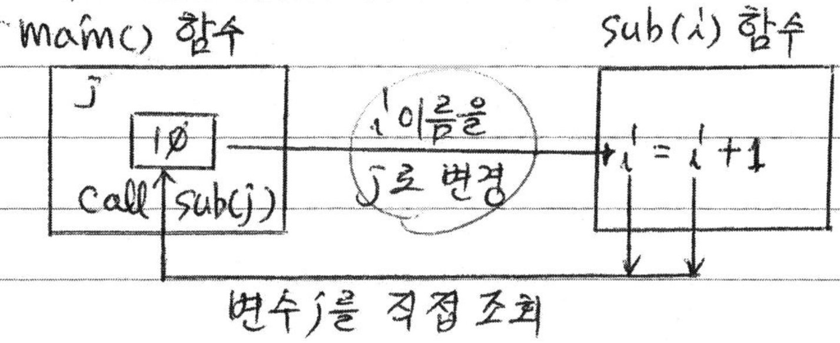

☆ (2)

```
int var;   //전역 변수 선언 ☆☆
void main(void) {
  int result;
  Var = 10;  //var 전역 변수 (External) 사용
  result= sqrt(var); // Call-by-name 호출
}
int sqrt(int x){
  var=var*var;  // 변수 x는 var로 복사됨
  return var;
}
```

3. 각 매개변수 전달 기법의 장 단점 비교

☆

구분	Call by value	Call by reference	Call by name
장점	빠른 참조 시간	느린 참조 시간	참조시간 빠름
단점	기억공간 차지	기억공간낭비 줄임	매개변수전환시간소요

(형식매개변수를 기억장치공간에저장)

"끝"

문 12) C언어를 사용하여 정수를 이진수로 변환하는 프로그램을 작성하시오. 가정: C언어에서 이진수의 출력은 문자열, 이진수는 32bit를 초과하지 않음.

답)

1. 10진 정수를 2진수(Binary 수)로 바꾸는 방법

10진수 8의 경우
1) 8/2 = 0 몫 4
2) 4/2 = 0 몫 2
3) 2/2 = 0 몫 1
4) 1/2 = 1

⇒ 10진수8 ⟶ 이진수 1000.

2. 정수 17을 2진수로 바꾸는 방법

```
2)17
2) 8   1(나머지)
2) 4   0
2) 2   0
   1   0
```

⇒ 10001

3. 정수를 이진수로 변환 (주어진 조건 포함)

```
#include <stdio.h>
void main()
{
    int i,j;
    static char A[32]; //문자열 저장
```

```
sacnf("%d", &i); //정수 입력
printf("%d" = ", i); // 정수 print

for (j=31; j>=0; j--)
{
    A[j] = i%2; //나머지 값을 Array에 저장
    i = i/2;    //몫 재설정
}
                          //핵심 Code.

for (j=0; j<=31; j++)
    printf("%d", A[j]);
printf("\n");        // New Line

}
                          "끝"
```

문 13) 자료구조에서 아래 pointer 자료의 Memory Allocation (할당)를 표현하고 설명하시오(①~⑤)

```
int a, b;    ①
int *ptr;    ②
a=15;        ③
ptr=&a;      ④
b=*ptr;      ⑤
```

a는 100번지를 가르킴

답)

1. 포인터 자료(pointer) 구조의 정의 및 장점

(pointer 자료 구조의 정의)-자료의 값(Value)을 나타내는 것이 아니라 값이 저장되어 있는 기억장소의 주소를 의미

(pointer 사용장점)-동적(Dynamic)인 자료 구조 조작 시 용이, 기존 자료구조에 자료삽입/삭제시 수행 빠름.

2. 주어진 자료에서의 Memory 할당 표현

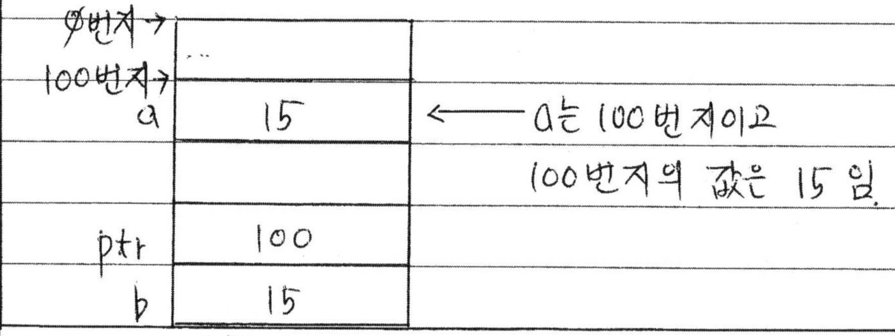

3. Allocation(할당)과정의 설명

단계	설명

①	Integer(정수형) 변수 a, b 선언
②	pointer 변수 ptr을 선언, ptr 변수에는 주소값이 저장되며, 그 주소값이 가리키는 위치에는 Data 존재
③	변수 a에 정수 15를 저장함
④	ptr 변수에 변수 a의 주소값 100이 저장됨
⑤	변수 b에는 ptr에 저장된 100번지가 가리키고 있는 위치의 값 15를 저장

"끝"

PART 2

재귀함수 (Recursion Function)

재귀호출 알고리즘의 수행 동작과 실행 결과, 피보나치 수열(Fibonacci Sequence), 하노이 타워(The Tower of Hanoi)에 대해 학습할 수 있도록 구성하였습니다.

[관련 토픽 - 5개]

문 14) "factorial n"을 구하는 재귀호출 알고리즘을 작성하시오.

답)

★(2)

1. (재귀호출(Recursive Call)의 정의) - 함수 실행중에 함수(function) 자신을 다시 호출(Call)하는 것.

2. "factorial n"을 구하는 재귀 호출 알고리즘 및 실제 Code

Flowchart.	설명

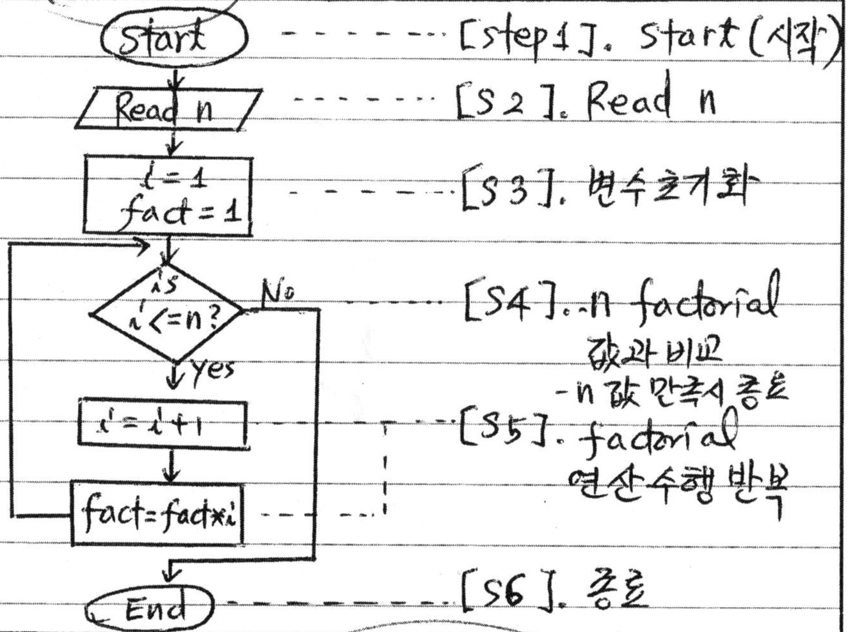

위의 플로우 차트에 따른 실코드 ★(3)

```
#include <stdio.h>
int main(){  ------------[S1]와 동일
    int i, n, fact=1  ----[S2]
    scanf("%d", &n);  ----[S3]
    for(i=1; i<=n; i++)  ---[S4],[S5]
      fact = fact * i;  ....
    return 0;  -----------[S6]
}
```

3. 재귀 함수의 장/단점 및 활용

장점	Code size 간단, 메모리 차지 적음(메모리사용적음)
단점	-큰 stack 영역 사전 확보 필요. -무한호출시 stack overflow 발생.
활용	Sorting(Quick sort)등 수학적, 알고리즘에 사용(활용)

"끝"

문 15) 다음 재귀호출(Recursive Call) Code에 수행 동작을 설명하시오

```
#include <stdio.h>
int Factorial (int n);
int main(void)
{
  Factorial(3);      // 3에 대한 Factorial 수행
  return 1;
}
int Factorial (int n)
{
  if (n==1)
    return 1;
  else
    return n * Factorial(n-1);
}
```

답)

1. 재귀호출(Recursive Call)의 개요

가. 자기자신을 다시 Call 하는 함수, 재귀호출의 정의

- 함수(Function 이나 Subroutine) 실행중에 함수내에서 자기자신을 다시 호출하는 함수.

나. Recursive Call의 예제

```
void Recursive(void)
{
  if(n==0) return 1;
  if(n==1) return 1;
  else
     Recursive();
}
```

재진입, 자기자신을 다시 Call.

2. Factorial(3)에 대한 실행과정

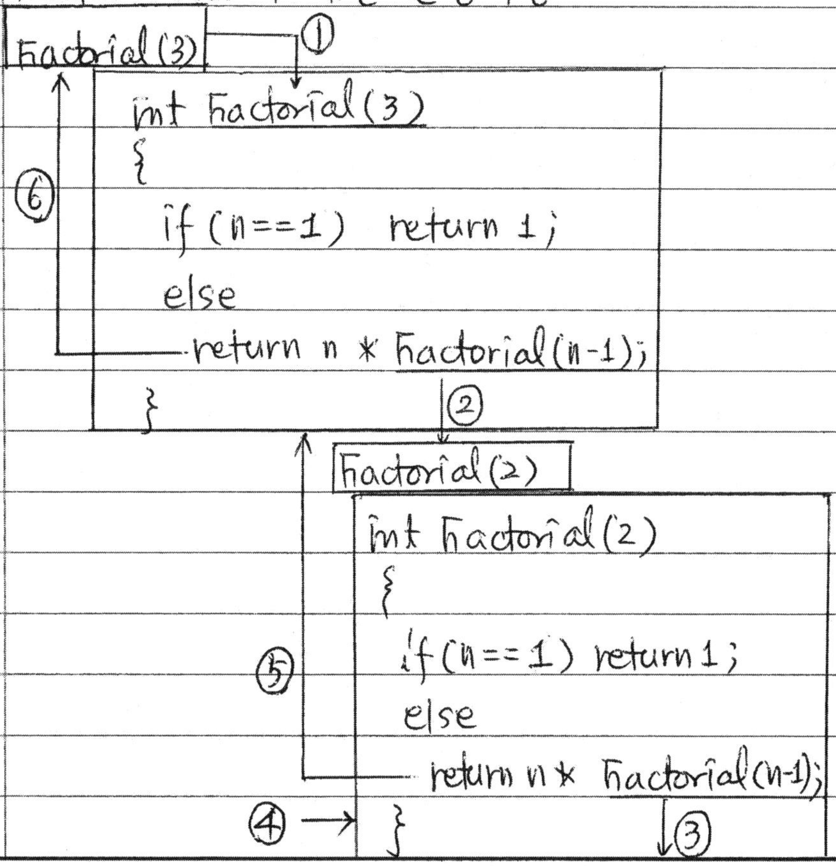

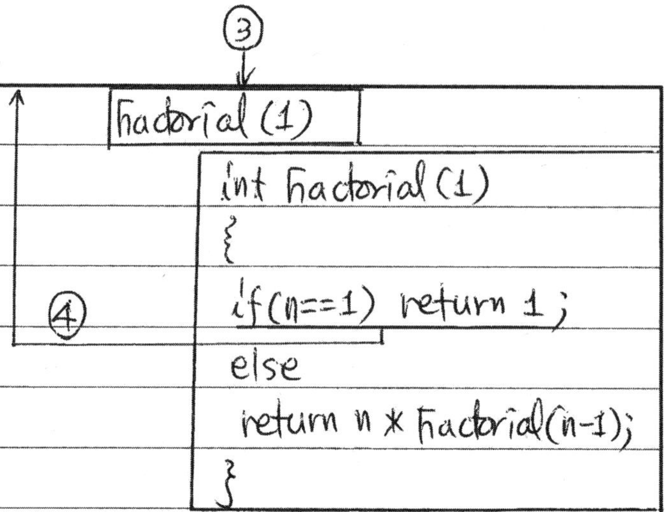
③
Factorial (1)
④
int Factorial (1)
{
if(n==1) return 1;
else
return n * Factorial(n-1);
}

3. Factorial(3)에 대한 실행 과정 설명

단계	설 명	return 값
①	Factorial(3) call	-
②	Factorial(2) call	-
③	Factorial(1) call	
④	Factorial(1) 수행 결과	1
⑤	Factorial(2) 수행 결과	2 * 1 = 2
⑥	Factorial(3) 수행 결과	3 * factorial(2) 3 * 2 = 6

"끝"

문 16) 피보나치 수열(Fibonacci Sequence)에 대해 설명하고 아래 Code에 대한 실행 결과를 기술하시오.

```
#include <stdio.h>
int fibo(int n);

int main(void){
int i;
for(i=1; i<15; i++)
   printf("%d", fibo(i)); //결과보기
return 0;
}
int fibo(int n)
{
  if(n==1) return 0;
  else if (n==2) return 1;
  else
    return fibo(n-1) + fibo(n-2);
}
```

답)

1. 재귀호출(Recursive call)의 수열 피보나치수열의 개요.

가. Fibonacci Sequence 의 정의

- 수열의 n번째 값 = 수열 n-1번째 값 + 수열 n-2번째 값

· 앞의 두개 더해서 현재의 수를 만들어가는 수열

나. 피보나치(fibonacci) 수열의 수학적 표현

$$fib(n) = \begin{cases} 0 & \dots n = 1 \\ 1 & \dots n = 2 \\ fib(n-1) + fib(n-2) & \dots \text{다른 값 (otherwise)} \end{cases}$$

2. int fibo(int n) 함수의 이해

```
int fibo(int n)        // n번째 값 return
{
 if (n==1)             // 첫번째 값 요구시 return 0
   return = 0;
 else if(n==2)         // 두번째 값 요구시 return 1
   return = 1;
 else
   return fibo(n-1) + fibo(n-2); //세번째 이후의 값 요구시는
}                                // 직전 값 두개 더함.
```

3. Code의 입력과 출력 (실행 결과) - 총 14회 실행

입출력	실행 결과													
입력	1	2	3	4	5	6	7	8	9	10	11	12	13	14
출력	0	1	1	2	3	5	8	13	21	34	55	89	144	233

"끝"

문 17) 아래 피보나치(fibonacci) 함수 Code에 대해 실행 과정을 Tree 형태로 설명하고 실행 결과를 기술하시오.

```
#include <stdio.h>
int fibo(int n);
int main(void)
{
  fibo(6);
  return 0;
}
int fibo(int n)
{
  printf("n 실행순서: %d \n", n);
  if (n == 1) return 0;
  else if (n==2) return 1;
  else
    return fibo(n-1)+fibo(n-2);
}
```

답)

1. Recursive Call 함수, 피보나치 수열의 정의
- 현재수는 이전 두수의 값을 합산한 수열
ex) 0, 1, 1, 2, 3, 5, 8, 13, 21, 34, 55, 89 · · · ;

2. 위의 Code의 실행 과정 (Tree 형태로 설명)

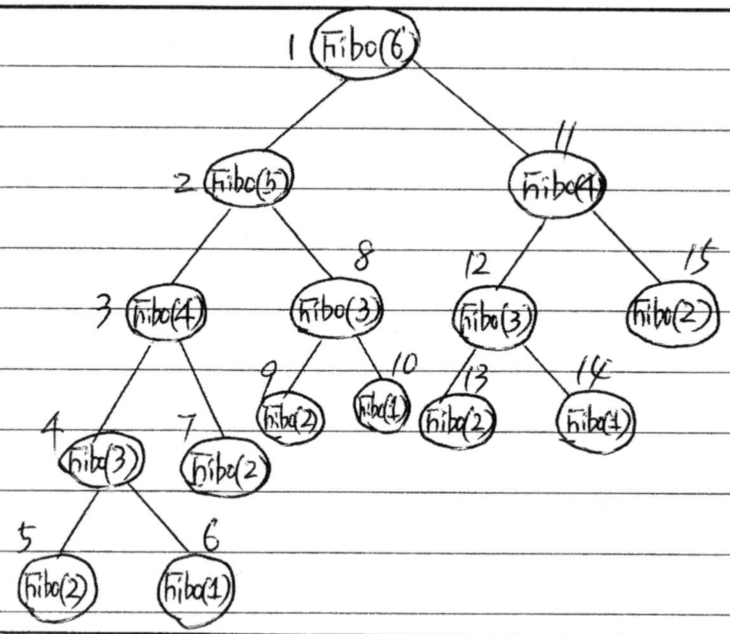

- return fibo(n-1) + fibo(n-2) // return fibo(5)+fibo(4)

먼저수행 (fibo(n-1))

↑ fibo(n-1) 수행후 수행 (fibo(n-2))

↑ 인자 6 전달시

- 1번부터 ~15번까지는 실행순서임

3\. 실행결과 (Tree의 좌측 수행후 우측 수행)

실행순서	fibo(n) 수행:n값	실행결과(n실행순서:)
1	6	6
2	5	5
3	4	4
4	3	3
5	2	2
6	1	1

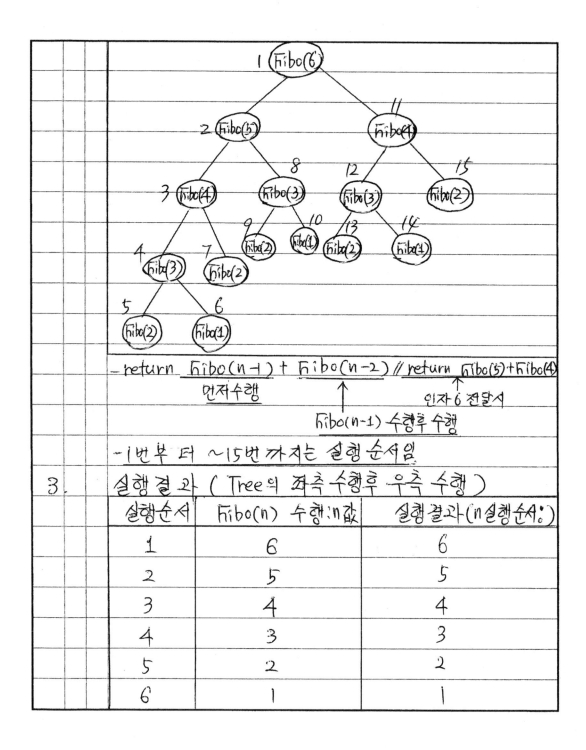

실행순서	fibo(n)수행: n 값	실행결과(n실행 순서:)
7	2	2
8	3	3
9	2	2
10	1	1
11	4	4
12	3	3
13	2	2
14	1	1
15	2	2

"끝"

문 18) 아래 하노이 타워 (The Tower of Hanoi) 문제를 아래 조건에 적절하게 기술하시오.

조건 1) 하나의 막대에 쌓여 있는 원반을 다른 하나의 원반에 그대로 옮기시오. 이때 한번에 하나씩만 옮길수 있고 옮기는 과정에서 작은 원반의 위에 큰 원반이 올려져서는 안됨.

조건 2) 실행과정을 설명하고 Cod ing 하시오

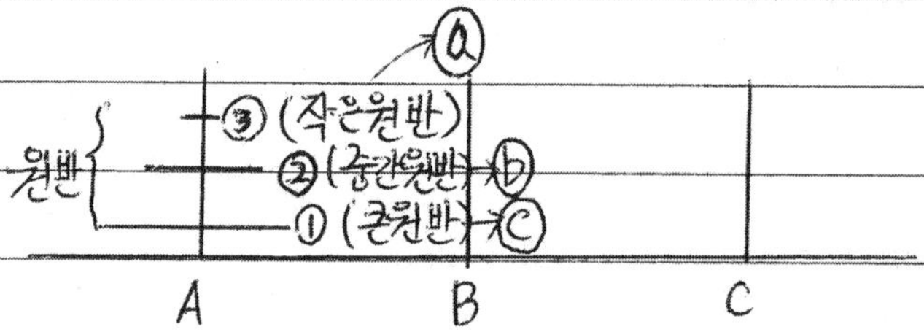

답)

1. 원반 이동의 실행과정 (위의 조건)

실행과정	도식화	설명
1단계	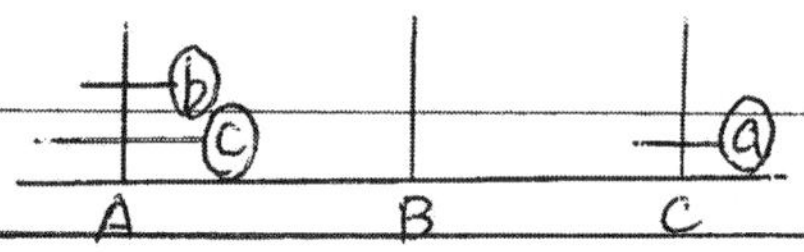	원반ⓐ A에서 C로 이동
2단계	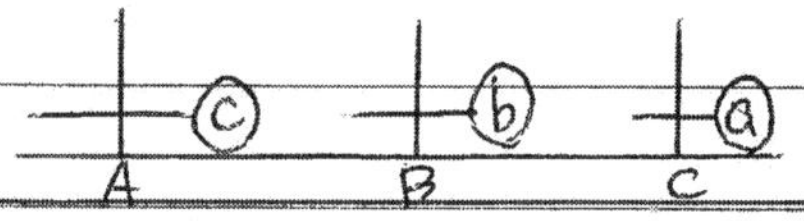	ⓑ A에서 B로 이동
3단계	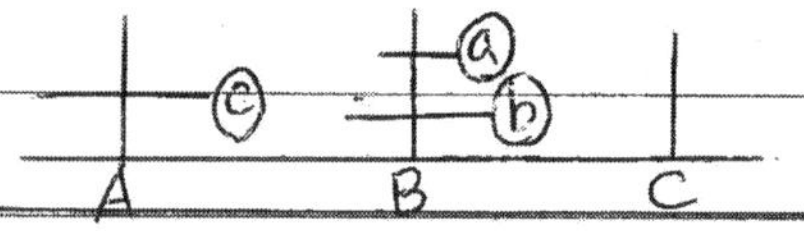	ⓐ를 C에서 B로이동
4단계	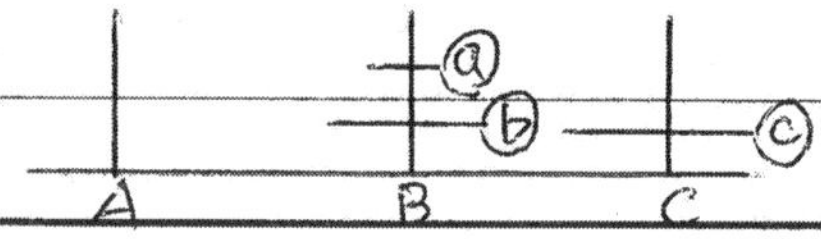	ⓒ를 A에서 C로 이동

5단계	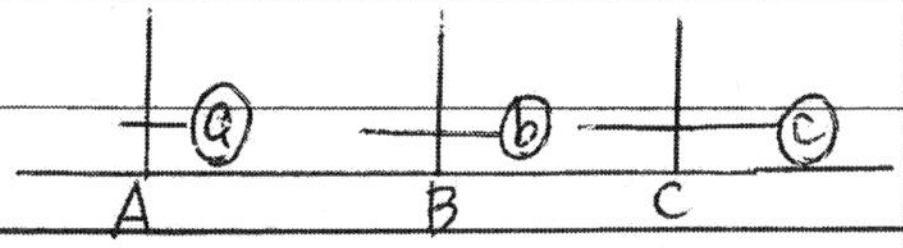	ⓐ를 B에서 A로 이동
6단계	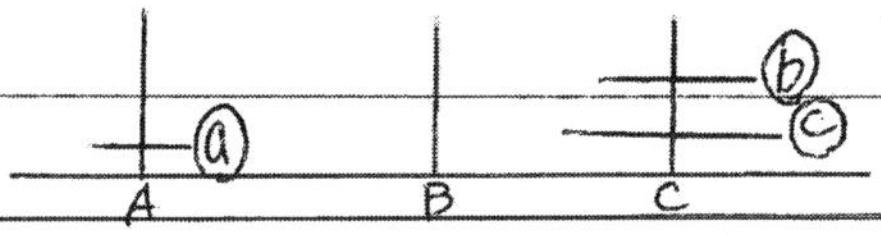	ⓑ를 B에서 C로 이동
7단계	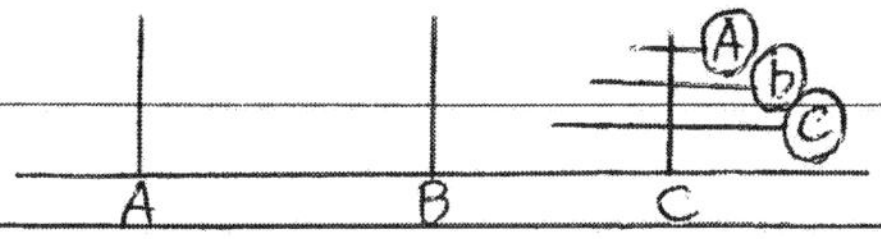	ⓐ를 A에서 C로 이동

2. 재귀 함수를 사용한 하노이 타워 이동 해결 Code 예

```
#include <stdio.h>
int main(void){
    HanoiTowerMove(3, 'A', 'B', 'C');
    return 0;
}
void HanoiTowerMove(int num, char from, char by, char to)
{
        HanoiTowerMove(num-1, from, to, by);
        HanoiTowerMove(num-1, by, from, to);
}
```

"끝"

PART 3

배열과 연결 리스트 (Array & Linked List)

배열의 장·단점과 메모리 할당 방법, 배열과 연결 리스트(Linked List)의 차이점, Linked List 삽입과 삭제 동작, 이중(Double Linked List) 삽입과 삭제 동작, 인접 다중 리스트와 Graph와의 연관 관계에 대해 학습하는 Part입니다.

[관련 토픽 - 8개]

문 19) Array(배열)에 대해 설명하고 장/단점을 기술하시오

답)

1\. 동일한 자료형을 가진 연속적인 기억 장소 할당, Array의 개요.

가. 순차적 자료구조, Array(배열)의 정의

\- 관련된 자료들이 동일한 성질을 가지고 어떤 규칙에 따라 연속적인 기억 장소 위치의 집합으로 정해진 Index의 값들이 사상(Mapping)에 의해 이루어진 자료 구조.

나. Array 자료 구조에서 사용되는 용어

int Score[10];	① 배열명: Array의 이름-Score
⋮	② 배열 요소: Score[0] … Score[9]
for(i=0; i<10; i++){	③ 첨자: 배열요소 의 괄호 [ ] 안의
Sum += Score[i];	숫자 ← Index 값
}	④ 첨자 변수: [ ]속에 있는 변수 i

2\. Array의 표기법 및 Array의 배치

가. 1차원 ~ 4차원의 표현 방법

0차원	1차원	2차원	3차원	4차원

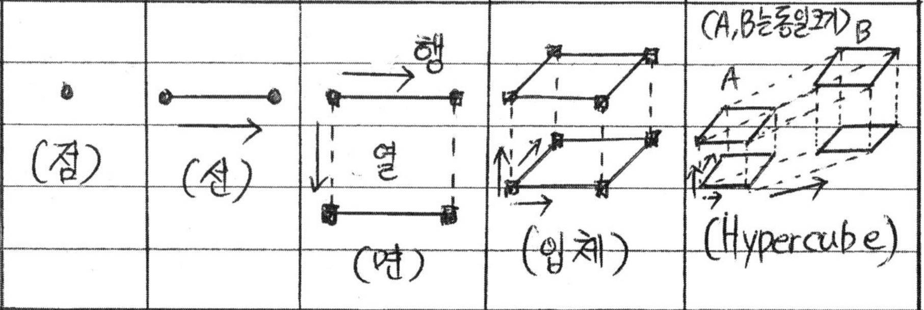

나. 1/2/3차원 Array의 표기 및 배치 방법.

어떤 규칙: 행우선 순서, 열우선순서

1차원 배열

int a[3]; →

a[0]	a[1]	a[2]

2차원 배열

int a[3][4]={1,2,3,4,5,6,7,8,9,10,11,12};

	Col Ø	col 1	Col 2	Col3
rowØ	a[0][0] 1	a[0][1] 2	a[0][2] 3	a[0][3] 4
1	a[1][0] 5	a[1][1] 6	a[1][2] 7	a[1][3] 8
2	a[2][0] 9	a[2][1] 10	a[2][2] 11	a[2][3] 12

3차원 배열

int a[2][2][3]={1,2,3,4,5,6,7,8,9,10,11,12};

Ø면

	col Ø	col 1	col 2
rowØ	a[0][Ø][0] 1	a[0][0][1] 2	a[0][0][2] 3
1	a[0][1][0] 4	a[0][1][1] 5	a[0][1][2] 6

1면

	col Ø	col 1	col 2
rowØ	a[1][0][0] 7	a[1][0][1] 8	a[1][0][2] 9
1	10 a[1][1][0]	a[1][1][1] 11	a[1][1][2] 12

3. Array의 장단점

장점	- 자료(Data)를 집단으로 구성하는데 효과적(의미)
	- 배열이름과 첨자 사용 → 여러자료를 다른이름으로 처리할 필요성 줄임
	- 첨자(Index 값)를 사용 → 원소의 위치를 즉시 & 직접 제어
	- for문 사용, 배열에 저장 자료 전부 또는 선택 부분 순차처리 가능
단점	- 배열에 원소 삽입 & 삭제시 다른 원소를 이동(Move)해야 함
	- 필요이상 공간 차지할 경우, 공간 사용이 비효율적임.

"끝"

문 20) 다음 3차원 배열 값에 대한 배열의 각각의 요소값과 Memory에 할당되는 방법에 대해 기술하시오
(행(Column) 우선의 경우를 고려하여 작성하시오)

Byte 3D_Key[2][3][4] = {1, 2, 3, 4, 5, 6 .... 24};

답)

1 2차원 배열과 3차원 배열의 정의

가 행, 열로의 구성, 2차원 배열

Byte 2D_Key[2][3] = {3, 5, 7, 4, 6, 8};

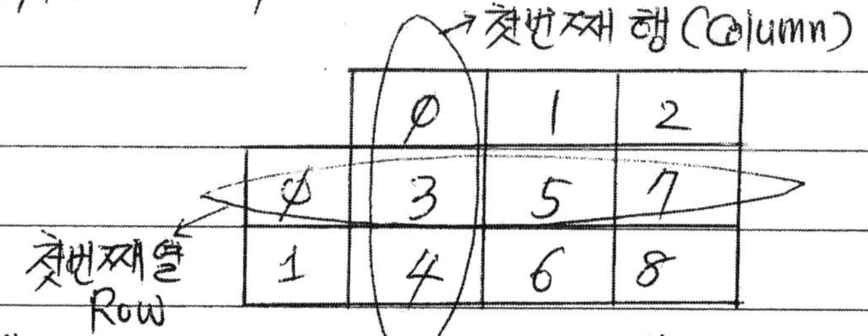

나 행, 열, 높이로 구성, 3차원 배열

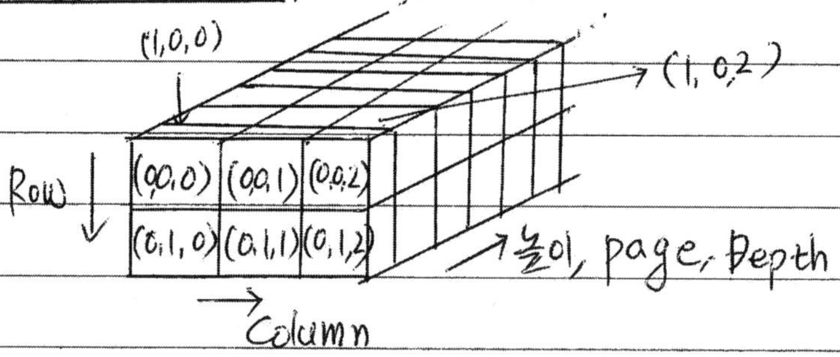

2 주어진 3차원 배열에서의 배열내 각 요소값

- Byte 3D_Key[2][3][4] = {1, 2, 3 .... 24}
원소의 갯수(n) n = 24.

```
3D-Key[0][0][0]=1;
3D-Key[0][0][1]=2;
3D-Key[0][0][2]=3;
3D-Key[0][0][3]=4;
3D-Key[0][1][0]=5;
3D-Key[0][1][1]=6;
.....
3D-Key[1][2][1]=22;
3D-Key[1][2][2]=23;
3D-Key[1][2][3]=24
```

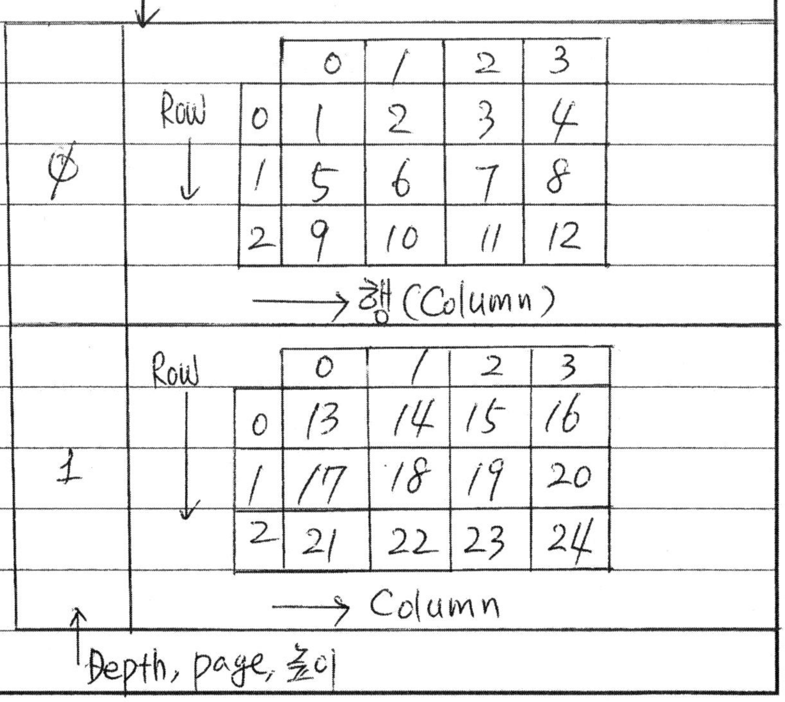
Ø
Row
0 1 2 3
0 1 2 3 4
1 5 6 7 8
2 9 10 11 12
행(Column)
1
Row
0 1 2 3
0 13 14 15 16
1 17 18 19 20
2 21 22 23 24
Column
Depth, page, 높이

3. Memory 할당방법 (행 우선의 경우 고려)

Memory번지	Array 표현 (3D-key배열)	적재되는 값
∅	[0][0][0]	1
1	[0][0][1]	2
2	[0][0][2]	3
3	[0][0][3]	4
4	[0][1][0]	5
5	[0][1][1]	6
....	....	....
22	[1][2][2]	23
23	[1][2][3]	24

- Memory 할당번지는 ∅번지에서 시작

"끝"

문 21) 배열(Array) List와 연결 List의 차이점에 대해 설명하시오.

답)

1. Array List와 Linked List의 정의

가. Array list (Linear list) - static 구조, Array list의 정의

- 기억장소에 각 원소들이 연속적으로 나열 가능한 구조

나. Linked list의 정의 (Data와 Link pointer로 구성)

- 선형 list(Array list)의 삽입과 삭제의 어려움 극복, 비순차적인 접근을 위해 각 Node(원소)마다 다음 node를 가리키는 주소정보를 pointer(연결)로 연결하는 구조

2. Array list와 Linked List의 종류

분류	종류	설명
Array list	1차원 Array	int Arr[5]; n=5개 원소
	2차원 Array	int Arr[2][3]; n=6개 원소
	3차원 Array	int Arr[2][3][4]; n=24개 원소
Linked List	단순연결리스트	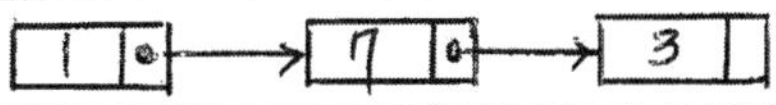
	원형연결리스트	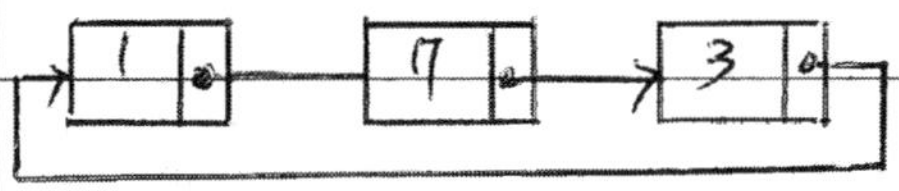
	이중연결리스트	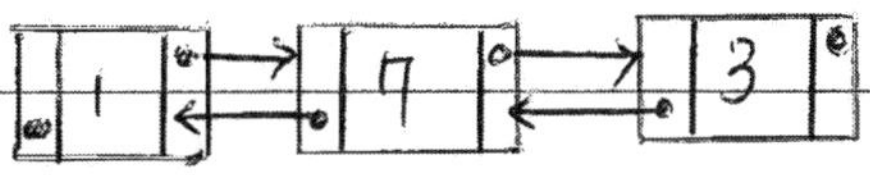

3. Array list와 Linked list의 비교

항목	Arraylist	Linked list

설명	배열(Array)에 저장 논리적/물리적 저장 순서가 순차적	Pointer에 의해 연결된 구조로 저장, 논리적 저장 순서만 순차적
구현방식	배열(Array)	포인터(Pointer)
구현복잡도	낮음	높음
원소의 접근속도	빠름 (Direct로 접근가능)	느림 (Link포인터로 탐색필요)
장점	-기억장소의 활용도 높음 밀도가 항상 1 -고정자료에 유용	-원소추가시 이동연산 불필요(Link포인터사용) -최대원소개수 지정불필요
단점	-순서유지위한 삽입/삭제어려움 -삽입/삭제시 많은 Shift연산 -기억장소낭비:큰배열시	-구현의 어려움 -탐색 연산의 비용이 높음 -기억장소 활용도 떨어짐.
메모리관리	Static	Dynamic

"끝"

대해 7가지 이상 나열하시오.

문22) 선형 List (linear list)에서 처리할수 있는 연산에

답)

1. 선형 리스트 (linear list)의 정의와 구조

가. (선형 리스트(linear list)의 정의)

- 기억 장소에 각 원소들이 연속적으로 나열 가능한 구조(static)

나. linear list의 구조

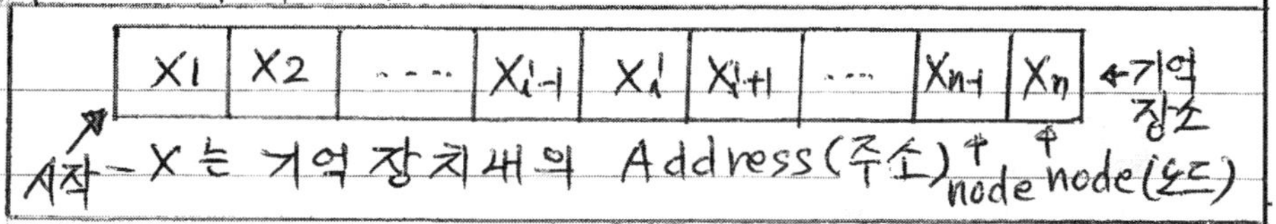

- list의 시작부터 상대적 주소 계산 할수 있는 구조(임의 접근가능)

2. linear list 구조에서 처리 가능한 연산의 종류

처리가능 연산	설명
길이(Length)	linear list의 길이 구함.
접근(Access)	list의 내용 조사하거나 변경하기 위해 위치 찾음
검색(Search)	list의 노드들 중에서 필요한 노드(i번째 원소) 찾음.
저장(store)	i번째에 새로운 원소를 저장(1≦i≦n)
삽입(Insert)	새로운 노드의 첨가. (i, i+1, … n) → (i+1, i+2, … n+1)
삭제(Delete)	노드의 제거(i번째 원소) (i+1, i+2, … n) → (i, i+1, … n-1)
복사(Copy)	list의 전체 혹은 일부를 복사하여 새로운 노드생성
정렬(Sort)	어떤 기준으로 list를 정렬(오름/내림차순)
병합(Merge)	둘 또는 그 이상의 list를 하나의 list로 만듬
분리(split)	한 list를 둘 또는 그 이상의 list로 나눔.

(2)
shift 필요 → 삽입
shift 필요 ← 삭제

3. 선형 리스트(linear list)의 장단점.

장점	기억 장소의 활용도 높음 (밀도가 항상 1), 고정 자료에 유용
☆(2) 단점	- 순서를 유지해야 하므로 원소들의 삽입/삭제 어려움. - 삽입/삭제시 많은 shift 동작 필요 - 기억 장소 낭비 : 배열 크기 차이에 따른 기억장소 낭비

"끝"

따른 삽입과 삭제에 대해 예를들어 설명하시오.

문23) Linked list의 구성과 비순차적인 메모리 구성에

답)

1. Linked list(연결 List)의 정의와 구성

가. 비순차적인 메모리 Access, Linked list의 정의

☆ 선형 리스트(linear list)의 삽입 및 삭제의 어려움 극복, 비순차적인 접근을 위해 각 node(원소)마다 다음 node를 가리키는 주소정보를 pointer(Link)로 연결하는 구조

나. 연결 리스트의 구성

☆ (2)

Node의 구성	C-code 표현

Node
[Data | Link]
데이터부분 링크부분
	struct node
	{
	char data;
	struct node *link;
	}

2. Linked list의 비순차적 List 표현

	Head	data	Link
번지 1	1	a3	4
2	2		
3	3	a1	5
4	4	a4	NULL
5	5	a2	1

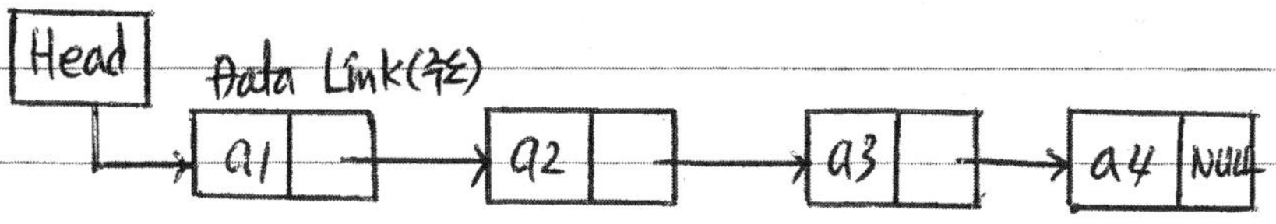

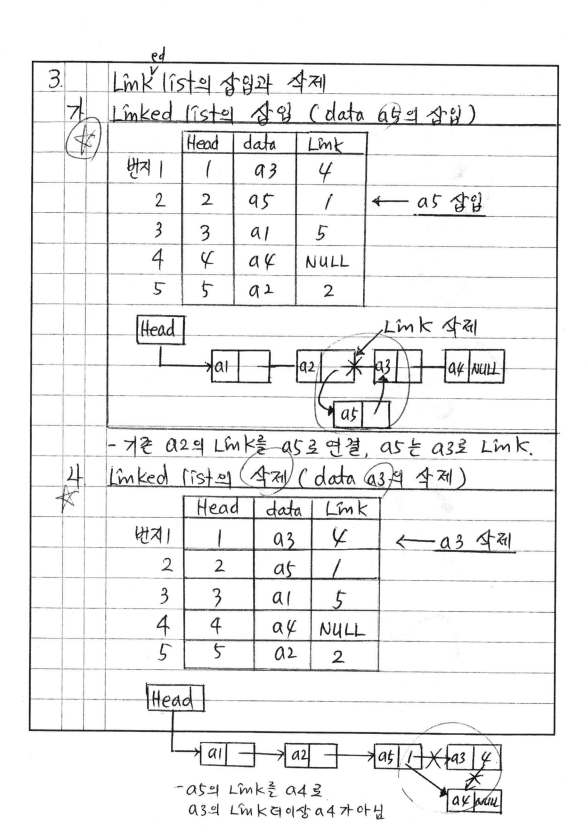

3. Linked list의 삽입과 삭제

가. Linked list의 삽입 (data a5의 삽입)

	Head	data	Link
번지 1	1	a3	4
2	2	a5	1
3	3	a1	5
4	4	a4	NULL
5	5	a2	2

← a5 삽입 (번지 2)

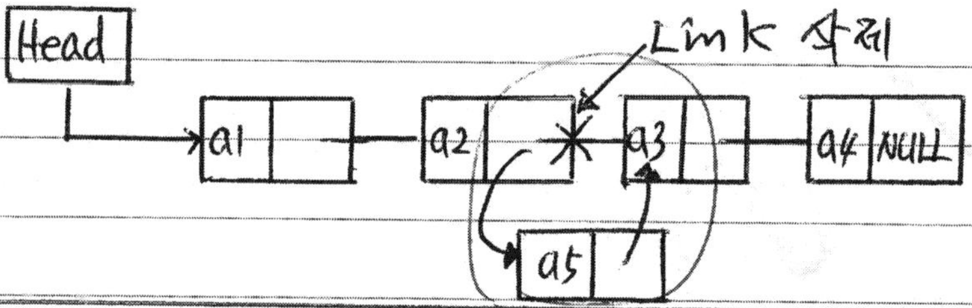

- 기존 a2의 Link를 a5로 연결, a5는 a3로 Link.

나. Linked list의 삭제 (data a3의 삭제)

	Head	data	Link
번지 1	1	a3	4
2	2	a5	1
3	3	a1	5
4	4	a4	NULL
5	5	a2	2

← a3 삭제 (번지 1)

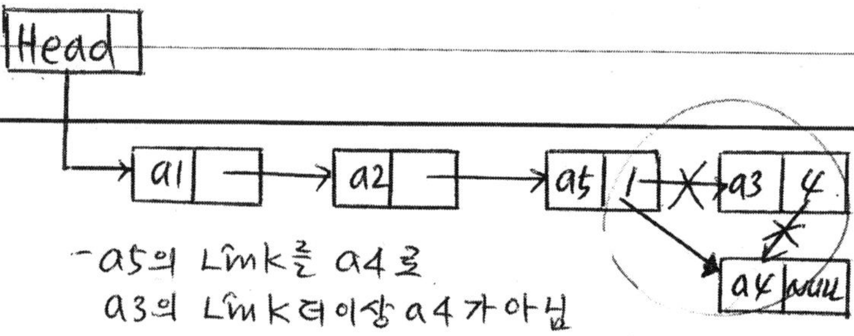

- a5의 Link를 a4로
a3의 Link 더이상 a4가 아님

문24) 다음과 같이 구조체 자료형인 _node를 선언하고 이를 이용하여 연결 리스트(Linked list)를 만들었다. 다음 소스를 보고 물음에 답하시오
(단, 시작함수는 _tmain())

```
typedef struct _node
{ int data;
  struct _node *next;
} node;
node *head *tail;
void init_list(void)
{
  head=(node*)malloc(sizeof(node));
  tail=(node*)malloc(sizeof(node));
  head->next=tail;
  tail->next=tail;
}
node *ordered_insert(int k)
{
}
void print_list(node *t)
{
}
void delete_node(int k)
{
}
```

```
int _tmain(int argc,
           _TCHAR* argv[])
{
  node *t;

  init_list();
  print_list(head->next);
  ordered_insert(10);
  ordered_insert(5);
  ordered_insert(8);
  ordered_insert(3);
  ordered_insert(1);
  ordered_insert(7);
  printf("\n초기화 Linked
        List %s");
  print_list(head->next);
  delete_node(8);
  print_list(head->next);
  return 0;
}
```

1) 숫자 10, 5, 8, 3, 1, 7을 삽입하되 작은수부터 연결 list가 유지되도록 함수 ordered_insert(int k)를 작성하시오. (k는 정수)

2) 연결 list를 구성하는 각 node의 변수 data를 출력하는 함수 print_list(node *t)를 작성하시오. (단 t는 node에 대한 시작 포인터이고, 화면에 출력할 함수는 printf()를 사용)

3) 삭제하려는 숫자를 인수로 받아 그 노드를 삭제하는 함수 delete_node(int k)를 작성하시오. (단, k는 삭제하려는 정수)

답)

1. Linked list의 정의와 node의 구성

가. 비순차적 메모리 Access, Linked list의 정의

- 비순차적인 Access(접근)을 위해 각 node(원소)마다 다음 node를 가리키는 주소정보를 pointer(Link)로 연결하는 구조

나. Linked list의 구성

Node의 구성	C-Code 표현

Node
[Data | Link]
Data pointer.
	struct node
	{
	char data;
	struct node *link;
	}

2. 주어진 Code의 요구 사항 표현

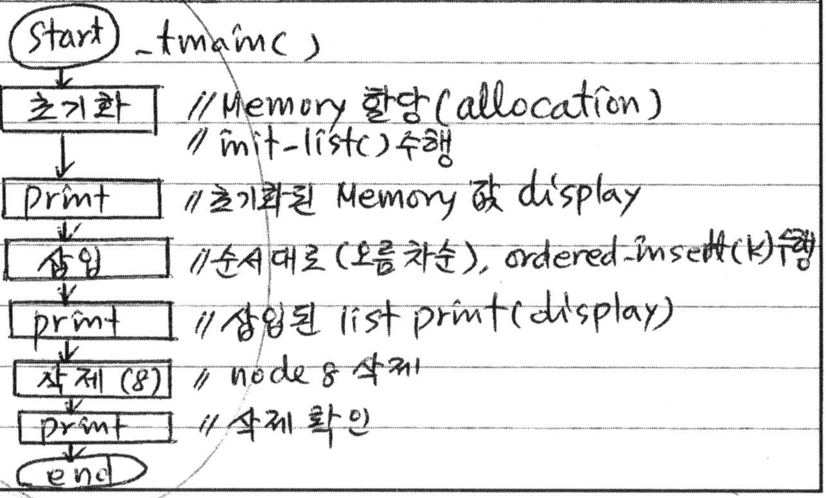

3. 주어진 문제에서의 요구사항 해결

1) ordered_insert(int k) 함수 구현

// 정렬되어있지 않거나 Empty Linked list에 오름차순 삽입

```
node *ordered_insert(int k)
{
 node *s;
 node *p;
 noder *r;
 p=head           // p는 Data
 s=p->next;       // s는 Link
 while(s->data <=k && s!=tail) //tail은NULL
 {
  p=p->next;      // 해당위치 Search
  s=p->next;
 }
 r=(node*) malloc(sizeof(node));
 r->data =k
 p->next =r
 r->next =s
 return r;
}
```

이해

2) delete-node(int K) 함수의 구현

// K값을 갖는 node를 찾아서 삭제

```
int delete-node(int K)
node *s;     // 검색할 노드
node *p;     // s가 가리키는 노드의 앞노드
p=head;
s=p->next;
while (s->dat != K && s!=tail)
{
  p=p->next;
  s=p->next;
}
if(s!=tail)
{
 p->next=s->next  // 8의 next를 7의 Next로 변경
 free(s)
 return 1;
}
else
 return 0;
}
```

이해

3) print_list() 함수의 구현 //출력함수

```
void print_list(node *t)
{
 printf("/n");
 while (t != tail)
 {
  printf("%8d", t->key);
  t = t->next;
 }
}
```

4 Insert 10, 5, 8, 3, 1, 7 값에 따른 print문 수행 결과

구분	
전체값 삽입후	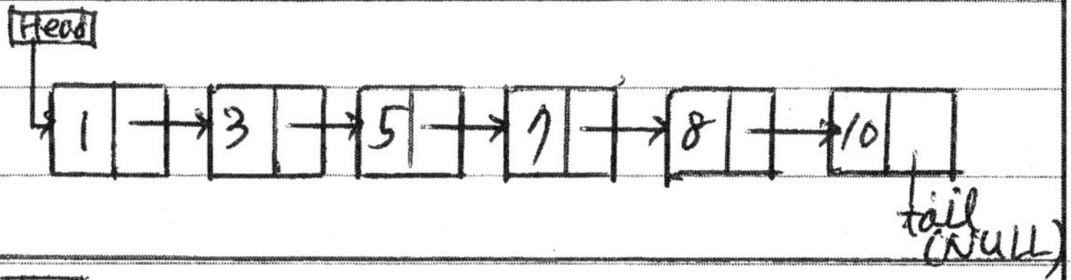
8 node 삭제후	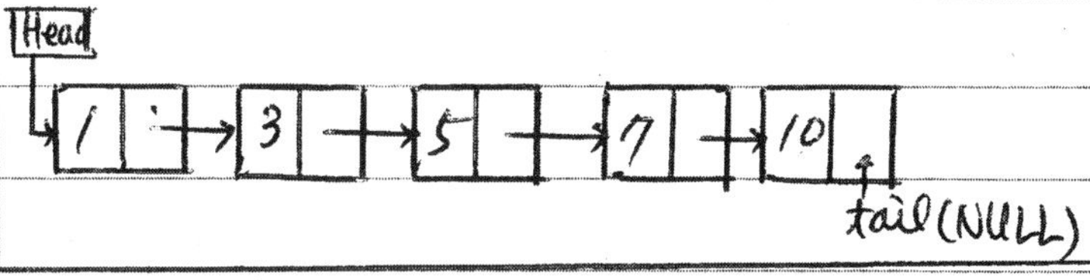

"끝"

문 25) 이중(Double) 연결 리스트(Linked list)에서
삽입과 삭제 과정을 기술하시오.

답)

1. Double Linked list의 정의 - 어떤 Node에 대한
다음 Node 뿐만아니라 전 Node까지 알수 있도록하여
한가지 방향의 탐색이 아닌 양쪽 방향의 탐색이
가능하게 구성한 List.

<double Linked List의 구조>

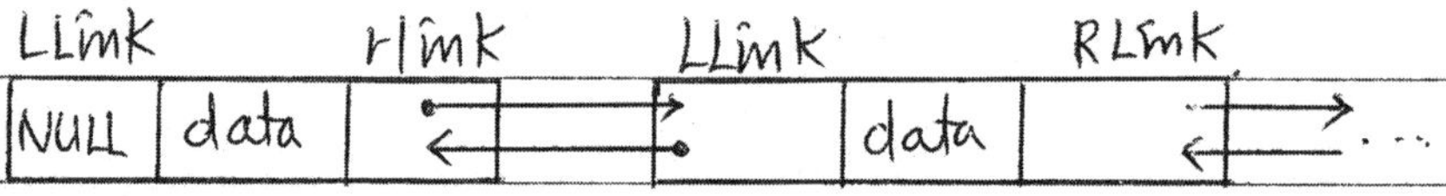

2. Double 연결 List의 삽입과정

가. Double linked list 구현을 위한 구조체 정의

```
struct double_linklist{
        struct double_linklist* llink;  // 왼쪽Link
        int data;                       // Data
        struct double_linklist* rlink;  // 오른쪽Link
 } DOUBLE;
```

- llink는 Node의 왼쪽 필드인 자신의 선행 Node 주소를
지시하는 pointer 변수, rlink는 후속 Node주소를지시

나. Double linked list에서의 Node 삽입

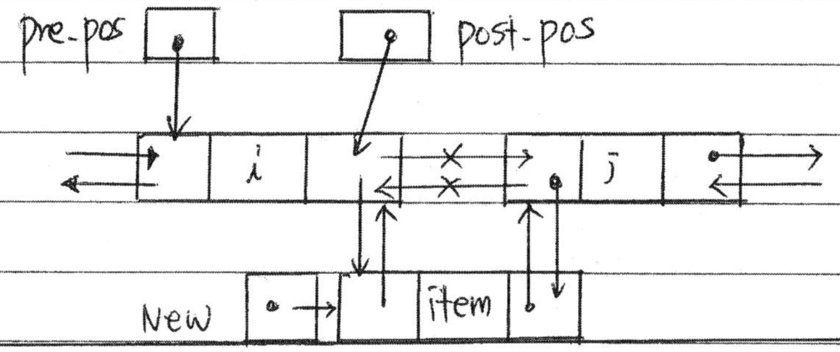

i 와 j의 Link를 삭제하고 New item(key) 삭제

다 Double linked list에서 Node 삽입 Code 예제

```
DOUBLE *first, *last;
int data, item;
DOUBLE* InsertPos(DOUBLE *first, int data);
DOUBLE* InsertNode(first, last, data, item)
{
   DOUBLE *new_node, *pre_pos, *post_pos;
   while (first->data != data) {
       first = first->rlink;
       return first;
   }
   new_node = new DOUBLE; // 새로운 Node 메모리할당
   if(first==NULL)    // 맨 처음 Node 삽입
   {
     first = last = new_node;
     new_node -> data = item;
```

```
    new-node→llink = new-node→rlink = NULL;
    return first;          // link 값 초기화
  }
  new-node→data = item;  // 중간에 Data 삽입
  pre-pos = Insert-pos(first, data);
  post-pos = pre-pos→rlink;
  new-node→llink = pre-pos;  // 새로운 링크 설정
  new-node→rlink = post-pos;
  pre-pro→rlink = post-pos→llink = new-node;
                          // 기존의 링크 재설정
  return first;
}
```

3. Double linked list 에서의 삭제 과정

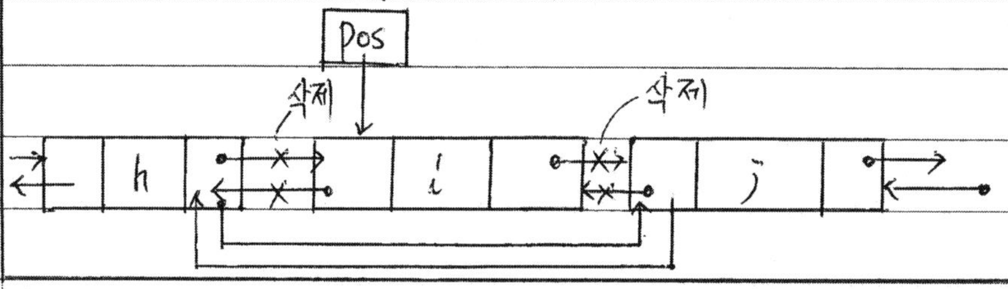

· i 삭제시 h의 Link는 j와 Link됨

"끝"

문26) 인접 다중 리스트(Adjacency multi list)에 대해 설명하고 아래 Graph에 대해 인접 다중 리스트로 표현하시오.

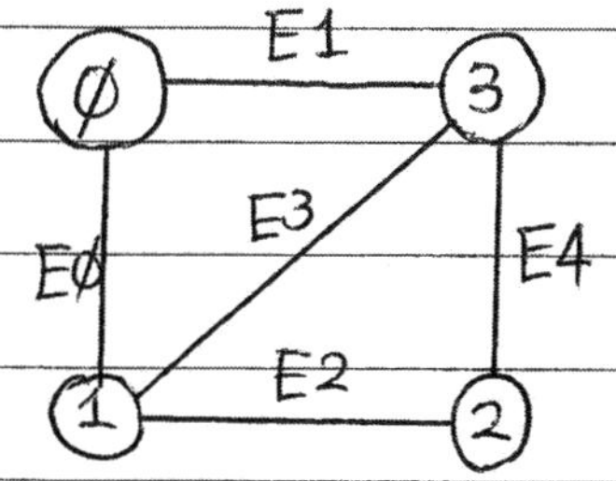

답)

1. 인접 다중 리스트(Adjacency Multi List)의 개요

가. 인접 다중 리스트의 정의 - 간선에 부속된 두 정점 각각에 대한 인접 리스트를 다중리스트로 유지하여, 하나의 간선을 두개의 List가 공유하는 List

나. Adjacency Multi List의 필요성

- 인접 List의 경우는 무방향 그래프를 표현할때 각 연결 간선이 두번씩 중복되어 표현됨으로 기억 장소의 낭비가 있음. 이를 개선하기 위해 인접 다중 List 사용

2. 인접 다중 List를 표현하는 노드 구조와 언어적 표현

가. 인접 다중 List의 노드 구조

M	Vi	Vj	Vi에 대한 Link	Vj에 대한 Link

i, j의 링크 - 각각 정점 i, j에 대한 인접리스트

M - 간선이 이미 검사되었는지 여부를 표시하는 Mark bit

나. 인접다중 List의 표현(C-언어)

```
struct node {
    Boolean mark;   // Mark
    int vertex1;    // Vi의 값
    int vertex2;    // Vj의 값
    struct node *link1; // Vi에 대한 포인터
    struct node *link2; // Vj에 대한 포인터
};
struct node *head[n]; // Head pointer 배열.
```

3. 주어진 Graph에서 인접 다중 List의 표현

가. 주어진 Graph에서 정점 조사.

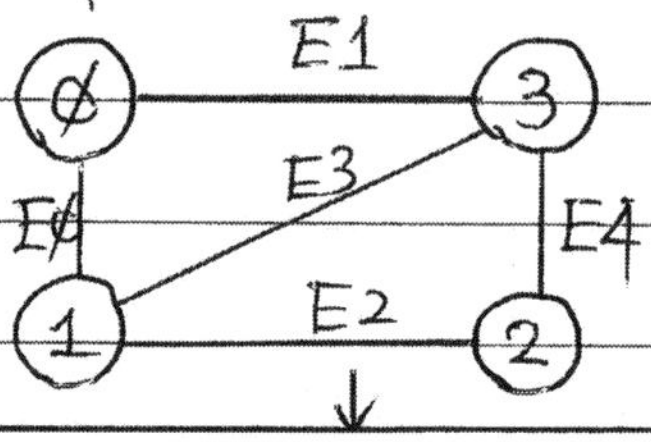

정점 ∅: E∅ → E1
정점 1: E∅ → E2 → E3
정점 2: E2 → E4
정점 3: E1 → E3 → E4

〈각각의 정점에 연결된 간선 나열〉

나. Graph에 대한 인접 다중 List의 표현

- 위의 각각의 정점을 List로 표현

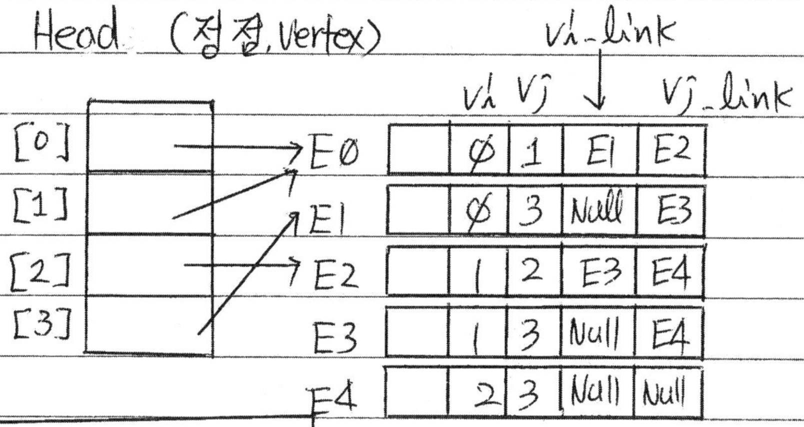

- 정점 Ø의 경우 설명

① Head[0]에서 Node EØ, EØ에서 정점 Ø를 포함한 필드(i-link인 E1을 따라감)

② E1의 첫번째 i필드가 정점 Ø 포함, 다시 탐색

③ 이때 링크값이 Null이면 종료.

"끝"

PART 4

스택과 큐 (Stack & Queue)

Stack에서 사용되는 용어와 연산, Stack 삽입과 삭제, Stack의 Overflow 방지 방법, Queue의 삽입과 삭제, 원형 큐(Circular Queue) Empty, Full 상태, 데크(Deque: Enqueue, Dequeue), 우선 순위 큐(Priority Queue)에 대해 학습하는 Part입니다.

[관련 토픽 - 8개]

문27) 스택(Stack)에서 사용되는 용어와 연산에 대해 설명하시오

답)

1. Last In First Out (LIFO), Stack의 정의 및 구조

가. (스택(Stack)의 정의) - 선형리스트의 한쪽 끝에서 삽입과 삭제가 수행되는 제한적인 구조로 마지막에 입력된 자료가 가장 먼저 출력되는 후입 선출 (LIFO) 방식의 자료구조

나. Stack의 기본 구조

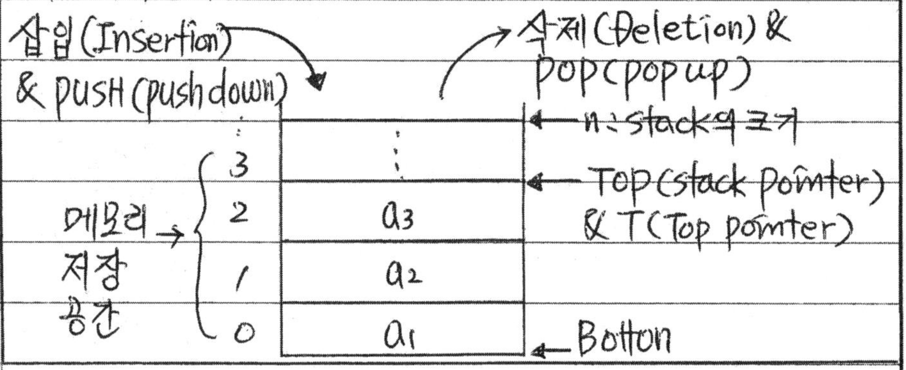

2. Stack에서 사용되는 용어와 연산들

가. Stack에서 사용되는 용어

용어	설명
TOP(Stack포인터)	삽입(Push), 삭제(Pop)시 Stack의 끝부분
Botton	Top의 반대쪽, 더이상 입출력이 허용되지않는위치
삽입 : PUSH	새로운 노드 삽입(입력): TOP = TOP+1
삭제 : pop	스택에서 노드의삭제 : Top = TOP-1
Overflow	Stack Full (Top=n), 더이상삽입불가
Underflow	Stack Empty(Top=0), 더이상삭제불가

4. 스택(Stack)에서 사용되는 연산

연산	설명
Insertion	PUSH, 새로운 값 입력, Top=Top+1
Deletion	pop, 기존값 삭제, Top=Top-1
Top	Overflow 확인 후 Insertion(PUSH) 수행
Is Empty	Underflow 확인 후 Deletion(pop) 수행

3. Stack의 활용예

활용	설명
서브루틴 Call	Context Switching, 복귀주소와 PCB, TCB 값 보관
산술식 해석	산술식 해석을 통한 기계 명령 Code의 생성 순서 결정
재귀 호출	Recursive Call & 되부름(Recursion) 구현
Graph 탐색	Graph의 깊이우선 탐색 알고리즘 구현시 사용
Sorting	Quick sorting등 알고리즘 구현시 사용.

"끝"

PCB (process Control Block), TCB (Thread ..)

문 28) 아래 Stack 구조를 Linked List(연결리스트) 형태로 표현하고 D값을 삭제한 연결리스트와 E값을 삽입한 연결리스트를 도식화 하시오 (Stack 크기는 5로 가정한다)

3	D	← Top (stack pointer)
2	C	
1	B	
0	A	

답)

1. Stack과 Linked List의 정의

(Stack의 정의) - 가장 마지막에 삽입된 노드가 가장 먼저 삭제(LIFO)

(Linked List의 정의) - 기억 장소(Memory)에 각 원소들을 비순차적인 접근을 위해 각 노드(Node, 원소)마다 다음 node를 가르키는 주소정보를 pointer(Linked)로 연결하는 구조

2. 주어진 Stack에서 연결 List 형태로 표현

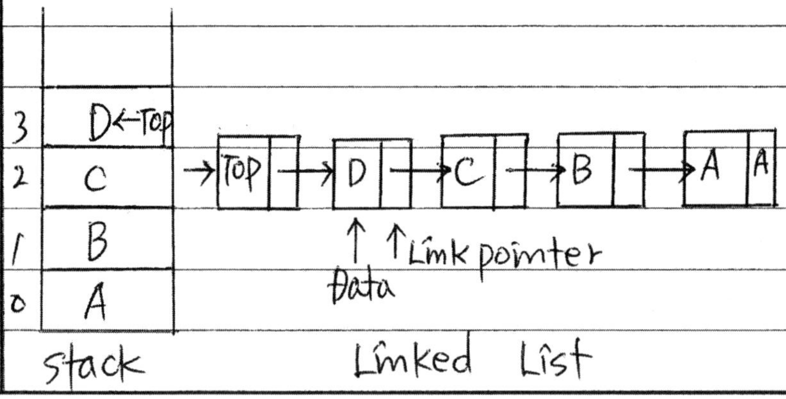

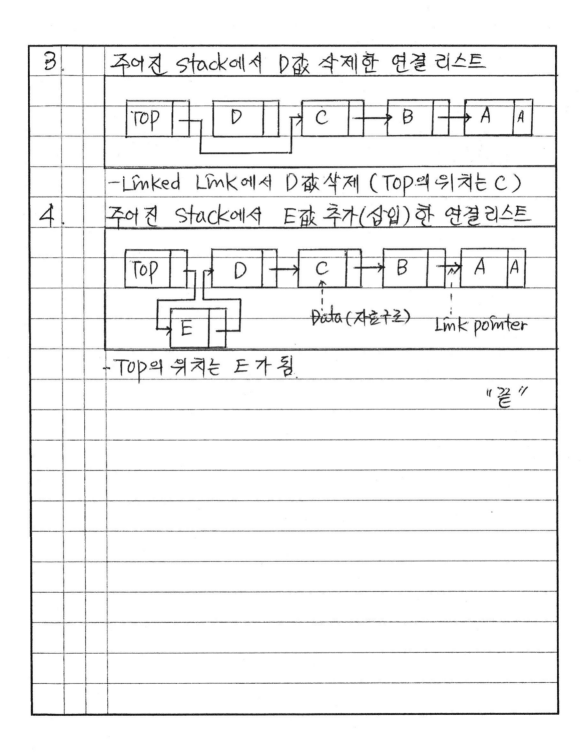

3. 주어진 Stack에서 D값 삭제한 연결 리스트

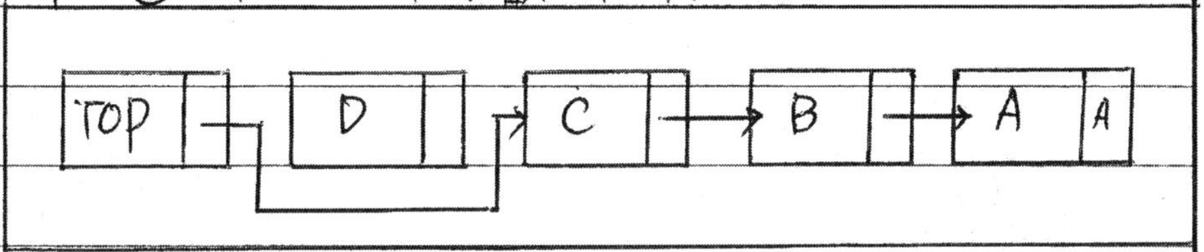

-Linked Link에서 D값 삭제 (Top의 위치는 C)

4. 주어진 Stack에서 E값 추가(삽입)한 연결리스트

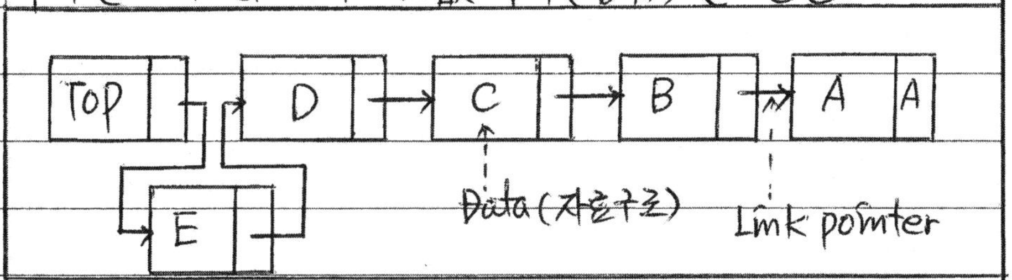

-Top의 위치는 E가 됨

"끝"

문29) Stack의 크기 n=5인 스택에서 노드 A, B, C, D를 push 하고 D, C, B를 pop한후 다시 노드 E, F를 push하는 과정을 나타내시오. (TOP은 stack pointer임)

답)

1. Stack의 정의 및 구조

가. Stack의 정의 - 입력과 출력(Insertion과 Delection) 작업이 리스트(List)의 한 쪽끝에서만 이루어지는 선형 List.
노드의 입구와 출구가 하나로 입/출력이 한쪽임. LIFO, FILO구조

나. Stack의 구조

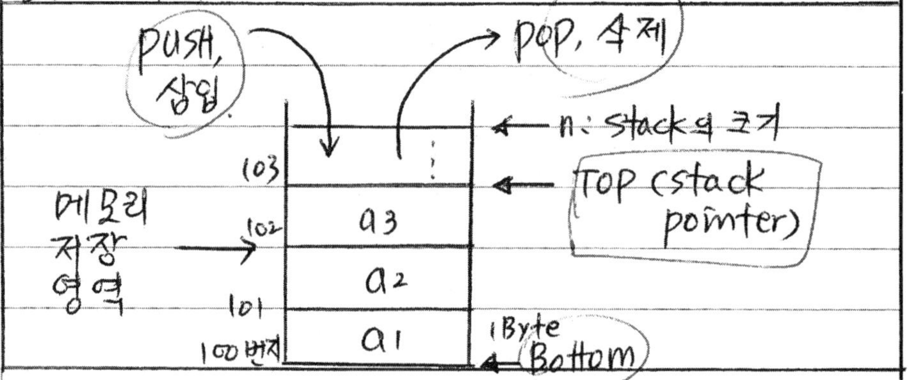

2. 주어진 문제에서의 요구사항 분석 및 push/pop과정

가. 요구사항 분석

실행순서 ↓

조건	설명	의미
Stack 크기	n=5 (stack 크기)	크기 결정
push	A, B, C, D	삽입.
pop	D, C, B	삭제
push	E, F	삽입.
종료	실행 완료	Exit

- push 2번, pop 1번 수행. → 3단계 수행

나. 주어진 문제에서의 push와 pop, push과정

☆ (3)

수행	동작	수행 결과	의미
1단계 수행	push A, B, C, D (삽입)	index / TOP 5 | | 4 ← TOP=4 4 | D | 3 3 | C | 2 2 | B | 1 1 | A | 0	Stack에 A, B, C, D 순으로 삽입. (stack pointer 4)
2단계 수행	pop D, C, B (삭제)	index / TOP 5 | | 4 TOP=1 4 | | 3 3 | | 2 2 | | 1 ← 1 | A | 0	Stack에서 D, C, B 순으로 삭제 (stack pointer는 1)
3단계 수행	push E, F (삽입)	index / TOP 5 | | 4 TOP=3 4 | | 3 ← 3 | F | 2 2 | E | 1 1 | A | 0	Stack에 E, F 순으로 삽입 (stack pointer는 3)

"끝"

Stack overflow 발생 방지 방법 2가지를 나열하시오.

문 30) Stack의 활용예 5가지 이상과 2개의 상세 예제 그리고

답)

1. Stack의 정의와 stack의 활용예 5가지

가. (Stack의 정의) - 가장 마지막에 삽입된 노드가 가장 먼저 삭제되는 구조

나. stack의 활용예

활용	stack 활용 예의 설명
부함수 Call	-Context switching, 복귀 주소와 PCB 값 보관
산술식 해석	산술식 해석을 통한 기계명령 Code의 생성 순서 결정
재귀 호출	Recursive call 또는 되부름(Recursion) 구현
Graph 탐색	Graph의 깊이 우선 탐색 알고리즘 구현시 사용
Sorting	퀵 정렬(Quick sorting) 알고리즘 구현시 사용

(3)

2. stack 사용의 2개의 방법에 대한 상세 예제

가. 호출 program과 호출된 부 프로그램 간의 stack 사용예

(2)

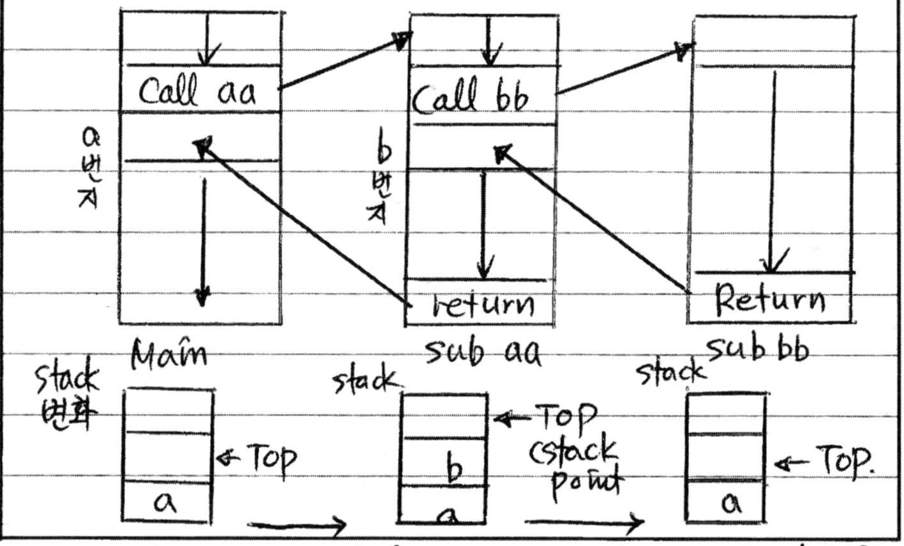

- Main 함수에서 Sub Routine call 시 stack 변화도

4. 산술식 (arithmetic expression) 표현시의 stack 사용예
- 변수 stack과 연산자 stack 사용

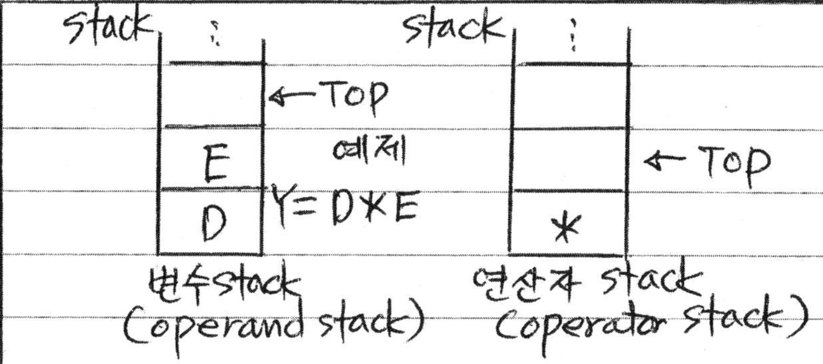

- 산술식 해석시 변수와 연산자를 분리해서 해석후 연산.

3. (2) Stack overflow 발생 방지 방법

다중 스택 (Multi-stack) 이용하는 방법 (스택 2개를 연결,유용공간확보)	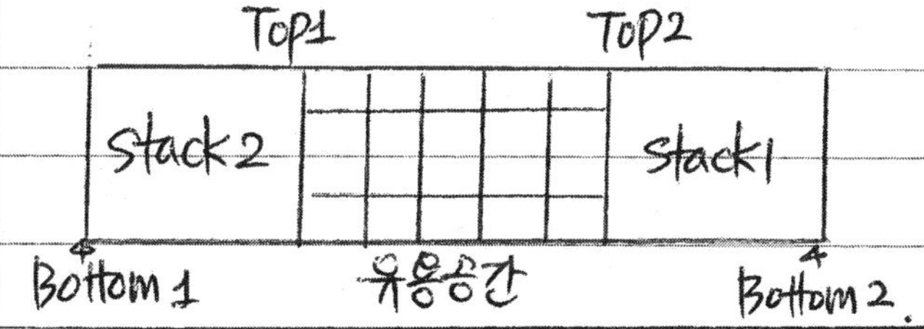
리패킹 (Repacking) 이용 방법	- n개의 다중 스택 (Multi-stack)를 이용 - 스택 2개에서 overflow 발생시 고려 - Dynamic 하게 Top과 Bottom 이동

"끝"

조건과 큐의 삽입과 삭제에 대해 Coding 하여 설명하시오.

문 31) Queue에 대해 설명하고 Queue를 표현하기 위한

답)

☆(3)

1. 선입선출(FIFO: First-In. First-out), Queue의 개요

가. 순차 리스트의 특수한 형태, Queue의 정의

- 기억 장치 입장에서 볼 때 기억장소의 어느 한쪽으로는 Data의 입력(Insert)이 이루어지고, 다른 한쪽은 Data 삭제가 되는 구조

나. Queue의 도식 설명

☆(3)

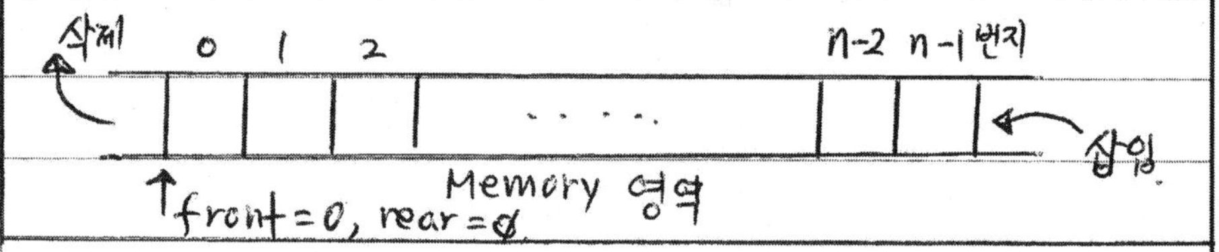

- Queue에서는 front와 rear pointer로 정보관리.

2. Queue를 표현하기 위한 조건 설명

조건	설명	도식 예제
전위포인터 (front pointer)	Queue 실제위치보다 1이 작은위치를 가리킴	
후위포인터 (rear pointer)	Queue에 마지막으로 삽입된 원소를 가리킴	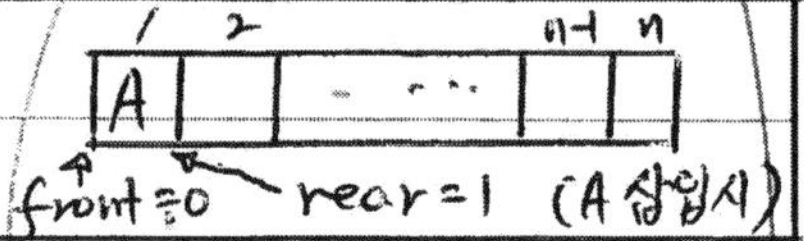
Queue의 empty	Queue에 원소가 없는 상태(초기치)	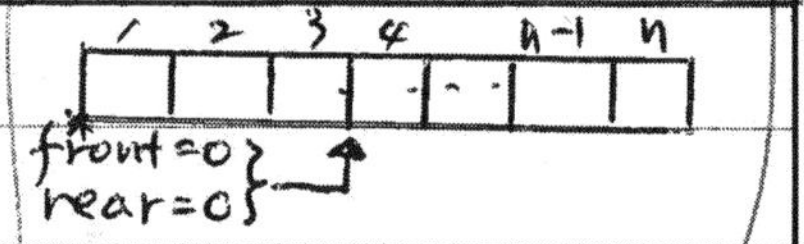
overflow 조건	rear ≥ n 인 상태, 더이상 저장안됨	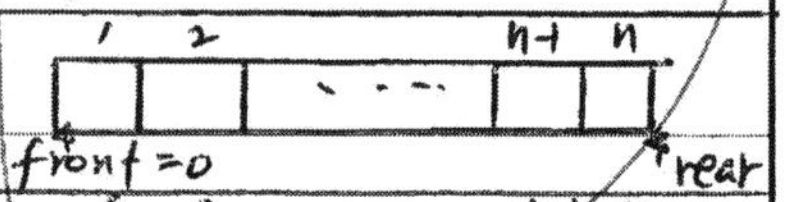
초기조건	front = rear ⇒ ∅	

∅부터 시작함으로.

→ Empty 먼저 수행.

→ overflow check 미리 수행 필요.

3. Queue의 삽입과 삭제 Coding의 예

가. Queue의 삽입 (A문자 삽입)

현재 상태	Queue 삽입 Code	삽입 상태
1 2 n [| | ... |] Queue ↑ front=0 rear=0	if rear > n then overflow exit rear ← rear+1 Queue[rear] ← 삽입(A)	1 2 n [A| | ... |] ↑ front=0 ↑ rear=1 A가 삽입.

나. Queue의 삭제 (A문자 삭제)

현재 상태	Queue 삭제 Code	삭제 상태
1 2 3 n [A|B|C| ... |] ↑ front=0 ↑ rear=3	if front = rear then Queue_empty exit front ← front+1 delete_data ← Queue[front]	1 2 3 n [|B|C| ... |] ↑ front=1 ↑ rear=3. "A"가 삭제

"끝"

문32) 원형큐(Circular Queue)에서 Enqueue와 Dequeue, Empty와 Full 상태에 대해 설명하시오

답)

1. 원형큐(Circular Queue)의 정의

가. Circular Queue의 정의 - Memory의 효율적 사용 (Array기반에서 Full 현상 제거), Front와 Rear point 값을 회전(Array내에서)시켜 Queue를 구성하는 Array(배열)을 효율적으로 사용하는 방법

나. Circular Queue의 구조

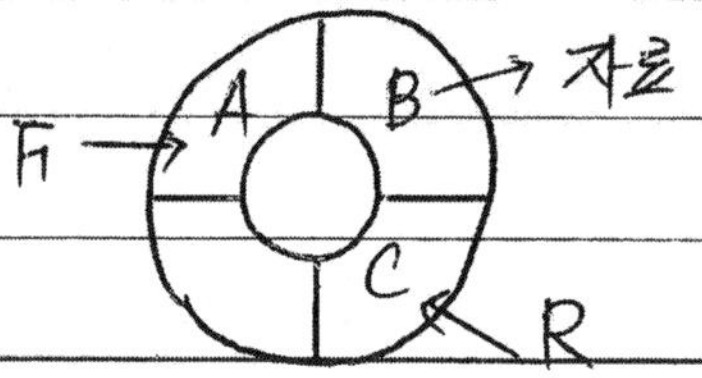

F=Front
R=Rear - 꼬리 tail의 의미

2. 원형큐에서의 Enqueue와 Dequeue 설명

가. Enqueue와 Dequeue

Enqueue	Queue에서 Data를 삽입하는 행위
Dequeue	Queue에서 Data를 제거하는 행위

나. Circular Queue에서 Enqueue의 연산

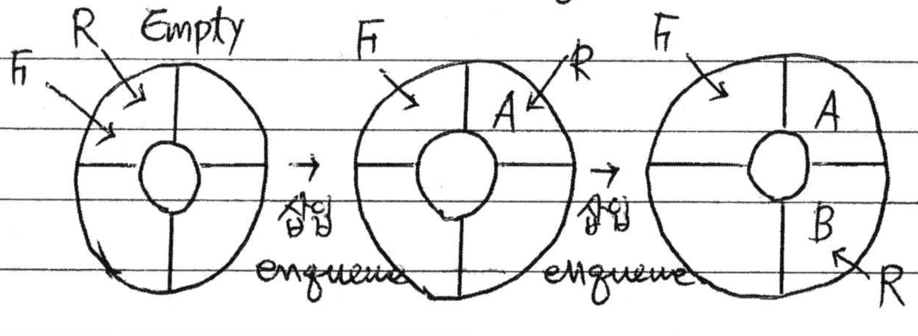

Enqueue 연산 설명	R이 가르키는 위치를 한칸 이동시켜 R이 가르키는 위치에 데이터를 저장

다. Circular Queue에서 Dequeue의 연산

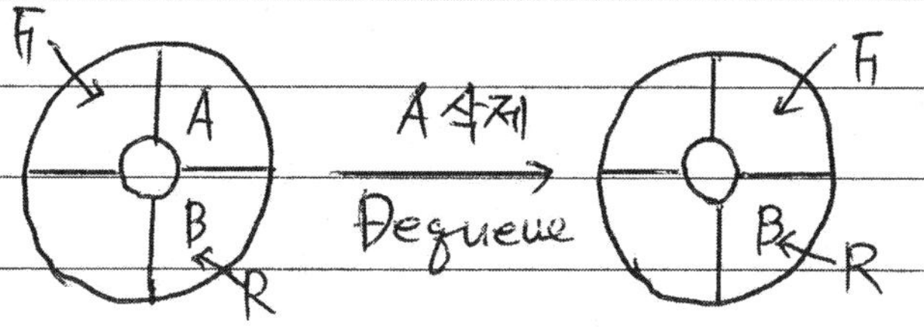

Dequeue 연산설명	F가 가르키는 위치를 한칸 이동시켜 F가 가르키는 위치에 저장된 Data를 삭제.

3. 원형큐에서 Empty와 Full 상태 설명

분류	도식	설명
Empty 상태	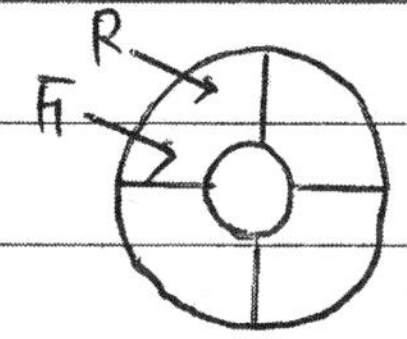	F와 R이 동일한 주소(위치)를 가리킴
Full 상태	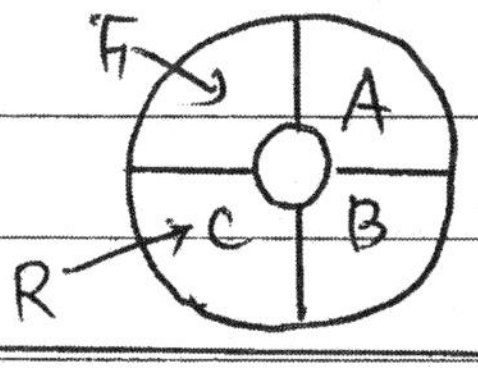	R이 가르키는 위치의 앞을 F가 가리킴 (Full상태)

"끝"

문 33) 우선 순위 큐(Priority Queue)를 구현하는 방법으로 배열, 연결 List, 힙(heap)을 이용하는 방법이 있다 각각 설명하시오

답)

1. 일반적인 Queue와 Priority Queue의 연산결과

Queue	FIFO 방식, 먼저들어간 Data가 먼저 output
우선순위 Queue	FIFO 방식이 아닌 우선순위가높은Data가 출력

2. Enqueue와 Dequeue의 비교

분류	일반 Queue	우선순위 Queue
Enqueue	Queue에서 Data삽입	우선순위Queue에서 삽입
Dequeue	Queue에서 Data 삭제	우선순위큐에서Data 삭제

3. Priority Queue의 구현 방법.

가. 배열 (Array)을 기반으로 구현 하는 방법

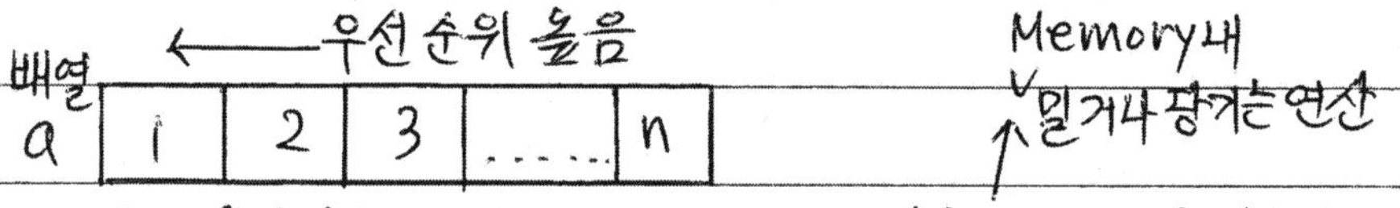

- Data 삽입/삭제 과정에서 내부 Sorting 빈번히 발생.
- 삽입 위치 탐색하기 위해 저장된 Data와 우선순위 비교

나. 연결 리스트(Linked List)를 기반으로 구현 하는 방법

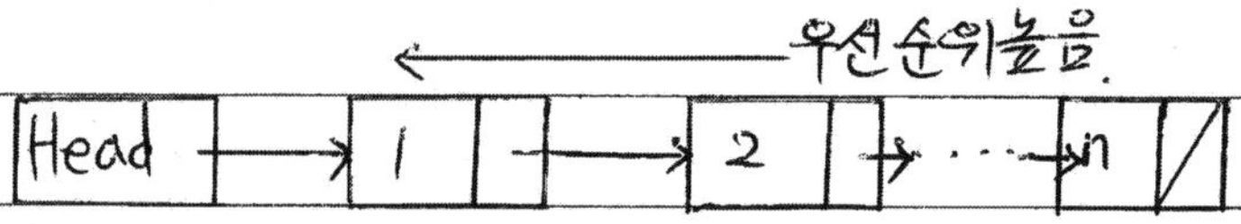

- Memory내 밀거나 당기는 연산(Shift)은 필요 없음
- 삽입위치 탐색위해 저장된 Data와 우선순위 비교필요.

사. 힙(Heap)을 이용하는 방법

- (최대힙) Max heap	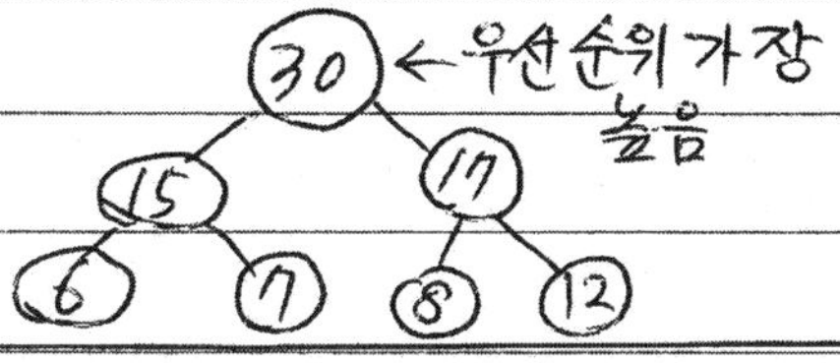	-루트(Root)노드가 가장 큰 값
Min heap (최소힙)	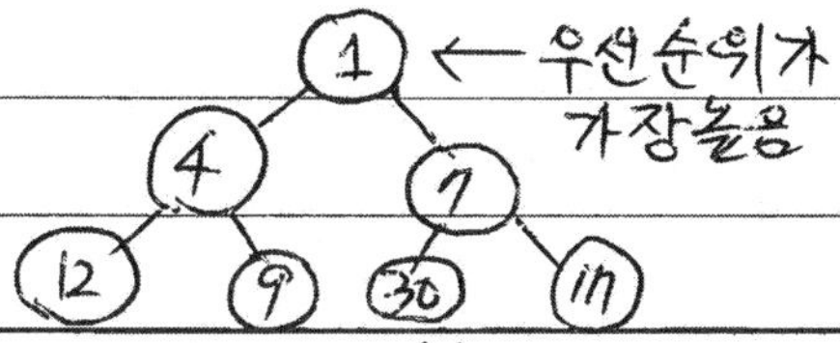	-Root Node 값이 가장 작은 값

- 좌일을 표현하는 트리를 Heap으로 표현
- Root Node에 우선순위가 가장 높은 값 존재.

"끝"

문34) 데크(deque : double ended Queue)의 삽입과 삭제과정을 설명하시오.

답)

1. Deque의 정의 및 Deque의 구조

가. Deque의 정의 - 기억장치의 양끝에서 삽입과 삭제가 이루어지는 구조, Stack과 Queue동작 복합한 방식 (LIFIFO)

나. Deque(double ended Queue)의 구조

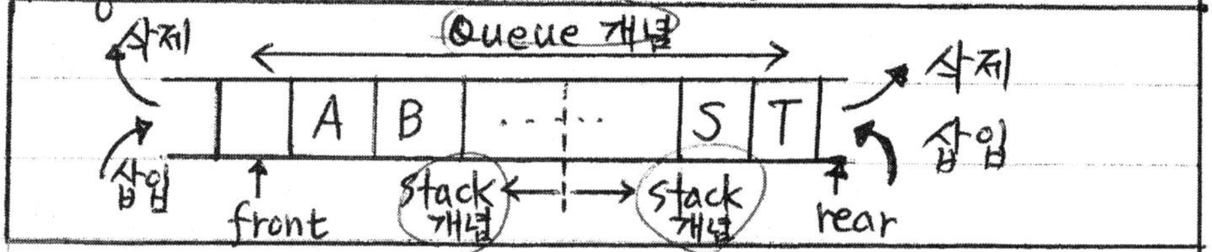

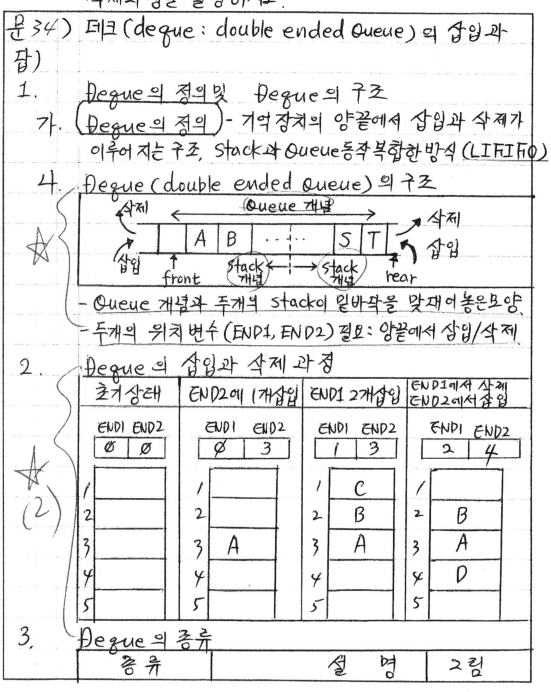

- Queue 개념과 두개의 stack이 밑바닥을 맞대어 놓은 모양.
- 두개의 위치 변수(END1, END2) 필요: 양끝에서 삽입/삭제

2. Deque의 삽입과 삭제 과정

	초기상태	END2에 1개삽입	END1 2개삽입	END1에서 삭제 END2에서 삽입
END1	∅	∅	1	2
END2	∅	3	3	4
1			C	
2			B	B
3		A	A	A
4				D
5				

3. Deque의 종류

종류	설명	그림

입력제한데크 (Input restricted)	출력은 양쪽에서 정상적으로 이루어지되 다만 입력을 어느 한쪽으로만 제한 (Scroll)	입력(삽입) 출력 deque 출력(삭제)
출력제한데크 (output restricted)	입력은 양쪽에서 정상적으로 이루어지되 다만 출력은 어느한쪽으로만 제한 (shelf)	입력 출력 deque 입력

"끝"

PART 5

정렬(Sorting)

버블 정렬(Bubble Sort), 선택 정렬(Selection Sort), 삽입 정렬(Insertion Sort), 병합 정렬(Merge Sort), 기수 정렬(Radix Sort), 2-원 합병 정렬(2-way Merge Sort), 쉘 정렬(Shell Sort), 퀵 정렬(Quick Sort), 힙 정렬(Heap Sort) - Heap 구조로 재정렬, 외부정렬(External Sort), 균형병합정렬(Balanced Merge Sort), Sort 알고리즘의 성능 비교와 특징들을 학습할 수 있도록 답안화 하였습니다. 항상 출제되는 부분이니 많은 관심을 가지고 학습하시기 바랍니다.

[관련 토픽 - 23개]

문35) 다음은 C언어로 작성된 버블정렬(Bubble Sort) 알고리즘 프로그램 일부이다. 프로그램을 완성하시오.

```
#include <stdio.h>
int main()
{
  int data[5] = {2,5,1,4,3};
  bubble(data,5);
  for(int i=0; i<5; i++){
   print("%d", data[i]);
   }
  return 0;
}
```

답)

1. Sorting의 정의와 종류

가. Sorting의 정의 - 임의의 순서대로 배열되어 있는 자료의 집합을 순서대로 재 배열하는 과정.

나. Sorting의 분류및 종류

(3)

분류	설 명	종류
삽입법	키를 비교하여 삽입에의하여 정렬	삽입/Shell 정렬
교환법	키를 비교하여 교환하여 정렬	버블/Quick 정렬
선택법	Heap(완전이진트리내의 특정key값)이용	Heap(힙) 정렬
병합법	키를 비교하여 병합에 의해 정렬	머지(Merge) 정렬
분포법	키구성내 자릿수를 Bucket에 분배후정렬	기수/계수 정렬

2. 주어진 알고리즘의 Flow chart와 버블정렬의 순서

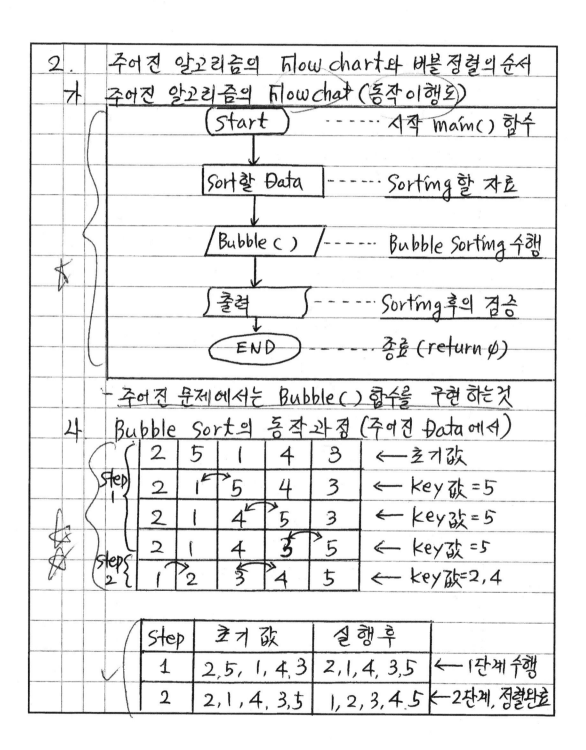

가. 주어진 알고리즘의 Flowchat (동작이해도)

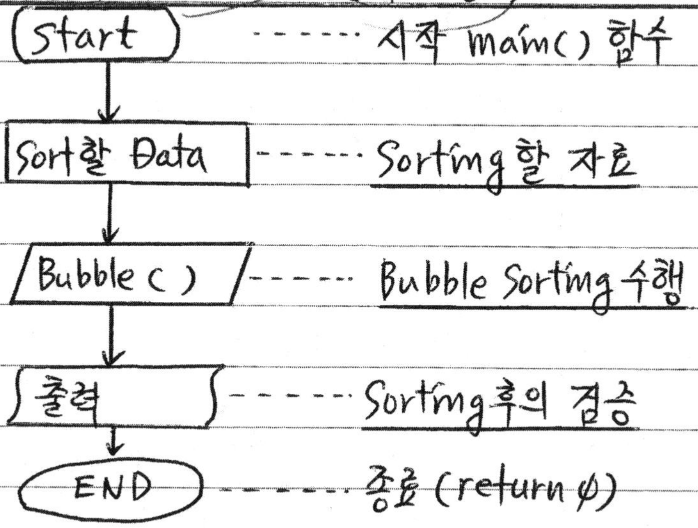

- 주어진 문제에서는 Bubble( ) 함수를 구현하는것

나. Bubble Sort의 동작과정 (주어진 Data에서)

	2	5	1	4	3	← 초기값
Step 1	2	1	5	4	3	← key값 =5
	2	1	4	5	3	← key값 =5
	2	1	4	3	5	← key값 =5
Step 2	1	2	3	4	5	← key값=2,4

Step	초기값	실행후	
1	2,5, 1, 4,3	2,1,4, 3,5	← 1단계 수행
2	2,1,4, 3,5	1,2,3,4.5	← 2단계, 정렬완료

3. 주어진 알고리즘에서 Bubble() 함수의 구현

```
void bubble(int a[], int n)
{
 int i, j, temp, s;
 for(i=0; i<n-1; i++)
 {
   s = 1; /* 정렬되어 있다고 가정, s=1의 의미는 정렬완료
   for(j=0; j<n-1; j++)
   {
     if(a[j-i] > a[j]) /* 인접 요소의 비교
     {
       temp = a[j-i]; /* 인접 요소 비교,
       a[j-i] = a[j];
       a[j] = temp; /* swap.
       s = 0; /* 정렬되어 있지 않음을 표시
     }
   }
   if(s==1) Break; /* 정렬되어 있으면 끝.
 }
}
```

이해

"끝"

문36) 아래 Code는 Bubble sort에서 Flag를 사용하는 경우와 사용하지 않는 경우를 각각 Coding 하고자 한다. 가.항목과 나.항목의 Code를 완성하고 차이점을 기술하시오.

```
#include <stdio.h>
#define TURE 1
#define FALSE 0
void swap(int *u, int *v);
void BubbleSort(int list[], int n);
void main(void){
  int list[5] = {8, 3, 4, 9, 7};
  가. Flag 미사용
  나. Flag 사용        } 각각 Coding 후 차이점 비교하시오.
}
void swap(int *u, int *v){
  int temp;
  temp = *u;
  *u = *v;
  *v = temp;
}
```

답)

1. 버블 정렬(Bubble Sort)의 정의

(Bubble Sort 정의) - 인접한 두개의 Data(値)를 비교해 가면서 정렬(내림차순&오름차순)을 진행하는 Sort

2. Bubble Sort에서 Flag를 사용하지 않는 경우

가. Flag 미사용시의 Code 예제

```
void BubbleSort(int list[], int n)
{
  int k, t, j;                          //사용할 변수선언
  k = n;
  while (k != 0) {                      //while 반복문 수행
    t = 0;                              //매번 초기화
    for(j=0; j<k; j++)                  //for문 수행
      if(list[j] > list[j+1]) {         //인접値 비교
        swap(&list[j], &list[j+1]);     //Data 교환
        t = j;                          //t 値은 0, 1, 2, 3, 4
      }
    k = t;                              //for문 수행불필요시 k 値은 0
  }                                     while 문 Exit
}
```

나. Flag 미사용(위의 Code)시의 실행 순서

단계	도식화	설명
초기상태	8 | 3 | 4 | 9 | 7	배열초기値
1단계	8 | 3 | 4 | 9 | 7 3 4 8 7 9	n−1 번 비교, n−2 번 이동

n=5 (배열내 Data 개수)

단계	배열	비교/이동
2단계	3 | 4 | 8 | 7 | 9 → 3 4 7 8 9	n-1번 비교, 1번 이동
3단계	3 | 4 | 7 | 8 | 9 → 3 4 7 8 9	n-1번 비교, 이동 없음
4단계 (최종결과)	3 | 4 | 7 | 8 | 9 → 3 4 7 8 9	n-1번 비교, 이동 없음

- n-1 번 비교(각 단계)는 Flag 미사용시 Code예제(답안예제)

3. Bubble Sort에서 Flag 사용할 경우

가. Flag 사용시의 Code 예제

```
Void Bubblesort(int list[], int n)
{
  int k, j, flag;                          // 사용할 변수선언
  k=n;
  do {                                     // do~while문 사용
     flag = FALSE;                         // Flag 초기화
     for(j=0; j<k; j++)                    // for문 수행
        if(list[j] > list[j+1]) {          // 인접 값 비교
          swap(&list[j], &list[j+1]);      // Data 교환
          flag = TRUE;
        }
  }while (flag)     // flag가 1일 경우만 do~while문 수행
}
```

4. Flag 사용(위의 Code)시의 실행순서

단계	도식화	설명
초기상태	8 | 3 | 4 | 9 | 7	배열초기값
1단계	8 | 3 | 4 | 9 | 7 3 4 8 7 9	n-1번 비교, n-2번 이동(swap) Flag = 1
2단계	3 | 4 | 8 | 7 | 9 3 4 7 8 9	n-1번 비교 1번 Data swap. Flag = 1
3단계 (최종결과)	3 | 4 | 7 | 8 | 9 3 4 7 8 9	n-1번 비교 swap 없음 Flag = 0

4. Flag 사용시와 미사용시의 차이점

비교항목	Flag 사용	Flag 미사용
수행단계	4단계 수행	3단계수행 (시간절약)
비교횟수	16번 비교	12번 비교
이동(換)횟수	4번 이동	4번 이동

- 비교횟수와 이동횟수는 예제 Code 기준으로 산정함.
- Flag 사용시 3단계 수행으로 시간절약됨 "끝"

문37) Bubble sort에서 이미 정렬된 값은 더이상 비교할 필요가 없다. 이 점을 고려하여 Bubble sort의 예제를 들어 Coding 하시오. (설명도 추가하시오)

답)

1. 비교횟수 최소화 방법 고려, 방안제음 at Bubble sort

- Data의 수가 n개 일때 진행되는 횟수를 (n-1)+(n-2)+(n-3)····+2+1 이 되게 하는 방법

2. Bubble sort에서 비교횟수 최소화 고려한 Code 예제

```
#include <stdio.h>
int main(void)
{
  int arr[5] = {8, 4, 3, 9, 7};
  BubbleSort(arr, sizeof(arr)/sizeof(int));
}
void BubbleSort(int arr[], int n)
{
  int i, j, temp;
  for(i=0; i<n-1; i++){
     for(j=0; j<(n-i)-1; j++){
        if(arr[j] > arr[j+1]){
          temp = arr[j];
          arr[j] = arr[j+1];
```

```
            arr[j+1] = temp; //Data교환
        } //if문
      } //for문
   } //for문
} //Main문
```

3. Code의 실행순서 설명

단계	도식화	비교횟수
초기상태	8 | 3 | 4 | 9 | 7	초기값
1단계	8 | 3 | 4 | 9 | 7 3 4 8 7 9	n - 1
2단계	3 | 4 | 8 | 7 | 9 3 4 7 8 9	n - 2
3단계	3 | 4 | 7 | 8 | 9	2
4단계	3 | 4 | 7 | 8 | 9	1

- Flag 미사용시의 Code 기준임.

"끝"

문38) 다음 Key값에 대한 Bubble sort 과정을 설명하고
버블 정렬 성능 평가를 Big-oh(O)로 표기하시오

답) Key값 = 3, 2, 4, 1 (n=4)

1. Sort(정렬)의 대명사, Bubble sort의 정의
- 인접한 두개의 Key값을 비교해 가면서 Sort하는 방식

2. 주어진 Key값에 대한 Bubble sort 과정

단계	수행 과정			비교횟수	이동횟수
1단계	비교1	3 ←비교→ 2 4 1	이동	n-1 = 3	2회
	비교2	2 3 ←비교→ 4 1			
	비교3	2 3 4 ←비교→ 1	이동		
	결과	2 3 1 4			
2단계	비교1	2 ←비교→ 3 1 4		n-2 = 2	1회
	비교2	2 3 ←비교→ 1 4	이동		
	결과	2 1 3 4			
3단계	비교1	2 ←비교→ 1 3 4	이동	n-3 = 1	1회
	결과	1 2 3 4			

3. Bubble sort의 성능평가

비교의 횟수	두 Key값간의 비교 연산의 횟수
이동의 횟수	위치 변경을 위한 Key값의 이동횟수

가. 비교횟수의 Big-oh 표기법 (Bubble sort)
- 4개 Key값에 대한 3단계 수행시 단계별 비교횟수는
3 + 2 + 1, n개 Key에 대해 (n-1)+(n-2)+.... +2+1 성립.

$(n-1)+(n-2)+(n-3)+\cdots\cdots+2+1$은
등차수열의 합에 해당.

$$\sum_{i=1}^{n-1} i = \frac{n(n-1)}{2} = \frac{n^2-n}{2} \longrightarrow \underline{O(n^2)}$$

4. 이동 횟수의 Big-oh 표기 (worst Case)

<u>$O(n^2)$과 같음.</u>

"끝"

문 39) 아래 Key값에 대해 선택 정렬(Selection sort) 과정을 설명하고 Coding 예제를 기술하시오

Key값 = { 8, 5, 3, 9, 7 } (n=5)

답)

1. 가장 쉬운 Sort 방법중의 한 방법, 선택 정렬의 정의

- Key 값의 수(n) 만큼 비교해 가면서 매 비교시마다 가장 작은 값(key)를 찾아 가장 앞으로 보내는 방법

2. 주어진 key 값에서의 Selection sort의 실행순서

실행단계	실행 도식화	비교횟수
초기상태	8 | 5 | 3 | 9 | 7	초기값
1단계	8 | 5 | 3 | 9 | 7 실행후 3 ←---5 교환 8 9 7	n−1 = 4 (5)
2단계	3 | 5 | 8 | 9 | 7 실행후 3 5 8 9 7	n−2 = 3
3단계	3 | 5 | 8 | 9 | 7 3 5 7 교환 9 8	n−3 = 2
4단계 (최종결과)	3 | 5 | 7 | 9 | 8 결과 3 5 7 8 교환 9	n−4 = 1

- 성능 : $(n-1)+(n-2)+\cdots+2+1 \rightarrow \frac{n(n-1)}{2} = \frac{n^2-n}{2} = O(n^2)$

3. 위의 실행 순서에 따른 Code 예제의 기술

```
#include <stdio.h>
void swap(int *u, int *v);
```

```
void SelectionSort(int list[], int n);
void main(void){
  int list[5]={8, 5, 3, 9, 7};
  SelectionSort(list, 5);
}
void SelectionSort(int list[], int n){
 int i, j, k;
 for(i=0; i<n-1; i++){
   k=i;
   for(j=i+1; j<n; j++)
     if(list[j]<list[k]) k=j; //가장 작은key값
    swap(&list[i], &list[k]);     //key 교환
  }
}
void swap(int *u, int *v){  //key 교환
  int temp;
  temp = *u;
  *u = *v;
  *v = temp;
}
```

-구현 간단, 추가메모리불필요, 정렬된부분에 대해서도 비교(단점)"끝"

문40) 아래 Key 값에 대해 삽입정렬(Insertion Sort) 과정을 설명하고 Code 예제를 기술하시오.

Key 값 = {5, 3, 2, 4, 1} (n=5)

답)

1. Sort의 정의와 Insertion Sort의 정의

(Sort의 정의) - 무질서하게 나열된 자료 구조들을 일정한 순서(오름&내림 차순)에 따라 재배열하는 것

(삽입정렬(Insertion)의 정의) - 정렬되지 않은 Key값의 한 원소씩을 정렬된 Key에 제 위치를 찾아 삽입하는 방법

2. 주어진 Key 값에서 Insertion Sort의 실행 과정

실행단계	실행과정 도식화	좌이동값	우Shift값
초기상태	5 3 2 4 1	-	-
1단계	5 → 3 2 4 1 3 5 2 4 1	3	5
2단계	3 → 5 → 2 4 1 2 3 5 4 1	2	3, 5
3단계	2 3 5 → 4 1 2 3 4 5 1	4	5
4단계	2 → 3 → 4 → 5 → 1 1 2 3 4 5	1	2, 3, 4, 5
완료	1 2 3 4 5	-	-

3. 위의 실행과정을 구현한 Code 예제

```
#include <stdio.h>
void InsertSort(int arr[], int n);
int main(void) {
 int arr[5] = {5, 3, 2, 4, 1};
 InsertSort(arr, 5);
}
Void InsertSort(int arr[], int n)
{
  int i, j, insData;
  for(i=1; i<n; i++){
     insData = arr[i]; // 정렬하고자 key값 저장
     for(j=i-1; j>=0; j--){
        if(arr[j] > insData)
           arr[j+1] = arr[j]; // 우측shift
        else
           Break;   // 삽입위치 확인후 for문 Exit
     } //for문 Exit
     arr[j+1] = insData; // 찾은위치(삽입위치)에
  }// for문 Exit             Key(정렬할) 삽입.
} //main문
```

"끝"

실행 효율적인 측면을

문41) Insertion sort (삽입 정렬)에 대해 설명하고
초기 자료 : 2, 4, 3, 5, 1 값에 실행 과정을
기술하시오.

답)

1. 이미 정렬된 Record $R_1, R_2 \cdots R_n$에 R을 삽입, 삽입정렬개요

가. 삽입정렬 (Insertion sort)의 정의
- 이미 Sort된 상태의 Record에 새로운 Record를 삽입하여 전체를 재 정렬(Sort)하는 방법.

나. Insertion sort의 추상화(Pseudo code)

```
procedure InsertSort(R, n)
  i ← n
  while (K < Ki) do  /* R의 키 K와 비교 */
      Ri+1 ← Ri ; i ← i - 1  /* R을 Rj의 왼쪽에 삽입
                             되도록 Rj를 오른쪽으로 이동 */
  Ri+1 ← R
```

2. 주어진 초기자료에서의 실행과정

단계	단계실행	삽입
1	(2)	2
2	(2) (4)	4
3	(2) (3) (4)	3
4	(2) (3) (4) (5)	5
5	(1) (2) (3) (4) (5)	1

3. Insertion sort의 실행(Execution) 효율

항목	설명	
비교횟수	최대	$C_{max} = 1+2+3 \cdots +(n+1) = \frac{n(n-1)}{2}$
	최소	$C_{min} = (n-1)$
	평균	$C_{avg} = C_{max}/2 = \frac{n(n-1)}{4}$
연산시간	Time Complexity : $O(n^2)$	
기억장소사용공간	S(space) = n	

"끝"

다음 값을

문42) 삽입 정렬(Insert sorting) 과정을 설명하시오.
(76, 32, 83, 55, 97)

답)

1. 삽입 정렬(Insert sorting)의 정의와 활용

가. Insert Sorting의 정의
- 키(Key)를 비교하여 삽입에 의하여 정렬하는 방식

나. 삽입 정렬의 활용 예 - 시험을 본후 무질서하게 제출된 시험지를 학번(번호)순으로 정렬 하여야 하는 경우에 활용

2. 주어진 값의 Insert Sorting 방법과 설명

주어진 data 값	설명
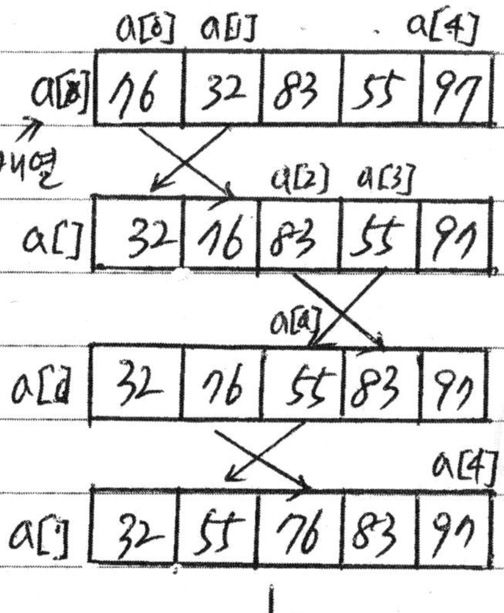	a[1] 값 32 삽입위치 결정하기위해 a[0]와 비교, 교환
	a[3] 값 55 삽입위치 a[2] 값 83과 비교교환
	a[2] 값 55 위치결정 a[1] 값 76과 교환
	← Sorting 완료
a[4] 값 97은 이동 없이 자신의 위치에 고정	← 주어진 data 에서는 3번의 삽입이 발생

"끝"

의 과정을 설명하시오

문43) 다음 각각의 Data를 선택정렬과 머지 정렬(Merge)

선택정렬값	90, 30, 100, 55, 78. 내림차순으로 정렬하시오.
머지정렬값	5, 3, 6, 2, 10, 7, 4, 8, 9, 1, 11, 12. 올림차순으로 정렬하시오.

답)

1. Selection sort와 Merge sort의 정의

(선택정렬) - 배열의 맨 앞 또는 뒤에서부터 하나씩 값을 찾아 가장 큰 값 또는 가장 작은 값을 선택하여 배열 전부 탐색.

(머지정렬) - 여러 개의 정렬되어 있는 배열 자료들을 혼합하여 하나의 정렬된 배열로 합하는 작업.

2. 주어진 Data에서의 선택정렬 과정.

과정 이해 ☆☆ (2)

Step	과정 (내림차순)	설명
Step1	X = 교환 없음, O = 교환 있음 a[0] a[1] a[] [90→100 | 30 | 100 | 55 | 78] a[4] X O X X	a[0] 기준으로 a[1]에서 a[4]까지 비교하면서 교환 여부 판단
Step2	[100 | 30 | 90 | 55 | 78] O	30과 90 교환
Step3	[100 | 90 | 30 | 55 | 78] O O	30과 78 교환
Step4	[100 | 90 | 78 | 55 | 30] X	55와 30 교환
Step5 (종료)	[100 | 90 | 78 | 55 | 30]	정렬 완료

☆ (2) 과제 이해 ↓ 쉬움

3. 주어진 Data에서의 머지 정렬 과정

입력 Data (5, 3, 6, 2, 10, 7, 4, 8, 9, 1, 11, 12)

초기상태 5, 3, 6, 2, 10, 7, 4, 8, 9, 1, 11, 12

1단계 [3,5] [2,6] [7,10] [4,8] [1,9] [11,12]

2단계 [2,3,5,6] [4,7,8,10] [1,9,11,12]

3단계 [2,3,4,5,6,7,8,10] [1,9,11,12]

4단계 [1,2,3,4,5,6,7,8,9,10,11,12]

- 여러 개의 정렬되어 있는 배열 자료를 혼합하여 하나의 정렬된 배열로 합침

"끝"

문44) 아래 Record 값을 버킷(Bucket)을 사용하여 기수정렬(Radix sort)을 수행하는 과정을 기술하시오

n = 15,
Record = (19, 26, 43, 92, 87, 21, 38, 11, 55, 22, 64, 54, 70, 36, 77)

답)

1. Sorting (정렬)의 정의와 종류

가. Sorting의 정의 - 임의의 순서대로 배열되어 있는 자료구조의 집합을 순서대로 재배열하는 과정

나. Sorting의 분류 및 종류

분류	종류	설명	정렬방법
내부정렬 (Internal Sort)	삽입법	Key를 비교, 삽입	삽입/Shell
	교환법	Key를 비교, 교환	선택/버블/Quick
	선택법	Heap 이용	Heap(힙)
	병합법	Key비교, 병합 이용	머지(Merge)
	분포법	Key구성을 Bucket, Queue	기수, 계수 정렬
외부정렬	디스크를 활용한 정렬, 외부 Memory 이용 Tape를 이용한 정렬,		

2. Radix(기수) 정렬의 정의 및 Sorting 방법

가. Radix(기수) sort의 정의

- Key 값을 분석하여 문자의 종류나 숫자의 기수(Radix) 등에 대하여 디지털화하여 Digital 특성을 이용하여 그 순서에 맞는 버킷(Bucket)이나 Queue에 분배하였다가 버킷(LIFO)이나 Queue(FIFO)의 순서대로 Record를 꺼내어 정렬하는 방법

나 Radix(기수) 정렬의 Sorting 방법

방법	설명
우선정렬 (right-to-Left)	가장 하위에 있는 자리(LSD: least Significant Digit)에 따라서 각 버킷에 분배시키고 최상위(MSD: Most..)까지 수행하면서 순서대로 정렬하는 정렬 방식 (Ø(1)의 자리부터)
좌선정렬 (left-to-right)	LSD ← 진행방향 MSD MSD(최상위 숫자)부터 진행하여 LSD까지 진행

3. 주어진 Record에서의 Radix sort 과정

가. Record 값

R=(19, 26, 43, 92, 87, 21, 38, 11, 55, 22, 64, 54, 70, 36, 77)

나. 최하위 자리수(일 단위)를 10개의 버킷(stack)에 분배

버킷	Key(R) 값-Stack
Ø	70
1	21, 11

↑ Top(stack pointer)

2	92, 22
3	43
4	64, 54
5	55
6	26, 36
7	87, 77 ↑Top (해당 Bucket)
8	38
9	19 ← TOP(전체 Stack)

- 가장큰수 9 부터 Ø까지 입력 자료 순대로 Stack의 내용을 POP(LIFO) 출력 하면
R=(19, 38, 77, 87, 36, 26, 55, 54, 64, 43, 22, 92, 11, 21, 70)순

다. 십의 숫자 단위로 해당 버켓(Stack)에 입력(분배)

버켓(Stack)	Key(R) 값
0	Top(Stack pointer) ↓
1	19, 11
2	26, 22, 21
3	38, 36
4	43
5	55, 54
6	64
7	77, 70
8	87

9	92

- Sort 결과: 가장 작은 수의 버켓(0)부터 LIFO (stack) 방식으로 출력
→ R=(11, 19, 21, 22, 26, 36, 38, 43, 54, 55, 64, 70, 77, 87, 92)
$n=15$

4. Radix Sort의 장단점 및 활용

장점	속도 빠름, 알고리즘 이해하기 쉬움
단점	추가 버켓(stack 등) 기억공간 많이 차지
활용	100명 학생의 시험 성적순 정렬 등
실행효율	$S=(n+1)q$ (q: Queue나 Bucket 수)
연산시간	평균: $O(k(n+q))$ (k: 자릿수), 최악: $O(n^2)$

"끝"

문45) 아래 Record 값을 Queue를 사용하여 기수정렬 (Radix Sort)을 수행하는 과정을 기술하시오 (n=15)

R=(19, 26, 43, 92, 87, 21, 38, 11, 55, 22, 64, 54, 70, 36, 77)

답)

1. Radix Sort (기수 정렬)의 정의

- Key 값의 기수(Radix)특성을 이용(일의자리, 십의 자리등)하여 Queue나 Stack에 분배후 FIFO나 LIFO 방식으로 Key 값을 재 정렬하는 방법

2. LSD(가장 하위자리) 방식 적용 Queue에 분배

	0	1	2	3	4	5	6	7	8	9
LSD	70	21	92	43	64	55	26	87	38	19
		11	22		54		36	77		

↑ ↑ ↑ 각각의 Queue

⇓ Queue는 FIFO 방식으로 출력

출력결과: 70, 21, 11, 92, 22, 43, 64 ·······38, 19 순으로 출력됨 (FIFO 방식 - Queue)

3. 십단위 자리 적용(Queue) 및 결과

	0	1	2	3	4	5	6	7	8	9
		11	21	36	43	54	64	70	87	92
LSD		19	22	38		55		77		
			26							

- 출력결과

R=(11, 19, 21, 22, 26, 36, 38, 43 ···· 70, 77, 87, 92)

"끝"

문46) 12개의 Record Key (121, 212, 004, 120, 215, 309, 518, 202, 415, 345, 107, 333) 로 구성된 파일을 기수정렬(Radix) (LSD 우선방식 적용)로 정렬하는 과정을 보이시오

답)

1. Radix sort (기수정렬)의 정의

- Key 값의 기수(Radix) 특성(LSD(Least Significant Digit : 가장 하위 자리부터 진행), MSD(가장 상위 자리부터 진행))을 이용하여 Queue나 stack에 분배후 FIFO나 LIFO 방식으로 key값을 꺼내면서 재 정렬하는 방법.

2. 주어진 key값에서 Radix sort 과정 설명

1) 1단계 : 10개의 빈 Bucket 준비후, LSD로 분배

Bucket	入力(입력) key 값
0	120
1	121
2	212 202
3	333
4	004
5	215 415 345
6	
7	107

8	518
9	309

2) 2단계 : Queue로 구성된 버켓들을 Merge(병합)
FIFo 방식으로 처리한 결과
- 120, 121, 212, 202 ~ 107, 518, 309

3) 3단계 : Key의 중간 자릿수를 기준으로 버켓에 분배

Bucket	Key 값
0	202 004 107 309
1	212 215 415 518
2	120 121
3	333
4	345

4) 4단계: 버켓 단위로 Merge (병합)
- 202, 004, 107, 309, 212, 215 ~ 333, 345순

5) 5단계 : Key의 가장 큰 자릿수를 기준으로 버켓에 분배

Bucket	Key 값
0	004
1	107 120 121
2	202 212 215
3	309 333 345
4	415
5	518

6) 6단계: 각 버킷 단위로 Merge(병합)
004, 107, 120, 121, 202, 212, 215, ~415, 518.

3 Radix Sort(기수 정렬)의 결과도출.

결과값(오름차순)
004, 107, 120, 121, 202, 212, 215,
309, 333, 345, 415, 518

"끝"

문47) 아래 2개의 배열값에서 2-원 합병 정렬 (2-way Merge sort)으로 정렬하는 과정을 설명하시오

배열 a	5	17	24			
배열 b	3	19	30	35	42	

답)

1. 2-Way Merge Sort의 정의

- 2원 합병 정렬은 정렬(Sort)되어 있는 두개의 배열을 합병(Merge)하여 하나의 정렬된배열로 만드는 방법.

2. 주어진두배열에서 하나의 배열로 수행하는 과정설명

단계	실행	결과
1	ia→ a: 5 17 24 b: 3 19 30 35 42 ↑ib → 이동	ib<ia (작은값 선택) c: 3
2	ia → 이동 a: ~~5~~ 17 24 b: ~~3~~ 19 30 35 42 ↑ib	ia<ib c: 3 5
3	ia → a: ~~5~~ 17 24 b: ~~3~~ 19 30 35 42 ↑ib	ia<ib c: 3 5 17

4	ia ↓ a: 5 17 24 b: 3 19 30 35 42 ↑ ib →	ib 선택 c: 3 5 17 19
5	ia ↓ a: 5 17 24 b: 3 19 30 35 42 ↑ ib →	ia 선택 c: 3 5 17 19 24
6	ia ↓ a: 5 17 24 b: 3 19 30 35 42 ↑ ib → ↑ ib → ib	ib, ib 선택 c: 3 5 17 19 24 30 35 42

3. 2-Way Merge Sort 결과

3 5 17 19 24 30 35 42

"끝"

문48) 아래 Key 값을 이용하여 Shell sort 과정을 설명하시오 (이때 매개 변수는 6, 4, 3, 2, 1을 적용하시오)

Key = 4, 15, 18, 23, 6, 35, 7, 1, 41, 9, 54, 20

답)

1 Insertion sort의 속도 극복, Shell sort의 정의

- Key값에서 매개 변수(h) 값만큼 떨어진 위치의 Key값들을 상호 비교하여 교환하는 과정으로 매개 변수를 감소시켜 1이 될때 까지 반복수행 하면서 Sort하는 방식
- Key(Record)를 여러개의 서브파일로 나누어 각 서브 파일을 삽입 정렬하는 방식

2 매개변수 6, 4, 3 에서의 실행과정

가 매개 변수 6 일때 - 서브 파일의 크기는 2

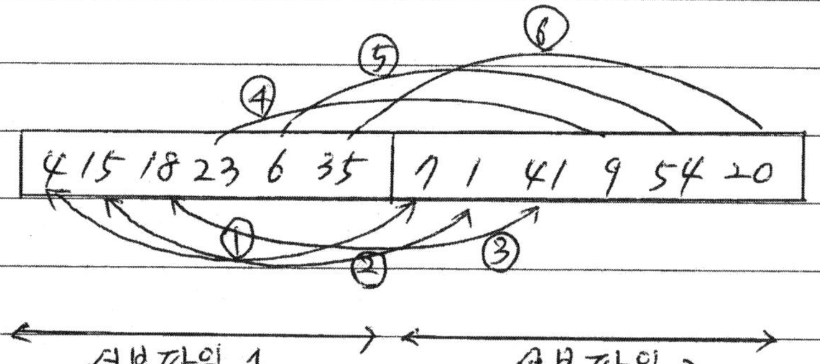

Key 교환 발생	내용
② ④ ⑥	15↔1, 23↔9, 35↔20

상호교환

가.수행후의 결과

4	1	18	9	6	20	7	15	41	23	54	35

나. 매개 변수 4(떨어진 Key위치)일때 - Sub 파일크기는 3

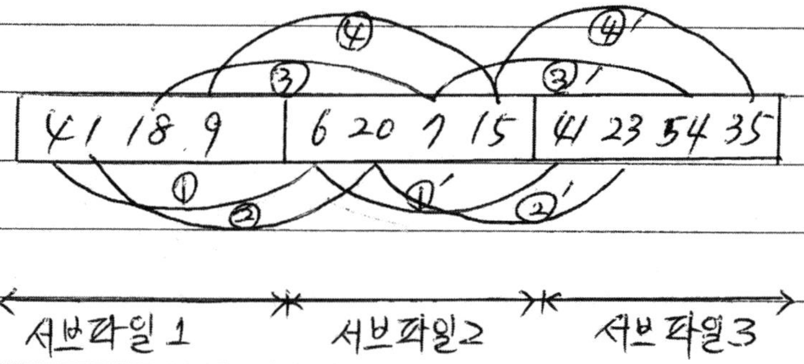

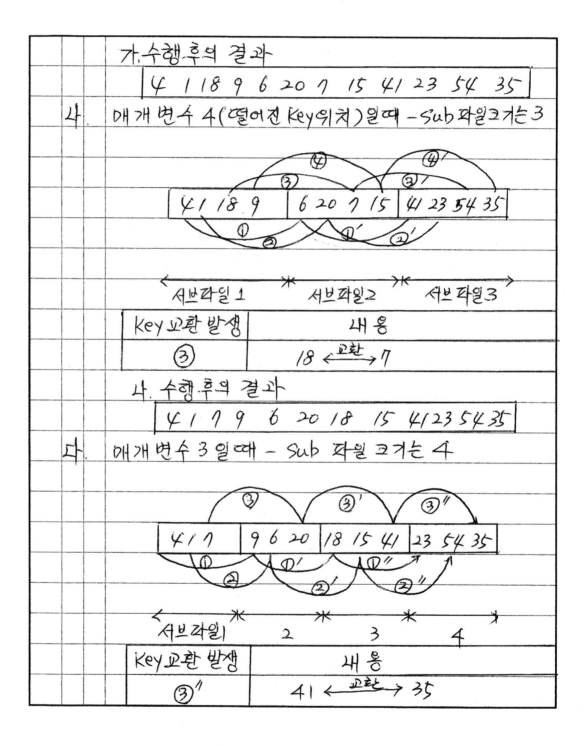

Key교환 발생	내용
③	18 ←교환→ 7

나. 수행후의 결과

4	1	7	9	6	20	18	15	41	23	54	35

다. 매개변수 3일때 - Sub 파일 크기는 4

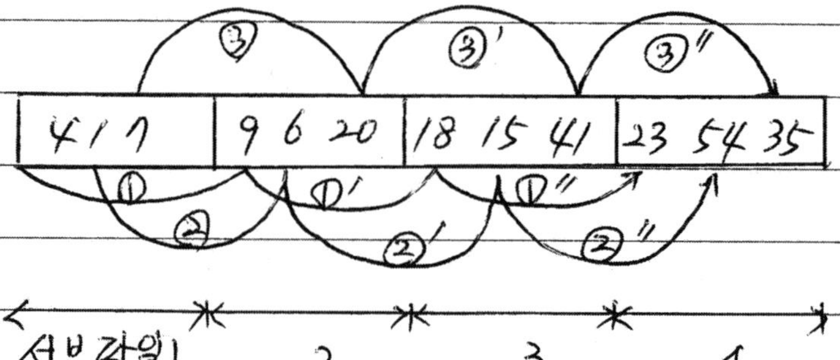

Key교환 발생	내용
③″	41 ←교환→ 35

다. 수행후의 결과

4	1	7	9	6	20	18	15	35	23	54	41

3. 매개변수 2, 1 에서의 실행과정 설명

가. 매개변수 2일때 - 서브파일의 크기는 6

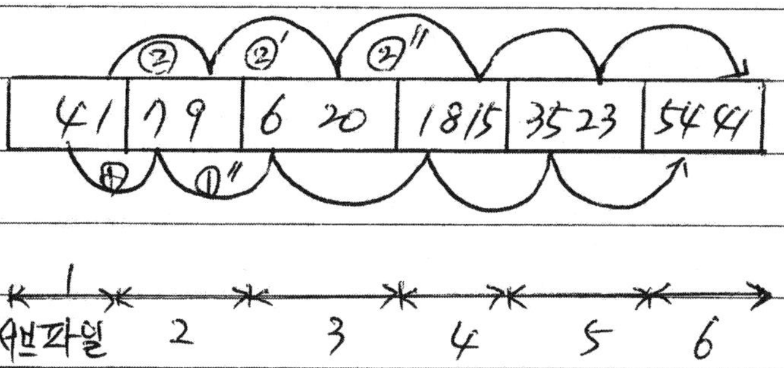

Key교환 발생	내용
①″ ②″	7↔6, 20↔15

가. 수행후의 결과

4	1	6	9	7	15	18	20	35	23	54	41

나. 매개변수 1일때 - Sub 파일의 크기는 12

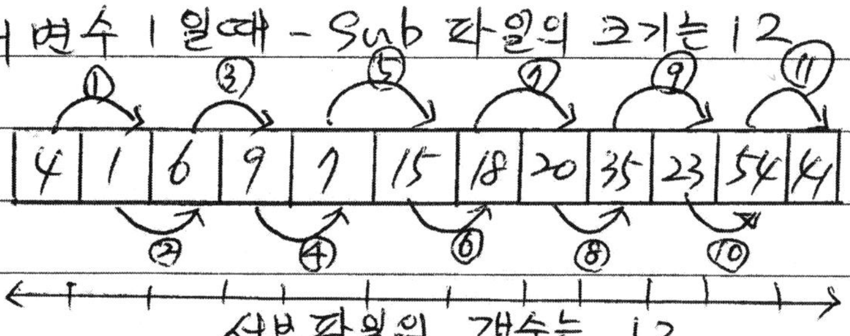

Key교환 발생	
① ④ ⑨ ⑪	4↔1, 9↔7, 35↔23, 54↔41

4. 수행후의 결과

1	4	6	7	9	15	18	20	23	35	41	54

↑

Shell sort 완료(완료)

4. Shell sort의 실행효율

- 기억장소 사용공간 S = n
- 실행시간(Time Complexity) : $O(n^2)$

"끝"

문49) 병합 정렬(Merge sort)의 방법에 대해 추상화하여 설명하시오. key값은 다음과 같다.

Key = (8, 2, 3, 7, 1, 5, 4, 6)

답)

1. 분할 정복(Divide and Conquer), Merge Sort의 정의

- 복잡한 문제를 복잡하지 않는 문제로 분할하여 정복후 결합(Combine)하는 정렬 방법

단계	의 미	설 명
1	분할(Divide)	해결이 용이한 단계까지 문제를 분할
2	정복(Conquer)	해결이 용이한 수준까지 분할된 문제 해결
3	결합(Combine)	분할해서 해결한 결과를 결합후 마무리

2. Merge Sort의 추상화적 설명

MergeSort( )

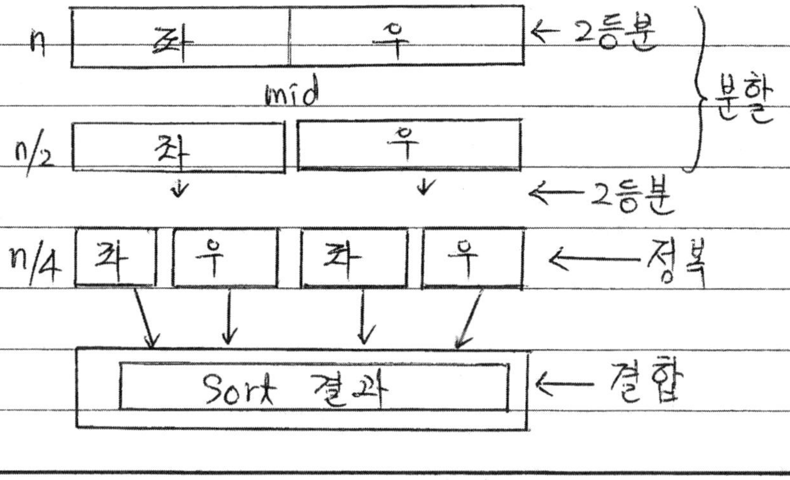

3. 주어진 Key 값에서의 Merge Sort 과정

| 8 2 3 7 1 5 4 6 |

↓ 1단계: 분할

| 8 2 3 7 | 1 5 4 6 |

↓ ↓ 2단계: 정렬

| 2 3 7 8 | | 1 4 5 6 |

↓ ↓ 3단계: 결합

| 1 2 3 4 5 6 7 8 |

"끝"

문50) 다음 16개의 정렬되지 않은 초기 자료가 배열 a에 입력되어 있을때 단계별로 오름 차순으로 정렬되는 과정을 (기수 정렬 (Radix sort) 방법으로 사용) 기술하시오.

a[0]				a[4]				a[8]				a[12]			a[15]
19	01	46	13	25	72	82	27	31	58	11	65	41	94	04	70

답)

1. Bucket에 분배, 기수정렬의 개요.

가. Bucket Queue(FIFO) 운영, Radix Sort의 정의

- 자료(Key값)의 각 자릿수에 표현된 값에 해당하는 버킷(Bucket)에 분배하여 정렬(Sort)하는 방법.

나. 기수정렬 방법(오름/내림 차순)

MSD	- Most Signification Digit, 최상위 자릿수 우선정렬 - 백 단위, 십 단위, 단단위순으로 정렬
LSD	- Least ·, 최하위 자릿수 우선 정렬 - 단단위, 십 단위, 백 단위 순으로 정렬

- 정렬될 자료의 기수(0…9)에 해당하는 버킷이 필요함.

2. 주어진 배열 a내의 key(자료)들의 정렬과정

단계	각 버킷의 내용(10개의 버킷 필요)										설명
Queue	0	1	2	3	4	5	6	7	8	9	
1단계	70	01 31 11 41	72 82	13	94 04	25 65	46	27	58	19	단단위 (LSD)부터 진행

1단계결과	70 01 31 11	41 72 82 13	94 04 25 65	46 27 58 19
	a[0]	a[4]	a[8]	a[12]

2 단계

	0	1	2	3	4	5	6	7	8	9
		19								
Rear →	04	13	27		46			72		
front →	01	11	25	31	41	58	65	70	82	94
Queue	0	1	2	3	4	5	6	7	8	9

십단위값으로 정렬 (해당 큐에 분배)

2단계 결과	01 04 11 13	19 25 27 31	41 46 58 65	70 72 82 94
	a[0]	a[4]	a[8]	a[12]

- 2단계에서 정렬(Sort) 완료

"끝"

(15, 22, 13, 27, 12, 10, 20, 25)

문 51) Quick sorting 알고리즘을 설명하고, 다음 Data를 Quick sorting 알고리즘을 정렬하는 과정을 설명하시오.

답)

1. Quick sorting의 개요 및 과정(알고리즘)

가. Quick sorting의 정의.

☆ 분할과 정복

- 임의의 한 원소(pivot 값)를 선정하여 작은 값을 갖는 자료들과 큰 값을 갖는 자료로 분할하여 sorting 하는 방법

나. Quick sorting의 과정 - 주어진 문제 기준

단계	설명
1단계	8개의 정렬되지 않은 원시자료가 배열 a에 입력되어 있을때 단계별로 올림차순으로 정렬
2단계	축값(pivot value)은 맨 앞에 위치하는 Data로 가정, 여기서는 15.
3단계	두개의 변수 left와 right를 사용
4단계	left(좌측지점)는 피봇보다 작으면 통과, 크면정지 : 피봇(축값)보다 큰값을 찾아 뒤로보내기 위함.
5단계	righ(우측지점)는 피봇보다 크면 통과, 작으면 정지 : 피봇(축값)보다 작은값을 찾아 앞으로 보내기위함.
6단계	정지된 위치의 숫자를 교환
7단계	left와 right가 교차하면 종료.

http://cafe.naver.com/96starpz/1391 참조

2. 주어진 문제에서 정렬하는과정

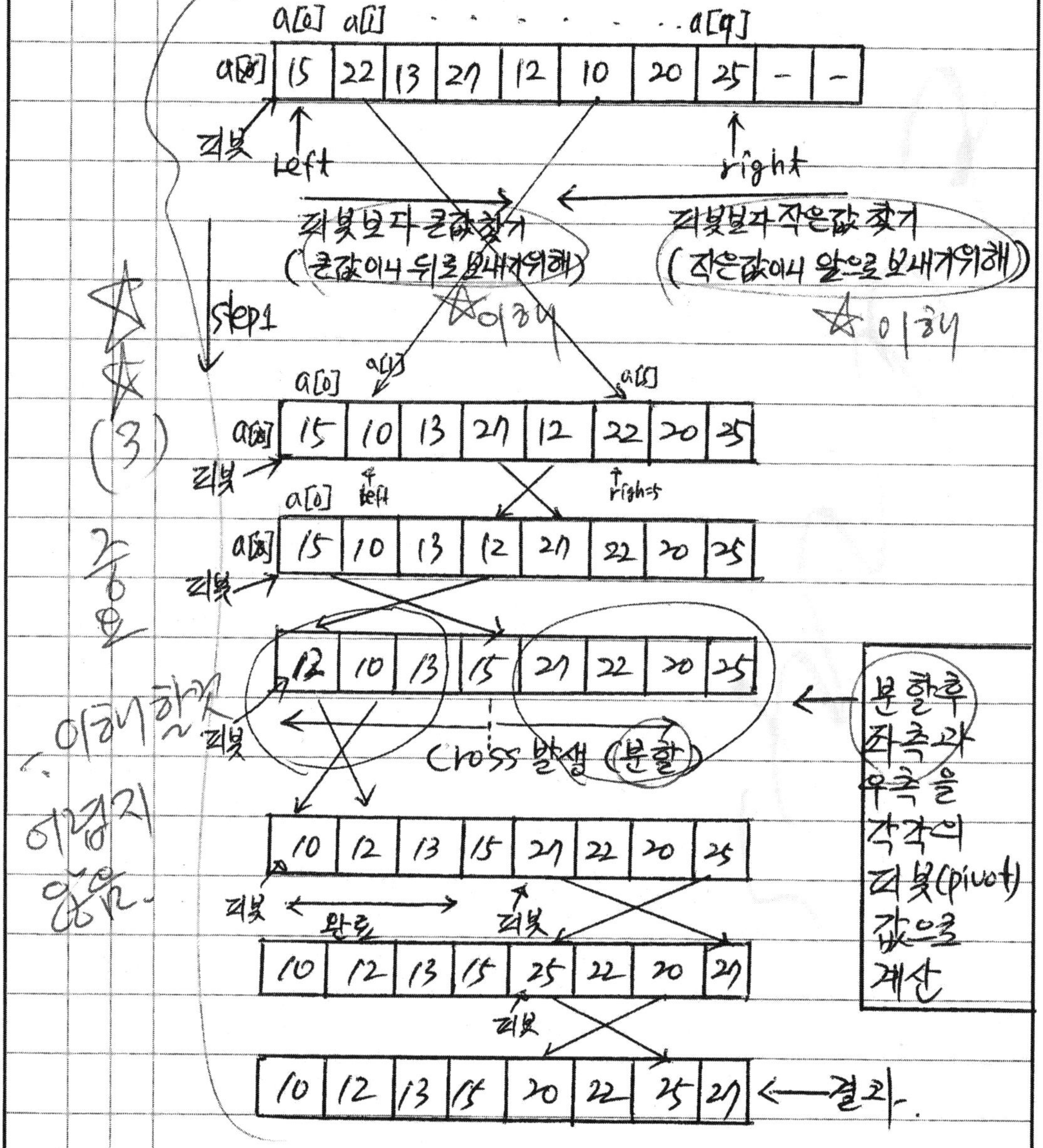

3. Quick Sort의 Code 예제

```
#include <stdio.h>
void Quicksort(int arr[], int start, int end);
void swap(int *a, int *b);

Void main(void)
{
 int arr[] = {15, 22, 13, 27, 12, 10, 20, 25}; int i;
 int iLength= sizeof(arr); //iLength 값은 8
 Quicksort(arr, φ, iLength-1);
 for(int i=φ; i<iLength; ++i)
    printf("%d", arr[i]);  //결과값 검증 작업
}

void Quicksort(int arr[], int start, int end)
{
  int left= start;
  int right=end;
  if((end-start)>=1) //범위 결정
  {
    int pivot = arr[start] //pivot 위치 set.
    while(right>left)
    {
```

```
while((arr[left]<= pivot)
    && (left <= end)&&(right>left))
        //Limit check array size
left++;
    //pivot 기준 우측 이동하면서 pivot 값보다 크면 stop.
while((arr[right] > pivot)
    &&(right >=start) &&(right >=left))
right--;
    //pivot 기준 좌측이동하면서 pivot 값보다 적으면 stop.
if(right>left)
    swap(&arr[left], &arr[right]); //분할
} //while문 Exit

swap(&arr[start], &arr[right]);
  //left와 right pointer 값이 Cross 발생시는
  pivot과 right pointer 값을 swap,
 이 의미는 어떤 경우라도 피봇(pivot) 값보다 작음.
Quicksort(arr, start, right-1);
  // 좌측 분할 영역 sort.
Quicksort(arr, right+1, end);
  //우측 분할 영역 sort
} //if문 Exit
```

```
    else
    {
      return;
    }
} // Quicksort(..) Exit
void swap(int *a, int *b)
{
  int temp = *a;
  *a = *b;
  *b = temp;
}
```

"끝"

문52) 아래 정렬되지 않은 데이터가 9개 있을때 외부정렬(External sort) 방식인 다단계 병합방식으로 정렬되는 과정을 기술하시오.

- 테이프의 개수는 4개
- Data는 45, 56, 32, 11, 9, 8, 22, 98, 43

답)

1. External sort와 다단계 병합 Sort의 개요

가. (외부정렬의 정의) - 정렬할 Data의 양이 많아 주기억 장치에서 한번의 내부 정렬로 수행 할 수 없는 경우 보조기억장치로부터 주기억 장치로 처리 할수 있는 양의 자료를 옮겨서 병합및정렬

나. (다단계 병합 정렬(Polyphase Merge Sort)의 정의)

- 모든 파일을 동시에 병합 작업에 이용하는 방식으로 파일의 수를 n개라 가정할때 피보나치 수열을 이용하여 모든 병합 단계에서 n-1개의 파일을 항상 사용하여 n-1원 병합 정렬을 반복수행

2. 주어진 자원(Tape 4개)과 Data의 Sort 방법(과정)

단계	sort 과정 (Tp=Tape)				설명
	TP1	TP2	TP3	TP4	
초기 상태	45 56 32 11 9 8 22 98 43				최초 상태

단계	TP1	TP2	TP3	TP4	설명
1번째 단계	-	45 56	32 11 9	8 22 98 43	피보나치 수열에 의해 초기 자료를 3개 Tape에 분배
2번째 단계	08 32 45 11 22 56	-	09	98 43	분배된 자료를 서로 병합 (오름차순으로 병합
3번째 단계	11 22 56	08 09 32 45 98	-	43	하나의 정렬된 파일이 될때까지 계속해서 병합
	-	-	08 09 11 22 32 43 45 56 98	-	최종 정렬 완료 (TP3에서 실시)

3. 다단계 병합의 효과

- 수행시간 $O(n \log_T n)$ T=(K-1) K는 K개의 파일
- 계단식 병합 정렬이나 균형 병합 정렬보다 병합 단계적어 효율
- 효율적인 병합정렬이 되기 위해서는 초기 서브파일의 수가 피보나치 수가 되어야 함.

"끝"

문53) 아래 정렬되지 않은 데이터 8개에 대해 균형 병합 정렬(Balanced merge sort) 과정을 기술하시오.

- Tape의 개수는 4개
- Data는 45, 56, 32, 11, 9, 8, 22, 97

답)

1. 균형 병합 정렬(Balanced Merge Sort)의 정의

- 주어진 입력 파일(Data)을 동일한 크기의 서브 파일들로 분배하여 반복적인 병합을 수행시켜 하나의 정렬(Sort)된 파일(Data)로 만드는 과정.

2. 주어진 자원(Tape 4개)과 Data 삽입시의 정렬 과정

단계	정렬 과정 (TP=Tape)				설명
	TP1	TP2	TP3	TP4	
초기 상태	45 56 32 11 09 08 22 97	-	-	-	최초상태
1번째 단계	-	-	45 32 09 22	56 11 08 97	TP3과 TP4에 자료를 분배
2번째 단계	45 56 08 09	11 32 22 97	-	-	자료를 병합 TP1과 TP2에 출력

	TP1	TP2	TP3	TP4	자료 병합
3번째 단계	-	-	11 32 45 56	08 09 22 97	TP3, TP4 에 출력
	TP1	TP2	TP3	TP4	최종 정렬 완료
4번째 단계	08 09 11 22 32 45 56 97	-	-	-	

- 동일한 서브 파일들로 분배하면서 정렬 "끝"

문54) 아래 이진트리를 힙(heap) 구조로 변형 하시오

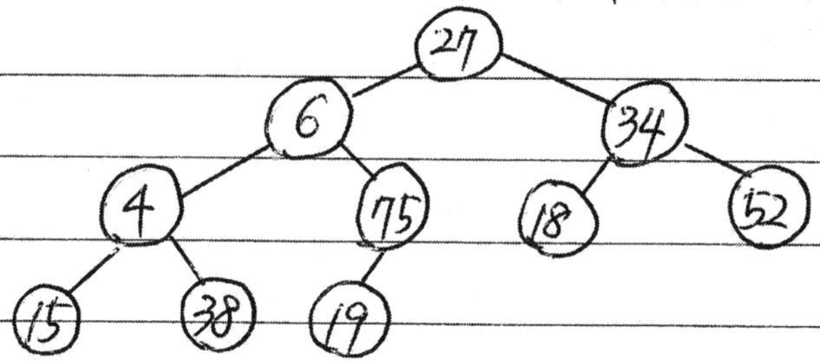

답)

1. 우선 순위 큐(Priority Queue)일종, Heap의 개요

가. Heap sort(힙 Sort)를 위한 Heap의 정의

- 우선순위(Key 값의 크기)가 높은 Key를 선택할 수 있는 자료 구조로 배열을 이용한 트리 구조로 표현하는 방법

나. Heap을 위한 이진트리의 조건

1) Complete Binary tree로 구성
2) 각 Node의 Key값은 자식 노드의 key값보다 크다
3) Heap sort에서는 Root Node를 제거하고 나머지 Node들로 다시 heap을 구성
4) 새로운 Node추가시는 최대 레벨의 최우측에 삽입
5) 4)가 수행후에도 heap이 구성 되어야 함

다. 우선 순위 큐의 구현 방법 (3가지)

- Array(배열) 기반으로 구현
- 연결리스트(Linked list) 기반으로 구현
- Heap(힙)을 이용하는 방법

2. 주어진 이진트리에서 Heap구조로 변환과정 설명

단계	도식화	설명
주어진 이진 트리	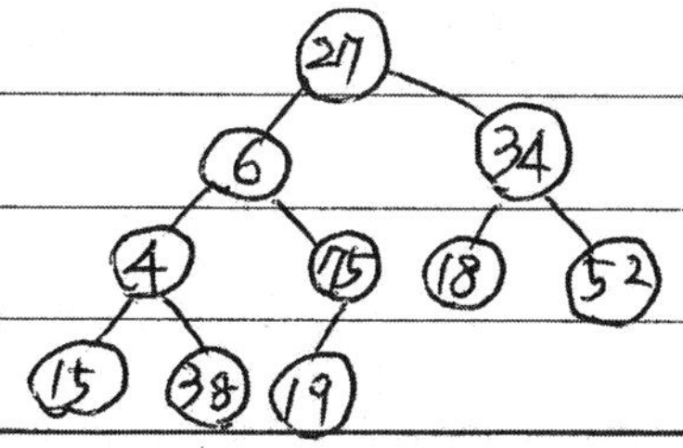	초기상태
1단계	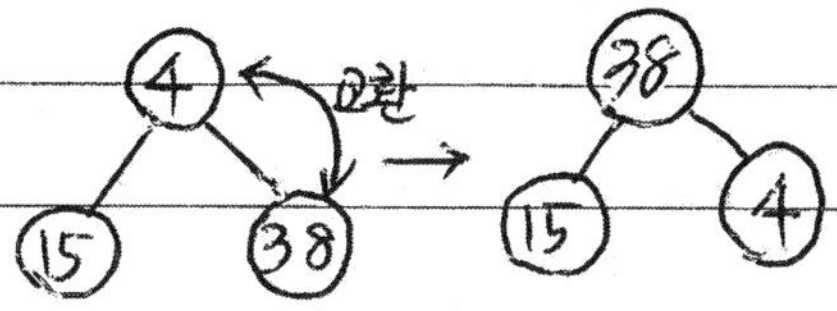	조건) 자식노드값이 작아야 함
2단계	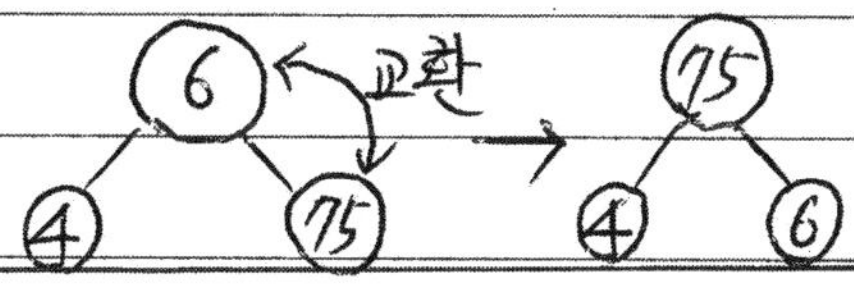	6 ↔ 75 교환
3단계	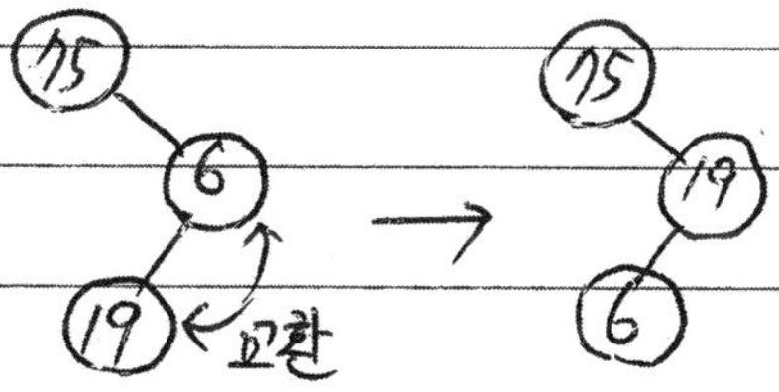	6 ↔ 19
4단계	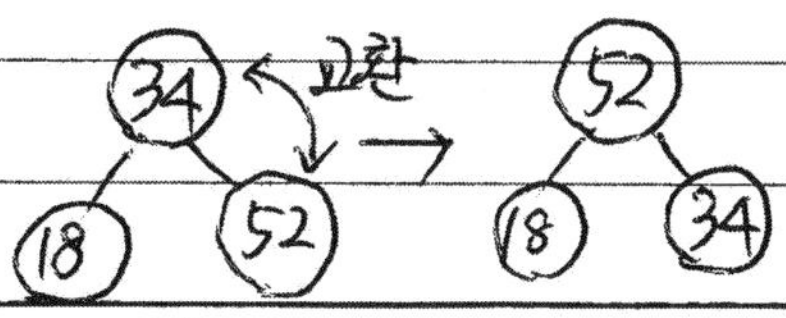	34 ↔ 52
5단계	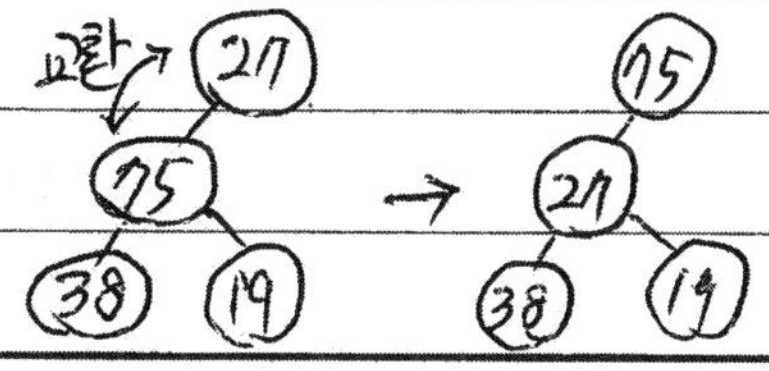	75 ↔ 27

6단계	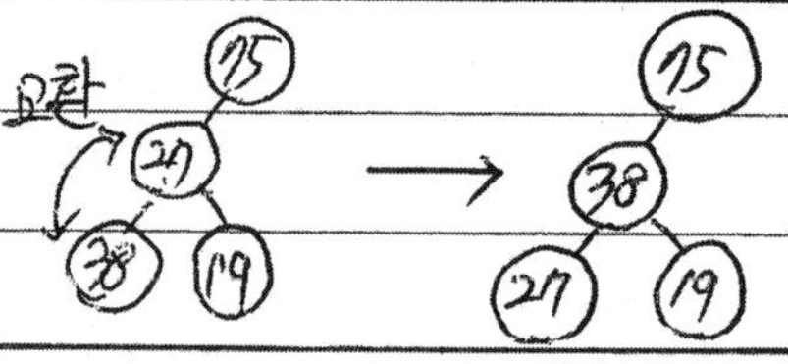	27↔38
결과	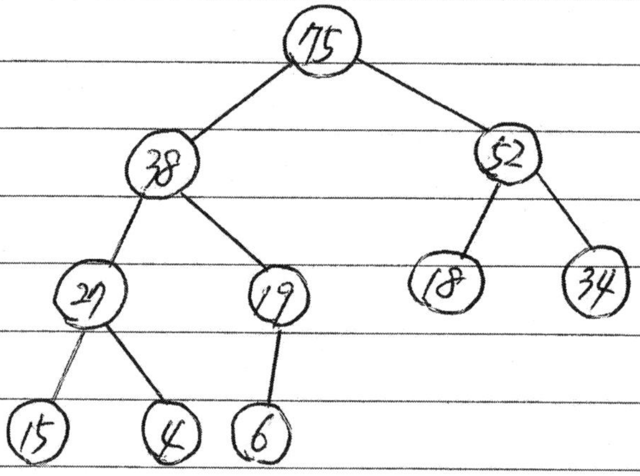	조건) ① Complet Binary Tree ② 자식노드 Key값이 부모노드보다 작음 ③ ①,② 수행후에도 Heap구성

"끝"

문55) 아래 이진트리는 이미 Heap구조로 변형된 상태(초기 상태)이다 Heap sort의 과정을 상세히 설명하시오.

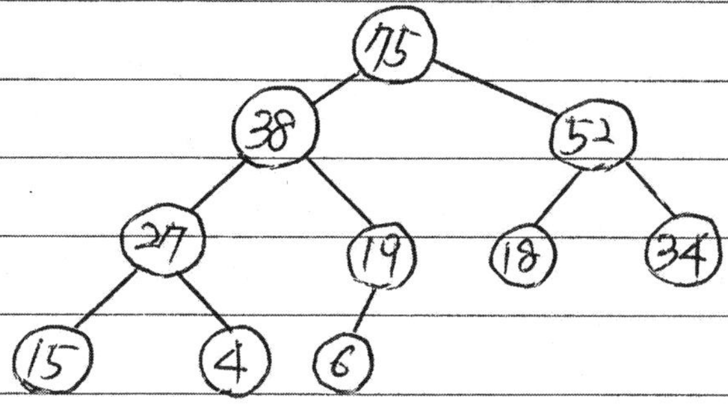

답)

1. Heap sort의 정의 및 Heap Sort의 조건

가. 힙 소트(정렬)-Heap Sort의 정의

- 입력 Key 값에 대해 초기 Heap 조건을 구성하고 최대 Key 값을 가지고 있는 Root Node를 제거하고 나머지 Node들로 다시 Heap을 구성하여 Root Node를 제거하는 과정을 반복함으로써 정렬이 완료되는 Sort 방식

- Heap 구성 후 제거되는 Root Node 값으로 정렬함.

나. Heap sort의 구성 조건

- Root Node 제거 후에도 Complete Binary Tree 유지
- Key 삭제 후 Complete Binary Tree 로 다시 구성
- 각 Node의 Key 값은 자식 Node Key 값 보다 큼.
- Root Node는 Heap 중에서 가장 큰 Key 값
- Node 삭제 시 최대 레벨의 최우측으로 이동.

2. 주어진 이진트리에서의 Heap sort 수행과정의 설명

단계	수행 과정 및 트리 변화	출력결과	힙크기
1	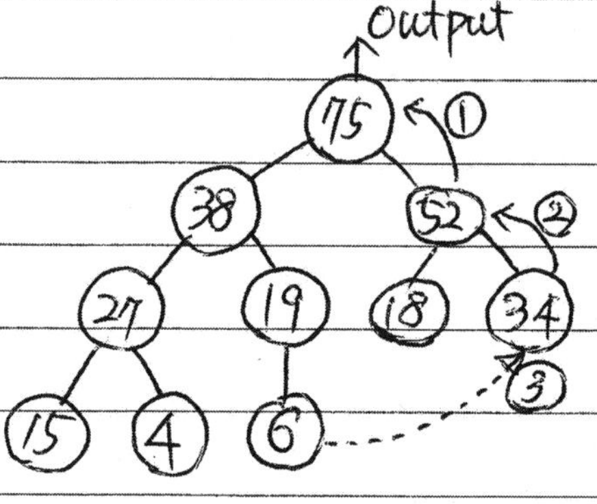 75(출력) → ① → ② → ③ 수행	75	10
2	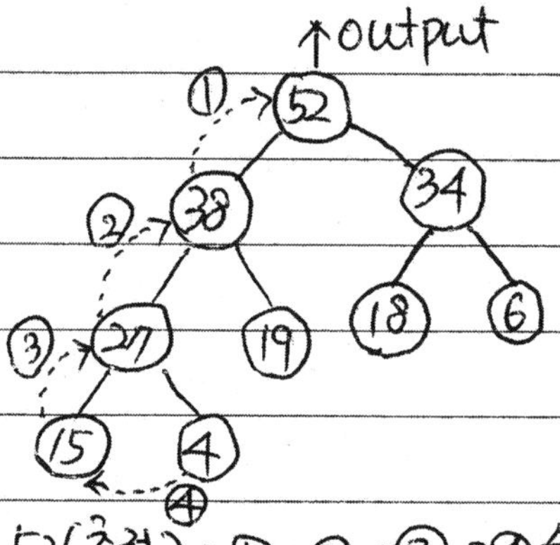 52(출력) → ① → ② → ③ → ④ 순 실행	75, 52 (출력)	9
3	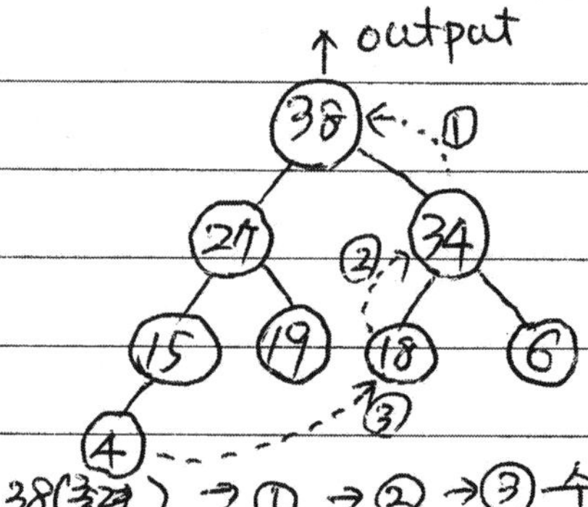 38(출력) → ① → ② → ③ 수행	75, 52, 38 (출력)	8

단계	수행과정 및 Tree 변화	출력결과누적	힙크기
4	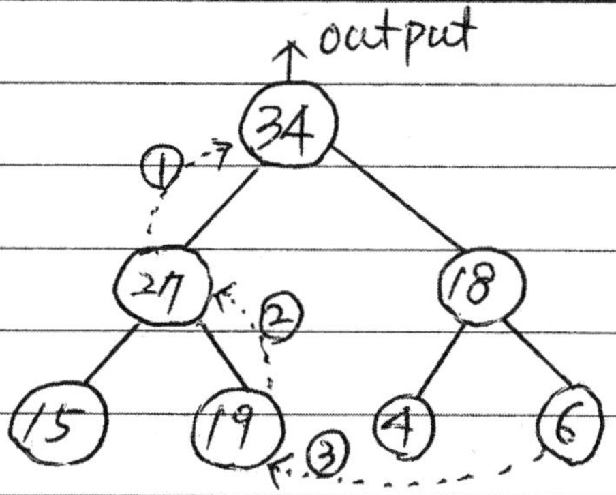 34(출력)→①→②→③순 실행	75, 52, 38, 34(출력)	7
5	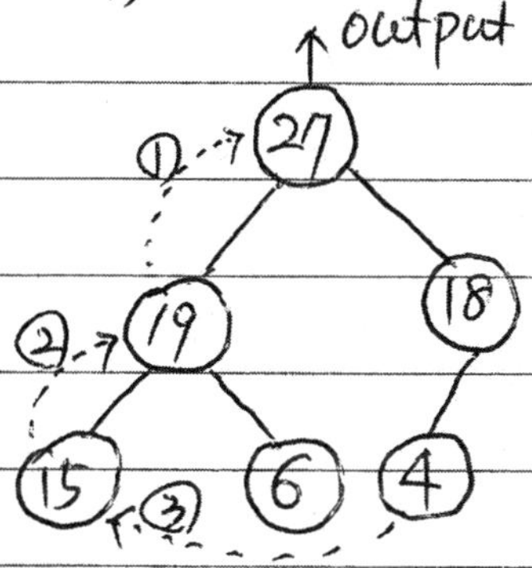 27(출력)→①→②→③순 수행	75, 52, 38, 34, 27(출력)	6
6	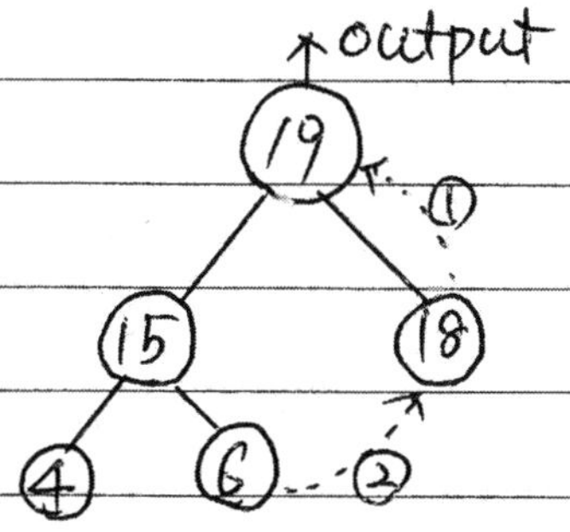 19(출력)→①→②순 실행	75, 52, 38, 34 27, 19(출력)	5

단계	수행과정 및 Tree 변화	출력결과누적	힙크기
7	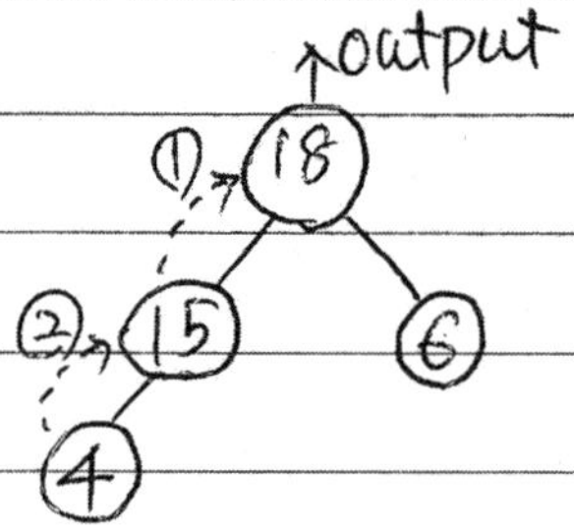 18(출력)→①→②순 실행	75, 52, 38, 34, 27, 19, 18(출력)	4
8	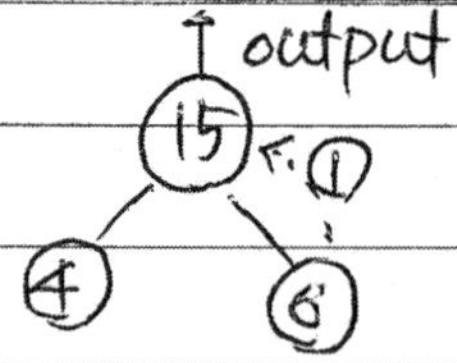 15(출력)→① 수행	75~18, 15(출력)	3
9	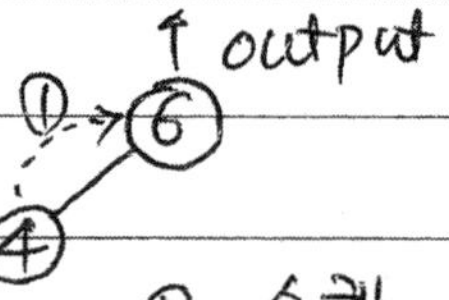 6(출력)→① 수행	75~18, 15, 6(출력)	2
10	 4(출력)	75, 52, 38, 34, 27, 19, 18, 15, 6, 4(출력)	1

3. 최종결과 (힙-heap이 1일 때) - stack에 저장후 pop

4, 6, 15, 18, 19, 27, 34, 38, 52, 75

"끝"

문56) 다음 Heap 구조에서 3을 추가하여 Heap 구조를 재정렬하고 Root Node 제거시의 과정을 기술하시오. (최소힙 - Min Heap을 사용하시오)

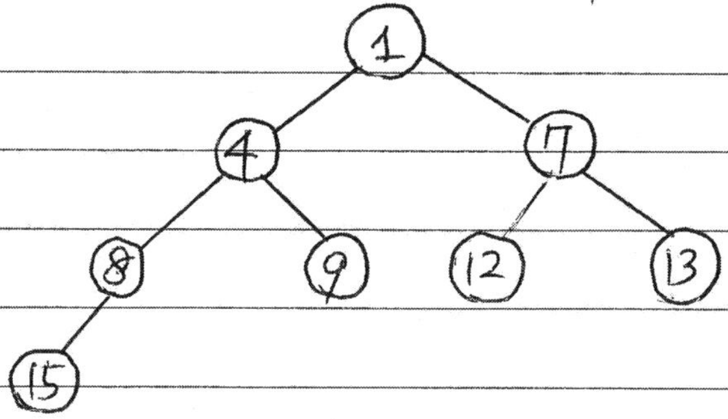

답)

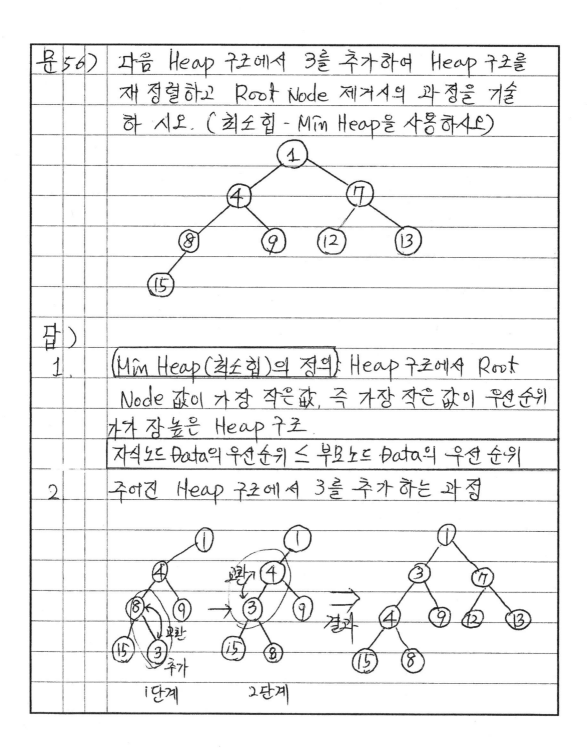

1. Min Heap(최소힙)의 정의: Heap 구조에서 Root Node 값이 가장 작은 값, 즉 가장 작은 값이 우선순위가 가장 높은 Heap 구조

자식노드 Data의 우선순위 ≤ 부모노드 Data의 우선순위

2. 주어진 Heap 구조에서 3을 추가하는 과정

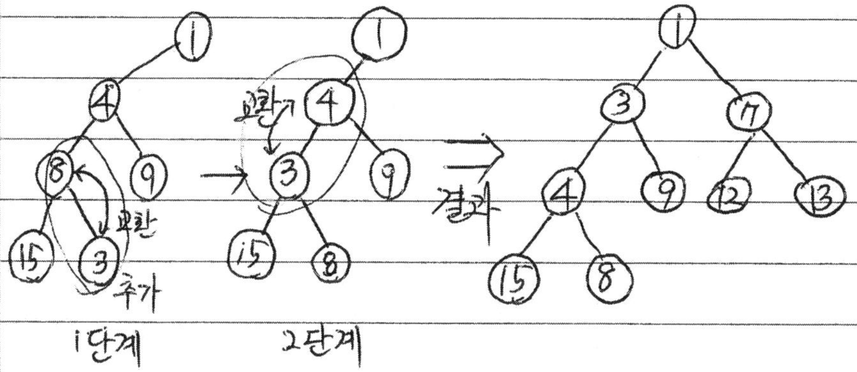

3. 3추가 후 Root 삭제시의 Heap 재정렬 과정

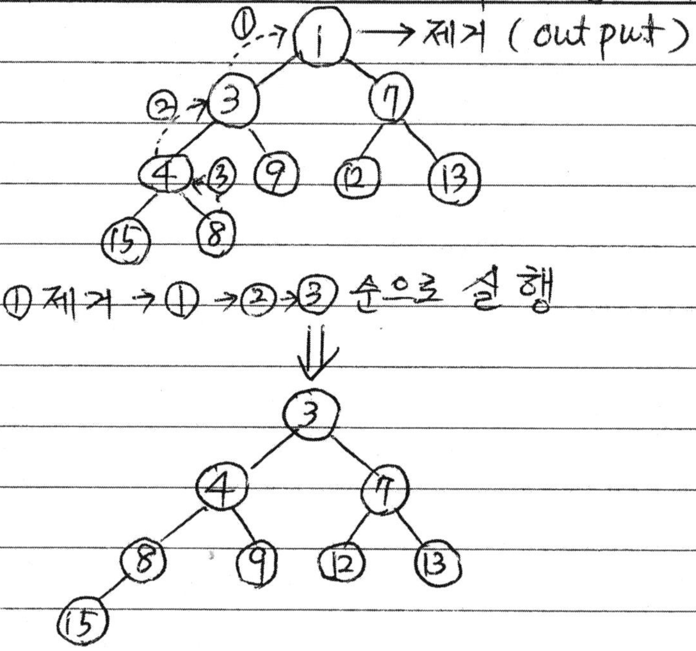

"끝"

문57) 내부 정렬(Sort) 알고리즘의 종류를 나열하고 비교횟수와 소요공간(기억공간), 특징을 나열하시오.

답)

1. Sorting의 정의와 종류

가. 정렬(Sorting)의 정의 - 임의의 순서대로 배열되어 있는 자료의 집합을 순서대로 재 배열 하는 과정.

나. Sorting의 분류및 종류

분류	설명	종류
삽입법	Key를 비교하여 삽입에 의해 정렬	삽입/shell 정렬
교환법	Key를 비교하여 교환하여 정렬	선택/버블/Quick
선택법	Heap(완전이진트리내에 특정 Key값)이용	Heap 정렬
병합법	Key를 비교하여 병합에 의해 정렬	Merge 정렬
분포법	키구성내 자릿수를 Bucket에 분배후 정렬	기수/계수 정렬

2. Sort 알고리즘의 비교및 특징

알고리즘	비교 횟수		기억공간	특징
	평균	최악		
삽입 (Insertion)	$O(n^2)$	$O(n^2)$	n	- 비교횟수 = n(n-1)/4 알고리즘 간단, - 최대 = n(n-1)/2, 최소 = n-1.
Shell	$O(n(\log_2 n)^2)$	$O(n^2)$	n	- 인접 간격 만큼 떨어진 Record로 서브파일 구성
선택 (Selection)	$O(n^2)$	$O(n^2)$	n	- 비교횟수 = n(n-1)/2. - 삽입정렬보다 비교수 적음.

BuBBle (버블)	$O(n^2)$	$O(n^2)$	n	-인접 레코드 비교 -알고리즘 간단
Quick	$O(n\log_2 n)$	$O(n^2)$	n+stack	-분할과 정복, stack 필요, 가장 빠름 -최악의 경우 $O(n^2)$
Heap	$O(n\log_2 n)$	$O(n\log_2 n)$	n+pointer	-수행속도 빠름 -링크(pointer) 필요
2원 Merge	$O(n\log_2 n)$	$O(n\log_2 n)$	2n	-진행횟수 = $\log_2 n$ -보조기억 장치에서 실행
기수	$O(d(n+r))$	$O(n^2)$	(n+1)r	-d: key 자리수 -r: 버킷의 수 -속도 빠름 -기억공간 많이 사용

"끝"

MEMO

PART 6

탐색(Search)

순차 검색(Sequential Search), 이진 검색(Binary Search), 보간 검색(Interpolation Search), 블록 검색(Block Search), 피보나치 검색(Fibonacci search), 이진 검색 트리(Binary Search Tree), 해싱 검색(Hashing Search), Hashing(해싱) 충돌과 해결방법, 검색 알고리즘(Search Algorithm) 성능 및 특징에 대해 학습할 수 있는 Part입니다.

[관련 토픽 - 14개]

문58) 검색(Search)의 정의와 용어, 그리고 검색 방법을 분류하시오.

답)

1. 자료의 검색 Search(검색)의 개요

가. 검색 키(Search key) 사용, Search의 정의

- Computer의 기억공간에 저장된 자료들 중 어떤 성질을 만족하는 정보의 특정부분이나 부분들을 찾아내는것

나. Search(검색)의 용어

용어	설명
Key	파일내의 레코드를 다른 레코드와 구별 할수 있는 key
주요키	Primary key, 각 레코드를 완전히 구분 할수있는 검색키
Record	한개 이상의 항목들을 서로 관련 있는 것 끼리 짝을 지워 모은 형태
Dictionary	자료구조처리를 위해 키와 레코드 및 기본 연산들을 자료구조 형태로 표현해 놓은것
Symbol Table	Dictionary(프로그램에 대해)로 자료구조에 대한 모든 명세(Specification)을 가진이름&값

2. Search(검색) 방법의 분류 - key 비교와 키값에 의해 색인(Index)되는(하는) 형태로 구분

방법	종류	
비교방법	선형검색	linear or Sequential 검색
	제어 검색	이진/피보나치/보간검색

비교방법	-블럭 검색(Block) -이진트리 검색(Binary Tree)
색인방법	Hashing(해싱)

"끝"

문59) 순차 검색(Sequential Search)의 정의와 알고리즘 표현 그리고 Average search length(평균검색 길이)를 설명하시오.

답)

1. 선형 탐색(Linear Search) 순차 검색의 정의

- 파일에 존재하는 모든 Record를 대상으로 처음부터 마지막 Record까지 순차적으로 비교하면서 주어진 키와 일치하는 Record를 찾는 방법

2. Sequential Search의 알고리즘 표현

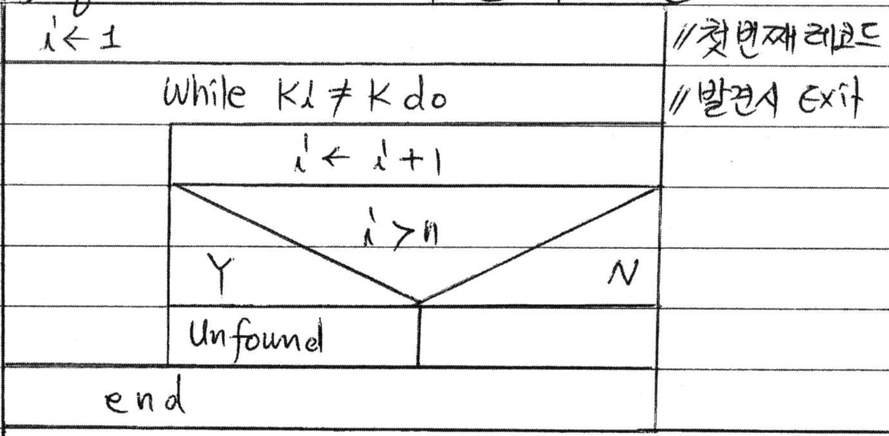


```
i←i
while Ki≠K do
    if i>n then unfound //n: Record 길이
    else i←i+1;
end
```

- 순차 검색을 위한 의사 코드 형태.

3. 순차검색(Sequential Search)에서의 평균검색길이

구분	최상	평균	최악
성공(R 발견)	1	(n+1)/2	n
실패(R 없음)	n	n	n

4. Sequential Search의 예

Index	1	2	3	4	5	6	7	8
Key	A	B	C	D	E	F	G	H

- Key "H"를 검색하기 위해서는 Index "8"이 필요.
최악상황 (n=8)

"끝"

문 60) 이진 검색(Binary Search) 과정을 flow chart로 표현하시오.
(가정: l = 첫번째 Record의 위치, h: 마지막 Record의 위치, Km: 중간 Record의 Key값, m: 중앙 Record의 위치, K: Key(찾을려는 Key값))

답)

1. Binary Search의 정의 - 분할과 정복을 통한 Search을 수행하는 검색 알고리즘.
2. Binary search 과정의 flow chart

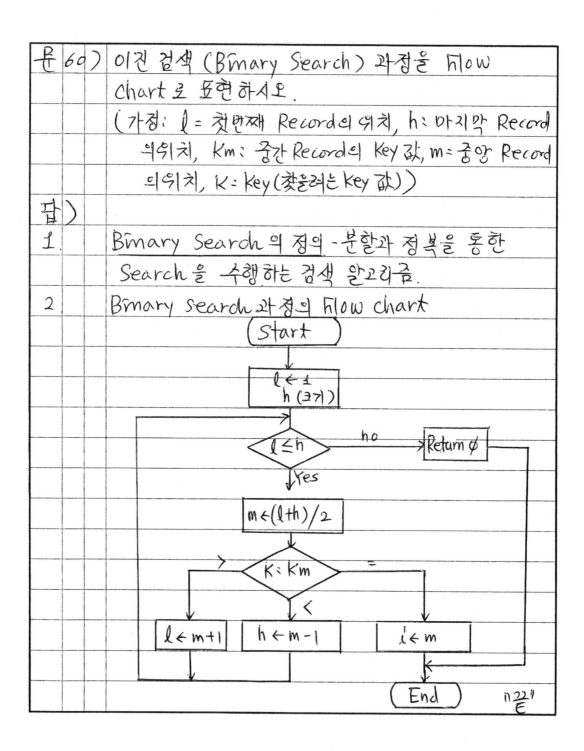

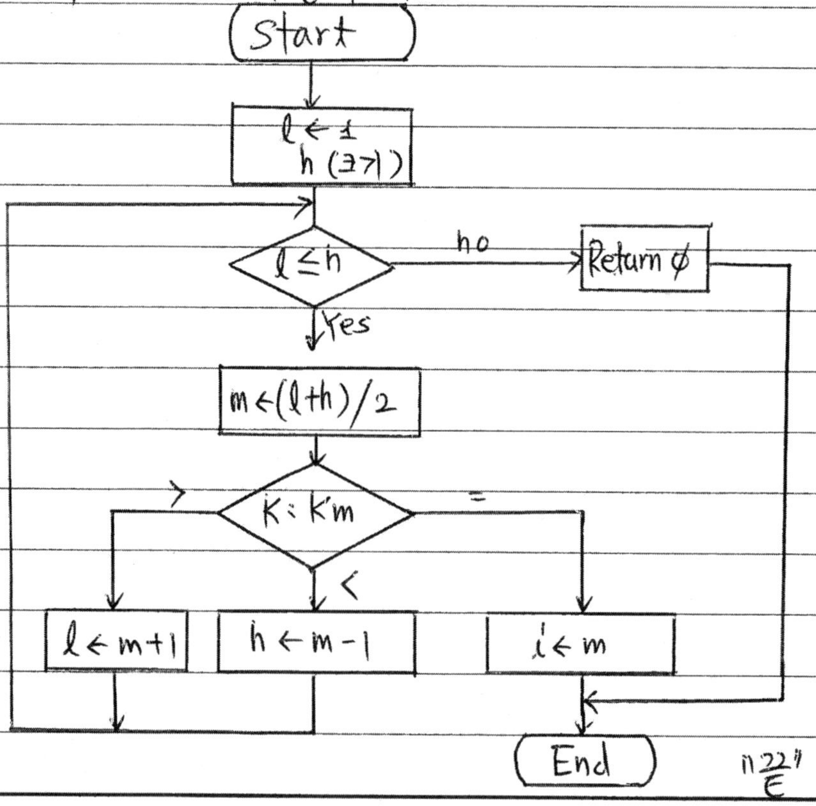

"끝"

문 61) Binary Search(이진검색)에 대해 설명하고 아래 Record에서 '25' key 값을 검색하는 과정을 설명하시오

Index	1 2 3 4	5 6 7 8	9 10 11 12	13 14 15 16
Key	2 3 5 6	8 9 10 11	23 25 27 30	35 37 40 45

답) (l=초기 인덱스, h는 마지막 인덱스, m은 검색 인덱스 값)

1. 순서화(정렬)되어 있는 순서파일내에서 검색가능, 이진검색정의
- 전체 Record 파일을 두부분으로 나누어 찾아야되는 Record가 어느 부분에 존재하는가를 결정한후 그 부분에서 원하는 Record를 찾을때 까지 반복하는 검색

2. Binary Search의 비교 결과 처리 조건

K : Km	의미 및 처리
K < Km	-찾으려는 key가 있다면 key값이 Km보다 작은쪽에 존재 -검색범위를 l~(m-1)로 수정한후 재 검색
K = Km	-찾으려는 Record 발견, 종료
K > Km	-찾으려는 Record가 있다면 키값이 Km보다 큰쪽에 존재 -검색범위를 (m+1)~h으로 수정한후 재 검색

Km : 중간 Record의 key, K : 주어진 key

3. 주어진 Record에서 key "25" 값 검색(Binary)

가. 첫번째 비교

l	h	m	K	Km	비교
1	16	$\frac{(1+16)}{2}=8$	25	11	K > Km → l=m+1=9

Index	1 2 3 4	5 6 7 8	9 10 11 12	13 14 15 16
Key	2 3 5 6	8 9 10 11	23 25 27 30	35 37 40 45

← 검색 제외 ↑ 첫번째 검색위치 25>11 ← 검색구간 →

나. 두번째 비교

l	h	m	k	km	비교
9	16	(9+16)/2 =12	25	30	km>k → h=m−1 =11

↓

Index	1 2 3 4	5 6 7 8	9 10 11 12	13 14 15 16
Key	2 3 5 6	8 9 10 11	23 25 27 30	35 37 40 45

← 검색 제외 → ← 검색구간 25<30 → ↑ 두번째 검색위치 ← 검색제외 →

다. 세번째 비교

l	h	m	k	km	비교
9	11	(9+11)/2 =10	25	25	k=km (검색완료)

"끝"

문 62) 다음은 17개의 Record로 구성된 파일이다.
키 M을 트리 형태로 표현하고 검색하는 과정을 기술하시오

Index	1 2 3 4 5 6 7 8 9	10 11 12 13 14 15 16 17
Key	A A A A B C E E G	H I M N N P P S

답)

1. 주어진 Record를 Tree 형태로 표현
('Binary Search에 따른)

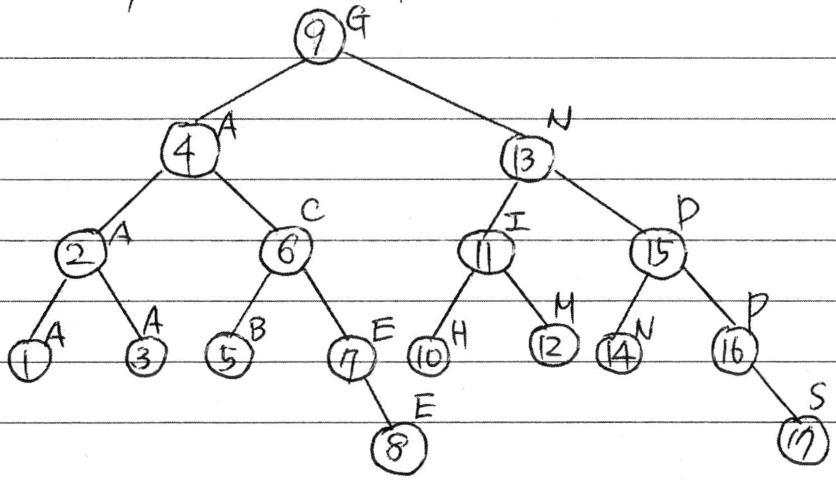

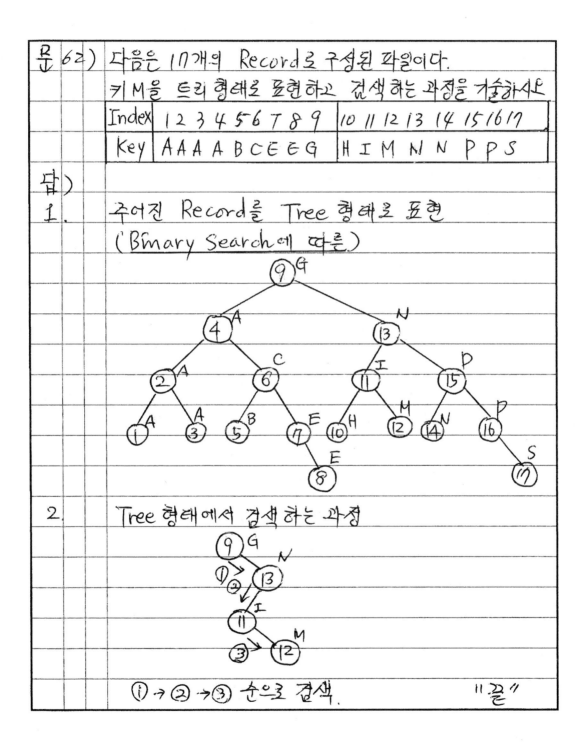

2. Tree 형태에서 검색하는 과정

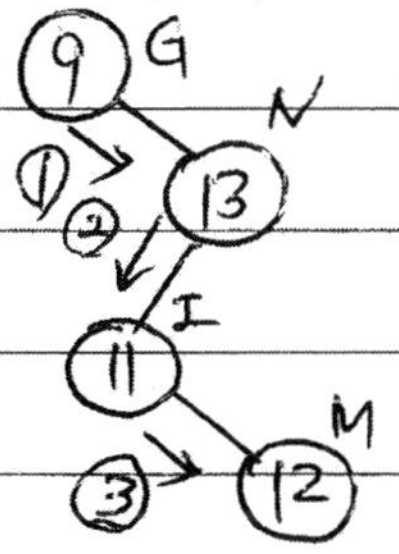

①→②→③ 순으로 검색. "끝"

문63) 다음은 17개의 Record로 구성된 파일이다
Key M을 이진 검색(Binary Search) 방법으로
찾으시오 (l: 초기 Index, h: 마지막 Index)

Index	1	2	3	4	5	6	7	8	9	10	11	12	13	14	15	16	17
Key	A	A	A	C	E	E	E	G	H	I	L	M	N	P	R	S	X

(l: 초기 Index, h는 마지막 Index, m은 검색 Index값)

답)

1 이진 검색(Binary Search)의 정의
- 전체 Key 값을 두부분으로 분할하여 Key가 어느 부분에 존재하는가를 결정한후 그 부분에서 원하는 Key 값을 찾을때 까지 반복하는 검색.

2. 주어진 Record에서 Key "M" 값 검색(Search)방법

가. 첫번째 비교 단계

l	h	m	K	Km	비고
1	17	(1+17)/2=9	M	H	K>Km → l=m+1 =10

Index	1 2 3 4 5 6 7 8 9	10	11	12	13	14	15	16	17
Key	←검색 제외구간→	I	L	M	N	P	R	S	X
		↑ l							↑ H

나. 두번째 비교 단계

l	h	m	K	Km	비고
10	17	(10+17)/2=13	M	N	Km>K, h=m-1 = 12

Index	1 2 3 4 5 6 7 8 9	10 11 12	13 14 15 16 17
Key	← 검색제외구간 →	I L M	← 검색제외구간 →

↑ l (I), ↑ h (M)

다. 세번째 비교단계

l	h	m	K	km	비교
10	12	(10+12)/2=11	M	L	K>Km → l=m+1=12

↓

Index	1 2 3 4 5 6 7 8 9 10 11	12	13 14 15 16 17
Key	← 검색 제외구간 →	M	← 검색 제외구간 →

↑ l, m, h (M)

라. 네번째 비교단계

- l과 m 값, h 값이 동일함으로 M에 대한 Index 값은 12 임

"끝"

문64) 다음 Record에서 Key 값 57을 찾는 과정을 이진 탐색 (Binary Search) 법으로 설명하시오.(알고리즘도 작성하시오)

K1	K2	K3	K4	K5	K6	K7	K8	K9	K10
9	11	57	58	60	61	70	80	91	99

답)

1. 순차탐색 큰 List(배열)에서는 비효율, → 극복, 이진 탐색의 개요

가. 분할과 정복 알고리즘 기법, Binary Search의 정의.

- 분할및 정복에 의한 탐색 방법의 하나로 Record 집합을 두부분으로 나누어 탐색하고자 하는 키를 갖는 Record가 어느 부분에 속하는가를 결정하여 그 부분에 대하여 순환적으로 탐색을 수행하는 방법.

나. Binary Search의 적용 조건

- 이미 정렬되어 있는 순서 파일내에서 검색이 가능.

2. 이진 탐색 (Binary Search) 과정 (단계별 설명)

단계	실행	실행 결과 처리
1.	- 중간 단계 Record의 위치계산 l : 첫번째 Record 위치 h : 마지막 Record 위치 km : 중간 Record 위치 값	$km = \frac{(l + h)}{2}$
2	K : key 값 - 키값과 중간 레코드값 비교	Compare K to Km

	-중간 Record위치 재설정	
3	① Km > K → 왼쪽에 K값 존재	① h = Km -1
	즉 K_1부터 Km-1 사이에 존재	
	② Km < K → 우측에 K값 존재	② l = Km+1
	Km+1 부터 Kn 사이에 존재	
4	3번 반복수행중 Km = K면 종료	검색 완료

3 주어진 Record에서 Key값 "57"를 찾는 과정 설명

가. 첫번째 비교결과

K_1	K_2	K_3	K_4	K_5	K_6	K_7	K_8	K_9	K_{10}
9	11	57	58	60	61	70	80	91	99

↑ l (1) ←→ 다음 검색할구간 ↑ h(4) ↑ 첫번째검색위치 57 < 60

l	h	m (중앙레코드Index)	K	Km	비고
1	10	(1+10)/2 = 5	57	60	K<Km → h=m-1=4

나. 두번째 비교 결과

K_1	K_2	K_3	K_4	
9	11	57	58	← 검색 제외 구간 →

↑ 두번째 검색위치 ↑ l ↑ h 11 < 57

l	h	m	K	Km	비고
1	4	(1+4)/2 = 2	57	11	K > Km → l = m+1 = 3

다. 세번째 비교 결과

	K3	K4
	57	58

↑원하는 Key값 찾음

l	h	m	K	Km	비고
3	4	(3+4)/2=3	57	57	종료

4 Binary Search의 알고리즘

가. Binary Search 알고리즘 표현

```
procedure BinarySearch(F, l, h, K)
                         //F = Record, l: 시작 Index
                         //h = Last Index, K = Key값
  l ← 1, h ← Last Index;
  While (l ≦ h) do
    m ← (l+h)/2
    Case
      : K > Km : l ← m+1
      : K = Km : l ← m    //return
      : K < Km : h ← m-1
    end
  end
    l ← φ    // 찾으려는 Record 없음.
end procedure
```

4. C++ 언어로 Code 구현 예

```
#include <iostream.h>
int BinarySearch (int *Rec, int size, int key);
void main()
{
int Rec[10]={9, 11, 57, 58, 60, 61, 70, 80, 91, 99};
int Result;
Result = BinarySearch(Rec, 9, 57); //이진탐색 call
}
int BinarySearch(int *Rec, int size, int key)
{
 int l=0; h=size, m;
 while (l<=h){
     m= (l+h)/2;
     if (Rec[m]==key) return m;
     else if (Rec[m] < key)
        l=m+1;
     else
        h=m-1;
 }
```

"끝"

문 65) 보간 검색(Interp olation Search)에 대해 설명하고 아래 Record 에서 보간 검색법을 이용하여 Key 값 55를 검색하는 과정을 설명하시오

Index	1 2 3 4 5	6 7 8 9 10	11 12 13 14 15	16 17 18 19 20
Key	9 10 11 12 15	45 55 61 66 70	73 75 79 81 85	86 87 89 90 99

답)

1. 보간 검색의 정의와 비교할 대상이 되는 키 Ki를 선정하는 방법

가. (Interpolation Search의 정의) - 원하는 Key가 있음직한 위치를 선택하여 탐색, Record의 키 값에 따라 순서화된 파일을 찾고자 하는 키 값이 어느 위치 부근에 있는지 추론하여 검색

나. 비교할 대상이 되는 Key Ki를 선정하기 위해 사용되는 식.

$$K_i = \frac{k - K_l}{K_h - K_l} * n$$

k : 검색하려는 Key 값

Kl : n개의 자료들 중에서 가장 작은 Key 값

Kh : n개의 자료들 중에서 가장 큰 Key 값

n : 검색하려는 Record 수

2. 주어진 Record 에서 Key 값 55를 검색하는 과정

가. 1단계 과정 수행

$$K_i = \frac{k - K_l}{K_h - K_l} \times n = \frac{55 - 9}{99 - 9} \times 20 = 10.2$$

(55 − 9 = 46, 99 − 9 = 90)

$K_i = 10.2 \rightarrow K_i = 11$

$K_i' = 11$ → Key 값은 73과 비교

$K(55) < K_{10}(73)$ → (9, 10, …… 61, 66) 만 검색하면 됨

나. 2단계 과정 수행

$$K_i' = \frac{K - Kl}{Kh - Kl} \times n = \frac{55 - 10}{70 - 10} \times 10 = 7.5$$

$K_i' = 7.5 \rightarrow K_i' = 8$

$K_i' = 8$ → Key 값은 61

$K(55) < K_8(61)$ → (9, 10, 11 …… 55)까지 검색

다. 3단계 과정 수행

$$K_i' = \frac{K - Kl}{Kh - Kl} \times n = \frac{55 - 9}{55 - 9} \times 7 = 7$$

$K_i' = 7$ → Key 값은 55 ← 원하는 Key 값

3. 보간검색의 평균검색시간 및 적용

- 평균 검색 시간 = $O(\log_2 n)$
- 적용: Record 수가 많을 때 Binary 검색보다 효과적

"끝"

문 66) 블록 검색(Block Search)에 대해 설명하고 다음 16개 Record로 구성된 파일을 블록으로 저장한 형태이다. Key 64를 검색하는 과정을 설명하시오(블럭당 Record는 4개)

Index	1	2	3	4	5	6	7	8	9	10	11	12	13	14	15	16
Block Index	2				7				11				16			
Key	15	18	8	11	36	25	38	31	45	64	69	51	83	79	77	94

답)

1. 블록 검색(Block Search) 정의 - 파일의 Record들을 Block 단위로 저장하고 블록을 나타내는 Block Index를 이용하여 검색을 실시하는 방법 (Index 순차 검색)

2. Block Search 방법

단계 1	Block의 Key 값을 이용하여 Record가 있는 블럭 판단
단계 2	블럭 내의 Record들은 선형(순차) 검색 실시 (Index Sequential search: 색인 순차 검색)

- Block Search의 특징

① m개의 Block 중 B_b, B_{b+1}의 각 임의의 Key K_i, K_j는 $K_i < K_j$

- 오름(내림)차순일 경우 첫번째 블럭의 모든 key 값들은 두번째 Block의 모든 Key 값들보다 작아야(커야) 함.

② 각 Block의 최대 Key 값들로 구성된 Block Index는 $BI = \{B_1, B_2, B_3, \cdots B_m\}$

3. 주어진 16개 Record에서 Key 64 검색과정 설명

- (Record가 있는 Block 판단) → (Record 내 순차검색 실시)

단계	내용	과정 설명 (BI: Block Index)
1	Record가 있는 Block 판단	Step1. 첫번째 BI인 2를 사용 KBI[2] 값인 Key18 검색후 비교 Step2. (Key64) > (Key18) 이므로 두번째 KBI[7] 값인 Key 38과 비교 Step3. (Key 64) > (Key 38) 이므로 세번째 KBI[11] 값인 Key 69와 비교 ← 3번째 블록에 있음 (Key 64) < (Key 69) 임으로
2	해당 블럭내 Record 순차검색	세번째 Block의 범위인 9 ~12번째 사이의 Record를 차례로 비교하여 Key 64인 Index 10을 찾음.

"끝"

문 67) 다음 12개의 Record를 가진 파일에서 Key 28을 가진 Record를 피보나치 검색(Fibonacci search) 과정을 기술하시오.

1	2	3	4	5	6	7	8	9	10	11	12
21	22	23	24	26	27	28	29	30	31	32	33

답)

1. 피보나치 검색 (Fibonacci search)의 정의

- 피보나치 수열에 따라 다음에 비교할 대상을 선정하는 검색

수열 $F_0 = 0$, $F_1 = 1$, $F_i = F_{i-1} + F_{i-2}$, $i = 2, 3, \cdots n$

검색은 0, 1, 2, 3, 5, 8, 13, 21, 34 … 에 따라 비교할 대상을 선정함

2. Fibonacci search 검색 방법

1) Record 수 n이 피보나치 수 F_k가 n보다 1 클 경우 (주어진 Record) $F_k = n+1$이 됨

2) 주어진 Key K와 처음 비교해야 하는 키는 $f[F_{k-1}]$.Key임

3) $K == f[F_{k-1}]$.Key일 경우 원하는 Record 찾음

4) $K < f[F_{k-1}]$.Key → 원하는 Record는 $1 \sim (F_{k-1})-1$에 존재 다음에 비교할 키는 $f[F_{k-2}]$.Key 임

5) $K > f[F_{k-1}]$.Key → 원하는 Record는 $(F_{k-1}+1)$에서 $(F_k - 1)$까지의 범위에 존재, 다음 비교할 Key는 $f[F_{k-1} + F_{k-3}]$.Key가 됨

3. 주어진 Record에서 Key 28 검색방법

1	2	3	4	5	6	7	8	9	10	11	12
21	22	23	24	26	27	28	29	30	31	32	33

↑ F_{k-1} (29)

- $F_k = n + 1 = 12 + 1 = 13$
- 피보나치수 = 0, 1, 2, 3, 5, 8, 13, 21 …
  ($\cdots F_{k-4}$ = 2, F_{k-3} = 3, F_{k-2} = 5, F_{k-1} = 8, F_k = 13)

단계	검색 과정	Record 범위
1	$F_{k-1} = 8$ $f[F_{k-1}].key = 29$ $28 < 29$ 임 // 탐색키는 Key=28	1~7
2	$F_{k-2} = 5$ $f[F_{k-2}].key = 26$ $28 > 26$ // 탐색키는 28	6~7
3	$F_{k-2} + F_{k-4} = 5 + 2 = 7$ $f[F_{k-2} + F_{k-4}].key = 28$ ← 검색 종료	7 완료

"끝"

문 68) 이진 검색 트리 (Binary Search Tree)의 각 Node의 Key 값 특징을 설명하고 아래 이진 검색 트리 구성에서 ⑪ Key 값을 검색하는 과정에 대해 flowchart 형태로 기술하시오.

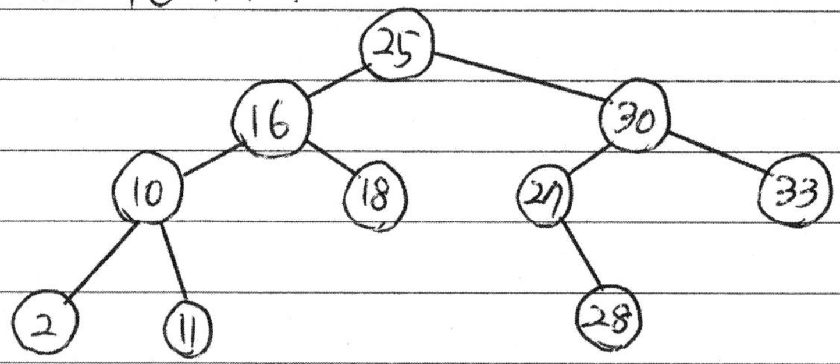

답)

1 Binary Search Tree의 정의, 각 Node의 Key값 특징

가. 이진 검색 트리 (Binary Search Tree)의 정의

- Key (Data) 값에 따라 Tree 내부에 저장되는 위치가 결정되고 검색이나 삭제시에도 Key값의 크기에 따라서 검색의 경로가 결정되는 Tree.

나 이진 검색 Tree에서 각 Node의 Key 값의 특징

①조건 1 : 첫번째 키 값은 Root Node

② 조건 2 : Root Node의 키 값은 왼쪽 부트리의 모든 Node 값보다 크거나 같다.(같음)

③ 조건 3 : Root Node의 Key 값은 오른쪽 부트리의 모든 값보다 작음

④ 조건 4 : 모든 부트리에서 위의 ①,②,③ 조건을 만족

2. 주어진 이진검색트리에서 ⑪ Key값 검색위한 Flowchart

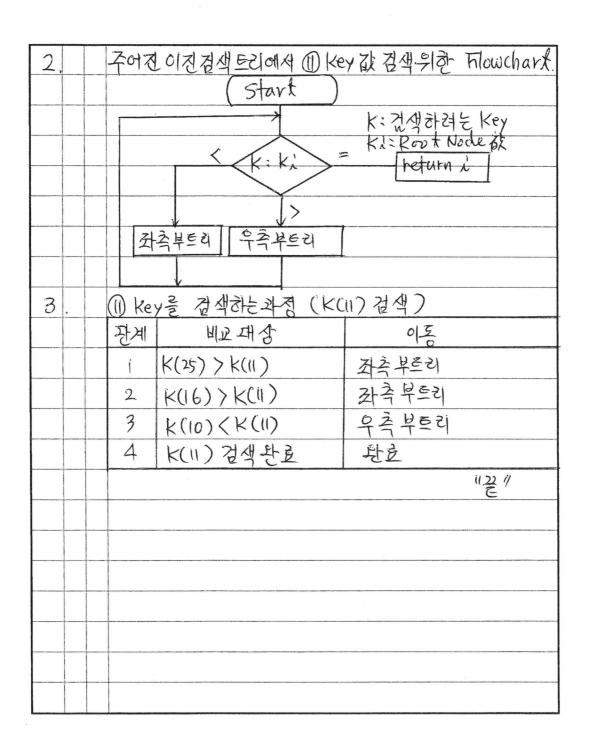

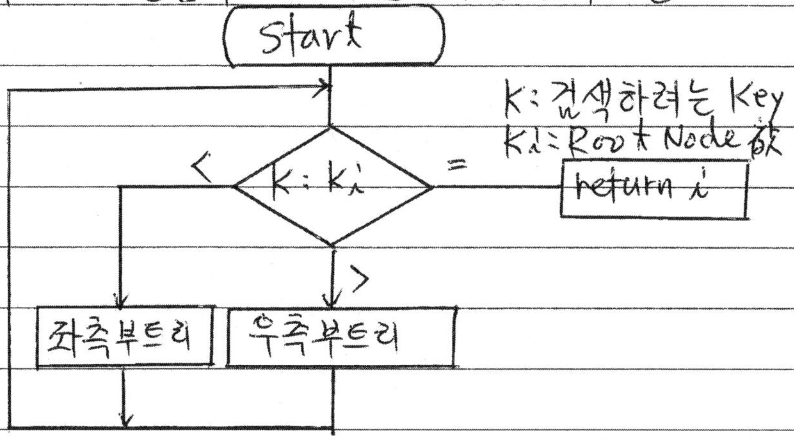

3. ⑪ Key를 검색하는과정 (K(11) 검색)

단계	비교 대상	이동
1	K(25) > K(11)	좌측 부트리
2	K(16) > K(11)	좌측 부트리
3	K(10) < K(11)	우측 부트리
4	K(11) 검색완료	완료

"끝"

문 69) TLB, SNS, RTE, SAN, FIFO, ROI, HASH 의 데이터에서 해싱(Hashing)을 이용하여 ROI와 ERP를 검색하라. (아래 EBCDIC Code의 Table을 활용하여 Hashing 함수를 구하고, 버킷수는 10개이고 한개의 버킷에는 2개의 Data를 저장할수 있음)

EBCDIC Code Table

1	A	J	-
2	B	K	S
3	C	L	T
4	D	M	U
5	E	N	V
6	F	O	W
7	G	P	X
8	H	Q	Y
9	I	R	Z

답)

1. Key-to-Address 변환(키에서 주소로의 직접 변환), Hashing 개요

가. Direct Address 탐색, Hashing의 정의

- Key 검색 방법에서 각 Record의 Key의 계수적 성질을 이용하여 주어진 Key 값에 해싱 함수(Hashing Function)라는 연산을 사용하여 그와 대응되는 주소공간을 산출하는 방법.

4. Hashing을 하기 위한 일반적인 절차

절차	설명 (Code 사용)
1단계	Data들을 수치적 형태로 바꿈(예 EBCDIC)
2단계	Hashing 함수를 구한다. (예 f(h)=I mod B. // 소는수치
3단계	그 해싱함수가 가르키는 표의 번지에 Data를 위치시킴
4단계	Overflow 발생시 overflow 영역을 지정하여 pointer로 Data를 저장함

2. 주어진 Data를 해싱(Hashing)으로 검색하기위한 절차

- 주어진 문제는 EBCDIC code로 수치적 형태로 전환

절차	설명
1	주어진 Data를 EDCDIC code로 변경 (수치화)
2	해싱함수를 구함(수치화한 값을 버킷의 개수로 나눔)
3	나머지 값(mod)을 이용해서 Data를 해싱테이블에 기억
4	Overflow 발생 고려 (발생시 pointer로 지정)

3. 주어진 문제에서 Hashing을 활용한 검색 방법

과정	설명	
EBCDIC 코드변환 (주어진 Table에서 Code로 변환)	TLB = 332,	FIFO = 6966
	SNS = 252,	ROI = 969
	RTE = 935,	HASH = 8128
	SAN = 215,	

Hashing 함수 구하기		- 나눗셈 방법인 f(h) = I mod B //B는 버킷수 f(TLB) = 332 mod 10 = 2, FIFO = 6966 mod 10 = 6 f(SNS) = 252 mod 10 = 2, ROI = 969 mod 10 = 9 f(RTE) = 935 mod 10 = 5, HASH = 8128 mode 10 = 8 f(SAN) = 215 mod 10 = 5,
해시 Table에 저장		<Hash Table> (아래 표)
검색 방법	ROI 검색	- ROI 검색 위해 EBCDIC 코드로 변환(969) f(ROI) = 969 mod 10 = 9, 버킷 9에 ROI 검색
	ERP 검색	- ERP의 EBCDIC 코드 값은 597, f(ERP) = 597 mod 10 = 7, 버킷 7에는 Data 미존재

<Hash Table>

버킷 번호	버킷	
0	.	.
1		
2	TLB	SNS
3	.	.
4	.	.
5	RTE	SAN
6	FIFO	.
7	-	-
8	HASH	-
9	ROI	.
Overflow Area		

4. 해싱(Hashing) 함수의 종류와 Hashing의 장/단점.

가. Hashing 함수의 종류

종류	설명
나누기	Division, f(h) = x mod m / x:나머지, m=버킷
중간제곱	Mid-square, f(h) = mim(x^2)
폴딩	Folding : 일정구간으로 접어(folding)서 잘라진 수치를 더하여 Home 주소로 하는 방식
기수변환	Radix-Conversion, 특정 진법으로 Key값 변환
계수분석법	Digit Analysis : 키 분포를 자리별로 파악하여 비교
대수적코딩	Algebraic Coding : 다항식 계수 사용
무작위	Pseudo Random, 난수이용 주소 결정

나. Hashing의 장/단점.

구분	내용
장점	-각 Record의 키값을 비교하면서 탐색하는 번거로움 없음. -기억공간 면이나 속도면에서 우수. - Overflow 발생하지 않으면 원하는 Record를 단 한번의 접근으로 탐색 가능
단점	-모든 Data(Record)를 수치적 형태로 변경해야 함 - 해싱 함수를 구해야 함, -번지가 중복되는 충돌(Collission) 발생시 처리고려 - Hash Table의 기억공간 할당량의 판단 어려움, 즉 Hash Table을 위한 기억 공간 할당 어려움

-암호학에서 Hashing 함수는 무결성확보위해 사용 "끝"

문 79) Hashing(해싱) 충돌과 해결 방법에 대해 설명하시오.

답) 단위

1\. (해싱(Hashing)의 정의) - Record(보조기억장치 입출력)가 Table에 저장되어 있을때 Record의 키 값을 주면 이 Key 값을 어떤 수학적 함수에 의하여 Table의 주소로 변환시켜서 원하는 Record를 검색하는 과정.

(해싱함수(Hashing Function)) - Record의 키 값을 Table의 주소로 변환시키는 수학적 함수.

(해싱테이블(Hashing Table)) - Record들이 Table 형태로 저장되어 해싱함수에 접근, 호출할때 사용하는 Table.

2\. Hashing의 예와 Hashing 충돌의 의미

가. Hashing의 예 (Key 집합을 Hashing 함수로 표현)

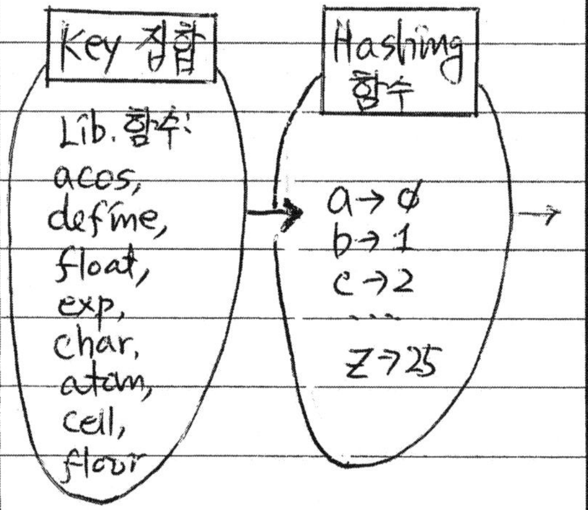

	Slot 1	Slot 2
0	acos	atan
1	-	-
2	char	ceil
3	define	-
4	exp	-
5	float	floor
...	-	-

나. (Hashing 충돌의 정의) - 서로 다른 Key 값을 갖는

두개 이상의 서로 다른 Record들이 같은 주소 값으로 계산 되는 현상. 즉, K1과 K2가 서로 다른 key값일때 h(K1)=h(K2)가 되는 경우임

3. Hash 충돌시 해결방법

방법	설명
개방주소법	-Open Addressing, Hashing 함수에 의해 얻어진 주소가 아닌 다른 주소를 사용하게 허용 즉, 충돌시 그 다음의 빈 table공간에 저장하는 방법 ←한곳에 자료가 모이는 clustering 현상발생
선형탐사	-Linear probing, 충돌시 현재주소에서 고정폭(예를들면 1)으로 다음 주소로 이동하는 방식
제곱탐사	-Quadratic probing, 충돌시 선형탐사 제곱수이동
이중 해싱	-Double Hashing, 2중(2개의 해쉬 함수)
Chaining	충돌시 linked list로 해결하는 방법. overflow 미발생, 삽입/삭제용이, ← 장점 단점은 Memory 할당 (malloc())과 포인터 연산 필요

"끝"

문 71) 검색 알고리즘 (Search Algorithm)의 평균 검색 길이, 검색 수행시간, 기억공간, 특징을 5가지 이상 나열하고 비교하시오.

답)

1. (Search 의 의미) - Computer의 기억공간에 저장된 자료들중 어떤 성질을 만족하는 정보의 특정 부분이나 부분들을 찾아내는 과정

2. Search Algorithm의 발전

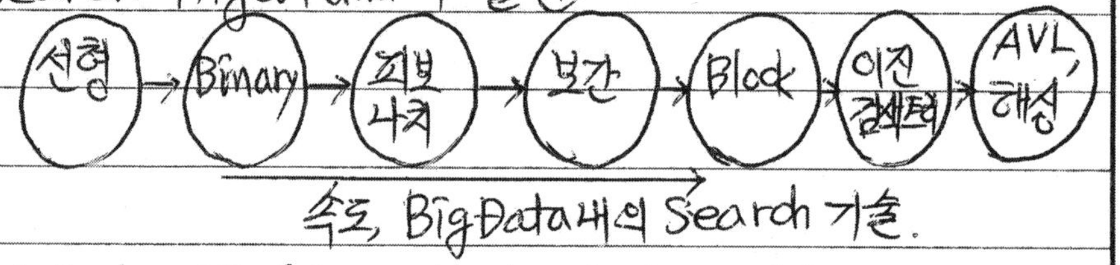

3. 검색 알고리즘 (Search 알고리즘)의 비교

방법	평균 검색길이	검색시간	기억공간	특징
선형검색 (Linear, sequential)	$\frac{n+1}{2}$	$O(n)$	n	- 프로그램 간단하고 용이 - 정렬과 무관
이진검색 (Binary)	$\log_2(n+1)-1$	$O(\log_2 n)$	$n+2$	- 검색 속도 빠름 - 나눗셈 이용
피보나치	$\log_2 n$	$O(\log_2 n)$	$2n$	- 덧셈, 피보나치수열
보간검색	$2\left(\frac{\sqrt{n}-1}{2}\right)$	$O(\log_2 n)$	n	- 파일이 큰 경우는 이진 검색보다 유리

블럭검색	$\sqrt{n}$	$O(\log_2 n)$	n+index	자료 갱신이 용이
이진 검색 트리	$1.4 \log_2 n$	$O(\log_2 n)$	2n	-빠른 검색 속도 -자료 갱신용이 -검색과 동시에 정렬 -프로그래밍 복잡

"끝"

PART 7

산술식 표현과 트리(Tree)

우선순위 연산자를 고려한 산술식 계산, Tree의 용어, 이진 트리(Binary tree)의 유형 및 삽입, 삭제 스레드 이진 트리(Thread Binary Tree), 전위 운행, 중위 운행, 후위 운행, 레벨 운행, Thread Binary Tree의 메모리 저장, AVL Tree 구성 및 균형(LL, LR, RL, RR 회전), 2-3 Tree, 2-3-4 Tree 삽입, 삭제 방법, Red Black Tree, m-원 탐색 Tree, B-Tree, B*-Tree, B+-Tree, T-Tree 삽입 삭제에 대해 실제 예를 들어 설명한 부분으로 이해 위주로 학습할 수 있도록 기술하였습니다. 이 Part 또한 항상 출제되는 Part입니다. [관련 토픽 - 41개]

문72) 다음 산술식 X = A+(B+C/D)*E-F를 이진 트리 형태로 표현하고 전위(prefix) 표기법과 후위(postfix) 표기법에 따라 Stack에 저장되는 형태를 기술하시오.
(우선순위는 (), *, /, +, - 순)

답)

1. prefix, postfix, inorder(중위), level 등 트리운행의 정의
- 운행(Traversal): Tree의 각 노드(Node)를 중복되지 않게 전부 방문(visit)하는 방법으로 전위, 중위, 후위, 레벨이 있음

2. 산술식 X = A+(B+C/D)*E-F의 이진트리 표현

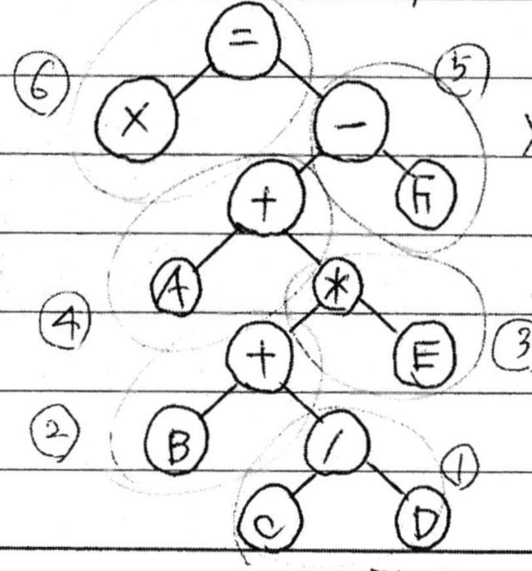

X = ((A+((B+(C/D))*E))-F)

- ⑥부터 역순으로 ⑤④③ ②①까지 표현

3. Stack에 저장되는 형태

가. 전위(prefix) 표기법에 의한 stack 저장 방법

← Scan

번지→	∅	1	2	3	4	5	6	7	8	9	10	11	12
값→	=	X	-	+	A	*	+	B	/	C	D	E	F

↑ Bottom

마지막저장위치 ← top pointer

나. 후위(Post fix) 표기법에 의한 Stack 저장방법

← Scan

번지 →	0	1	2	3	4	5	6	7	8	9	10	11	12
값 →	X	A	B	C	D	/	+	E	*	+	F	-	=

↑ Bottom (0번지)

↑ Top pointer (12번지)

"끝"

문73) 다음 산술식을 우선순위 연산자를 고려하여 계산하시오
(A는 3, B=4, C=5, D=2, E=3, F=2, G는 6이다)

Y = A + B * C −(D * E)/F + G

우선순위	연산자
0 (제일 높음)	( )
1	*, /
2	+, −

답)

1. 우선 순위 연산자 고려한 연산 순위

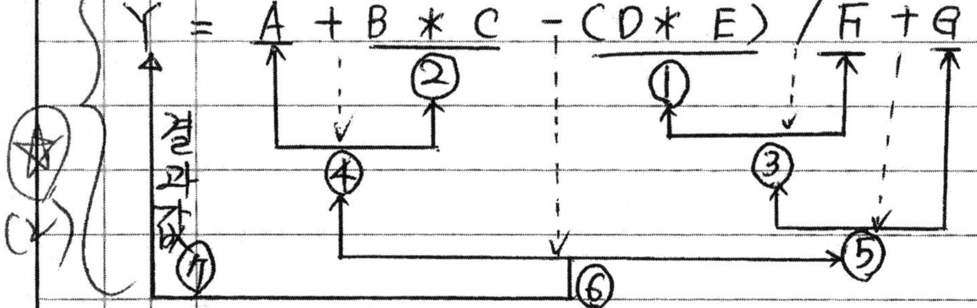

2. 해당 수식에서 각 값을 대입한 결과값 도출

단계	내용	결과	연산자
①	D * E = 6	6	( )
②	B * C = 20	20	*
③	① 결과 / F = 3	3	/
④	A + ② 결과	23	+
⑤	③ + G = 9	9	+
⑥	④ − ⑤ = 13	14	−
⑦	결과값	14	결과도출

"끝"

문74) 산술식 X = A + (B + C/D) * E − F를 후위(post fix)로 표기하고 이때 후위 표기 산술식의 stack 연산 과정을 기술하시오. (우선 순위는 (), *, /, +, − 순임)

답)

1. 주어진 산술식 X = A + (B + C/D) * E − F의 후위표기

(X= ((A + (((B + (C/D)) * E)) − F))

① ② ③ ④ ⑤ ⑥

- postfix는 피연산자 뒤에 연산자를 나타내는 방식 'AB+'
- Postfix의 표기 결과

= XABCD/+E*+F−=

2. Postfix 표기 산술식의 stack 연산과정

순서	산술식	Stack	Stack pointer	postfix 출력
1	X		-1	X
2	=	=	0	.
3	A	=	0	A
4	+	=+	1	.
5	(	=+(	2	.
6	B	=+(	2	B
7	+	=+(+	3	.
8	C	=+(+	3	C
9	/	=+(+/	4	.

10	D	=+(+/	4	D
11	)	=+(+	3	/
12	.	=+(	2	+
13	*	=+*	2	.
14	E	=+*	2	E
15	-	=+	1	*
16	.	=-	1	+
17	F	=-	1	F
18	.	=	0	-
19	.	.	.	=

"끝"

문 75) 다음 수식을 Tree 형태(수식트리=Expression Tree)로 표현하여 계산하시오 (우선순위는 *, +, - 순)

7 + 4 * 2 - 1

답)

1. Tree와 수식트리(Expression Tree)의 정의

(Tree의 정의) - 1개 이상의 노드(Node)를 갖는 집합(Set)

(수식 Tree의 정의) - Compiler가 해석할 수 있게 Tree를 수식 형태로 재표현하는 방법(Compile 과정에 Decoding)

2. 7+4*2-1의 Expression Tree(우선순위 적용)

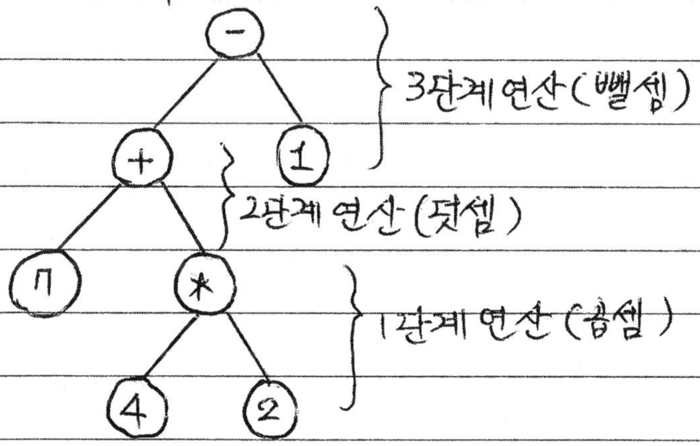

3. 각 단계의 연산 결과

가. 1단계 연산(곱셈)

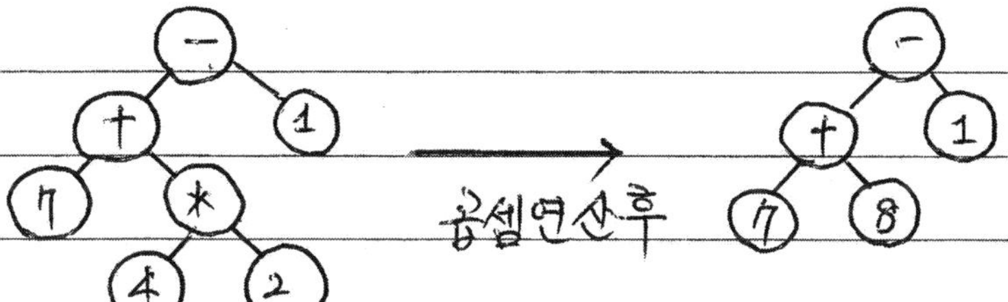

나. 2단계 연산 (덧셈)

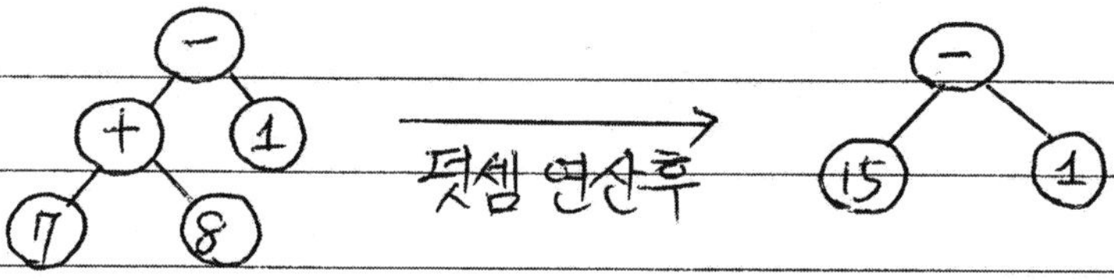

다. 3단계 연산 (뺄셈)

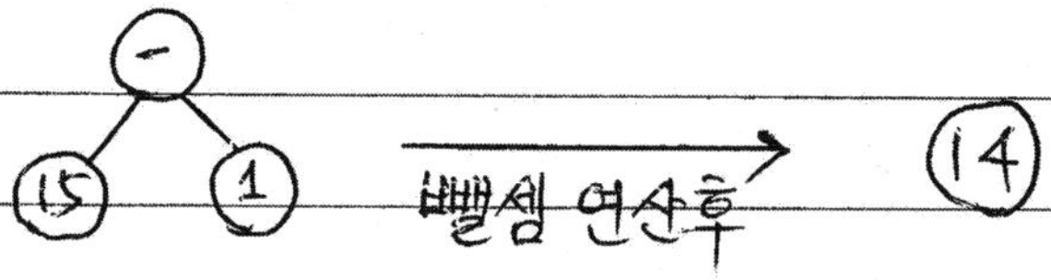

- 연산 (1/2/3단계) 진행후 최종 연산 결과는 14임.

"끝"

문 76) Tree에서 사용되는 용어 10개 이상에 대해 설명하시오

답)

1. Tree의 정의 및 구조

☆ Tree의 정의 | - 1개 이상의 노드(node)를 갖는 집합

조건 1) T 원소 중 입력되는 가지가 없는 단 하나의 노드, ROOT 1개 존재

조건 2) 다른 Node들은 원소가 중복되지 않은 n개의 부속트리 (SubTree) T1, T2…Tn으로 나눔, Ti 각각은 Root의 SubTree라고 명칭

조건 3) Tree는 Cycle이 없는 그래프(acyclic graph), 계층구조

☆ Tree 구조의 예제

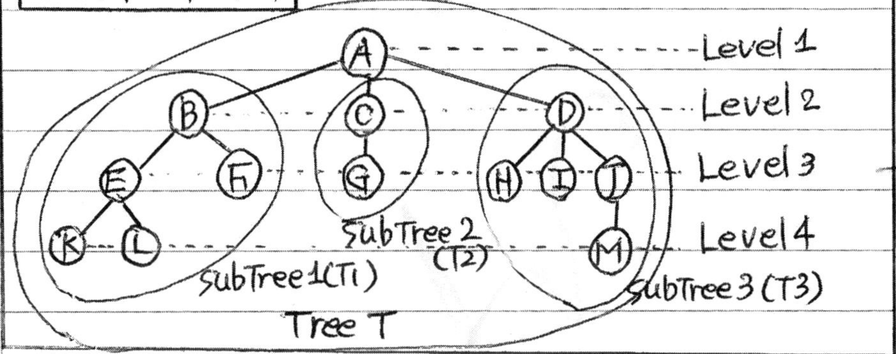

- 실제 나무와 Tree 구조를 비교하면 나무를 거꾸로 세워놓은 격

2. Tree 구조에서 사용되는 용어 및 설명

용어	설명	예 (Tree 구조에서)
Root	트리의 노드 중 하나, 가장 상위레벨	Tree T에서 Ⓐ
노드(Node)	정보가 저장되는 곳, 자료구조의 원소	ⒶⒷ…Ⓜ
Sub Tree	Root 제거 시 또 다른 Tree 내 Root	T1, T2, T3
차수(degree)	Node의 SubTree 갯수	노드 A의 degree=3 노드 C의 degree=1 노드 G의 degree=0

(위의 Tree 예제)

	트리의 차수 (degree of tree)	tree의 최대 차수	TreeT, 트리차수는 3
	단말노드 ((Leaf, terminal)	차수가 ∅인 Node, 하부에 가지가 없는 노드	K, L, F, G, H, M, I at Tree T
	자식(child)노드	임의의 노드에 연결된 바로 밑 레벨의 노드	E와 F는 B의 자식
	형제(sibling)노드	동일한 부모노드를 갖는 노드	E,F, H,I,J
ancestor	조상 노드	Node의 부모노드들의 총집합	M의 조상노드는 A,D,J
descendant	자손노드	노드의 Sub tree에 있는 모든노드들	D의 자손노드는 H,I,J,M
	내부노드	non-terminal node, 차수가 1 이상인 노드.	A,B,E,C D,J
	Level	루트노드들로부터 깊이 (Rootnode=1)	노드D의 자식노드레벨은 3
	tree의 깊이	트리에 속한 Node의 최대 레벨	TreeT에서는 4
	숲(forest)	TreeT에서 Root삭제시 3개의 부트리.	분리된 트리의 집합

"끝"

이진트리의 순회(traversal) 방법 4가지의 예를 드시오

문 77) 이진 트리(Binary tree)의 유형에 대해 설명하고

답)

1. Binary tree의 정의, 유형, 순회 방법

☆ (3)

정의	모든 Node가 최대 2개의 자식을 가질수 있는 트리
유형	포화이진트리(full Binary tree), 완전이진트리, 경사이진트리
순회 방법	전위(preorder), 중위(Inorder), 후위(postorder), 레벨순회
활용	컴파일러(Compiler), 자료검색등

2. 이진트리의 유형 및 설명

☆ (2)

유형	Tree 도식	설명
포화이진트리 (Full Binary Tree)	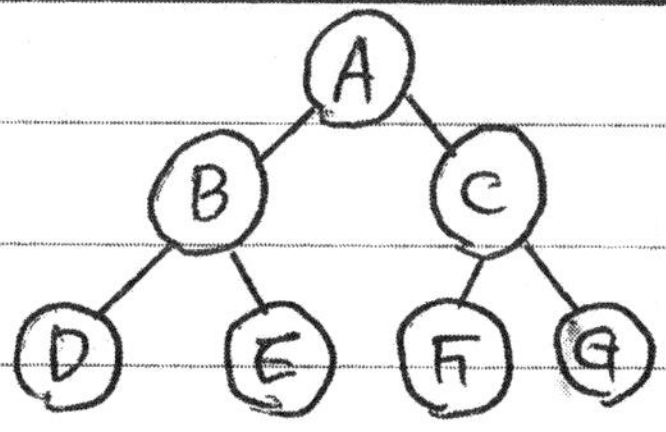	-leaf 노드들이 모두 같은 높이에 존재. ☆ -노드총개수: 2^k-1 (k: 깊이(Level) 레벨)
완전이진트리 (Complete Binary tree)	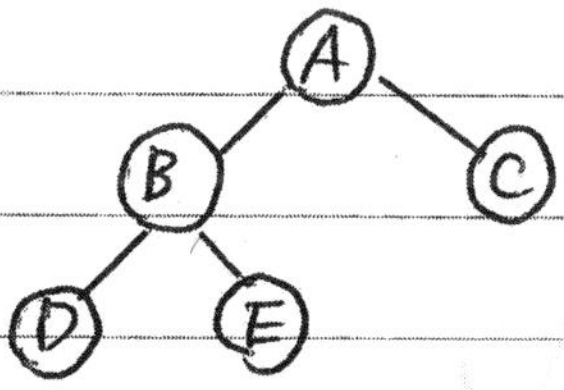	-leaf 노드들이 트리의 왼쪽부터 차곡 차곡 채워진 형태 ☆☆ -노드개수 = $2^{L-1}-1 < n < 2^L-1$
경사이진트리(skewed Binary tree)	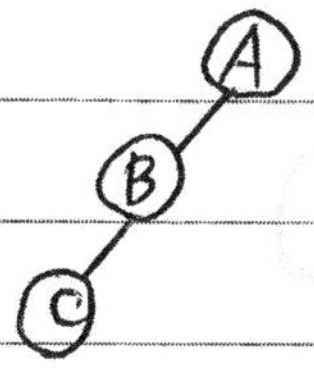	한쪽 방향으로만 Node들이 채워진 상태 (사향이진트리)

- 포화/완전/경사 이진 트리로 분류함.

3. 이진트리의 순회 방식 4가지

전위 (Preorder)	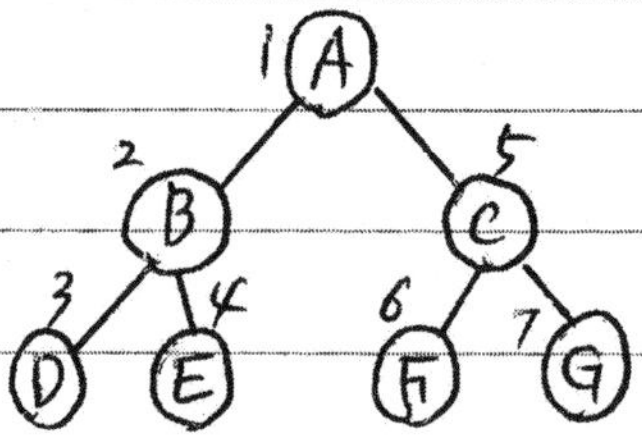	-방향: Root → 좌 → 우 -표식: -결과: ABDECFG
중위 (Inorder)	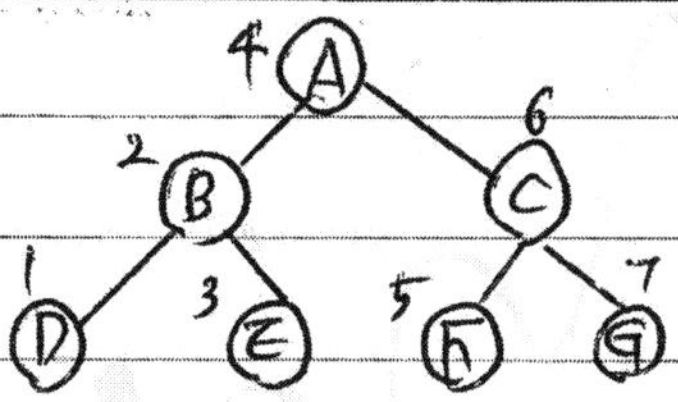	-방향: 좌 → Root → 우 -표식: -결과: DBEAFCG
후위 (Postorder)	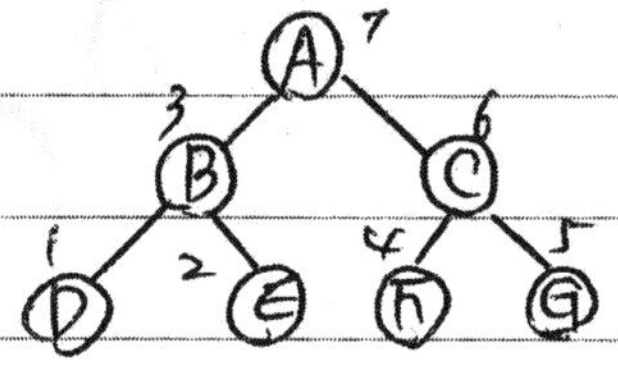	-방향: 좌 → 우 → Root 표식: -결과: DEBFGCA
레벨 (Level)	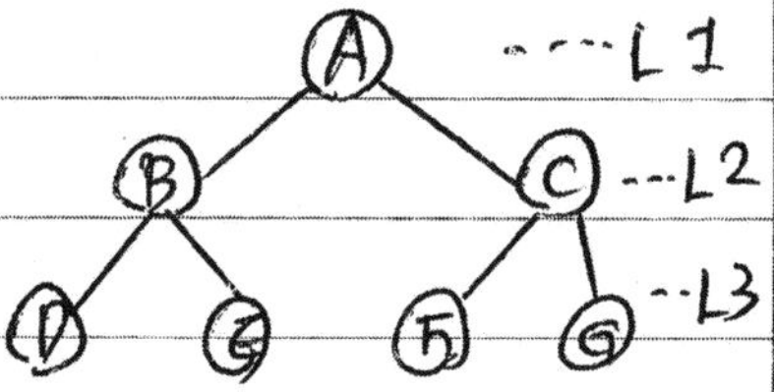	-방향: 레벨 → 좌 → 우 -표식: -결과: ABCDEFG

"끝"

문78) 아래 이진트리의 운행(Traversal) 방법 4가지를 적용하여 결과를 기술하시오

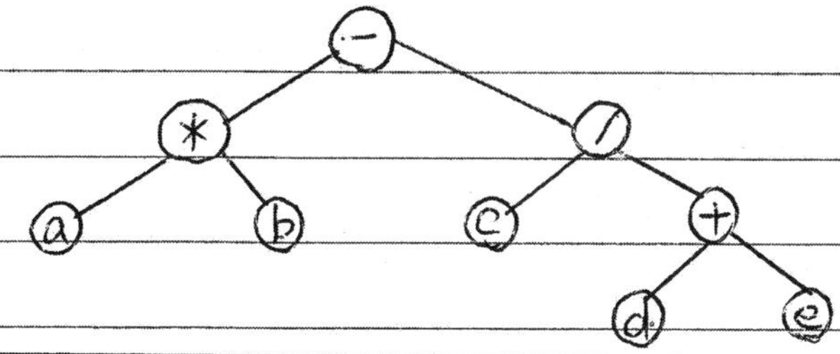

답)

1. 이진트리의 운행(Traversal) 4가지의 특성

종류	도식화	설명
전위운행 (preorder)	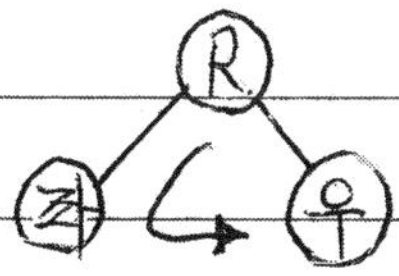	- Root → 좌 → 우 - R 좌 우 표시:
중위운행 (Inorder)	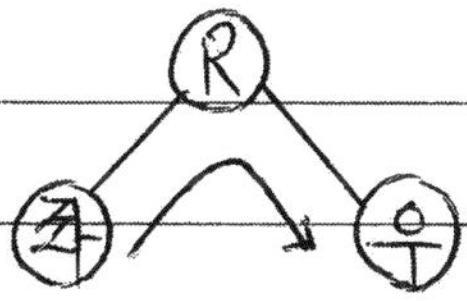	- 좌 → Root → 우 표시:
후위운행 (postorder)	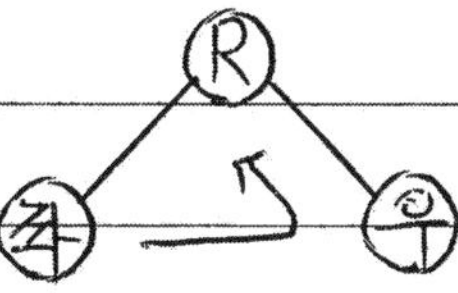	- 좌 → 우 → Root 표시:
레벨운행 (Level)	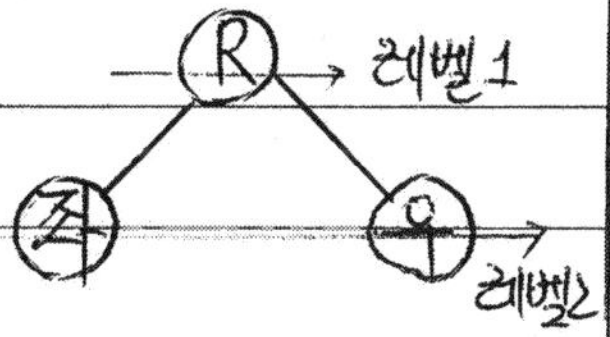	- Root → 좌 → 우 표시: → 레벨1 → 레벨2.

2. 주어진 이진 Tree에서 운행 결과

종류	방향표시	결과
pre-order		-*ab/c+de
In-order		a*b-c/d+e
post-order		ab*cde+/-
Level		-*/abc+de

"끝"

문 79) 다음 이진 트리에서 전위 순회(Preorder Traversal) 실행과정을 상세히 기술하시오

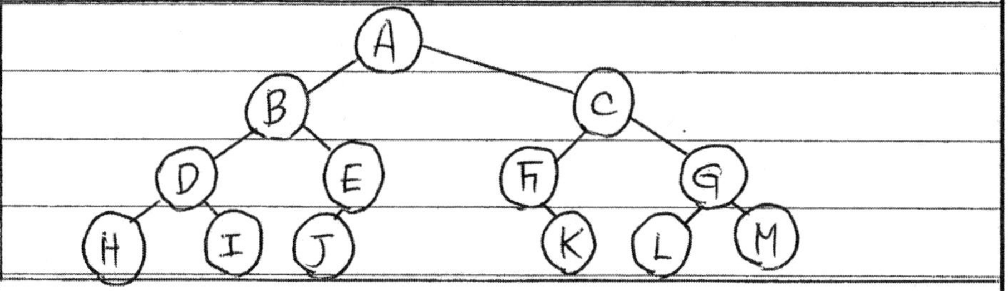

답)

1. 전위 순회(preorder Traversal)의 방법

- Root → L(왼쪽 서브트리)로 이동 → R(오른쪽)로 이동

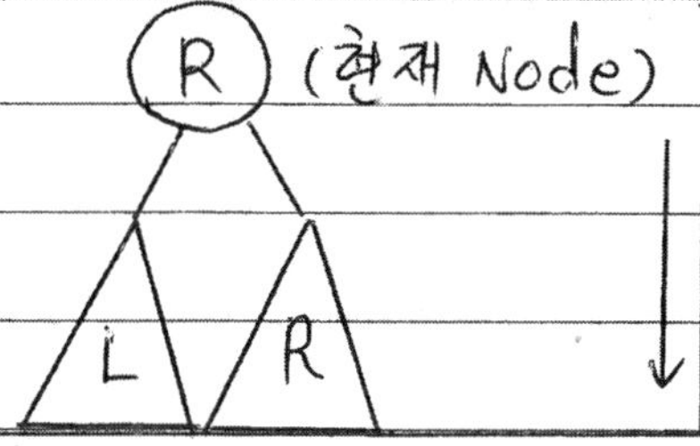

방문순서	내용
Root	현재 Node 방문
Left	왼쪽 서브트리 이동
Right	오른쪽 서브트리 이동

2. 전위 순회(preorder Traversal)과정 상세 설명

단계	순회	현재노드	왼쪽노드	오른쪽노드	다음이동노드
1	A	A	B	C	B
2	B	B	D	E	D
3	D	D	H	I	H
4	H	H	-(없음)	-	I
5	I	I	-	-	E
6	E	E	J	-	J
7	J	J	-	-	C

8	C	C	F	G	F
9	F	F	-	K	K
10	K	K	-	-	G
11	G	G	L	M	L
12	L	L	-	-	M
13	M	M	-	-	-

3. Preorder Traversal의 실행 결과

- ABDHIEJCFKGLM

"끝"

문80) 스레드 이진트리 (Thread Binary Tree)의 표현 방식을 설명하고 아래 이진트리를 전위, 중위, 후위 운행법에 의해 각각 표기하시오.

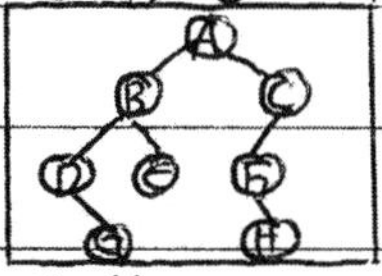

답)

1. 이진트리의 NULL 링크 기억장소 낭비 보완, 스레드이진트리 개요

가. 스레드 이진트리 (Thread Binary Tree)의 정의

- Linked list(연결 리스트)에서 메모리 낭비 (NULL 링수가 많음)를 보완하기 위해 NULL 링크를 다른노드 (조상 Node)로 가리키도록 하여 메모리 절약 효과 발생

나. Linked list 에서의 이진트리 표현시 메모리 사용률

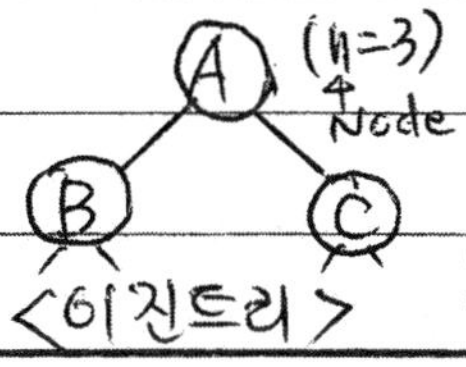

- 링크수 : n - 1 개
- 사용하지 않는 NULL 링크수 : n + 1
∴ 링크수 : 2개, NULL 링크수 : 4개

2. Thread Binary Tree의 표현 방식

가. Thread Binary Tree의 Node 구조

LTag	LLINK	Data	RLINK	RTag

(LBit) (RBit)

LTag = ∅ : LLink가 Thread로 연결된 경우
1 : LLink가 정상 pointer로 연결

RTag = ∅ : RLink가 Thread로 연결된 경우
1 : RLink가 정상 Pointer로 연결

나. Thread Binary Tree의 표현 방법 설명

항목	설명
LTag, RTag	어떤 Link가 NULL일지 아닌지 상태 표시
운행법	전위(preorder), 중위(Inorder), 후위(postorder)
LLink 제어	임의 노드의 LLink가 NULL이면, 운행순서에 따라 그 노드 직전에 검사된 Node로 pointer
RLink 제어	임의 노드의 RLink가 NULL이면, 운행 순서에 따라 그 노드 직후에 검사될 Node로 pointer
HEAD Node	HEAD Node를 설정하여 마지막으로 남은 NULL 링크 부분이 HEAD Node를 지칭(point)하도록 po-int의 값을 설정

3. 주어진 Tree의 각 순회(운행)

가. 전위(pre-order) 순회 결과

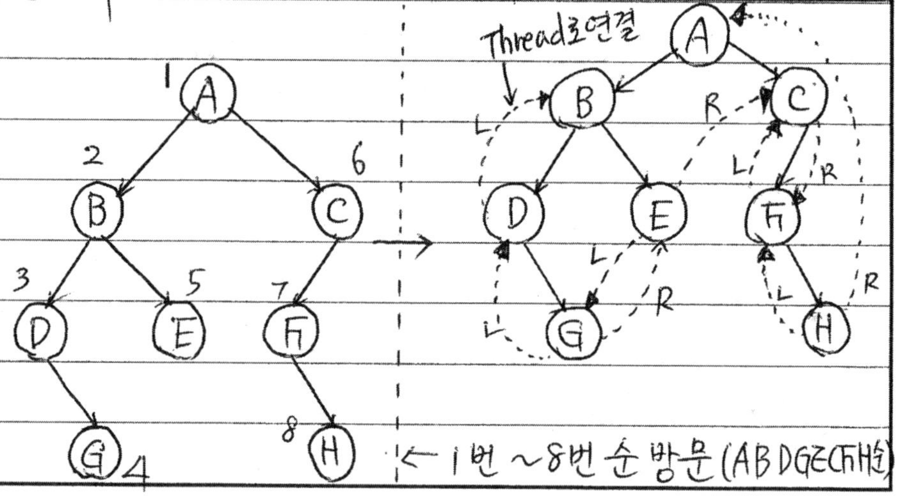

← 1번 ~8번 순 방문(ABDGECFH순)

나. 중위(Inorder) 순회 결과

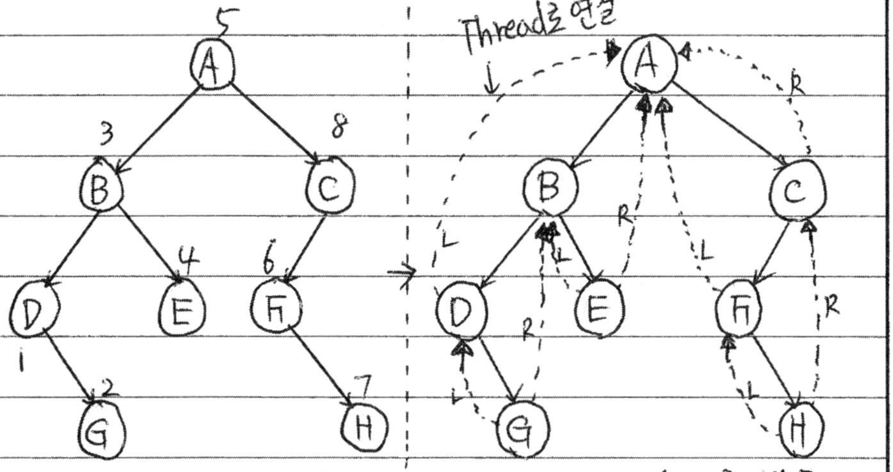

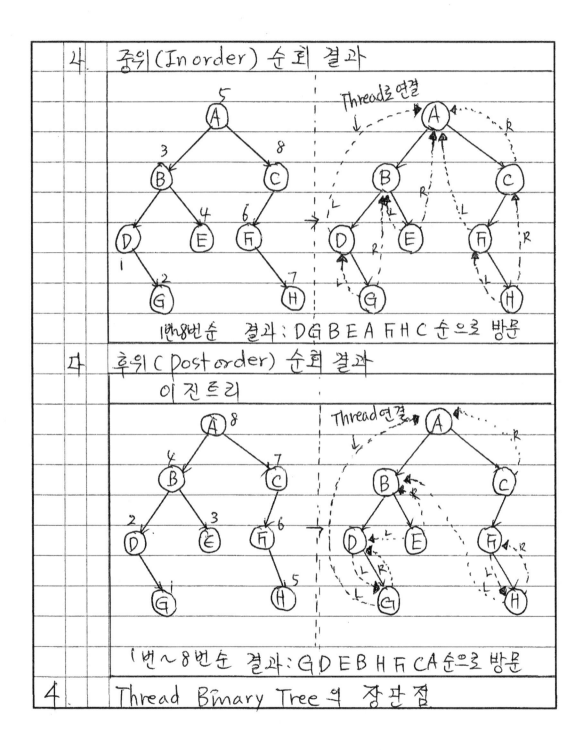

1번~8번순 결과 : D G B E A F H C 순으로 방문

다. 후위(Postorder) 순회 결과

이진트리

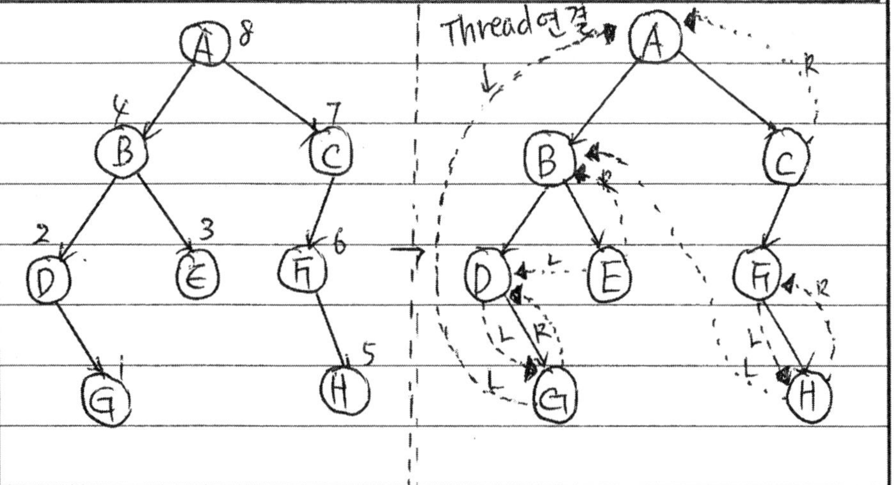

1번~8번순 결과 : G D E B H F C A 순으로 방문

4. Thread Binary Tree의 장단점

장점	- 기억(Memory) 공간의 낭비 최소화. - Tree의 운행 속도가 빨라짐 (성능 up)
단점	- 정상 pointer와 Thread pointer를 구분하기 위한 기억장소 추가 필요.

"끝"

문 81) 다음 이진(Binary) Tree를 Thread Binary Tree의 전위 운행(preorder Traverse) 시의 메모리에 실제 저장되는 값 으로 표현하시오.

Thread Binary Tree의 Node 구조와 크기는 아래와 같다고 가정한다.

Node구조:	LTag	Lchild	DATA	Rchild	RTag
	1Byte	1Byte	1Byte	1Byte	1Byte

∴ 한 Node는 총 5Byte로 구성

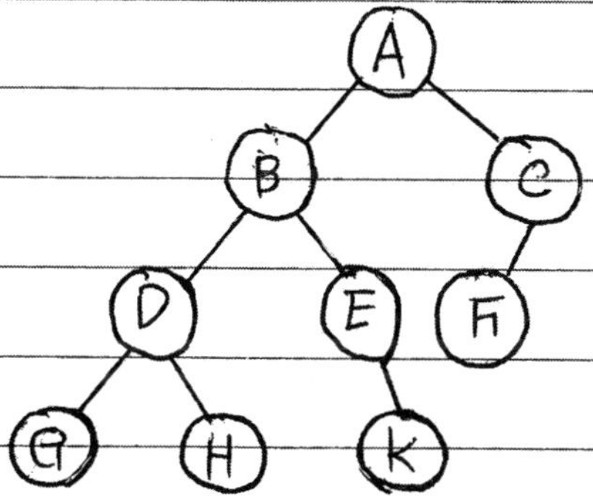

답)

1. 전위 운행(preorder Traverse)의 정의

- Root→Left→Right 순으로 Node를 탐색하는 과정

```
Void preorder(struct node * NODE){
  if(NODE != NULL){              //NODE는 left node와
      printf("%c", NODE→data); //ROOT   Data Right Node로 구성.
      preorder(NODE→Leftchild); 왼쪽
      preorder(NODE→Rightchild); 오른쪽
} }
```

2. 주어진 이진 트리에서의 전위운행 결과 및 Thread 운행 결과의 표현

가. 전위 운행 (Preorder Traverse)의 결과

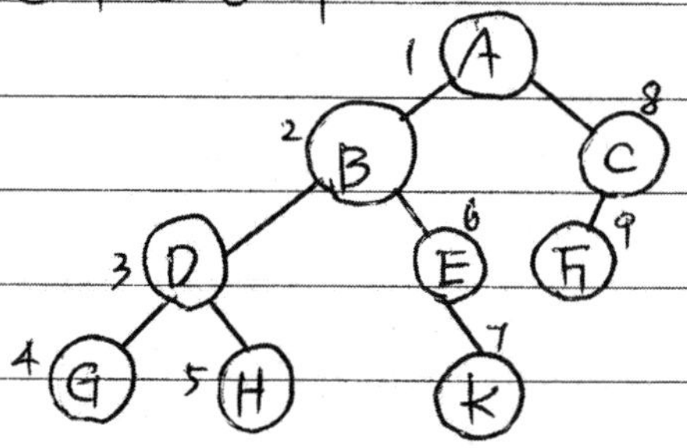

// 1부터 ~9까지 순차방문

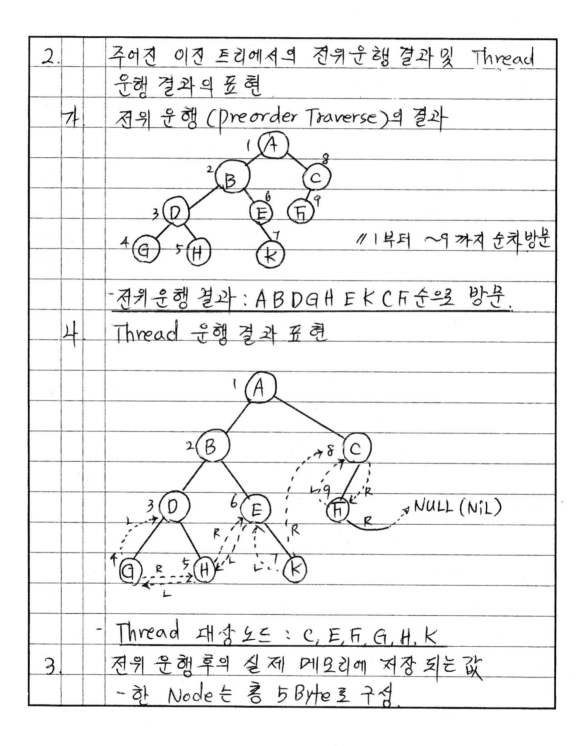

- 전위운행 결과 : A B D G H E K C F 순으로 방문.

나. Thread 운행 결과 표현

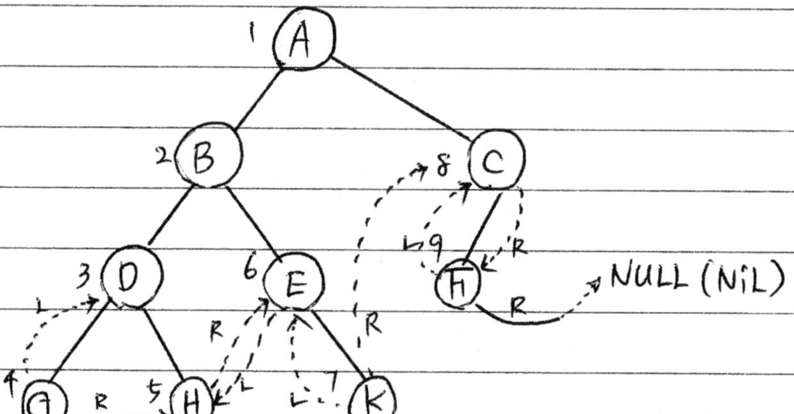

- Thread 대상 노드 : C, E, F, G, H, K

3. 전위 운행 후의 실제 메모리에 저장되는 값

- 한 Node는 총 5 Byte로 구성.

Memory번지	LTag	LChild	Data	Rchild	RTag
Ø번지	1	5	A	35	1
5	1	10	B	25	1
10	1	15	D	20	1
15	Ø	10	G	20	Ø
20	Ø	15	H	25	Ø
25	Ø	20	E	30	1
30	Ø	25	K	35	Ø
35	1	40	C	40	Ø
40	Ø	35	F	NULL	Ø

- 총 45 Byte 필요. L/RChild는 번지를 point.

"끝"

문82) 다음 이진(Binary)Tree를 Thread Binary Tree의 중위운행(In-order Traverse)시의 메모리에 실제 저장되는 값으로 표현하시오. Thread Binary Tree의 Node 구조와 크기는 아래와 같다고 가정한다

Node구조:

LTag	LChild	DATA	RChild	RTag
1Byte	1Byte	1Byte	1Byte	1Byte

- 한 Node는 총 5Byte로 구성됨

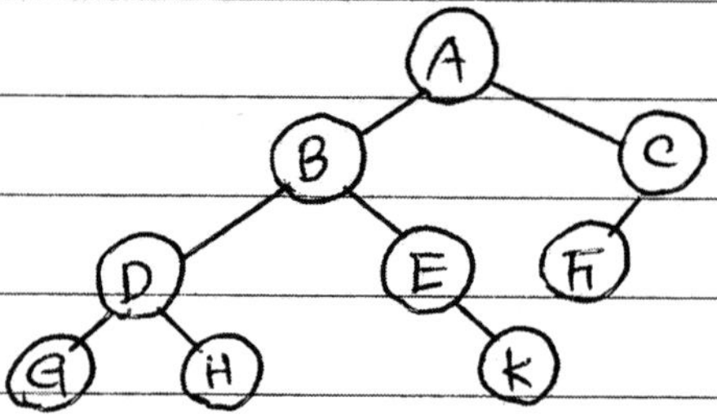

답)

1. 중위운행(Inorder Traverse)의 정의

- Left → Root → Right 순으로 Node를 탐색하는 과정

```
Void Inorder(struct node * NODE){
    if(NODE != NULL){
        Inorder(NODE → Left child; //왼쪽
        printf("%c", NODE → data); //Root
        Inorder(NODE → Right child; //오른쪽
    }
}
```

2. 주어진 이진트리에서의 중위운행 결과 및 Thread 운행 결과의 표현

가. 중위운행 (Inorder Traverse)의 결과

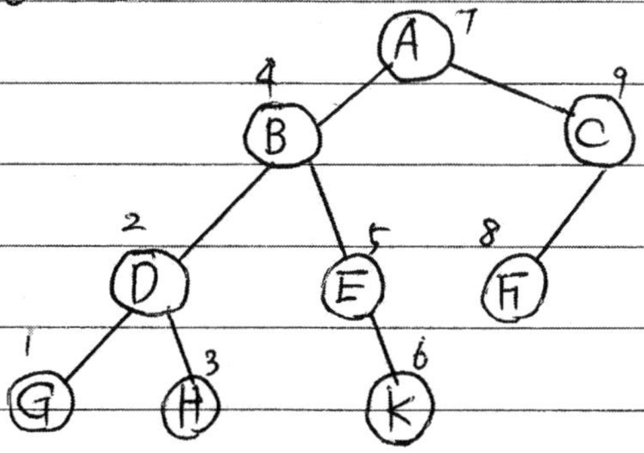

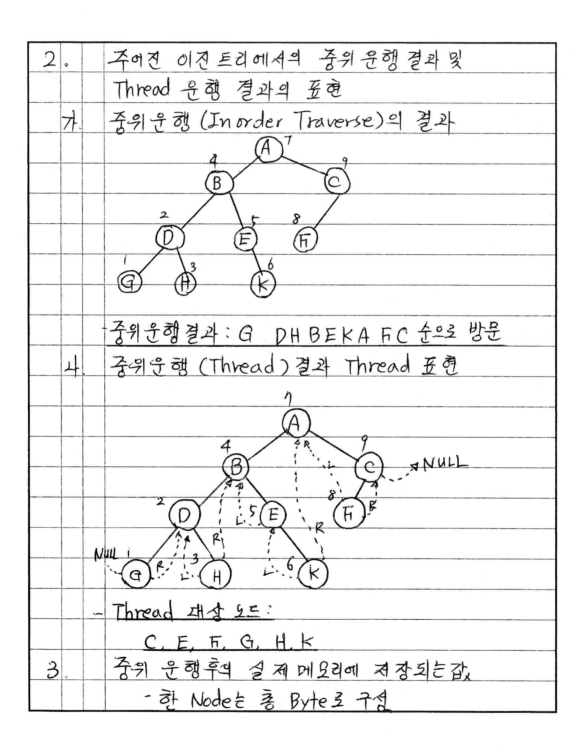

- 중위운행결과 : G DHBEKA FC 순으로 방문

나. 중위운행 (Thread) 결과 Thread 표현

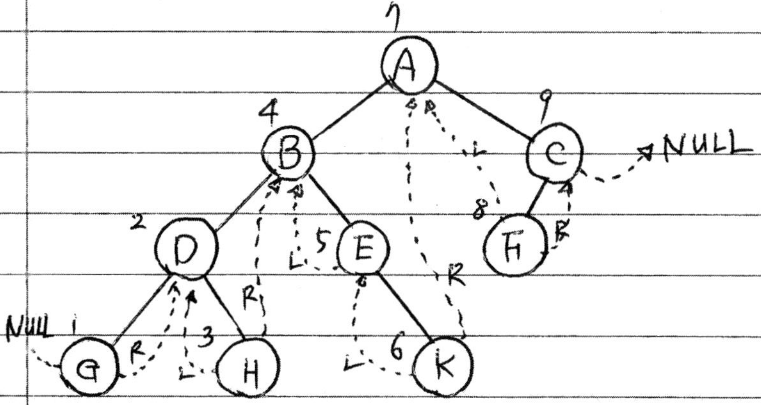

- Thread 대상 노드:

C, E, F, G, H, K

3. 중위 운행후의 실제 메모리에 저장되는 값

- 한 Node는 총 Byte로 구성

Memory번지	LTag	LChild	Data	Rchild	RTag
∅ 번지	∅	NULL	G	5	∅
5	1	∅	D	10	1
10	∅	5	H	15	∅
15	1	5	B	20	1
20	∅	15	E	25	1
25	∅	20	K	30	∅
30	1	15	A	40	1
35	∅	30	F	40	∅
40	1	35	C	NULL	∅

- 총45 Byte의 Memory 필요.
- L Child와 R child 값은 번지를 가르킴 (point)

"끝"

문 83) 다음 이진 Tree (Binary Tree)를 Thread Binary Tree의 후위 운행 (postorder Traverse)시의 Memory에 실제 저장되는 값으로 표현하시오. Thread Binary Tree의 Node 구조와 크기는 아래와 같다고 가정한다

Node 구조:

1Byte	1Byte	1Byte	1Byte	1Byte
LTag	Lchild	DATA	Rchild	RTag

- 한 Node는 총 5Byte로 구성됨

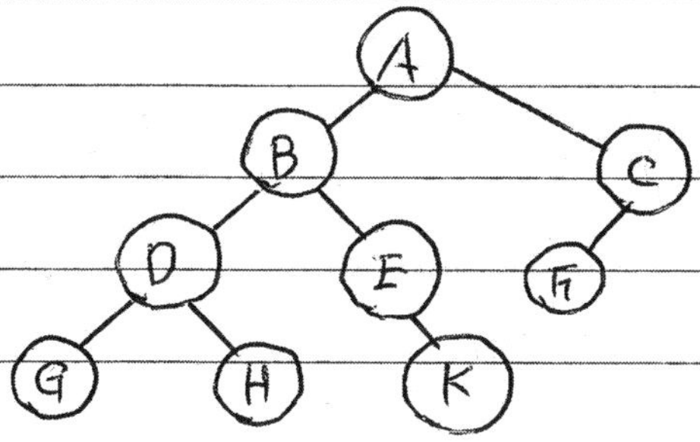

답)

1. 후위 운행(post-order Traverse)의 정의

- left → right → root 순으로 Node를 탐색하는 과정

```
Void Postorder(struct node *NODE) {
    if ( NODE != NULL) {
        postorder(NODE→Leftchild; // 왼쪽
        postorder( NODE→ Rightchild; // 오른쪽
        printf("%c", NODE→data); // Root
    }
}
```

2. 주어진 이진트리에서 후위운행 결과 및 Thread 운행 결과의 표현

가. 후위운행(post-order Traverse)의 결과

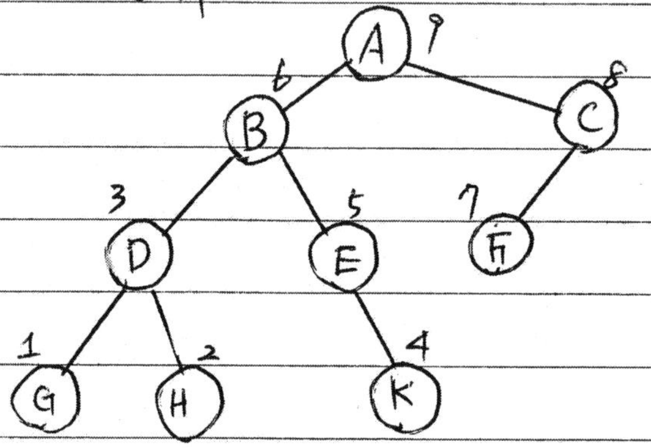

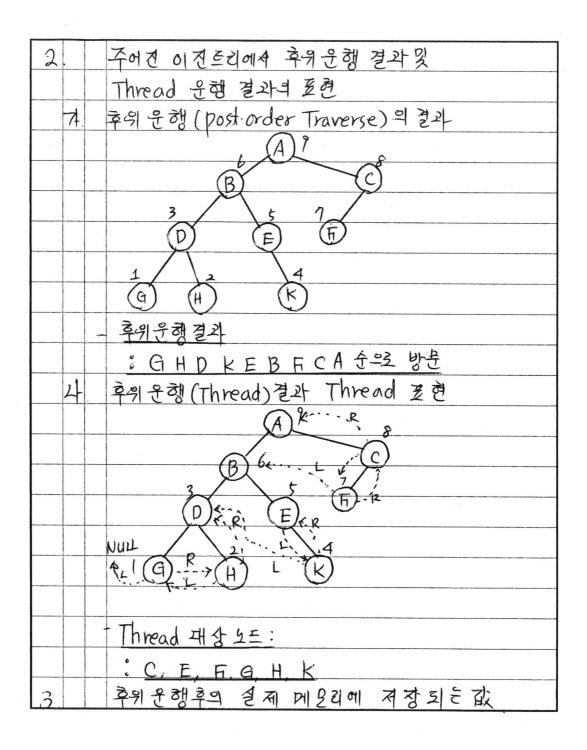

- 후위운행결과
  : G H D K E B F C A 순으로 방문

나. 후위운행(Thread)결과 Thread 표현

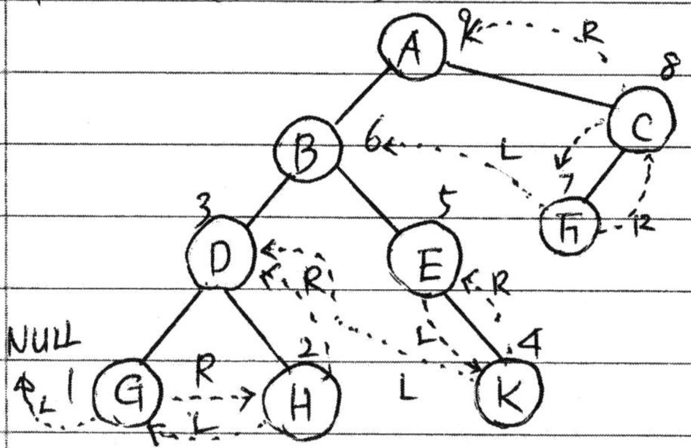

- Thread 대상 노드:
  : C, E, F, G, H, K

3. 후위운행후의 실제 메모리에 저장되는 값

메모리 번지	LTag	Lchild	Data	Rchild	RTag
Ø 번지	Ø	NULL	G	5	Ø
5	Ø	Ø	H	10	Ø
10	1	Ø	D	5	1
15	Ø	10	K	20	Ø
20	Ø	15	E	15	1
25	1	10	B	20	1
30	Ø	25	F	35	Ø
35	1	30	C	40	Ø
40	1	25	A	35	1

- 총 45 Bytes의 Memory 필요.
- LChild와 Rchild 값은 번지를 가르침 (point)

"끝"

문84) Thread Binary Tree(쓰레드 이진트리)를 정의하고 아래 제시된 쓰레드 이진트리가 메모리내에 어떻게 표현되는지 (노드구조와) 기술하시오. (중위운행시)

답)

1. Memory 공간 절약 Thread Binary Tree의 정의및표현

가. 쓰레드 이진트리의 정의 - Linked list(연결리스트)에서 Memory 낭비(NULL 많음)를 보완하기위해 NULL 링크를 다른노드(조상 노드)를 가리키도록 하여 운행 효율을향상시킨 Tree

나. Thread Binary Tree의 Node 구조

(2)

Lbit (=LTag)	LChild	Data	Rchild	Rbit (RTag)

- Lbit
  - 1: Lchild가 정상적으로 연결된 경우
  - 0: Lchild가 쓰레드로 연결된경우(NULL 링크)
- Rbit
  - 1: Rchid가 정상적으로 연결된 경우
  - 0: Rchild가 쓰레드로 연결된 경우(NULL 링크)

2. 제시된 쓰레드 이진트리의 스레드 표현과 메모리저장방식

가. Thread Binary Tree의 Thread 표현

(3)

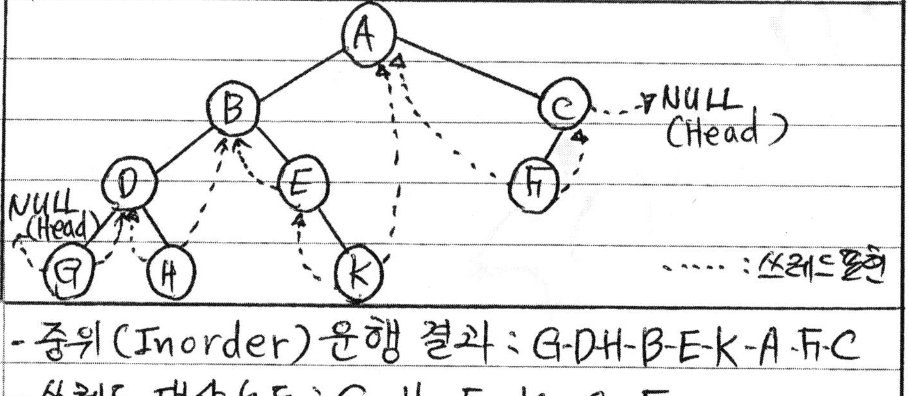

- 중위(Inorder) 운행 결과: G-D-H-B-E-K-A-F-C
- 쓰레드 대상 노드: G, H, E, K, C, F

나. 쓰레드 포함 쓰레드 이진트리의 메모리 저장방식

정답 (3) ☆

메모리	Lbit	Lchild	Data	Rchild	Rbit
1번지	1	2	A	3	1
2	1	4	B	5	1
3	1	6	C	NULL	0
4	1	7	D	8	1
5	0	2	E	9	1
6	0	1	F	3	0
7	0	NULL	G	4	0
8	0	4	H	2	0
9	0	5	K	1	0

↑ word(2byte)로 표현

- 2개의 NULL pointer 존재.
- tag (Lbit, Rbit)를 사용하여 운행 효율 높임.

☆

"끝"

Linked List방법으로

(기억장소 번지는 0번지부터 시작)
를 표현하고 기억장소에 저장되는 트리 상태를 표현하시오

문 85) 다음의 Node 구조를 이용하여 아래 이진트리(Binary tree)

Node 구조

left child	Data	rightchild
1byte	1byte	1Byte

이진Tree

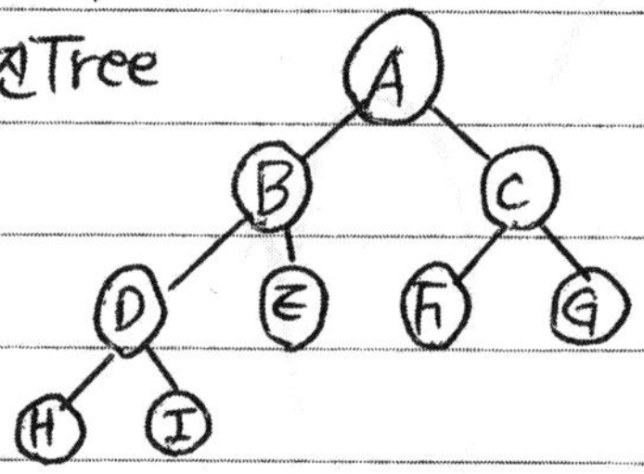

답)

1. 완전이진트리의 정의와 Node 구조의 설명

가. Complete Binary tree의 정의 - Leaf Node 들이 Tree의 왼쪽부터 차곡차곡 채워진 Tree (개수 $= 2^{L-1}-1 < n < 2^{L}-1$)

나. 주어진 Node(Linked list)의 Code 표현

```
struct node{
    struct node *leftchild;   // 왼쪽 자식노드 pointer
    char data;                // Node에 저장 Data (1byte)
    struct node *rightchild   // 오른쪽자식노드 pointer
}
```

2. 주어진 완전 이진트리의 Linked list 방법으로 표현

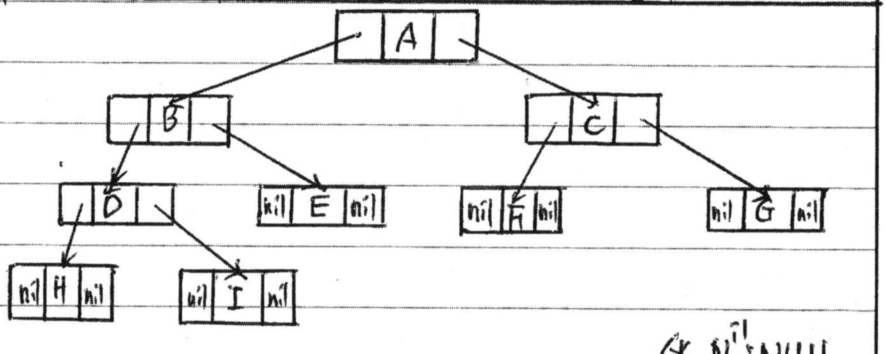

※ Nil : NULL

- Linked list를 이용한 이진트리의 표현

nil의 의미는 더이상 연결 노드가 없음을 의미함(NULL)

3. 기억 장소에 저장되는 트리의 상태(0번지부터 시작)

기억장소번지	left child	data	right child
0번지	3	A	6
3	9	B	12
6	15	C	18
9	21	D	24
12	nil	E	nil
15	nil	F	nil
18	nil	G	nil
21	nil	H	nil
24번지	nil	I	nil

☆ 61 84

- 총 27 byte가 소모됨, 18Byte가 NULL값존재

☆☆☆ NULL값을 없애기위해 B/B+/B*/ T-Tree로 발전. "끝"

(3)

문 86) Thread Binary Tree에 대해 설명하고 아래 이진 트리를 Thread Binary Tree로 표현 하시오.

답)

1. Thread Binary Tree의 정의와 등장배경.

가. (Thread Binary Tree의 정의) - 이진 Tree 운행에서 별도의 Stack을 사용하지 않고 낭비되는 Null 링크(Link)를 조상노드를 가르키도록 하여 운행 효율을 개선한 Tree.

나. Thread Binary Tree의 등장 배경

- Linked List에서 NULL Link를 많이 사용 기억장소낭비

2. 스레드 이진 Tree의 Node 구조와 C-언어의 표현

가. Thread Binary Tree의 Node 구조

Ltag	Lchild	DATA	Rchild	Rtag

Rtag: Ltag와 동일 의미를 가짐.

Ltag:
- 1: L child가 정상적으로 연결
- φ: L child가 Thread로 연결된 상태 (NULL Link)

- 기억장소 표현을 위해 2개의 tag (Ltag, Rtag) 추가

나. C-언어로 표현

```
BOOL { TRUE, FALSE }; //enum 사용
Struct threadNode {
        Bool Ltag;
        struct threadNode *Lchild;
        char data;
        struct threadNode *Rchid;
        BOOL Rtag;
}
```

3. 주어진 Binary Tree를 Thread Binary Tree로 표현

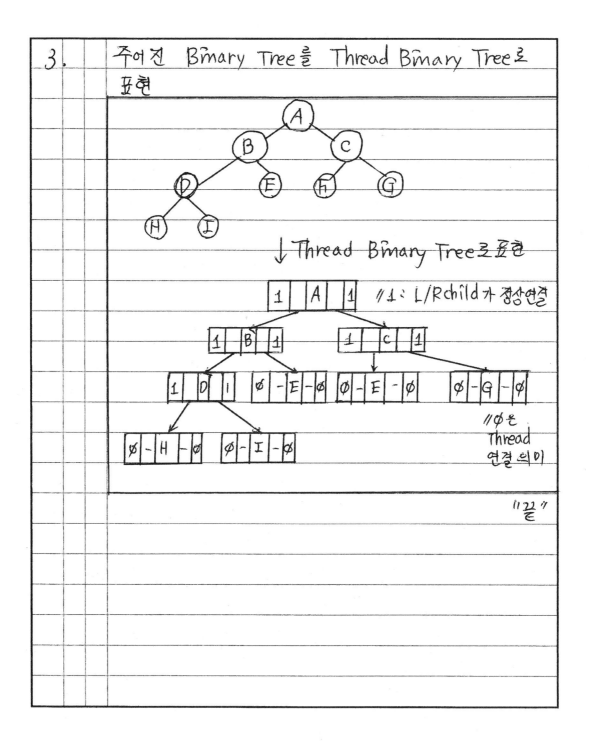

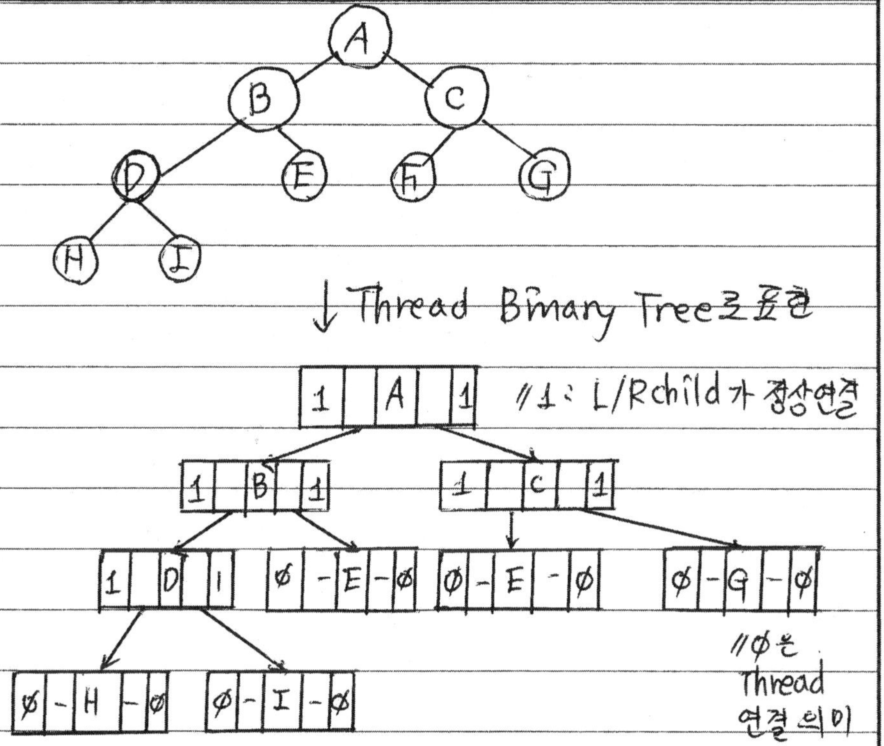

"끝"

문 87) 이진탐색트리(Binary Search Tree)의 Data 삽입과 삭제과정에 대해 설명하시오.

답)

1. Binary Tree의 정의 - 모든 Node가 최대 2개의 자식 Node를 가질수 있는 Tree(포화, 완전, 경사이진트리)

2. Binary Search Tree의 Node(Data) 삽입

탐색후 삽입

① Tree를 탐색, 동일한 Key값을 갖는 원소가 트리내에 있는지 확인

② Search가 실패하면 탐색이 실패한 끝지점에 해당 원소삽입

Node 9 삽입 - 아래 Binary Tree에서 9 node 삽입

Binary Tree	삽입 알고리즘 설명(단계별)
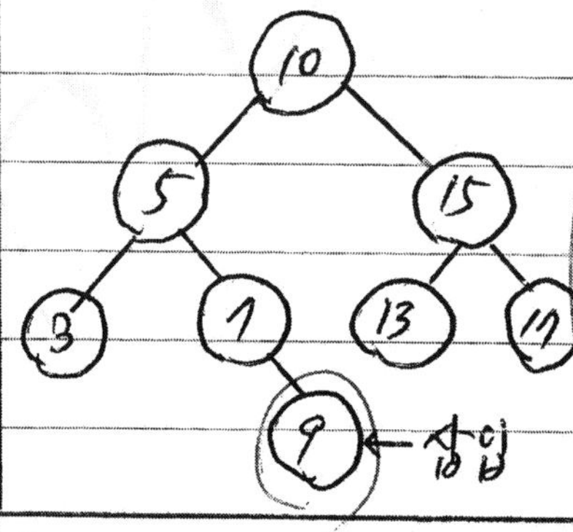	Step1: Root 10 > node 9 → 좌측이동 step2: node 9 > node 5 → 우측이동 step3: node9 > node7 → 우측이동 이때 ⑦이 Terminal node인지 확인하고 우측이동 Step4: ⑨ node 삽입

3. Binary Search Tree의 Node(Data) 삭제

- 삽입시와 동일한 Search 과정 수행
- 해당 값이 Search되면 상위 Node에서 NULL로 링크(Link). ↑삭제

"끝"

문88) AVL Tree를 설명하고 AVL 트리의 불균형을 초래하는 4가지 Type(LL, LR, RL, RR)에 대해 예를 들어 나열하고 Node 값이 30, 20, 10, 50, 40순으로 입력될때 (AVL Tree에) 삽입되는 과정을 기술하시오.

답)

1. AVL(Adelson-Velskii & Landies) Tree의 개요.

가. Balance Factor(균형 인수) 사용, AVL Tree의 정의

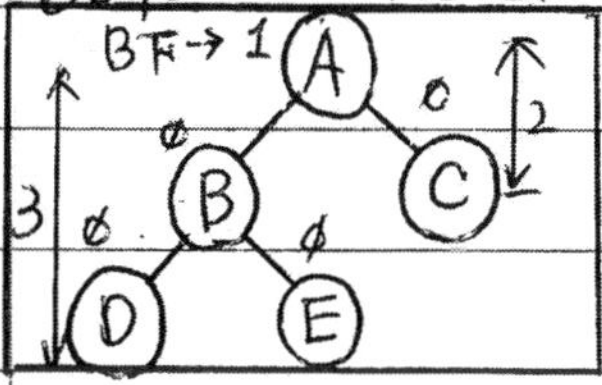

한 노드(Node)를 중심으로 좌우 종속 트리(왼쪽과 오른쪽 서브트리의 높이차) 높이 차가 ±1 이하인 균형 잡인 Tree.

나. AVL Tree의 특징

- 균형인수가 +1, 0, -1 이상일 경우는 회전(LL, LR, RL, RR)
- O(log n)의 검색 성능 보장, AVL 형태로 트리 유지 지속

다. AVL 트리의 불균형을 초래하는 4가지 Type.

Type	도식(Ⓓ 삽입)	설명
LL	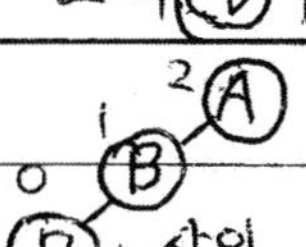	왼쪽 서브 트리(Sub Tree)의 왼쪽 서브트리에 Node 삽입
LR	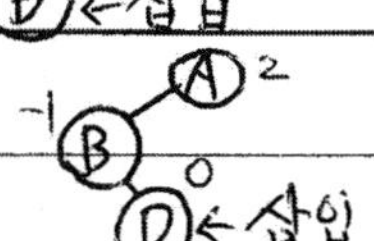	왼쪽 Sub Tree의 오른쪽 서브트리에 Node 삽입
RL	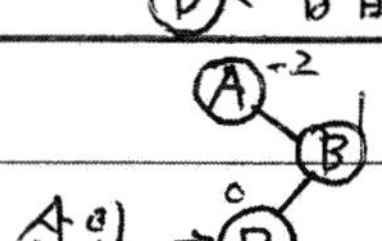	오른쪽 Sub Tree의 왼쪽 서브트리에 Node 삽입

RR	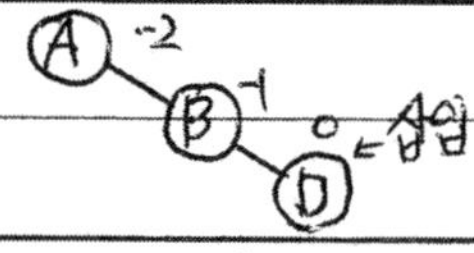	오른쪽 Subtree의 오른쪽 Subtree에 노드 삽입

2. AVL트리 불균형을 균형 트리로 회전하는 예제의 나열

가. AVL 트리의 회전(Rotation) 방법

- 균형인수가 ±2가 되는 i의 가장 가까운 조상노드 A와 관계(크기)에 따라 회전(Rotation)

회전방법	phase1	phase2	phase3
LL Type 오른쪽 회전	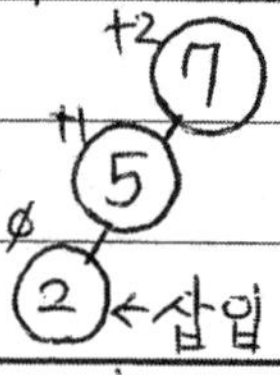	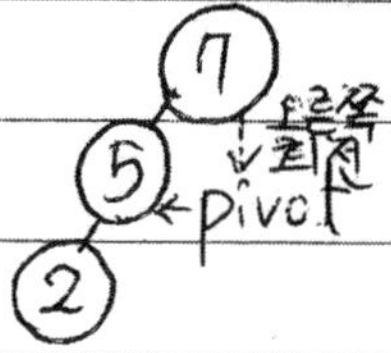	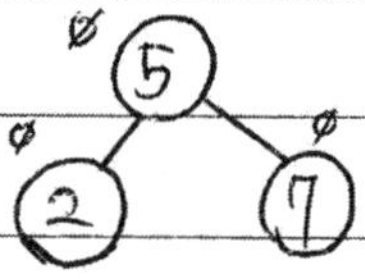
LR Type RR 후 LL	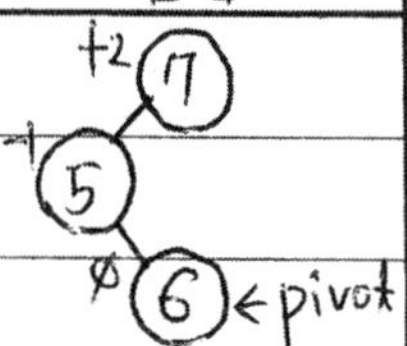	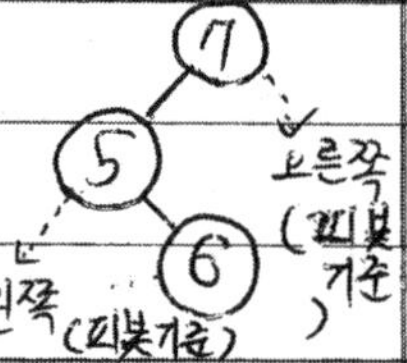	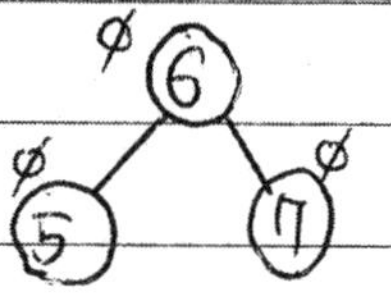
RL Type LL 후 RR	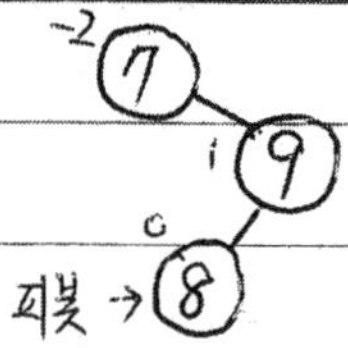	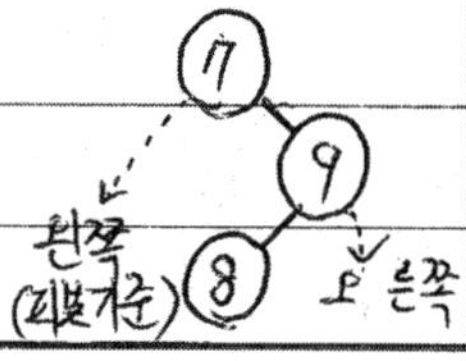	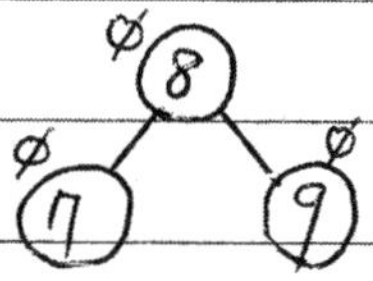
RR Type 왼쪽 회전	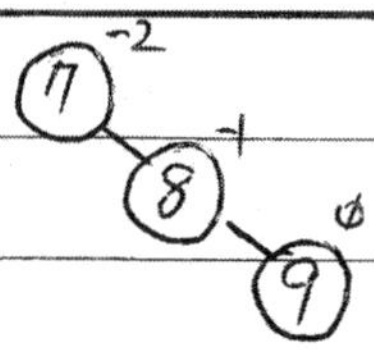	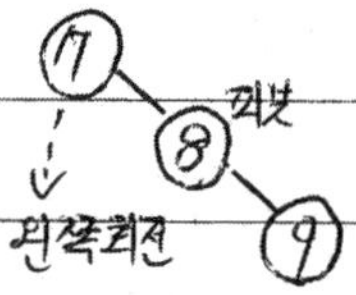	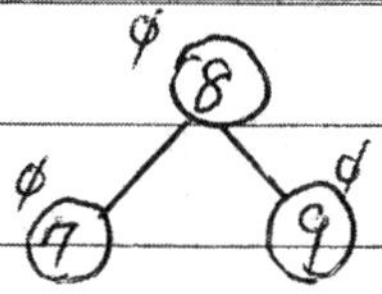

- LL과 RR의 경우에는 단일 회전으로 균형 맞춤
- LR과 RL은 pivot 중심으로 이중회전 실시.

나. AVL Tree를 위해 Node 값 30, 20, 10, 50, 40 순으로 삽입시의 과정 (LL, RL회전이 적용됨)

삽입노드	삽입후 AVL 트리	재구성된 AVL트리
30		균형
20	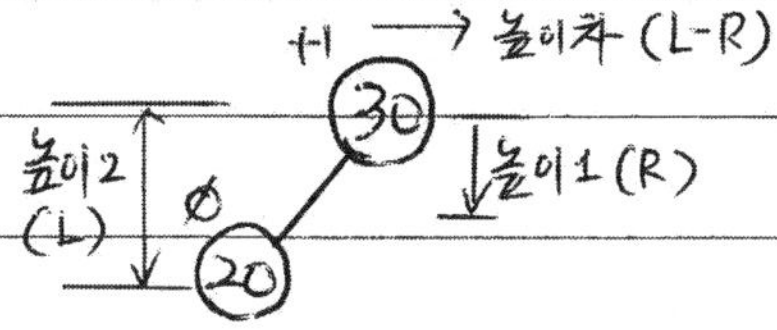	균형 (±2이상 차이 발생안됨)
10	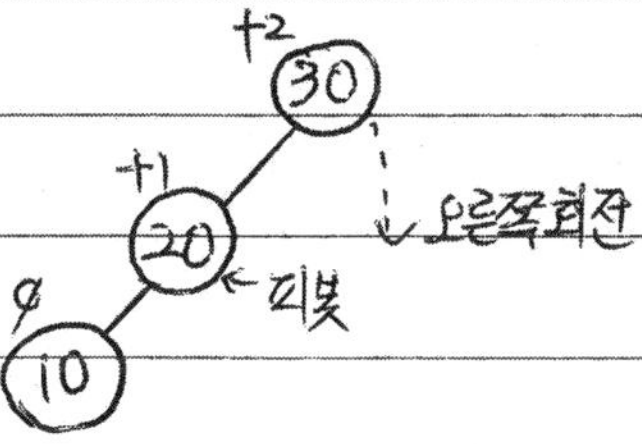	불균형, LL Type 회전 실시 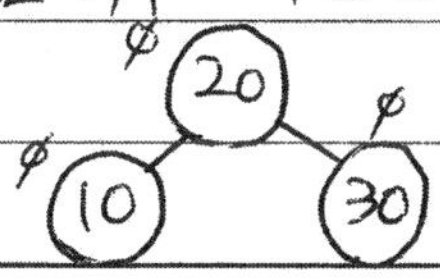
50	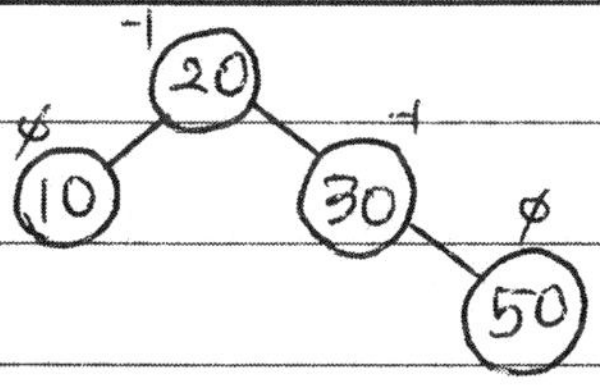	균형 (±2이상 차이 발생 되어야 균형 상태임)
40	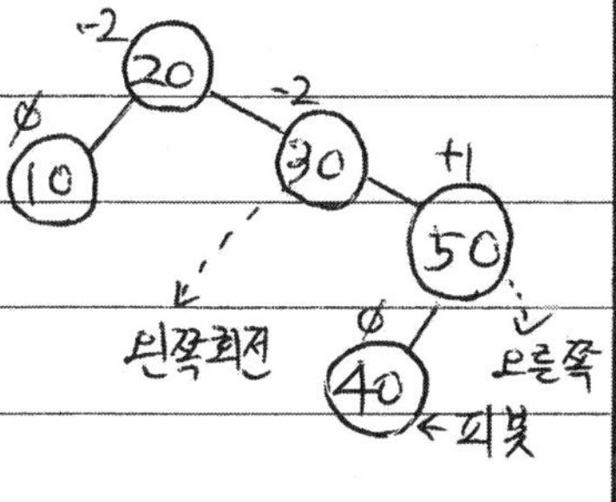	불균형, RL Type 회전실시 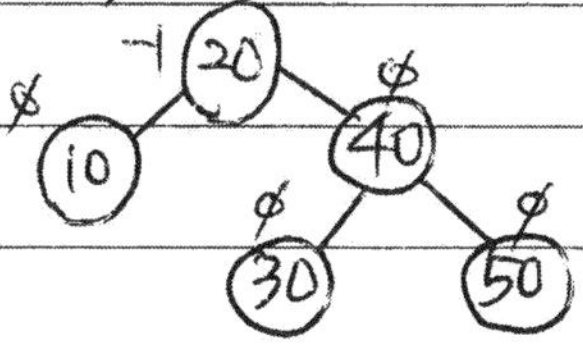

- 삽입/삭제시 Balance Factor 조사, 회전을 통해 균형 유지

3. AVL Tree의 균형 유지 이유와 활용분야 및 효과

가. AVL Tree의 균형유지 이유

- 이진(Binary) Tree의 삽입, 삭제를 계속할때 어느 한 방향으로 치우쳐져 높이 차이로 인해서 수행시간이 증가되는 현상을 사전에 막기위해 균형을 유지.

나. AVL 트리의 활용분야 및 기대효과

활용분야	MMDB Index	AVL트리 + B-Tree의 T-Tree 적용
	프로세스간 통신	process 할당메모리, AVL Tree 관리
효과	검색 성능	대용량 자료처리 성능 보장
	사전 정렬	사전(미리) 정렬에 따른 빠른 연산수행

"끝"

문 89) AVL Tree에서 LR Type의 Rotation 방법과 RL Type의 Rotation 방법에 대해 설명하고 pseudo-Code (의사코드)로 표현 하시오.

답)

1 높이 균형 트리(Height Balanced Tree), AVL트리의 개요.

가. AVL(Adelson Velsky & Landies) Tree의 정의

- Tree의 평균 검색 시간을 줄이기 위해서 좌측 부트리와 우측부트리의 높이가 ±1이상 차이가 나지 않도록 균형을 유지해 주는 Binary Tree.

Height(TL) - Height(TR) ≤ 1

나 LR과 RL Type의 의미

LR Type	왼쪽 자식트리의 오른쪽 트리에 삽입	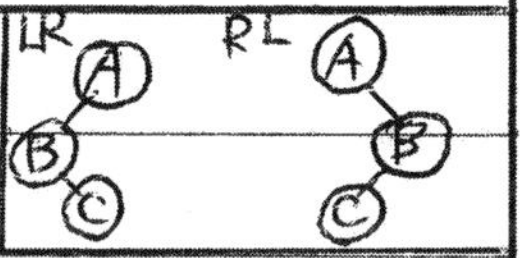
RL Type	오른쪽 자식트리의 왼쪽 트리에 삽입	

2. LR Type의 Rotation 방법과 pseudo-Code

가. LR Type의 회전 방법 (균형트리화 하기 위해 회전)

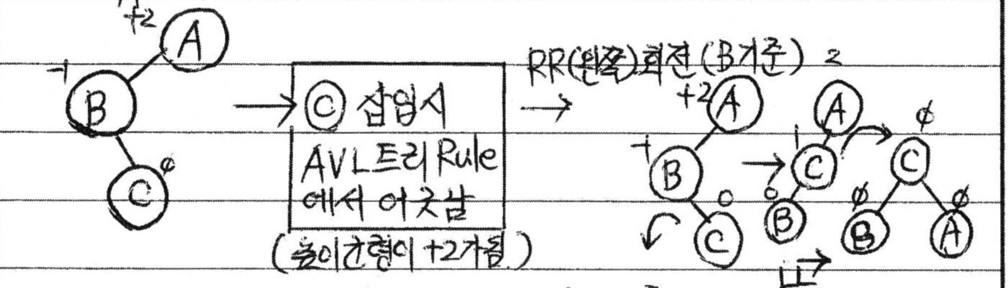

LR TYPE 회전 = RR 회전후 LL회전

나. LR회전의 pseudo-Code

pseudo-Code	설명

pseudo-Code: Computer 언어(기계어, C-언어등)의 각 명령을 사람이 이해하기 쉽게하기위해 적합한 뜻을 가진 단어로 표현. 擬似: 비슷한 의미

Rotate LR(A)	//LR회전의 기준이 Node A 일때
B=A의 왼쪽 자식	왼쪽자식 B Node 기준으로 RR회전
A왼쪽자식 =RotateRR(B)	(왼쪽회전), 본인 A Node 기준으로
return Rotate LL(A)	LL회전(오른쪽)

+2, -2 값에서 회전의 기준값이됨.

3. RL Type의 회전방법과 Pseudo-Code

가. RL Type의 회전(Rotation) Method(방법)

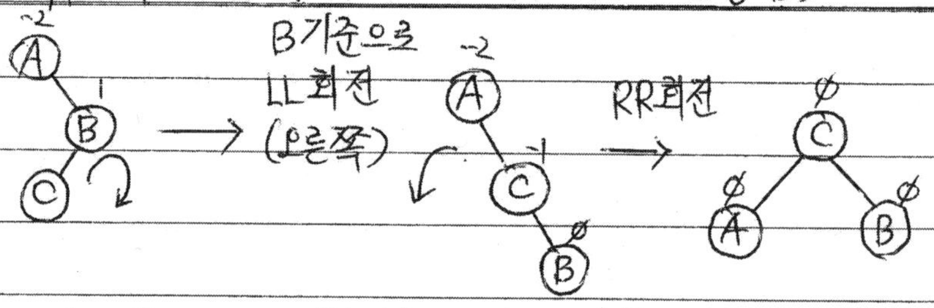

RL회전 = LL회전후 RR회전수행

나. RL 회전의 Pseudo-Code

Pseudo-Code	설 명
Rotate RL(A)	//RL회전의 기준이 Node A 일때
B=A의 오른쪽 자식	오른쪽 자식 B Node 기준으로 LL회전
A오른쪽자식=Rotate LL(B)	, 본인 A Node 기준으로 RR(왼쪽)
return Rotate RR(A)	회전

"끝"

문 90) 아래 이진트리에서 Node값을 45, 5, 2, 10, 7, 11, 8, 14 순으로 AVL Tree에 삽입하는 과정을 기술하시오.

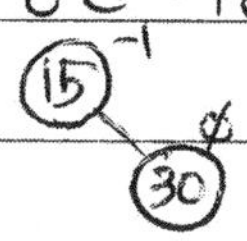

답)

1. 높이 균형 트리, Balance Factor 사용, AVL Tree 정의

- Tree의 Search 시간 단축을 위해 좌측부트리와 우측 부트리 높이가 1이상 차이 나지 않게 균형유지.

2. 주어진 Node값 삽입시 AVL Tree 재구성 방법.

- 재구성을 위해서는 LL, LR, RR, RL 회전 방식을 적용.

단계	삽입	재구성	회전	기준점
Ø (초기)	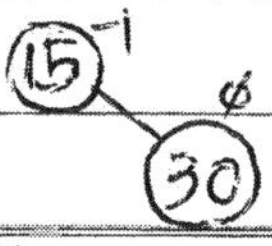	-	-	-
1	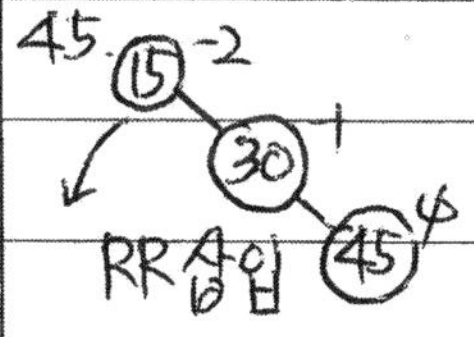	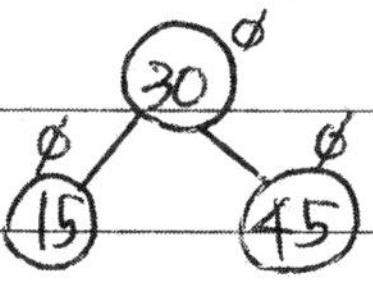	RR	15
2	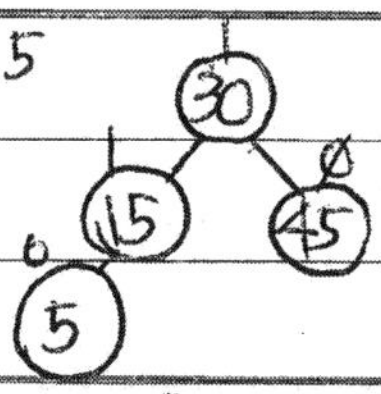	균형	-	-
3	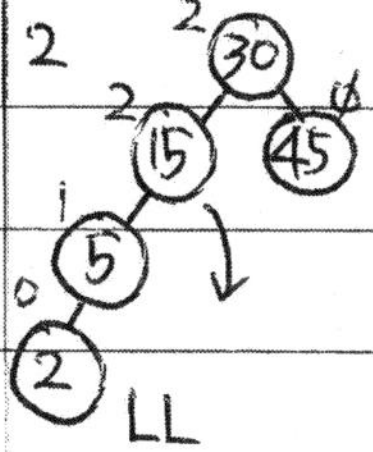	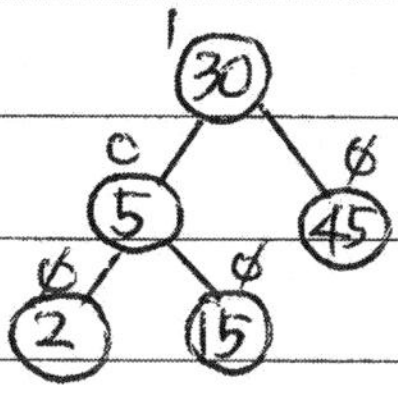	LL	15

			4	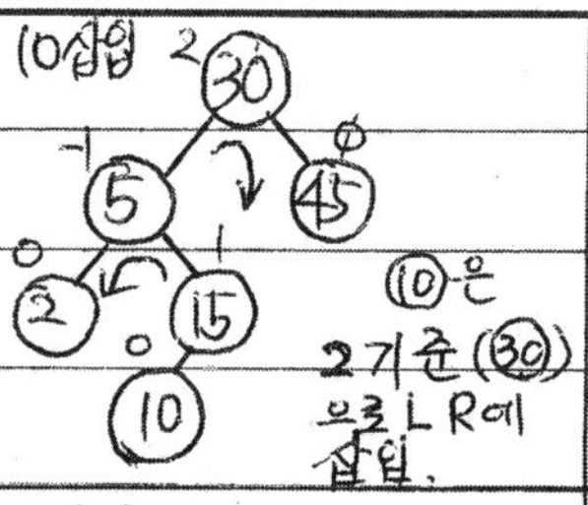	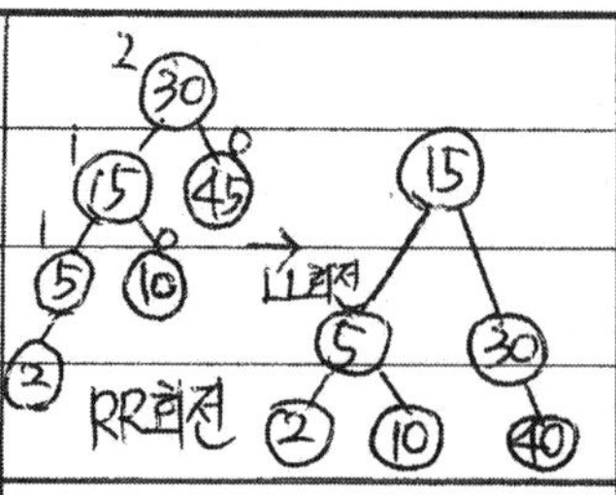	LR (RR후 LL회전)	㉚
			5	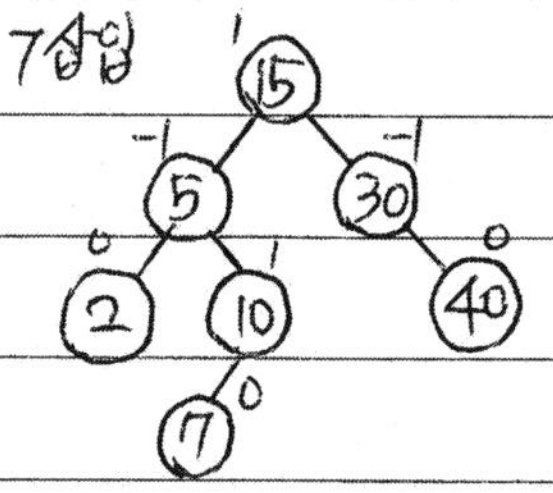	균형	-	-
			6	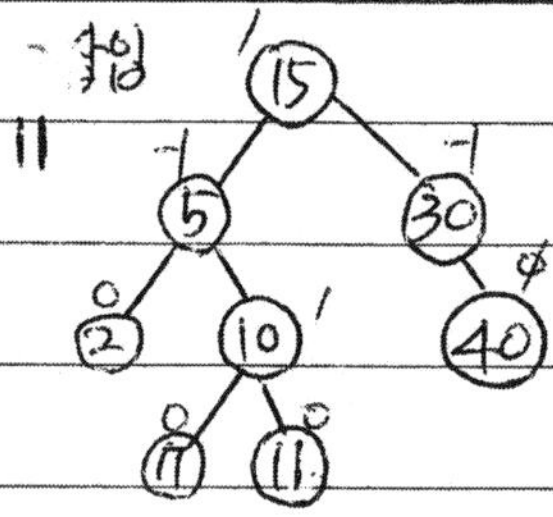	균형	-	-
			7	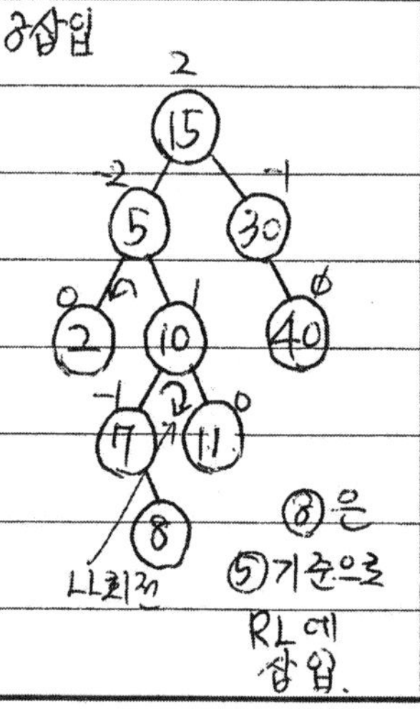	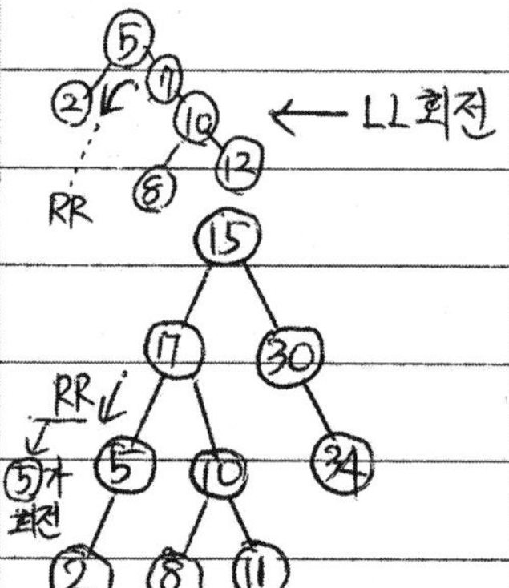	RL (LL회전 후 RR 회전)	⑤

8	14삽입 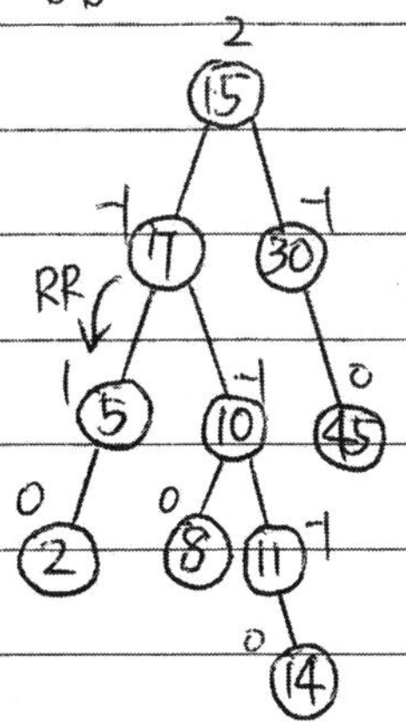	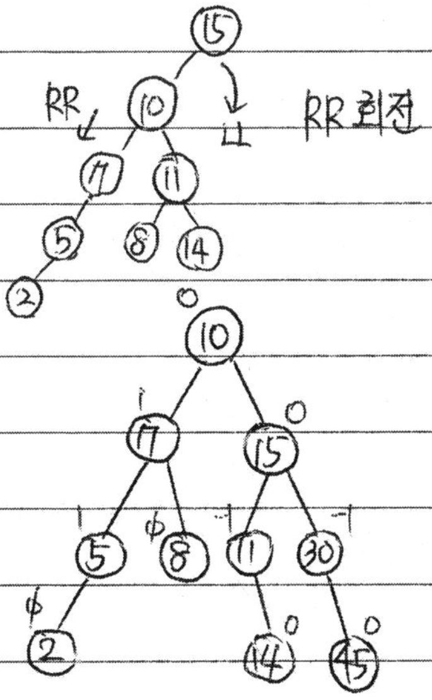	LR 회전 (RR후 LL회전)	15

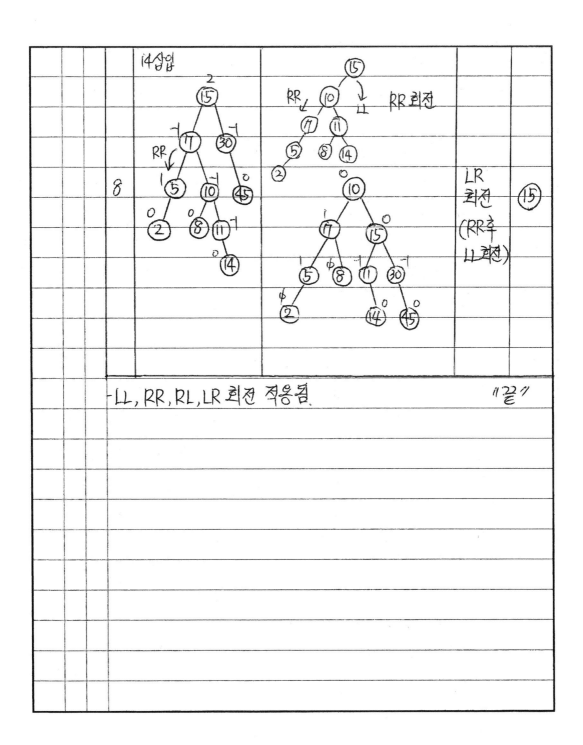

-LL, RR, RL, LR 회전 적용됨. "끝"

문 91) Key 값 (8, 9, 10, 2, 1, 5, 3, 6, 4, 7, 11, 12)을 순서대로 삽입하면서 AVL Tree를 구축 하시오.

답)

1. AVL(Adelson Velsky & Landies), AVL Tree의 정의

|Height(왼쪽부트리) - Height(오른쪽부트리)| ≤ 1 좌측 Sub tree와 우측 Sub tree의 높이의 차이가 1 이상 나지 않게 균형유지

2. 주어진 Key값 삽입시 AVL Tree 구성 방법

단계	삽입값	AVL Tree	재구성 AVL Tree	회전	기준점
Ø (초기)	8	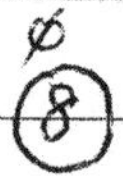	균형	-	-
1	9	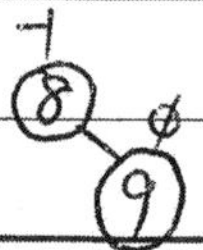	균형	-	-
2	10	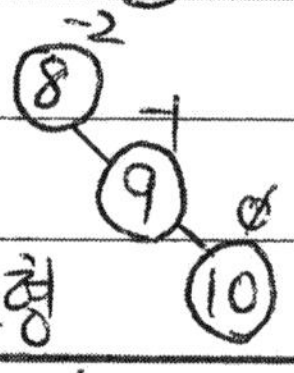 불균형	불균형 (±2 값이 기준점) ↓ 균형 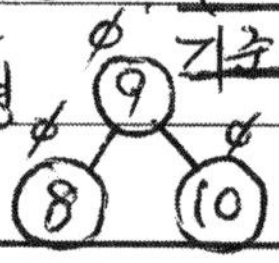	RR	⑧
3	2	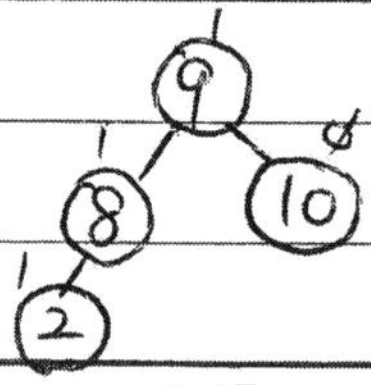	균형	-	-
4	1	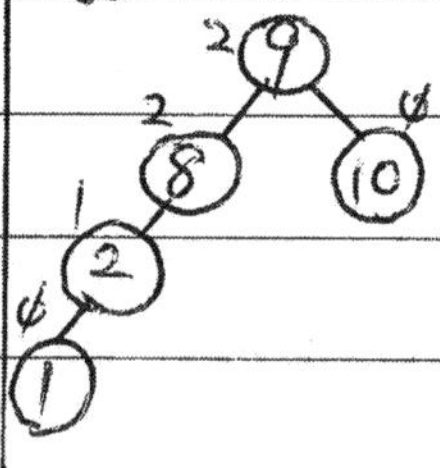	불균형 ↓ 균형 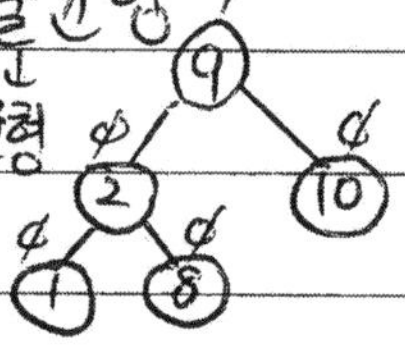	LL	⑧

			5	5 삽입	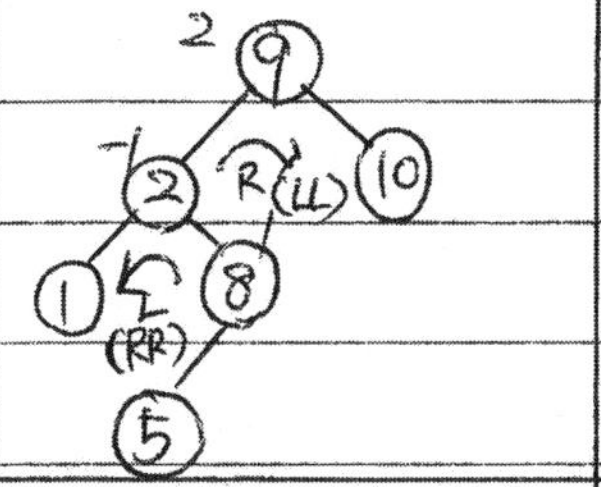	불균형 → 균형 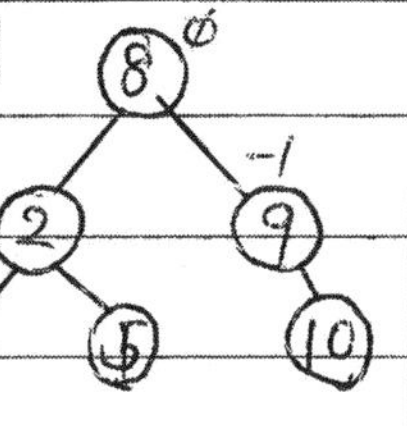	LR (RR후 LL)	⑨
			6	3	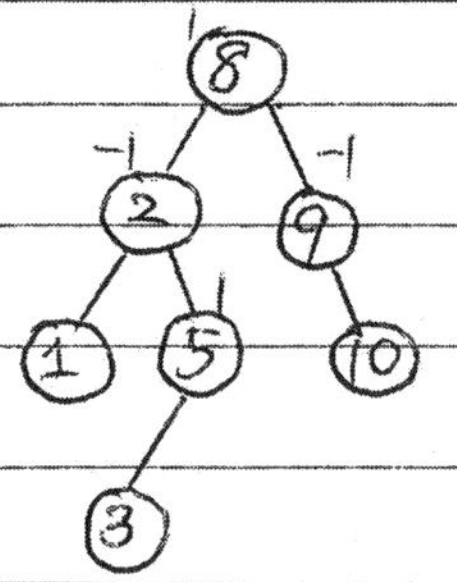	균형	–	–
			7	6	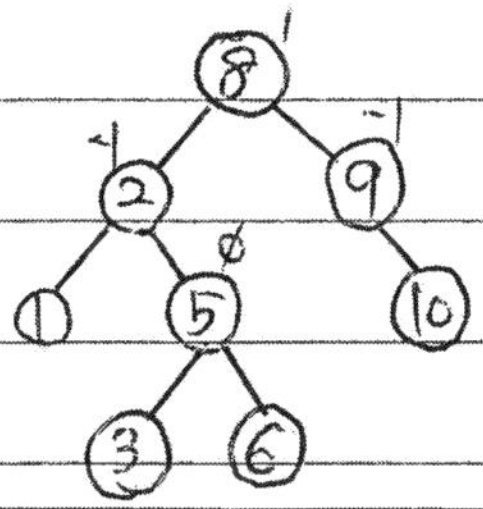	균형	–	–
			8	4	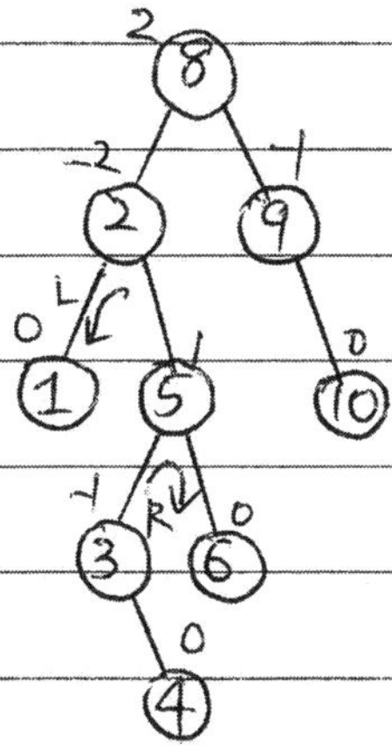 불균형	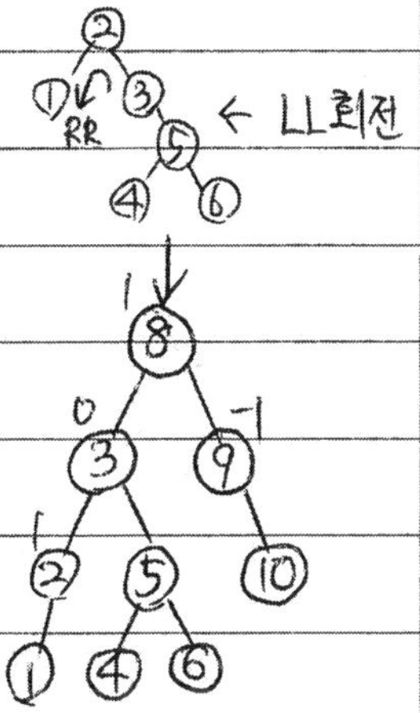	RL (LL후 RR)	②

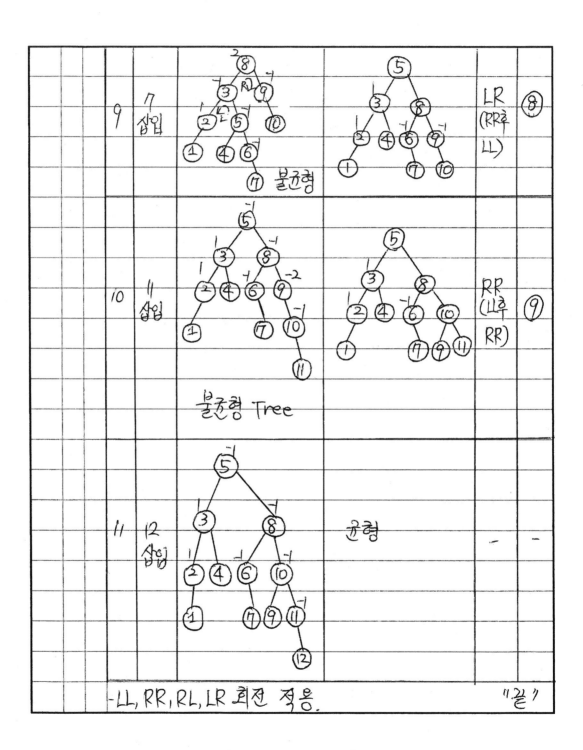

9	7 삽입	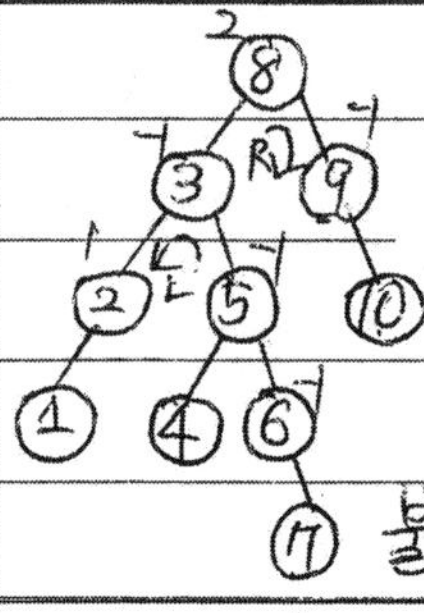 불균형	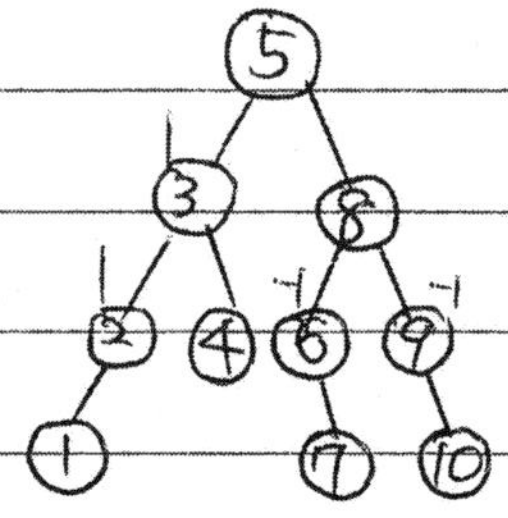	LR (RR후 LL)	⑧
10	11 삽입	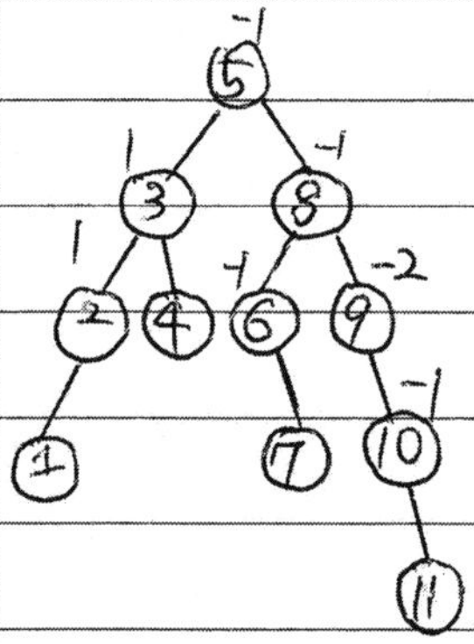 불균형 Tree	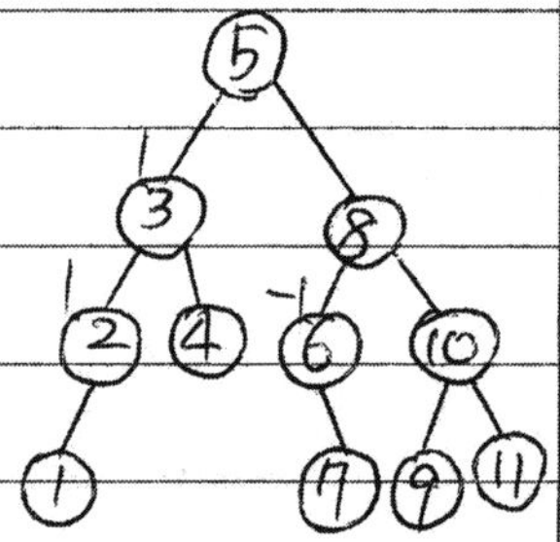	RR (LL후 RR)	⑨
11	12 삽입	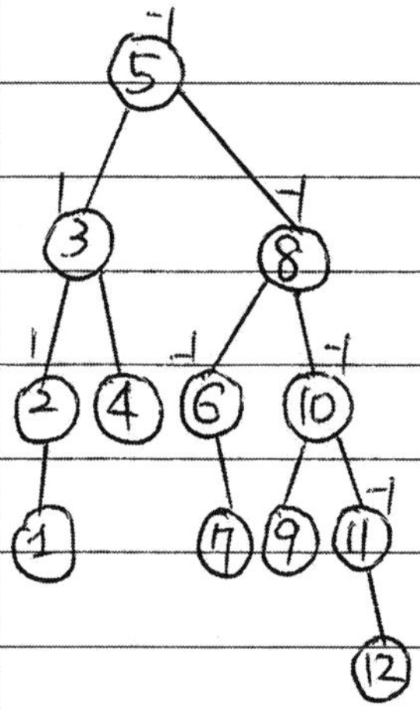	균형	-	-

-LL, RR, RL, LR 회전 적용. "끝"

문 92) 다음 이진트리에서 각각의 Key (20과 5)를 삭제시 AVL Tree로 재구성 하시오.

key 20 삭제	key 5 삭제
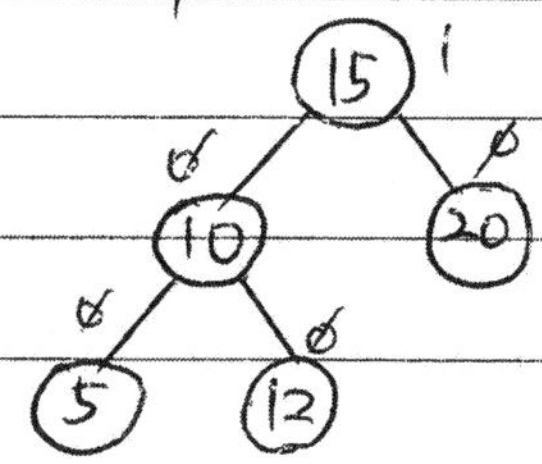	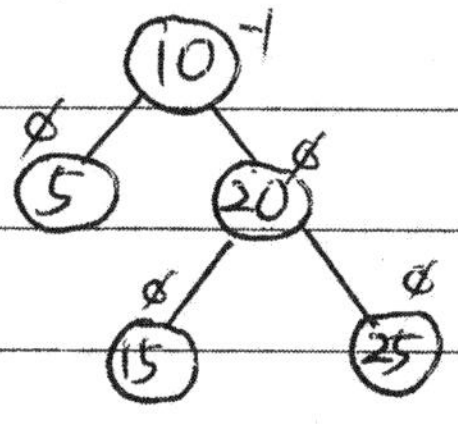

답)

1. key 20 삭제 과정 (AVL Tree 재구성 과정)

원 이진트리	삭제후	회전	AVL Tree 재구성
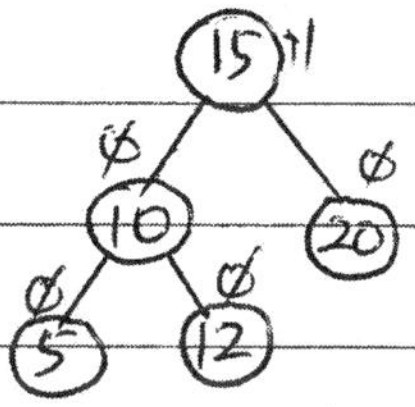	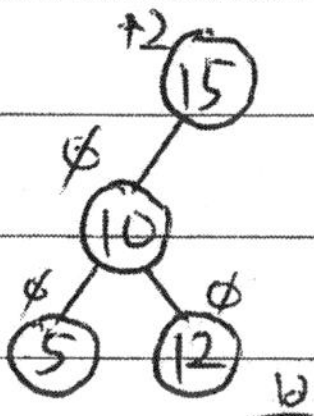 불균형	LL	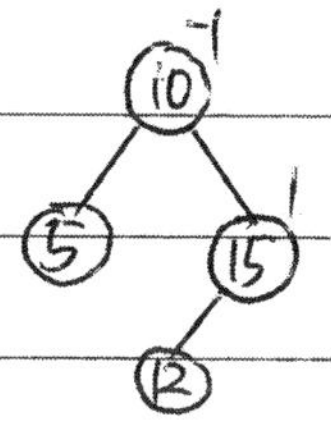

2. key 5 삭제후 AVL Tree 재구성 과정

원 이진트리	삭제후	회전	AVL Tree 재구성
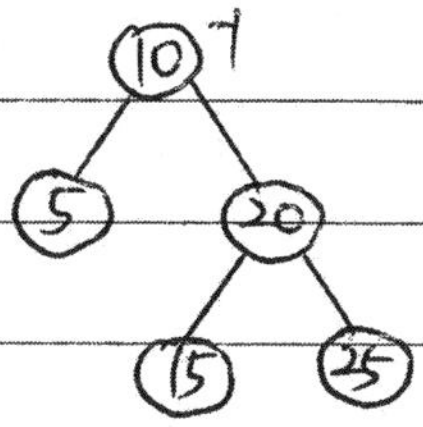	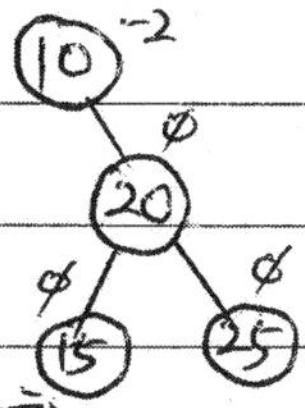 불균형	RR	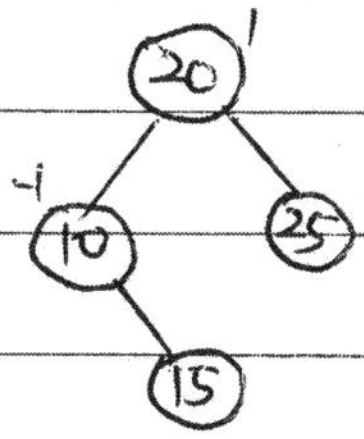

"끝"

문 93) 다음 이진트리에서 key 5를 삭제시 AVL Tree로 재구성 하시오

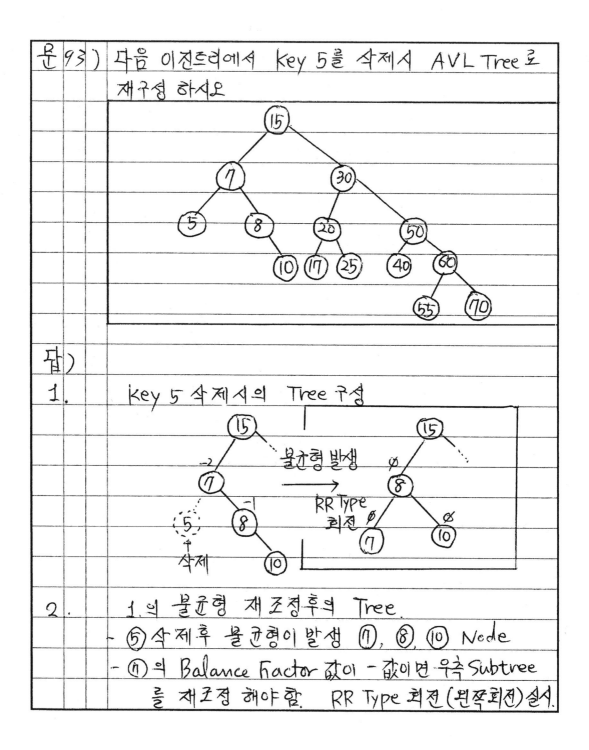

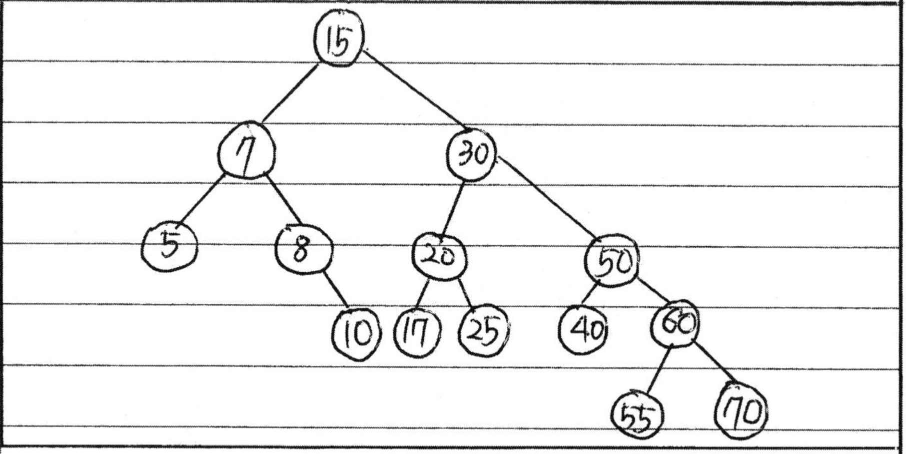

답)

1. key 5 삭제시의 Tree 구성

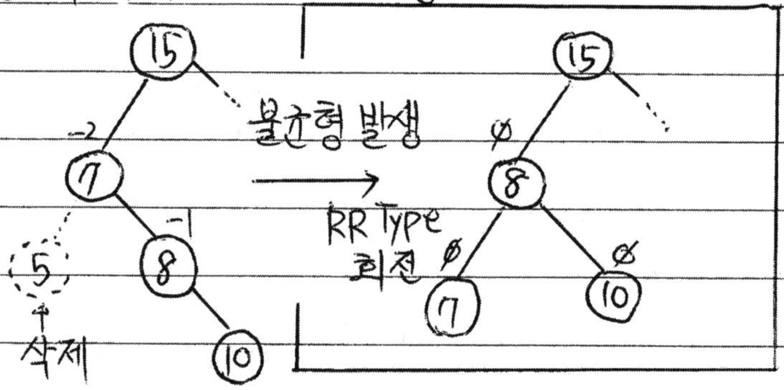

2. 1.의 불균형 재조정후의 Tree.

- ⑤ 삭제후 불균형이 발생 ⑦, ⑧, ⑩ Node
- ⑦의 Balance Factor 값이 - 값이면 우측 Subtree를 재조정 해야함. RR Type 회전(왼쪽회전)실시.

- 1차 조정 (⑦, ⑧, ⑩) 후의 Tree 구성

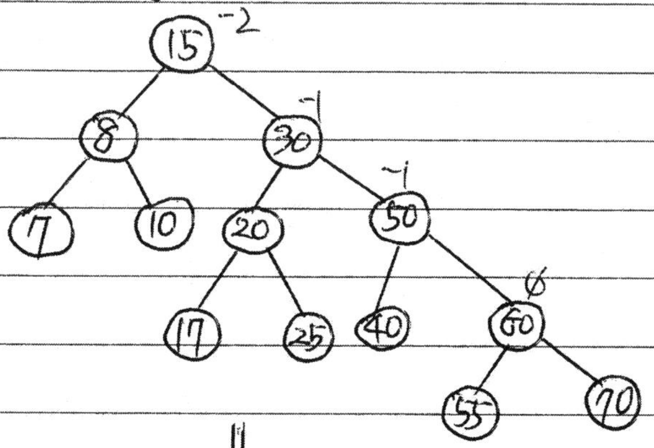

⇓

-불균형 발생

- RR회전 (기준값 ⑮)

⇓ AVL Tree

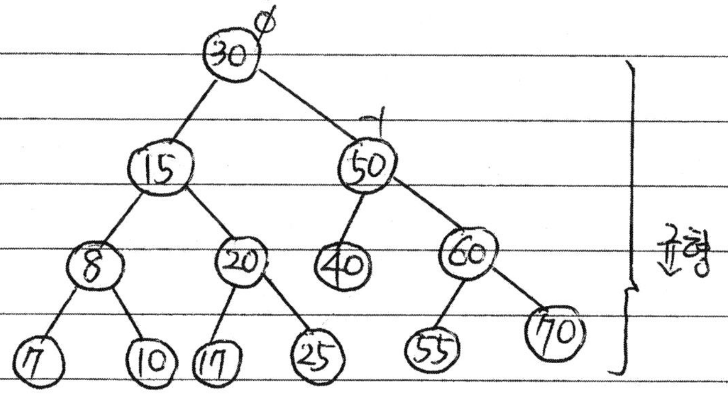

"끝"

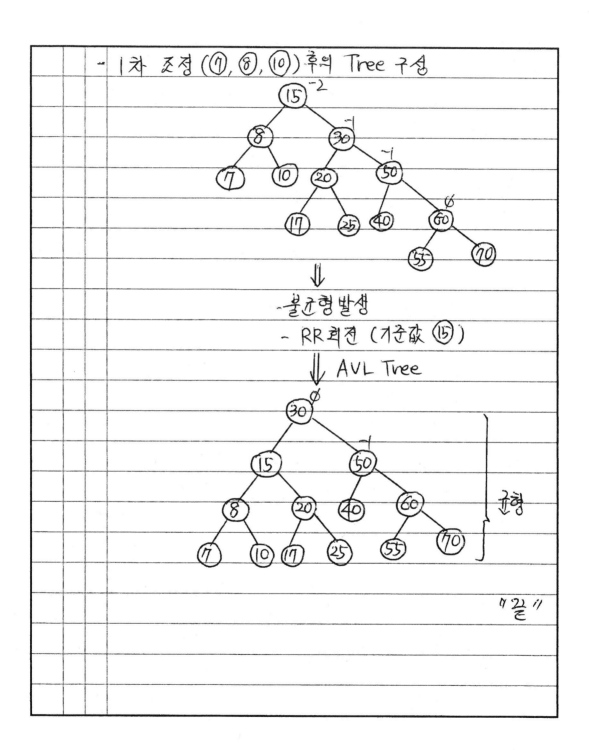

문94) 2-3 Tree에 대해 설명하고 아래 2-3 Tree에서 39, 38, 37 Key 값을 삽입하는 과정을 기술하시오.

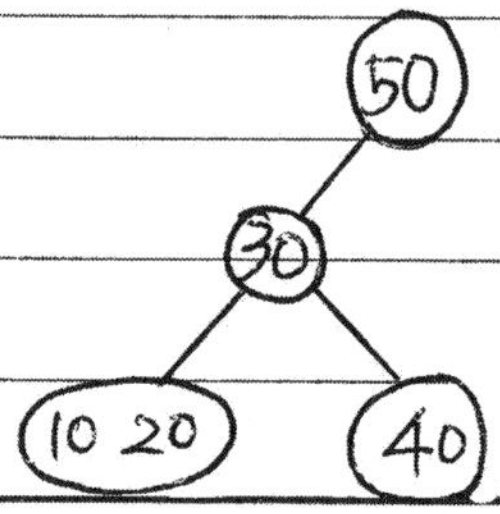

답)

1. 완전 균형트리 지향(Completely Height-Balance Tree), 2-3 Tree의 개요.

가. AVL Tree의 진화, 2-3 Tree의 정의

- 모든 중간 Node들의 자식수가 2 또는 3이고 모든 단말 Node가 같은 Level인 Tree

나. 2-3 Tree의 Node의 조건

2-노드(Two Node)	3-노드(Three Node)
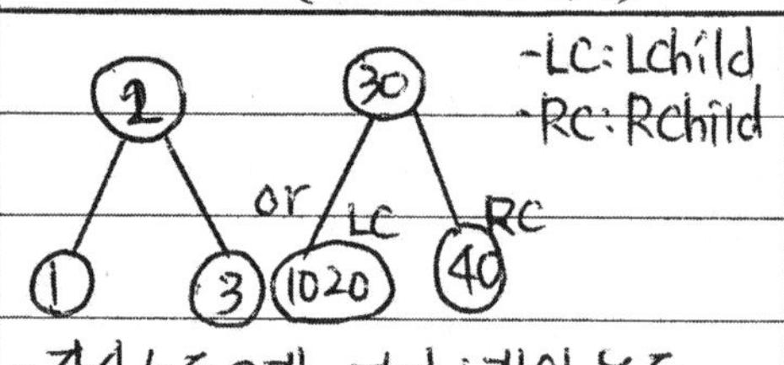	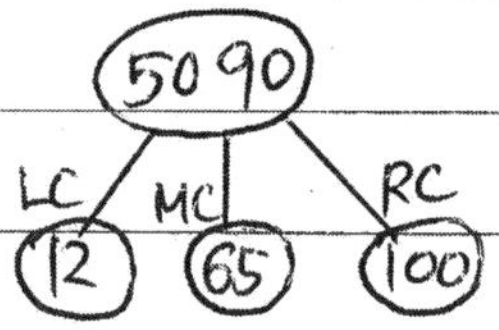
-자식노드 2개, 키가 1개인 노드	-자식노드 3개, 키가 2개인 노드

다. AVL Tree와 2-3 Tree의 차이

AVL Tree	균형 트리 지향, (왼쪽 높이 - 오른쪽 높이) ≤ 1
2-3 Tree	완전 균형 트리 지향, 왼쪽 높이 == 오른쪽 높이

2. 2-3 Tree의 Leafnode 조건 및 주어진 조건 삽입과정

가. 2-3 Tree의 Leafnode 조건

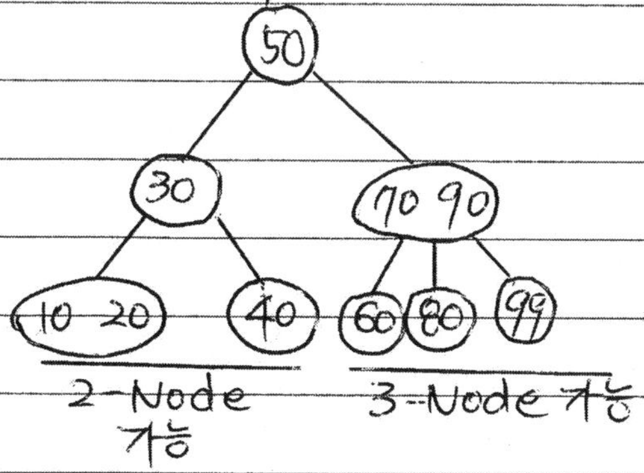

나. 주어진 2-3 Tree에서 39, 38, 37 Key값 삽입과정

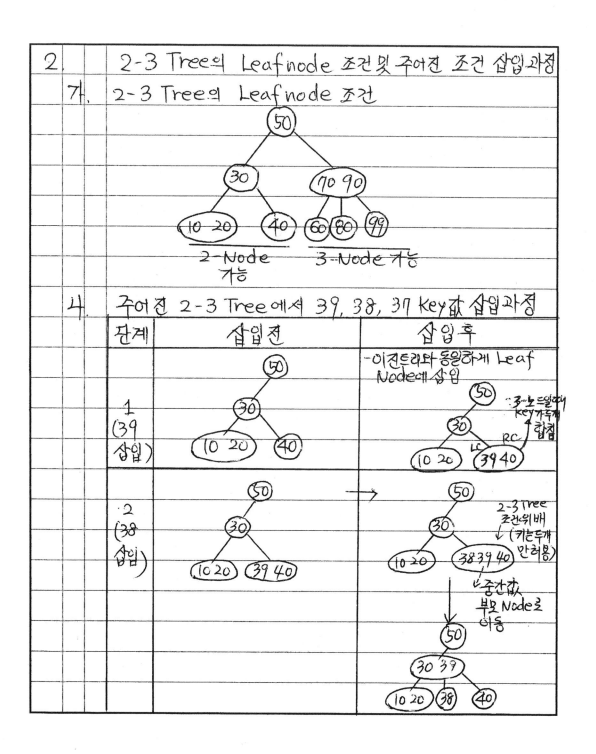

단계	삽입전	삽입후
1 (39 삽입)	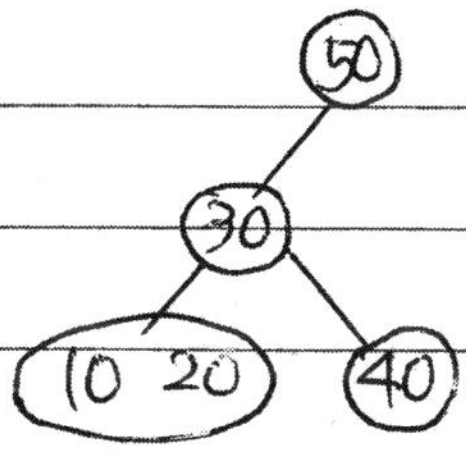	-이진트리와 동일하게 Leaf Node에 삽입 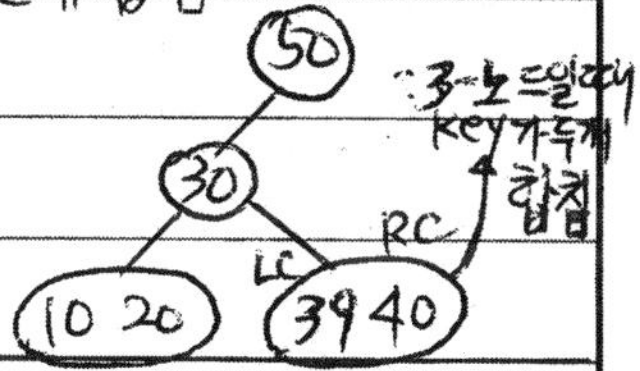
2 (38 삽입)	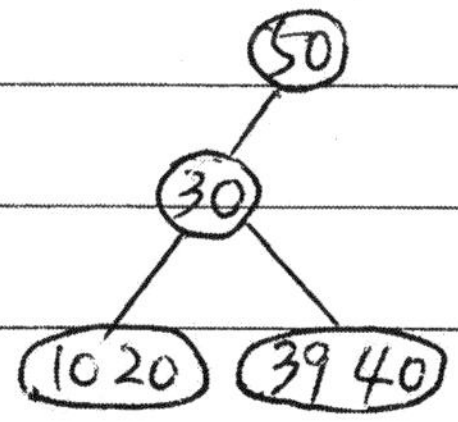	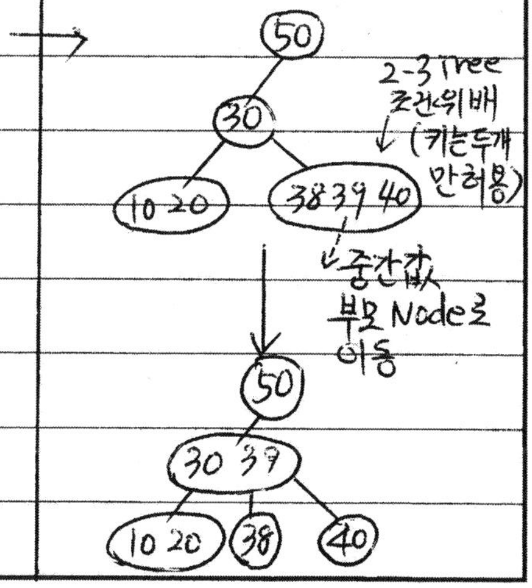

3 (37 삽입)	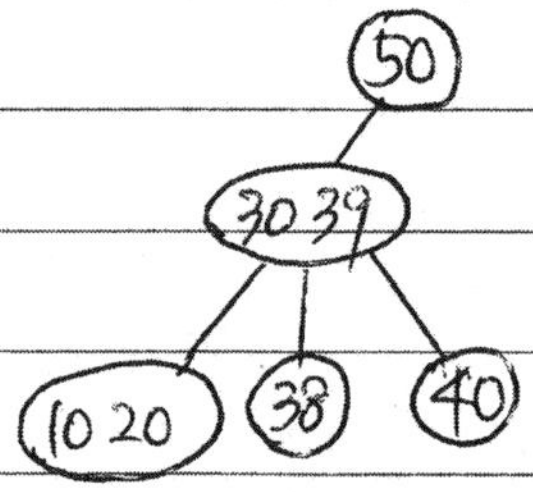	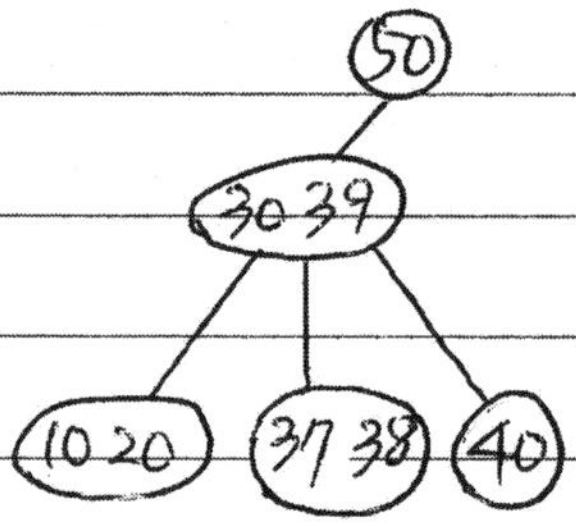

3. 이진 탐색 Tree와 차이, 2-3 Tree의 장/단점

가. Binary Search Tree와 차이점

분류	Binary Search	2-3 Tree Search
트리 높이	-Leaf 삽입시 1만큼 증가 (아래쪽으로 1증가)	-삽입 노드로부터 루트 Node까지의 경로가 3-Node로 꽉 찬 경우에 한해서 Root 위쪽으로 1증가
노드값 비교횟수	2	최대 2 (3노드에서 key는 2)

4. 2-3 Tree의 장단점

장점	-완전 균형트리를 유지하므로 최악의 경우에도 검색효율 보장 -Tree의 높이가 낮음(균형유지)
단점	-3-Node는 비교해야 할 키가 2개로 비교 횟수 증가 -3-Node의 자식 pointer가 Null일 경우 pointer 차지 공간 부담

"끝"

문95) 다음 2-3 Tree에 key 36 값을 삽입하는 과정을 기술하시오.

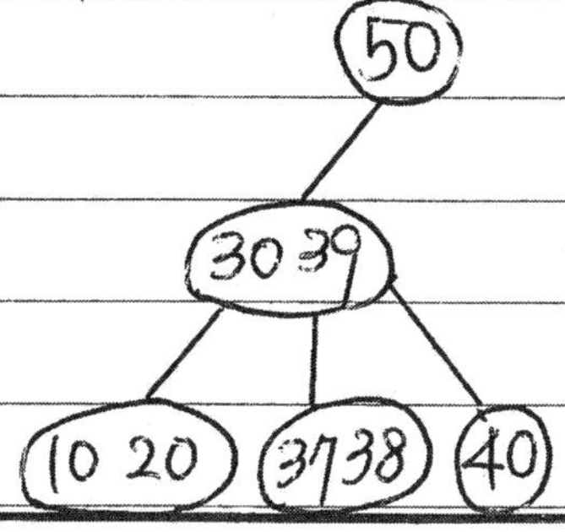

답)

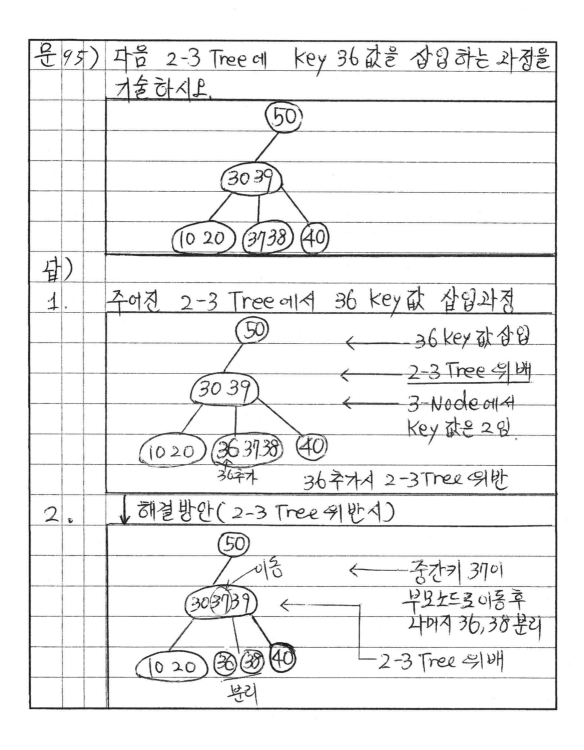

1. 주어진 2-3 Tree에서 36 key값 삽입과정

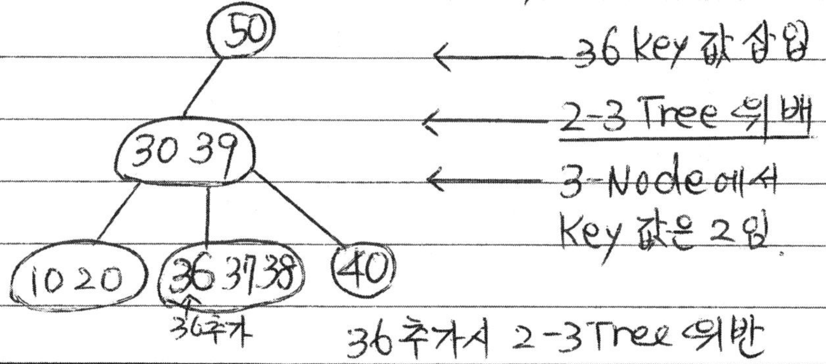

2. 해결방안(2-3 Tree 위반시)

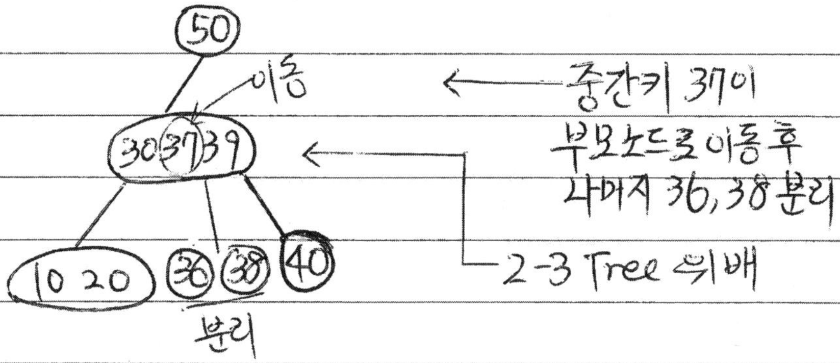

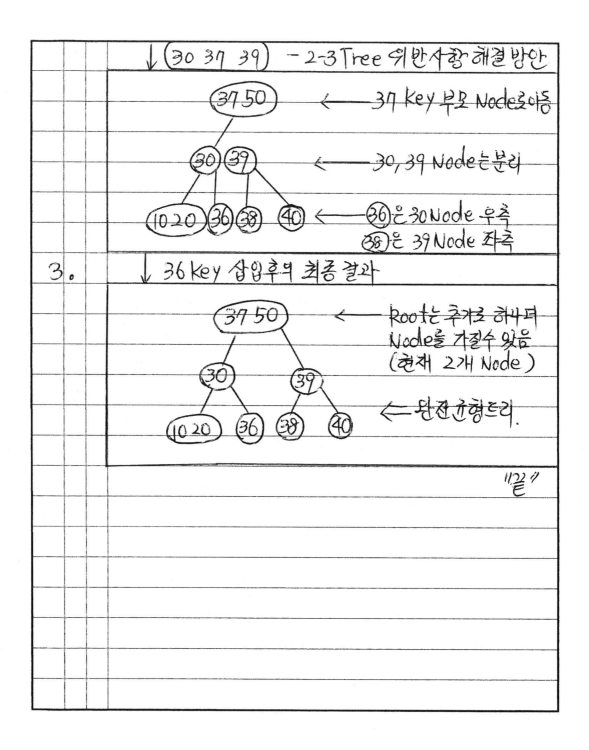

↓ (30 37 39) – 2-3 Tree 위반사항 해결 방안

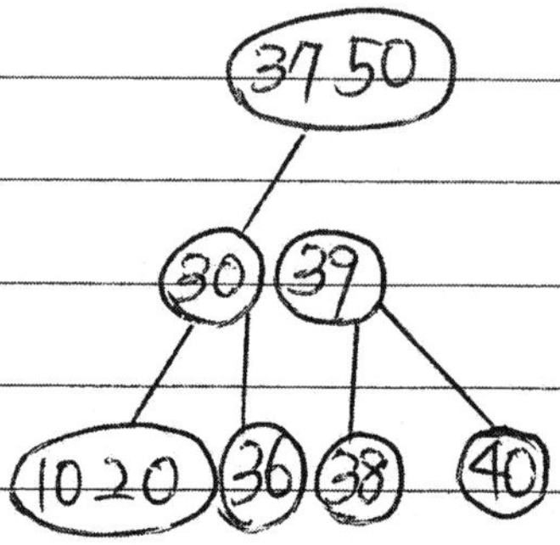

← 37 Key 부모 Node로 이동

← 30, 39 Node는 분리

← (36)은 30 Node 우측
(38)은 39 Node 좌측

3. ↓ 36 Key 삽입 후의 최종 결과

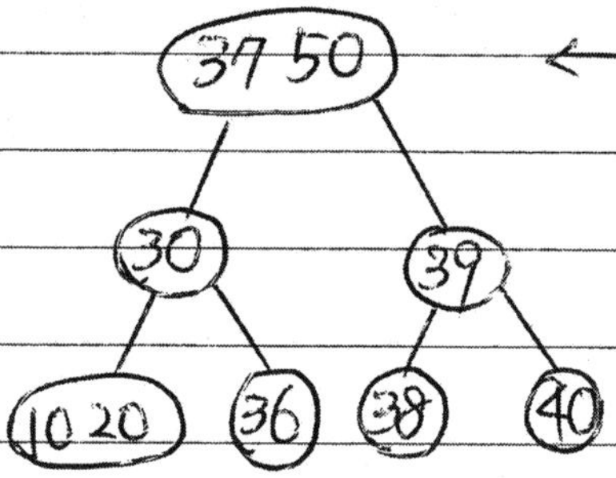

← Root는 추가로 하나의 Node를 가질 수 있음 (현재 2개 Node)

← 완전 균형 트리.

"끝"

문 96) 2-3 Tree의 경우 Root node까지 경로가 꽉 찬 경우 Root 위쪽으로 높이가 1 증가된다. 아래 2-3 Tree에서 Root 위쪽으로 1만큼 증가되는 과정을 기술하시오. (32 Key 삽입 과정시 1증가됨. 32 Key를 삽입하시오)

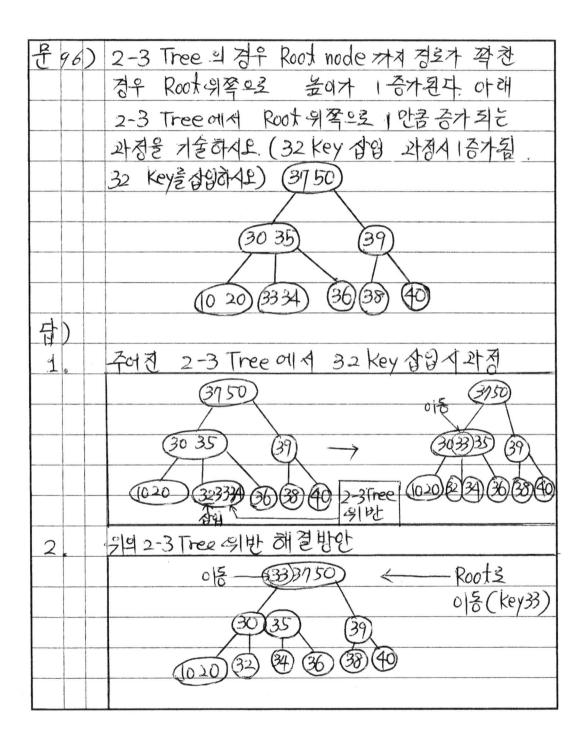

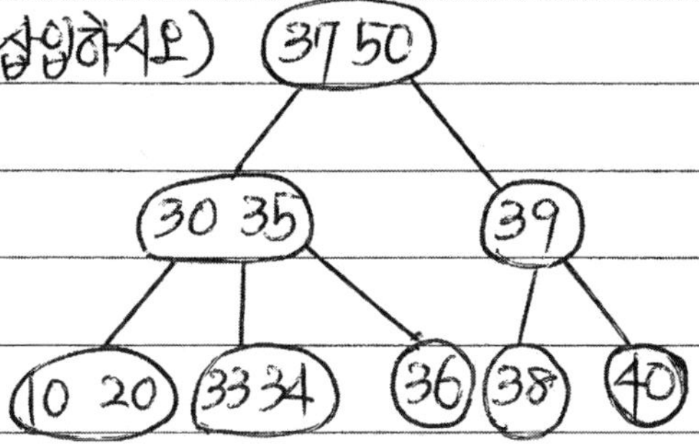

답)

1. 주어진 2-3 Tree에서 32 Key 삽입 시 과정

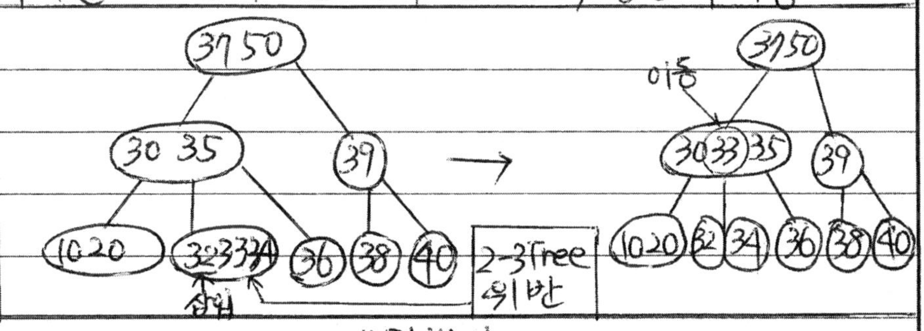

2. 위의 2-3 Tree 위반 해결방안

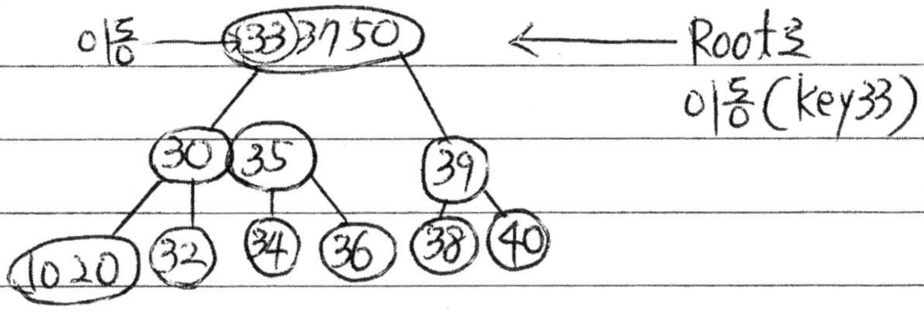

3 Root 위쪽으로 1만큼 증가되는 경우

Root (33 37 50) ← 2-3 Tree 위반

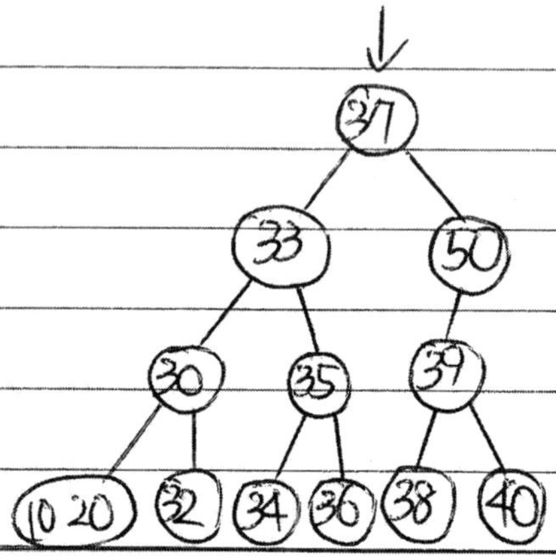

Root가 3개의 Key 값을 가질 경우는 중간값을 Root 위쪽으로 1만큼 증가 시킴(완전 균형트리)

"끝"

문 97) 다음 2-3 Tree에서 Key 값 10, 5, 20이 삭제되는 과정을 기술하시오

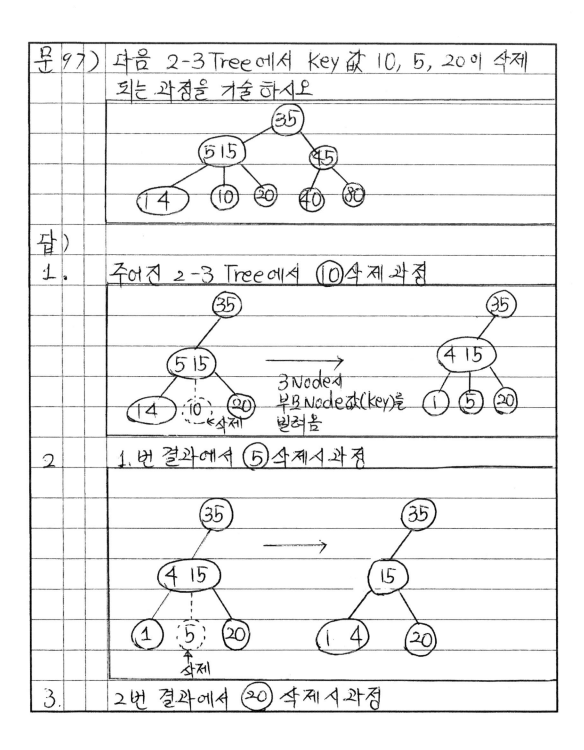

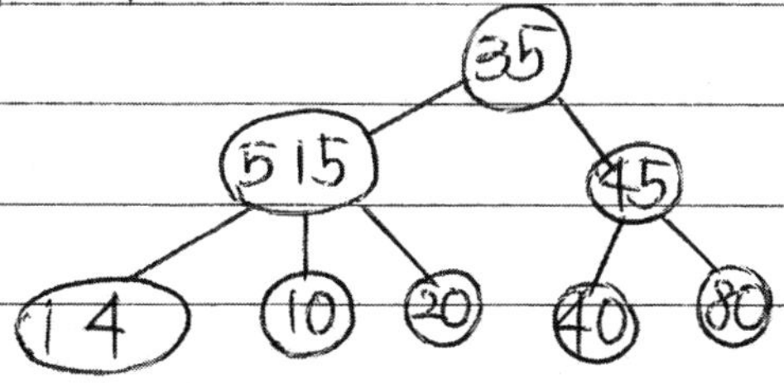

답)

1. 주어진 2-3 Tree에서 ⑩삭제 과정

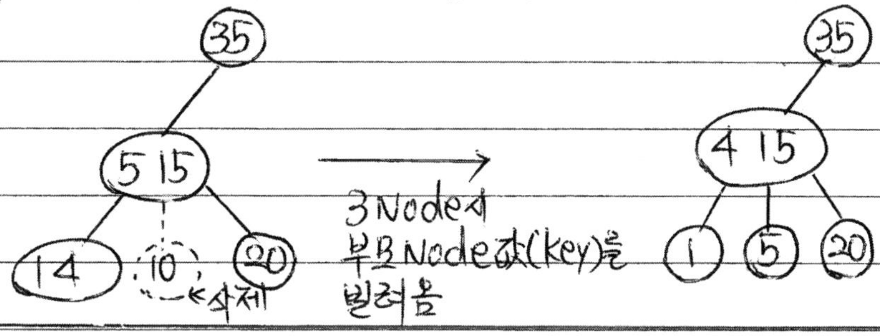

2. 1.번 결과에서 ⑤삭제시 과정

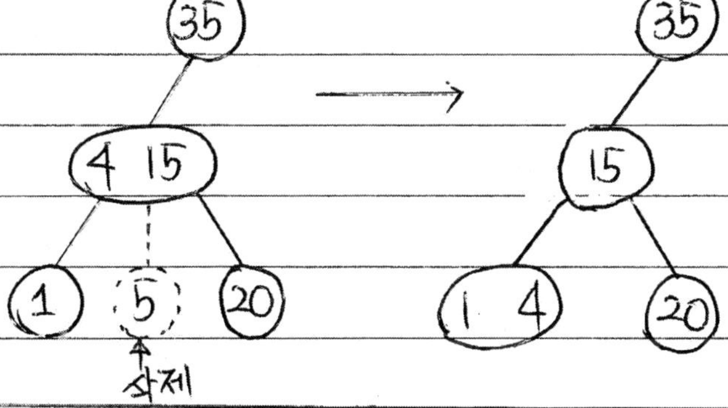

3. 2번 결과에서 ⑳ 삭제시 과정

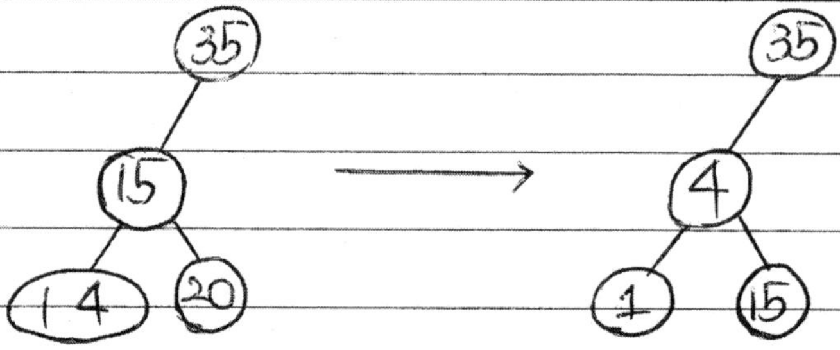

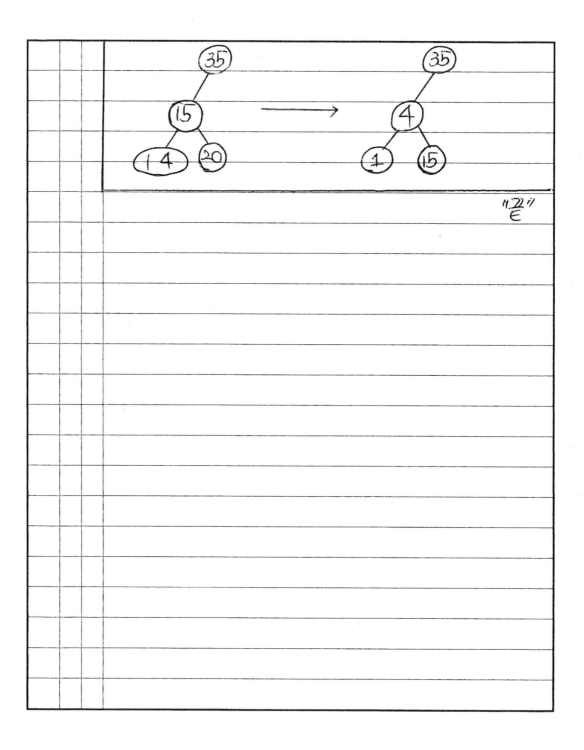

"끝"

문 98) 다음 2-3 Tree에서 Key 값 40이 삭제되는 과정을 기술하시오.

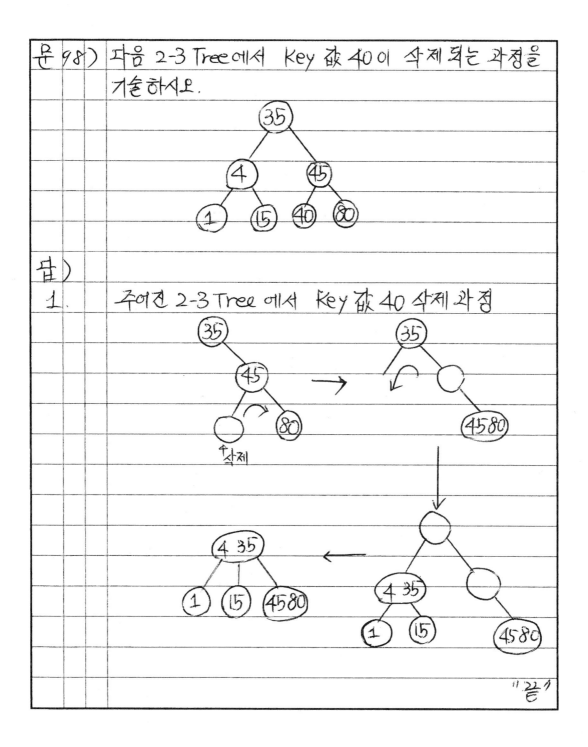

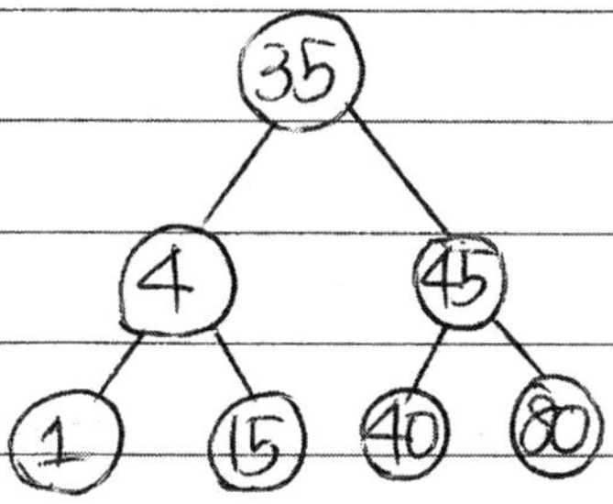

답)

1. 주어진 2-3 Tree에서 Key 값 40 삭제 과정

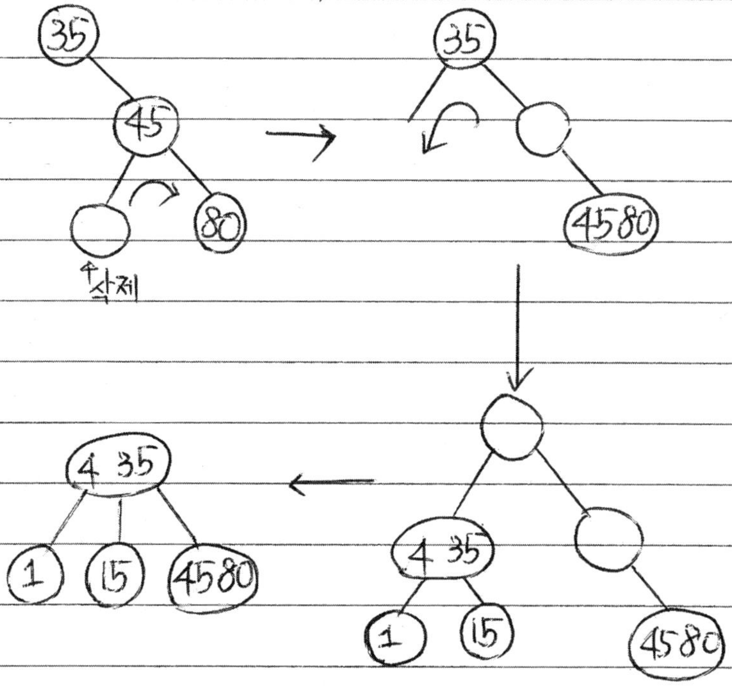

"끝"

문99) 2-3-4 Tree에 대해 설명하고 아래 2-3-4 Tree에서 Key 21을 삽입할때 2-3-4 Tree의 재구성 방법에 대해 기술하시오

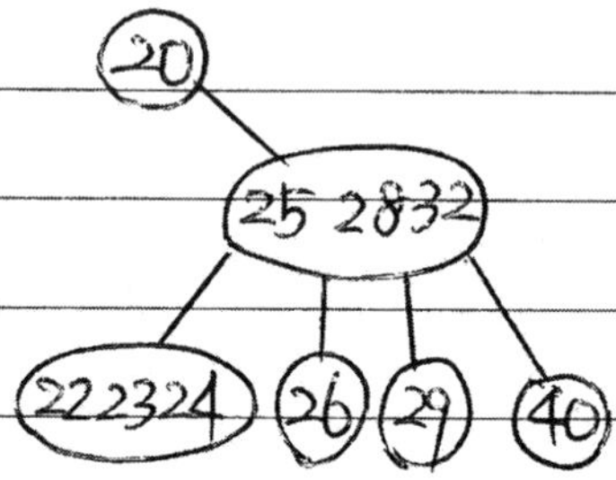

답)

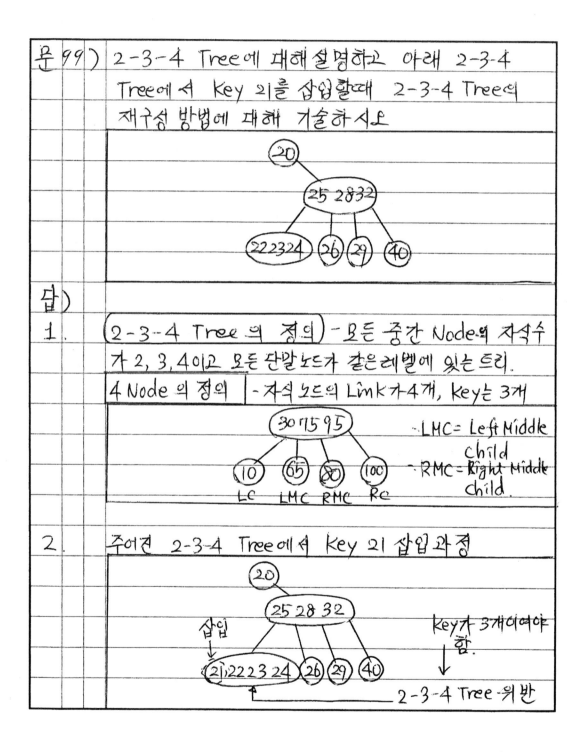

1. (2-3-4 Tree의 정의) - 모든 중간 Node의 자식수가 2, 3, 4이고 모든 단말노드가 같은레벨에 있는 트리.

4 Node의 정의 - 자식 노드의 Link가 4개, key는 3개

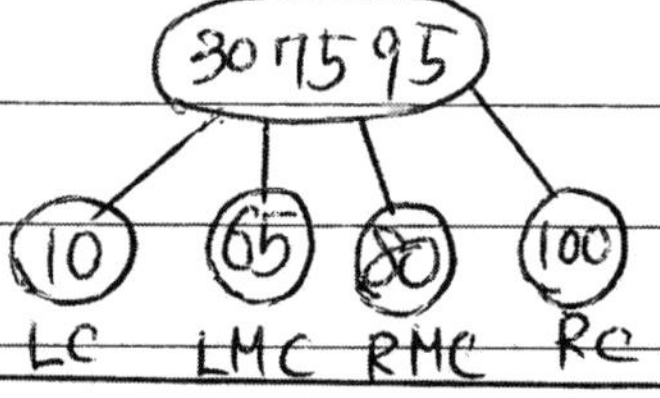

- LMC = Left Middle child
- RMC = Right Middle child.

2. 주어진 2-3-4 Tree에서 Key 21 삽입과정

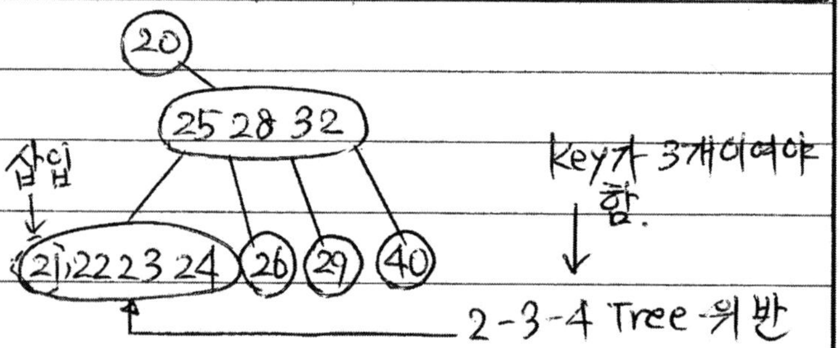

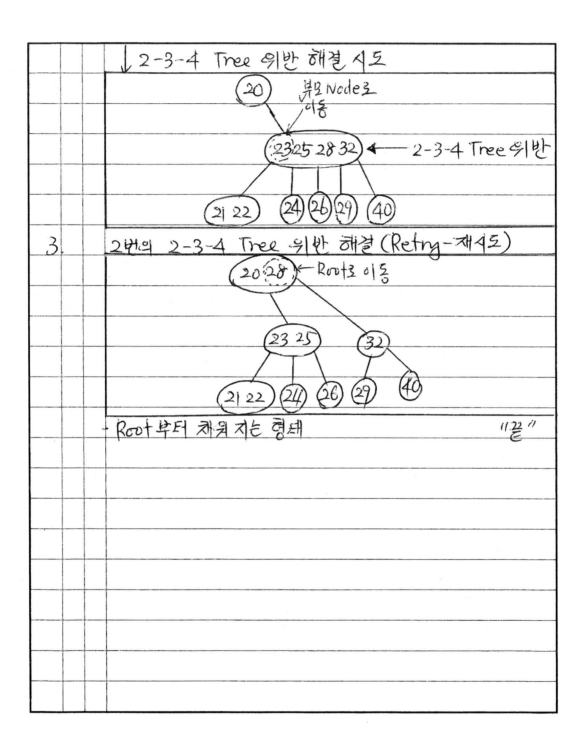

↓ 2-3-4 Tree 위반 해결 시도

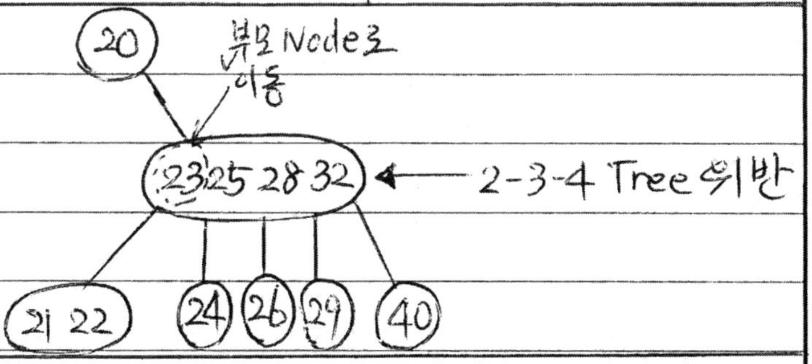

3. 2번의 2-3-4 Tree 위반 해결 (Retry-재시도)

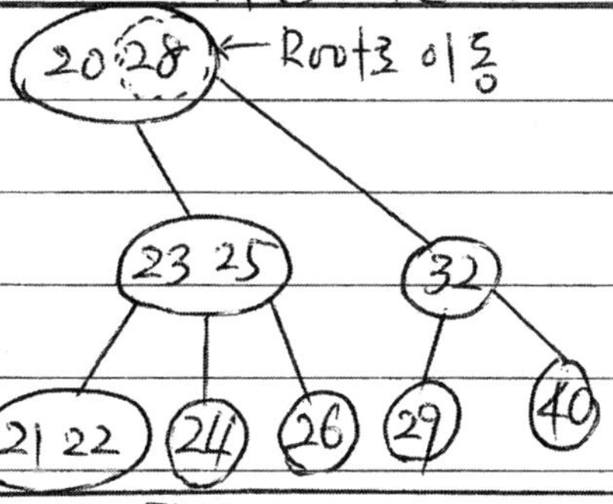

- Root부터 채워지는 형태

"끝"

문100) 다음 2-3-4 트리에서 Key값 50, 65, 60, 90, 40 순으로 삭제될때 2-3-4 Tree 재구성 방법에 대해 설명하시오. (2-3 Tree와 2-3-4 Tree를 비교설명하시오)

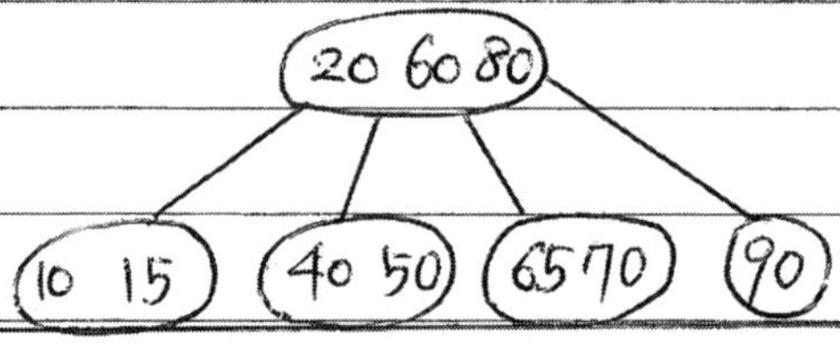

답)

1. 2-3-4 Tree의 목적 - Tree의 높이(Height)를 $\log_4 N$으로 2-3 Tree 대비 조금더 낮추기 위해 사용

항목	2-3 Tree	2-3-4 Tree
Tree 높이	$\log_3 N$	$\log_4 N$
단일 패스 삽입 & 삭제	-. Leaf노드 full시 중간 Node 값을 부모노드로 올림 (Down → Top 방향)	루트로부터 삽입/삭제 탐색 4노드시 제거하면서 내려감 (Top → Down 방향)
Stack	필요	불필요
병렬처리	불가	루트로부터 탐색 병렬처리가능
각 Node에서 Key비교	최대 2 값	최대 3 값

2. 주어진 2-3-4 Tree에서 Key 삭제시의 재구성 과정

가. Key값 50 삭제시 2-3-4 Tree 구성

-. LMC에서 Key값 50 제거

나. Key 값 65 삭제후 2-3-4 트리 재구성

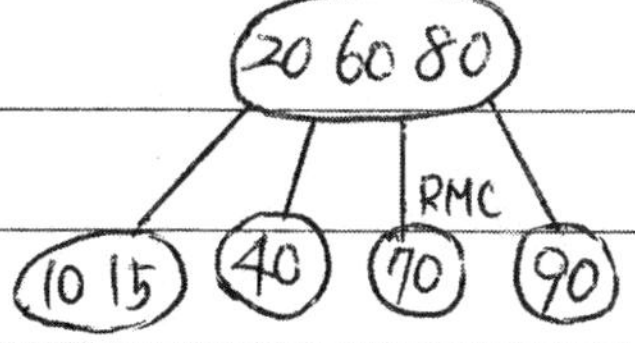

- RMC (Right Middle child)에서 Key 65 제거

3. Key 값 60 삭제 과정 (Root에서 삭제, 즉 부모 node)

- 단말(Leaf) node가 아니면 바로 앞 Key 값과 교환
- 제거는 항상 Leaf node에서 수행

단계	구성	설명
1	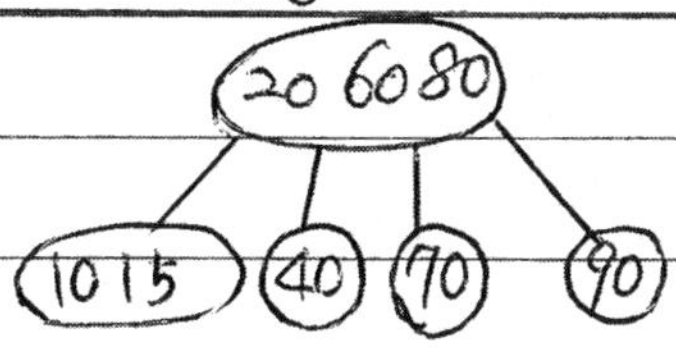	삭제할 key 60
2	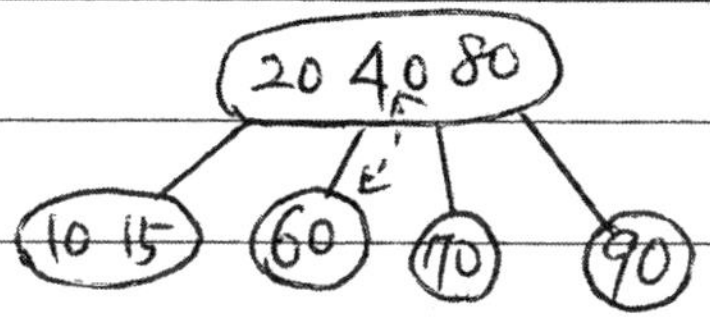	삭제할 key 60과 바로 앞 key 값 40과 교환 (Leaf에서 삭제하기 위함)
3	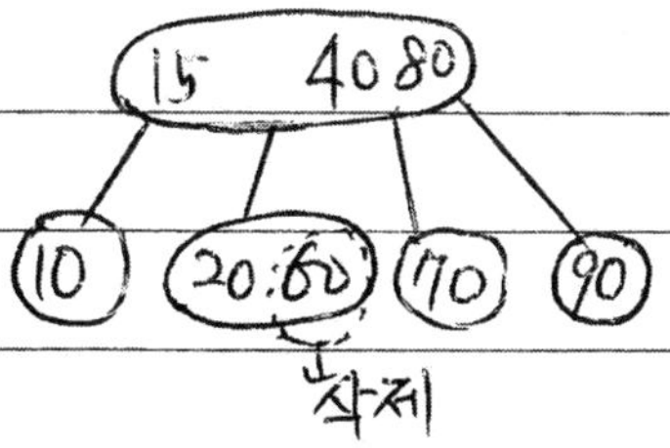	-2 node(key1)시는 3&4노드로 바꿈. (단일패스로 진행 하기 위함)
4	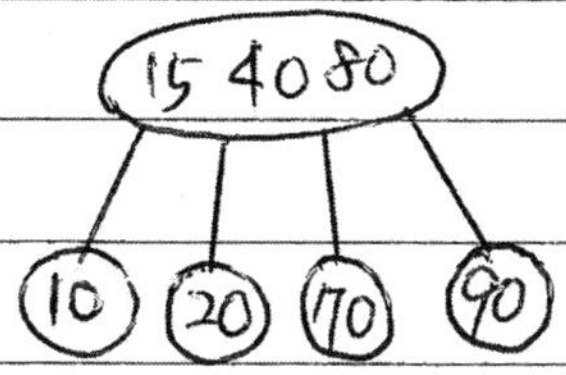	Key 60 제거후의 2-3-4 Tree ◦제거할 노드가, 3/4노드면 바로 제거후 종료

4. Key 값 90과 40 제거시 2-3-4 Tree 구성

가. Key 값 90 제거시의 2-3-4 Tree 구성

단계	구성	설명
1	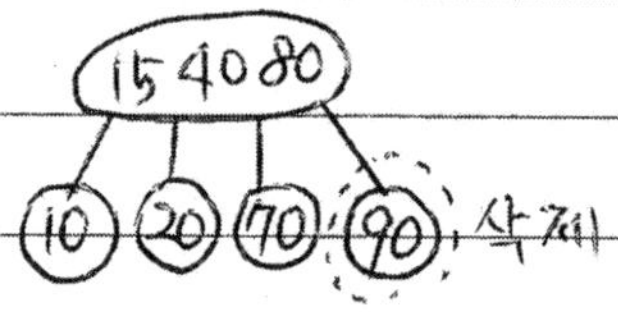	2-node(Key하나) 일때는 3/4 node로 변경
2	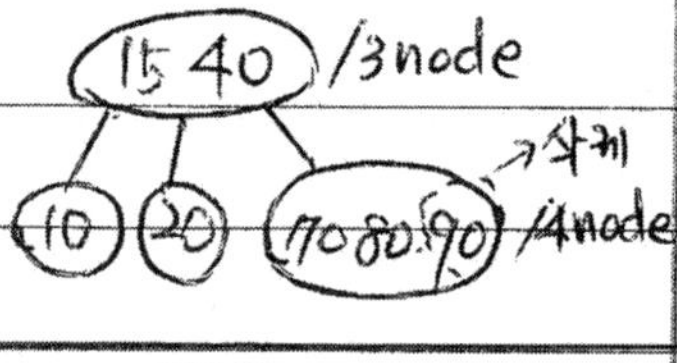	2 node를 3/4 node로 변경함.
3	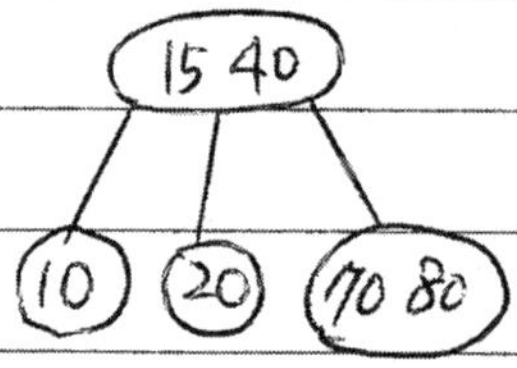	90 Key 삭제

나. Key 값 40 제거시 2-3-4 Tree 구성

단계	구성	설명
1	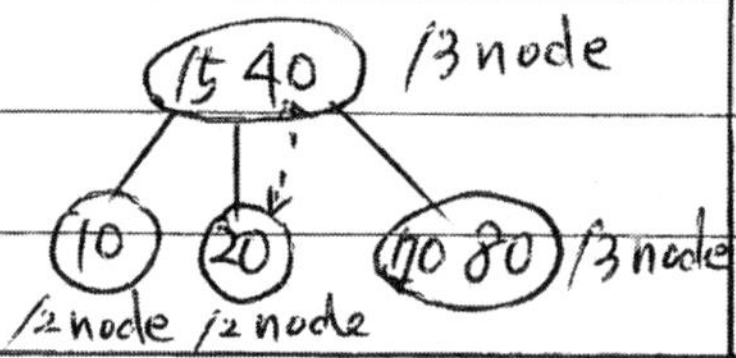	-2node일때는 3 & 4 Node로 변경 필요
2	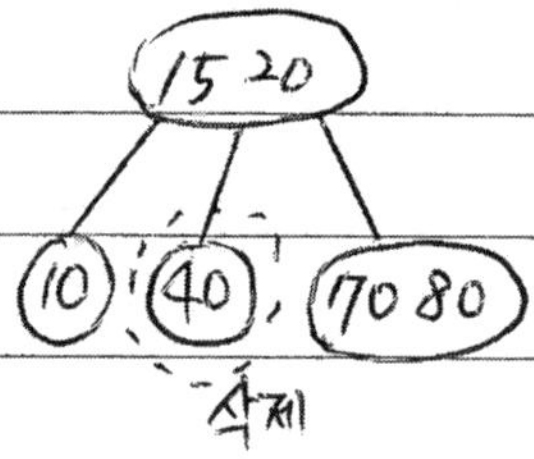	-Root에 있는 Node (부모) 값 제거시는 2전 값과 exchange. 40↔20 key교환

3	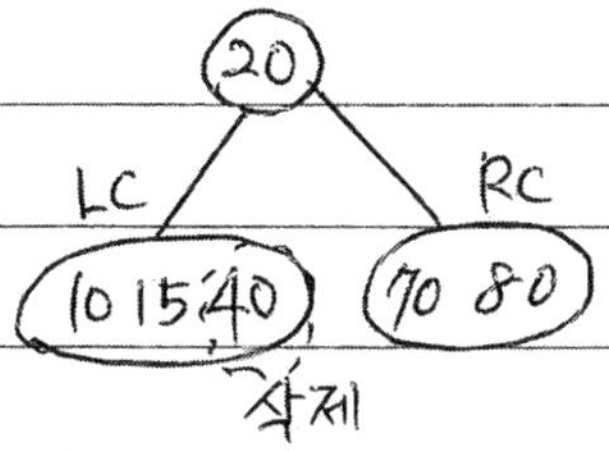	-LC에서 key 40 값 삭제
4	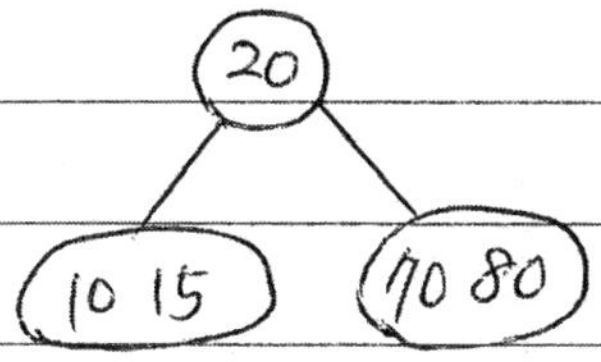	-key 40 값 삭제후 2-3-4 Tree 재구성 결과.

"끝"

문101) 2-3-4 Tree에서 Key 삽입시 4-node 제거(분리) 방법에 대해 설명하시오.

답)

1. 2-3-4 Tree에서 4-node의 정의

- Key 값이 3개이고 자식노드의 Link가 4개인 Node

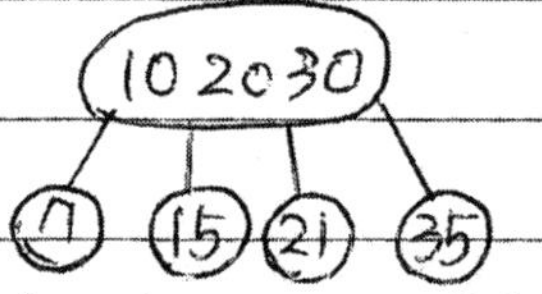

2. 2-3-4 Tree에서 삽입과정에서 4-node 제거(분리) 방법의 경우의 수

경우의 수	설명
1	Root Node가 4-node인 경우 (key 값 3개)
2	Root부터 탐색시 4-node가 2-노드의 자식노드일 경우
3	Root부터 탐색시 4-node가 3-노드의 자식노드일 경우

3. 경우의 수에 따른 4-node 분리 방법 및 설명

가. Root Node가 4-node인 경우.

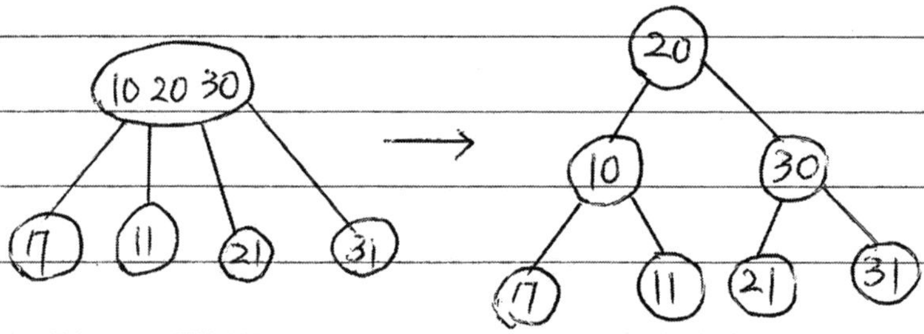

- 중간 Key인 20값이 Root가 되고 Tree 높이가 1증가.

나. Root부터 아래로 탐색시 4-node가 2-node의 자식노드인 경우

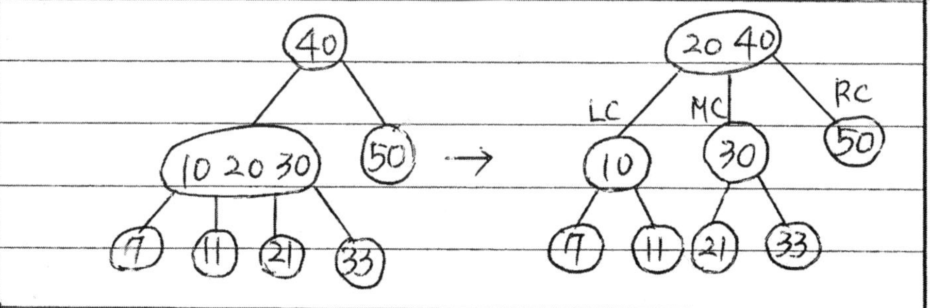

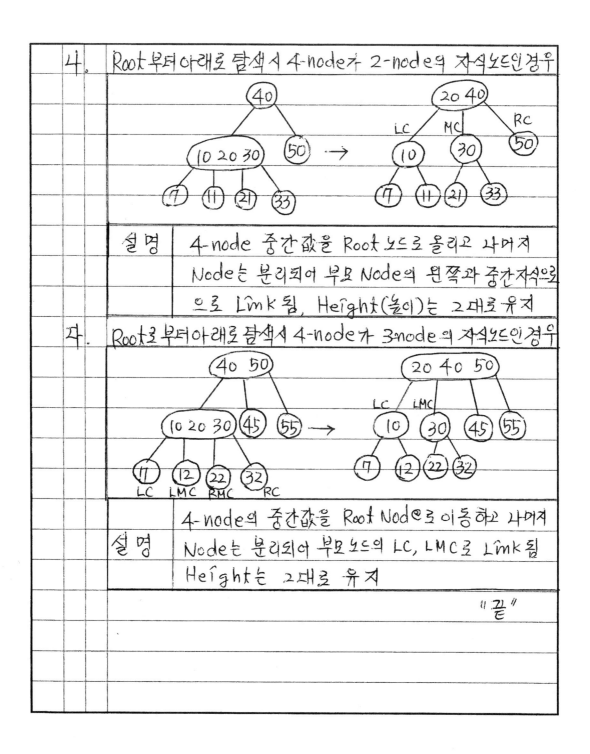

설명	4-node 중간값을 Root 노드로 올리고 나머지 Node는 분리되어 부모 Node의 왼쪽과 중간자식으로 으로 Link됨, Height(높이)는 그대로 유지

다. Root로부터 아래로 탐색시 4-node가 3node의 자식노드인 경우

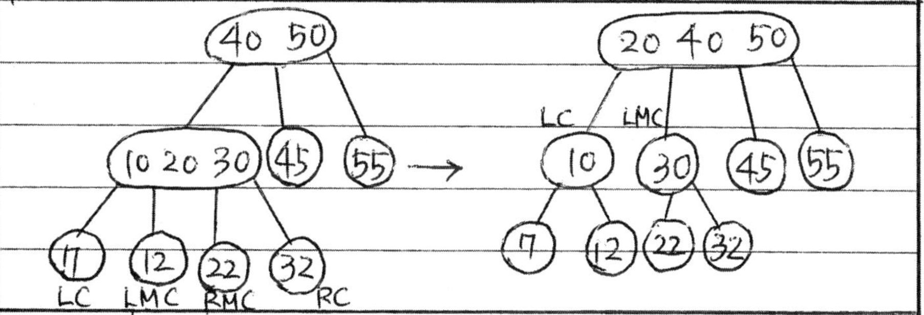

설명	4-node의 중간값을 Root Node로 이동하고 나머지 Node는 분리되어 부모노드의 LC, LMC로 Link됨 Height는 그대로 유지

"끝"

2-3-4 Tree를 Red-Black Tree로

문10-2) Red-Black Tree에 대해 설명하고 사용 이유, Node의 구조, 표현 방법과 Key값 10, 20, 30, 40, 50, 60 삽입 과정을 2-3-4 Tree 형태와 비교하여 설명하시오.

답)

1. 2-3-4 Tree를 Binary 트리로 표현, Red-Black Tree 개요

가. 2-3-4 Tree와 삽입&삭제 과정 동일, Read-Blak Tree 정의

① 모든 Node는 Red나 Black의 색깔 가짐.

② Root Node는 항상 Black

③ Red Node의 자식은 모두 Black (Black 자식은 Black/Red 모두 가능)

④ Root에서 leaf로의 경로를 고려할 때 모든 경로에 대해서 Black의 숫자는 같다 (Black height는 동일)

⑤ 모든 leaf 노드는 Sentinel(추가 가능)로서 Black, 항상 2개의 다른 값으로 채워질 수 있는 NIL=Null 자식을 가짐.

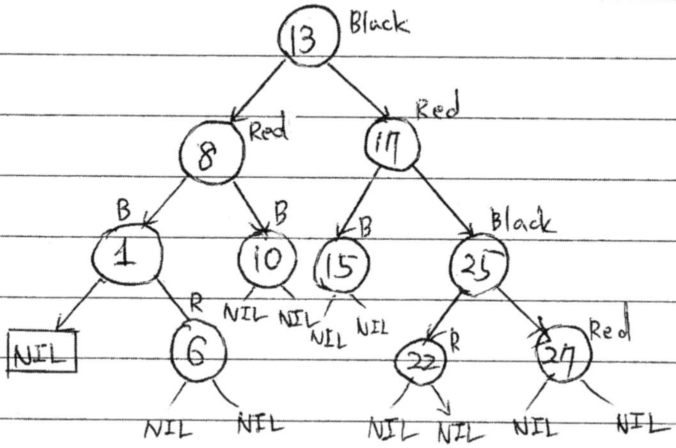

나. Red-Black Tree의 사용 이유

① 2-3-4 Tree의 복잡한 노드구조 & 복잡한 삽입/삭제과정보완

② Red-Black Tree는 Binary Search Tree 동작과 동일

④ 2-3-4 Tree의 장점인 단일 패스 삽입 삭제 방법 동일적용

⑤ Red-Black Tree의 높이는 $O(\log_2 N)$에 근접

⑥ Simple한 회전 (RR, LL)으로 균형 유지.

⑦ AVL Tree의 회전은 LL, RR, LR, RL이나 RBT는 RR, LL만

⑧ AVL Tree에서 LR, RL 회전시 실행시간 증가, RBT에서보완

⑦ AVL Tree에서는 Balance Factor 항상 계산 필요.

⑧ R-BT는 Red Link의 위치에서만 회전, 회전(Rotation) 시기를 쉽게 판단할수 있음.

2. Red-Black Tree의 Node 구조와 표현 방법.

가. Red-Black Tree의 Node 구조.

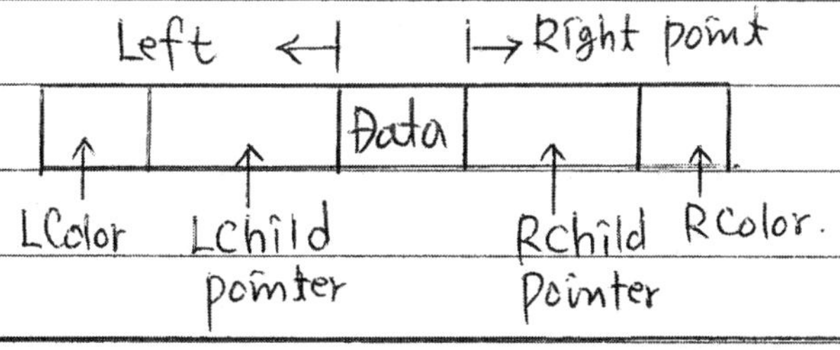

- pointer 변수에 Color 속성 추가
- Red Color가 연속일 경우는 Rotation 필요.

나. Red-Black Tree의 표현 방법 (2-3-4 Tree → RBT로)

- 2-3-4 Tree의 각 2 Node, 3 Node, 4 Node 일 경우에 따라 표현 방법의 차이가 있음.

R-BT ⇒ Red-Black Tree

표현방법	2-3-4 Tree → RBT로 표현	설명
2-Node	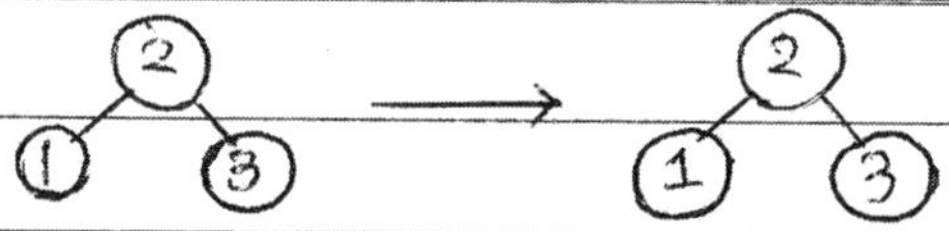	그대로 임
3-Node	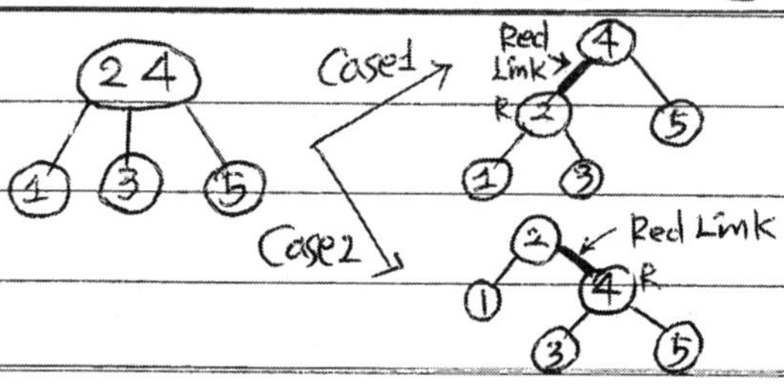	두가지 방법 존재 (Case 1, Case 2)
4-Node	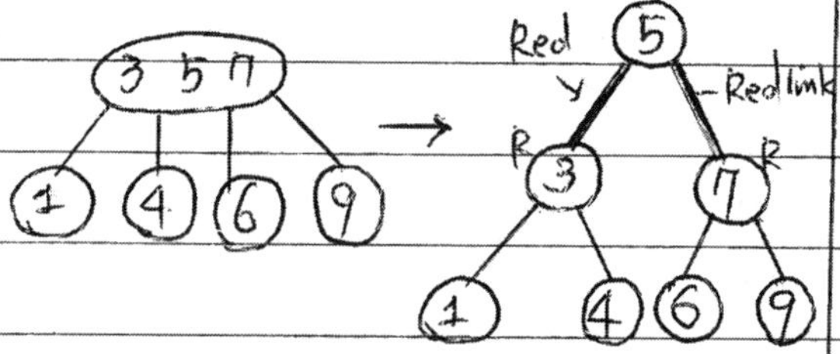	- 두개의 Red Link와 두개의 Red Node 발생

- Red Link는 원래 3-Node, 4-Node에서 같은 Node에 존재 했었다는 사실을 나타냄.

3. Key값 10, 20, 30, 40, 50, 60 삽입과정 비교

-. 2-3-4 Tree와 Red-Black Tree의 삽입 과정 비교

삽입값	Red-Black Tree 구성	2-3-4 Tree 구성
10	10	10
20	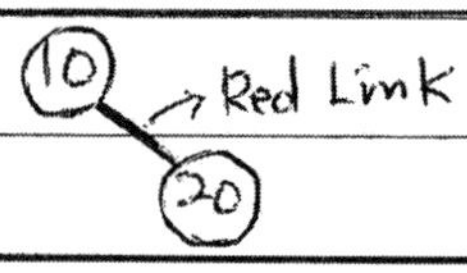	10 20

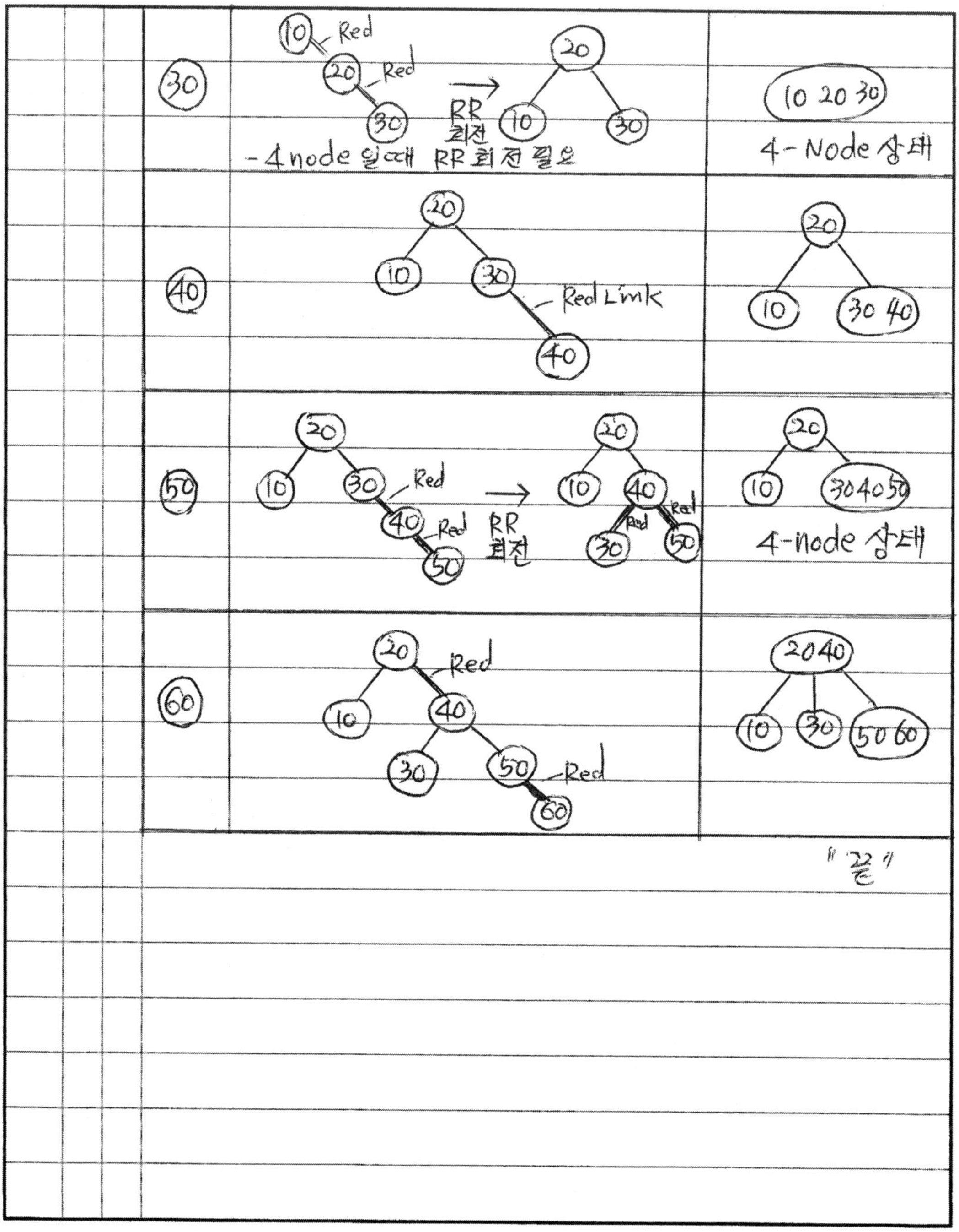
30
10 Red
20 Red
30
RR 회전
20
10
30
- 4 node 일때 RR 회전 필요
10 20 30
4-Node 상태
40
20
10
30
Red Link
40
20
10
30 40
50
20
10
30 Red
40 Red
50
RR 회전
20
10
40
30 Red
50 Red
20
10
30 40 50
4-node 상태
60
20 Red
10
40
30
50 Red
60
20 40
10
30
50 60
"끝"

문103) m-원 탐색 Tree의 특성을 설명하시오.

답)

1. 유출차수 ≤m (m>2), m-원 Search Tree의 개요

가. m-원 Search Tree의 정의

- 이진트리에서는 한 Node에서 두개의 Link만 가능하지만 m-원 Tree에서는 Link되는 개수가 최대 m.

나. m-원 Search Tree의 목적

- 탐색길이는 Tree의 높이임으로, 탐색 길이를 최대한 줄여서 계산량을 최소화

2. m-원 탐색 Tree의 특성

특성	설명
구조	node: | n | P_0 | K_0 | P_1 | K_1 | ······ | P_{n-1} | K_{n-1} | P_n | - n : Node에 존재하는 key 값의 갯수 - $P_0, P_1, \cdots, P_n$: Sub Tree에 대한 Pointer, n+1개 pointer - $K_0, K_1 \cdots K_{n-1}$: key value
오름차순 정렬	- 한 Node 안에 있는 key 값은 오름차순 정렬 $K_i < K_{i+1}$ … $i=0, \cdots, n-2$를 만족
P_i 값 < K_i 값	- $i=0, \cdots n-1$인 i에 대해 P_i가 pointer하는 Subtree의 모든 노드들의 키 값은 K_i의 key값보다 작음
m-원 탐색 트리구조	- $i=0, \cdots, n-1$인 i에 대해 P_i가 가르키는 Subtree 또한 m-원 탐색트리임.

3. 3-원 탐색 트리와 이진 탐색 트리 비교.

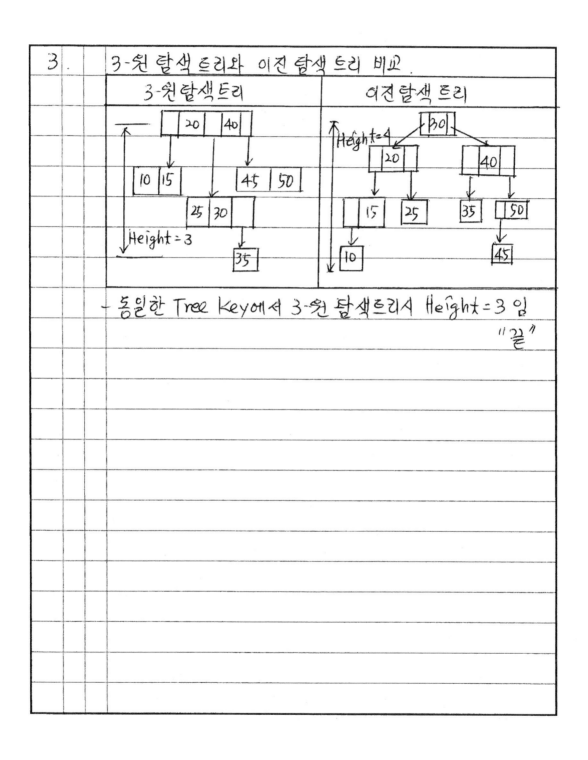

3-원탐색트리	이진탐색트리

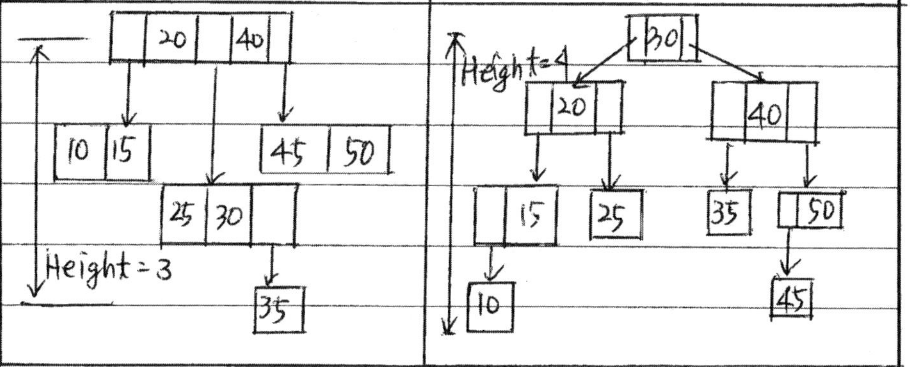

- 동일한 Tree Key에서 3-원 탐색트리시 Height=3 임

"끝"

문104) B-Tree에 대해 설명하고 주어진 B-Tree에서 Key 값 22, 41, 59, 57을 삽입하는 과정을 설명하시오.

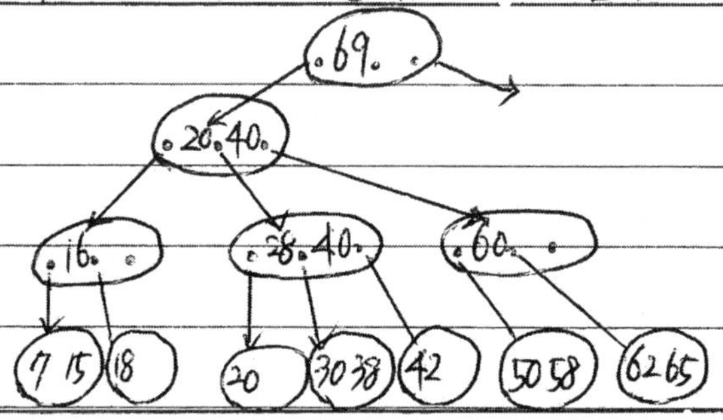

- 차수 3인 B-Tree

답)

1. B-Tree의 정의 - m-원 탐색 Tree, 성능향상(속도, 삽입, 삭제)을 위해 완전 균형화에 근접하는 Tree, 자료구조의 Index 구조를 조직하는 가장 일반적인 방법

B-Tree의 특징

- Root와 단말노드를 제외한 Tree의 각 노드는 m/2의 서브트리
- Root node는 최소한 2개의 종속 tree를 가짐
- Tree의 모든 단말 노드는 같은 level 유지
- 한 Node 안에 있는 key 값들은 오름 차순 유지
- AVL처럼 삽입/삭제시 균형 알고리즘 필요.

2. B-Tree의 삽입연산의 특징 및 삽입 Flowchart

B-Tree의 Insert 연산

① B-Tree의 높이는 Root에서 증가, (이진트리높이는 단말노드에서 증가)

② 한 Node가 분열되면 반만 채워진 Node가 발생

③ 분열에 의해 부모노드로 올라가는 Key 값은 항상 중간 값임.

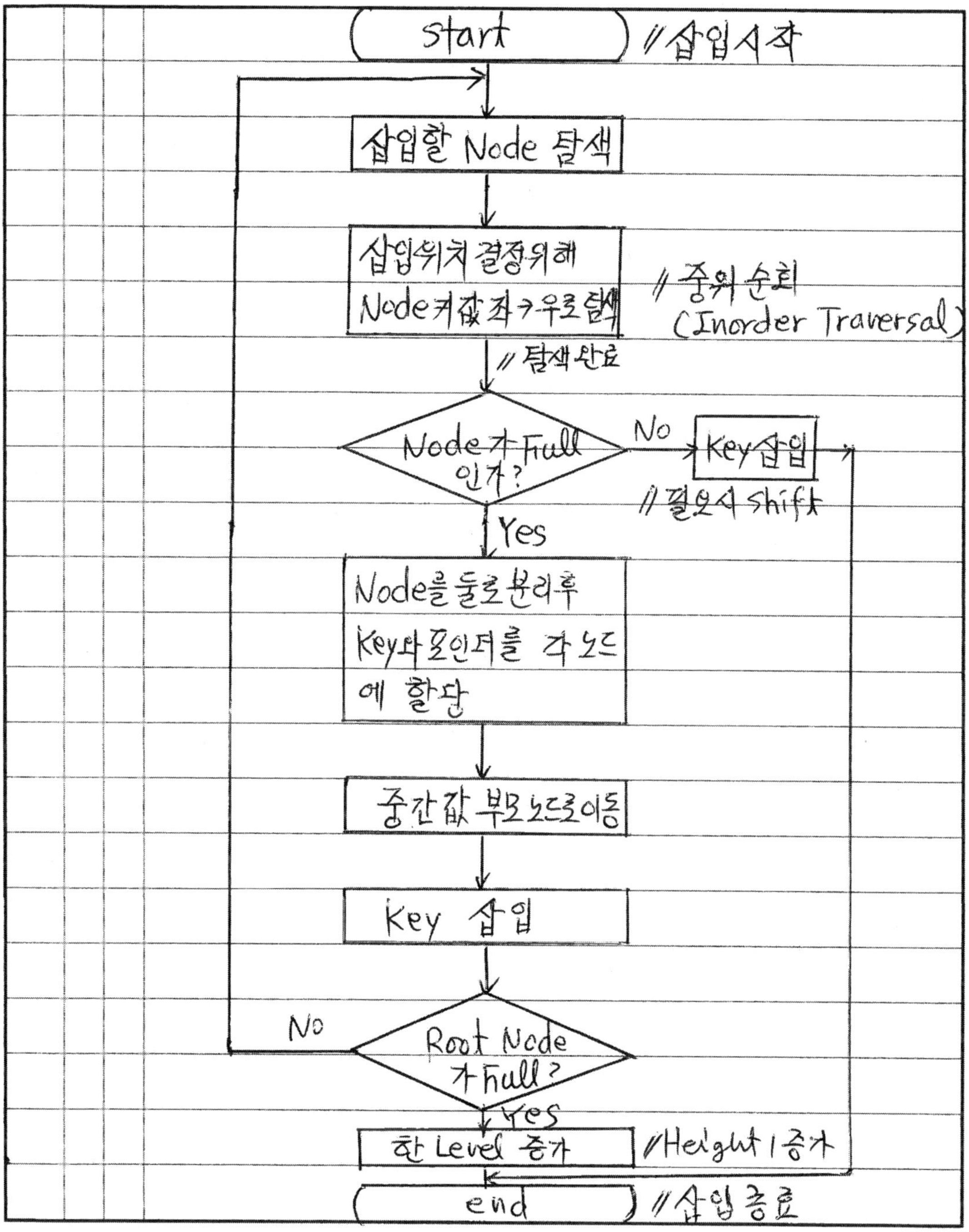
Start
//삽입시작
삽입할 Node 탐색
삽입위치 결정위해
Node키값 좌→우로 탐색
//중위 순회
(Inorder Traversal)
//탐색완료
Node가 Full
인가?
No
Key삽입
//필요시 Shift
Yes
Node를 둘로 분리후
Key와 포인터를 각 노드
에 할당
중간값 부모노드로이동
Key 삽입
No
Root Node
가 Full?
Yes
한 Level 증가
//Height 1증가
end
//삽입종료

3. 주어진 B-Tree에서 Key 값 22, 41, 59, 57 삽입과정

삽입	Tree 변화	설명
22	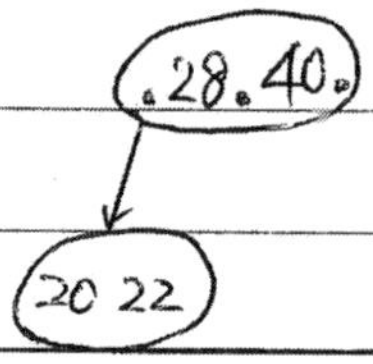	여유 자리가 있으므로 단순히 삽입.
41	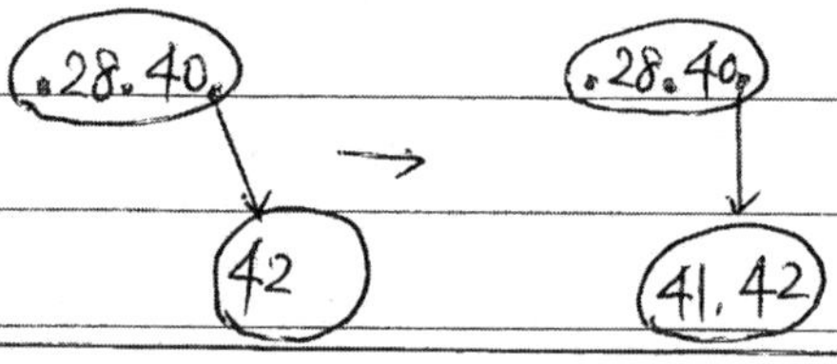	42는 오른쪽 shift 후 41 key 삽입.
59	- Node가 Full 상태 → Node를 분리. 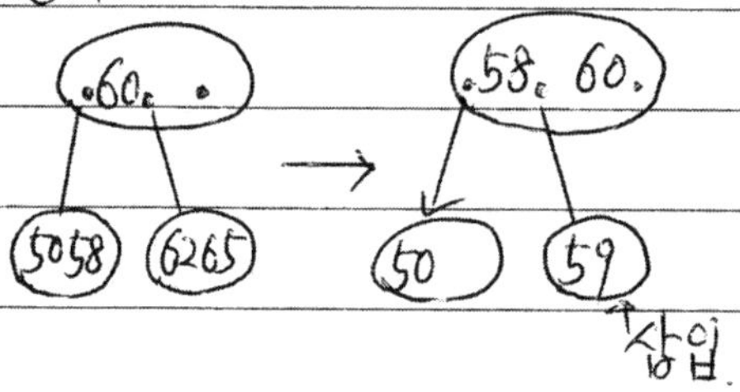	Node 분리 후 삽입.
57	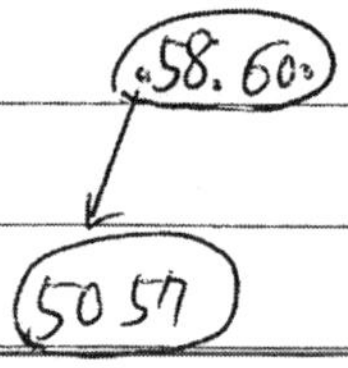	여유자리에 삽입

- 최악의 경우에는 Tree의 Root 까지 모든 Node의 분열이 필요, Root에서 분열 발생시 Height가 1 증가됨.

"끝"

문105) B* - 트리에 대해 설명하고 Key 값 분리되는 과정을 설명하시오.

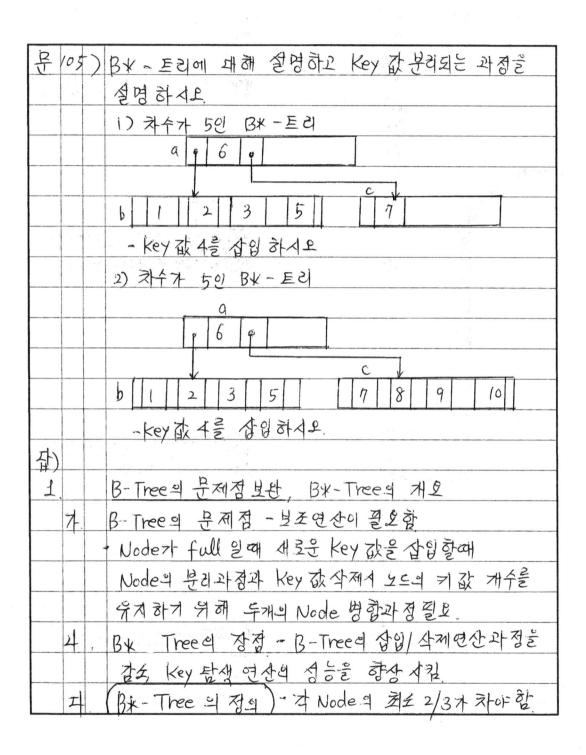

1) 차수가 5인 B* - 트리

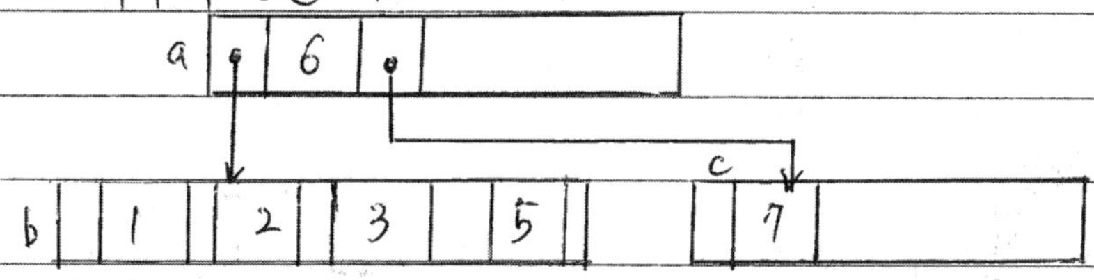

- Key 값 4를 삽입하시오

2) 차수가 5인 B* - 트리

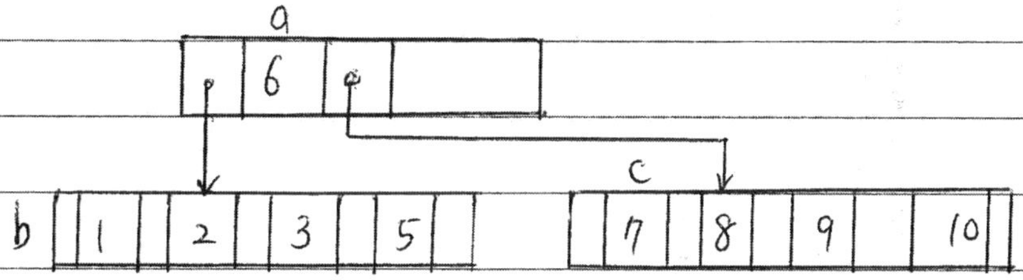

- Key 값 4를 삽입하시오.

답)

1. B-Tree의 문제점 보완, B*-Tree의 개요

가. B-Tree의 문제점 - 보조연산이 필요함.

- Node가 full일때 새로운 Key 값을 삽입할때 Node의 분리과정과 Key 값 삭제시 노드의 키 값 개수를 유지하기 위해 두개의 Node 병합과정 필요.

나. B* Tree의 장점 - B-Tree의 삽입/삭제연산과정을 감소, Key 탐색 연산의 성능을 향상 시킴.

다. (B*-Tree 의 정의) - 각 Node의 최소 2/3가 차야 함.

- Height가 1 이상인 m-원 Search Tree
- 모든 단말(Leaf) Node는 동일한 level에 놓임.

2. 주어진 1)문제의 경우 삽입과정

- Key 4 삽입시 해당 Node가 Full 상태임.

B-Tree	분리과정(Node) 필요, 삭제시는 Merge 과정필요
B*-Tree	Move 동작만 수행(주어진문제에서는 b→C로 key이동)

- Node Full시 삽입 차이점

4삽입후

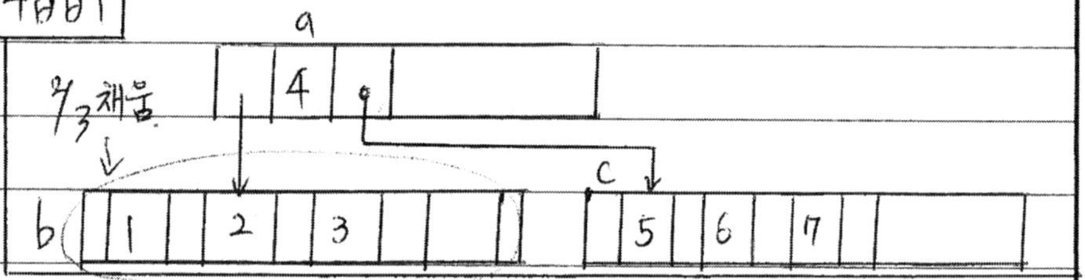

- Key 7개 (1, 2, 3, 4, 5, 6, 7), 키 절반 (1, 2, 3)은 node b에 남고 중간 키 값 4는 Node에 키 분리자(Key Seperator)가 되며 나머지 키(5, 6, 7)은 node C로 이동.

3. 주어진 2)문제의 경우 삽입과정

- Key 4를 삽입하기 위해서는 Node의 분리가 필요. Node b와 C가 Full 상태임으로 Move 할수 있는 조건이 아님 Node b와 NodeC를 3개의 노드로 분리시켜 각 Node의 약2/3가 차도록 만듬
- Node 값이 full 상태이면 Move(이동)이 안됨으로 Node는 분리하고 Key 값 삽입 필요함.

Key 4 삽입후의 결과

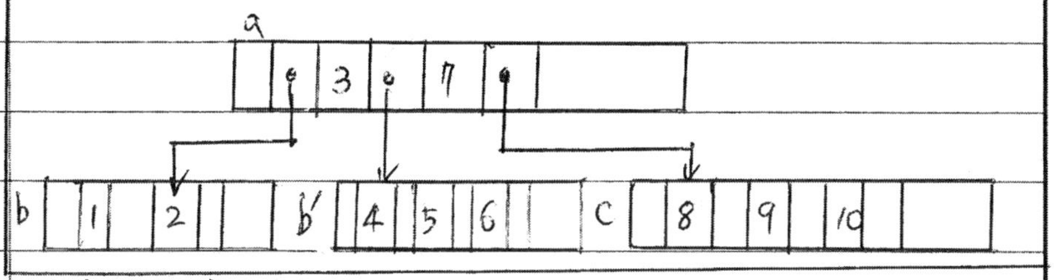

- node를 분리하고 Key 4를 삽입

"끝"

문 106) B+-Tree에 대해 설명하시오.

답)

1. B+-Tree의 정의 - B-Tree를 변형한 Tree로 단말노드에 파일의 Record 주소를 포함시킨 Tree 구조

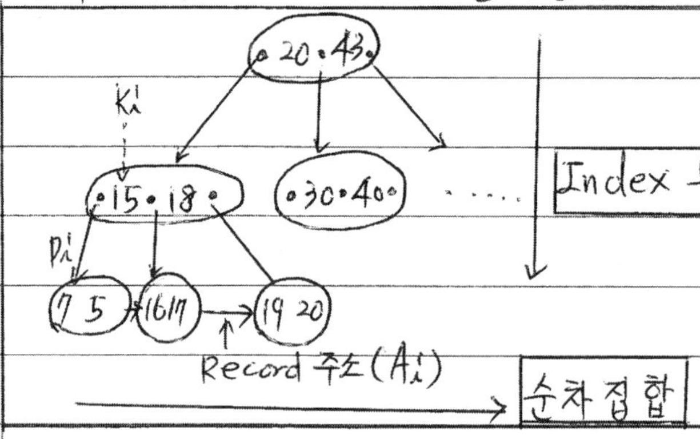

2. B+-Tree의 구성과 특징

가. B+-Tree의 구성

Index 부분	-내부 Node로 구성, 각 내부 Node는 키(Ki)들과 서브트리에 대한 pointer(Pi)를 갖음.
순차 집합	-단말 Node로 구성, 각 Node는 Ki와 Pi및 Record Data 파일의 해당 주소(Ai)를 포함.

나. B+-Tree의 특징

Index 부분	Key를 직접 탐색하게되어 해당 Record를 직접 접근
순차집합	key들을 순서에 따라 순회함으로 해당파일 순차적 접근

- B+-Tree 이용시 파일의 Record들은 직접 또는 순차적으로 모두 효율적으로 접근 가능.

"끝"

문 107) 다음 B-Tree에서 Key 값 58, 7, 60, 20, 15 순으로 삭제시 Flow와 실제동작에 대해 상세히 기술하시오.

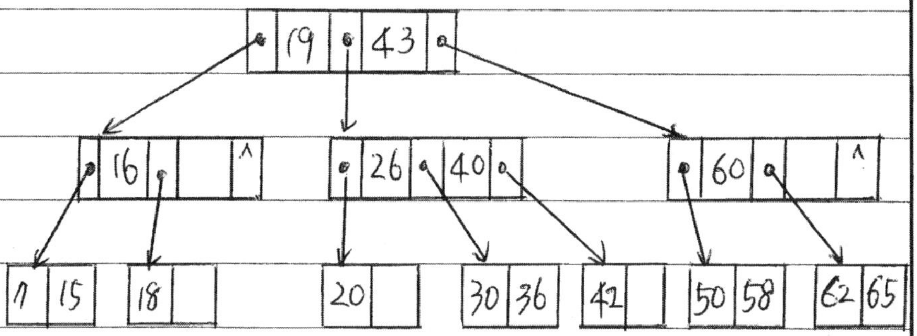

답)

1. 삭제후에도 균형상태유지, B-Tree 삭제

가. 삭제될 Key 값이 내부 Node(해당노드)에 있는 경우

- 후행키 값과 교환후 Leaf node에서 삭제, ex | 7 | 8 | 7삭제시
- Leaf node에서의 삭제 연산은 간단 (필요시 Shift)

나. 최소키 값수((m/2)-1)보다 작을 경우 : Underflow 발생

재분배 (Redistribution)	- 최소키 값보다 많은키를 가진 형제노드에서 차출 - 부모 노드에 있던 키 값을 해당노드로 이동, 빈 Node에 차출된 형 Node의 key 값을 이동 - Tree 구조를 변경시키지 않음
합병 (Merge)	- 재분배가 불가능한 경우에 적용 - 형제노드와 합침, 합병결과 빈 Node는 제거 - Tree 구조가 변경됨

2. 삭제시의 Flow.

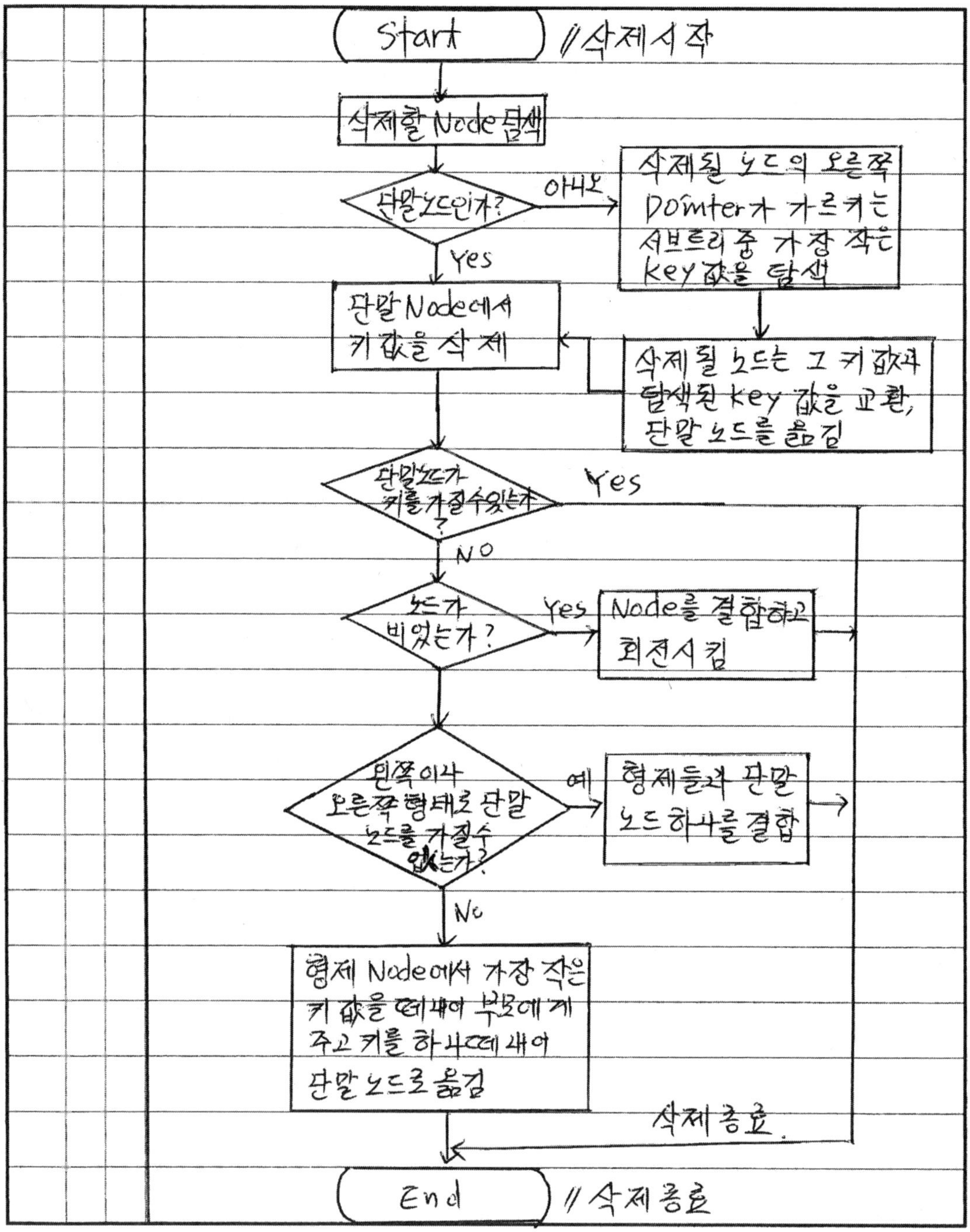
Start
// 삭제시작
삭제할 Node 탐색
단말노드인가?
아니오
삭제될 노드의 오른쪽 pointer가 가르키는 서브트리 중 가장 작은 key 값을 탐색
Yes
단말 Node에서 키 값을 삭제
삭제될 노드는 그 키 값과 탐색된 key 값을 교환, 단말 노드를 옮김
단말노드가 키를 가질수있는가?
Yes
NO
노드가 비었는가?
Yes
Node를 결합하고 회전시킴
왼쪽이나 오른쪽 형제로 단말 노드를 가질수 없는가?
예
형제들과 단말 노드 하나를 결합
No
형제 Node에서 가장 작은 키 값을 떼내어 부모에게 주고 키를 하나 떼내어 단말 노드로 옮김
삭제 종료.
End
// 삭제종료

20

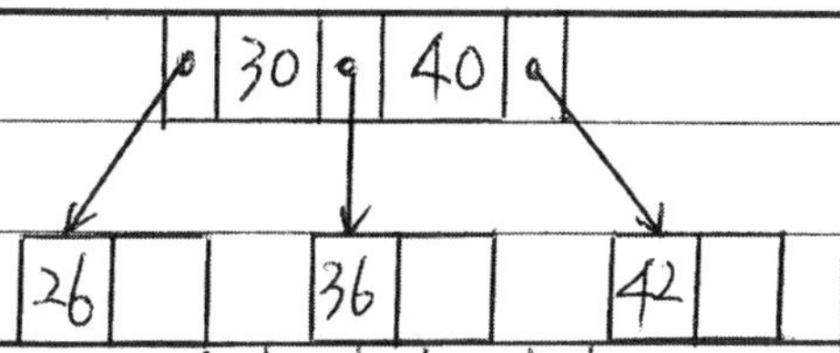

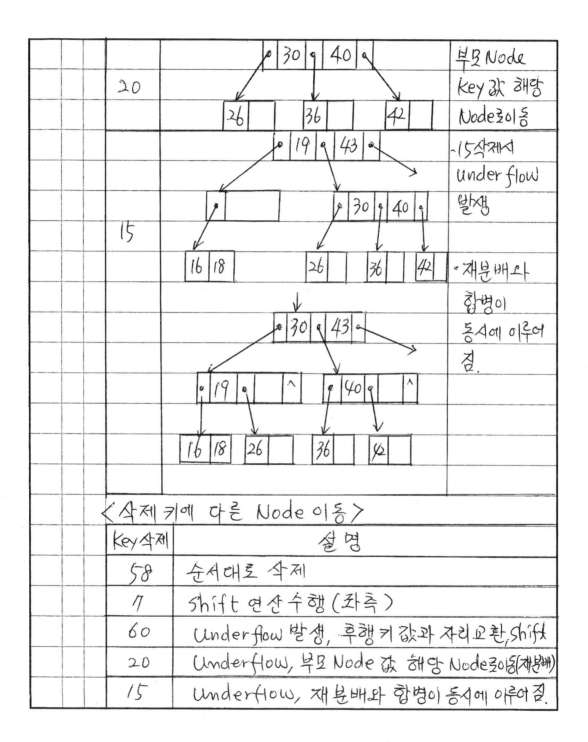

부모 Node Key값 해당 Node로이동

15

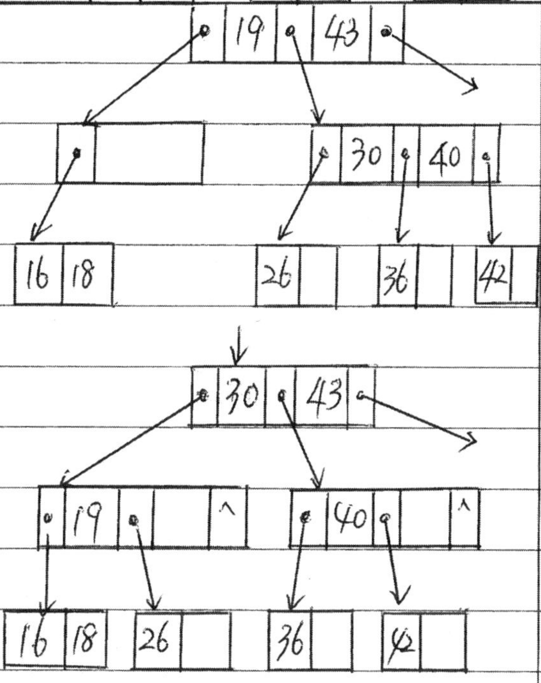

-15삭제시 underflow 발생

• 재분배와 합병이 동시에 이루어짐.

〈삭제 키에 따른 Node 이동〉

Key삭제	설명
58	순서대로 삭제
7	Shift 연산수행(좌측)
60	Underflow 발생, 후행 키 값과 자리교환, Shift
20	Underflow, 부모 Node 값 해당 Node로이동(재분배)
15	Underflow, 재분배와 합병이 동시에 이루어짐.

3. 주어진 B-Tree에서 58, 7, 60, 20, 15 삭제과정

삭제키	각 Node의 변화 과정	설명
58	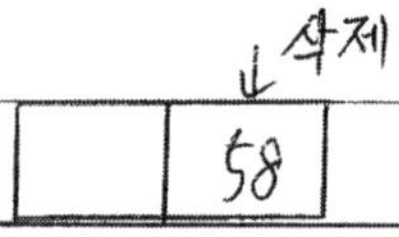	순서대로 삭제
7	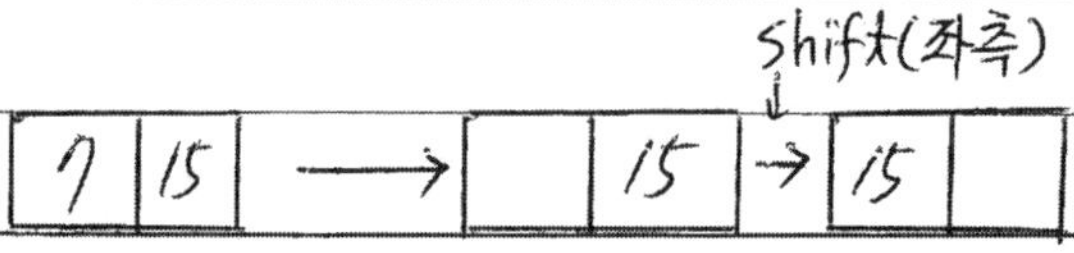	shift 연산
60	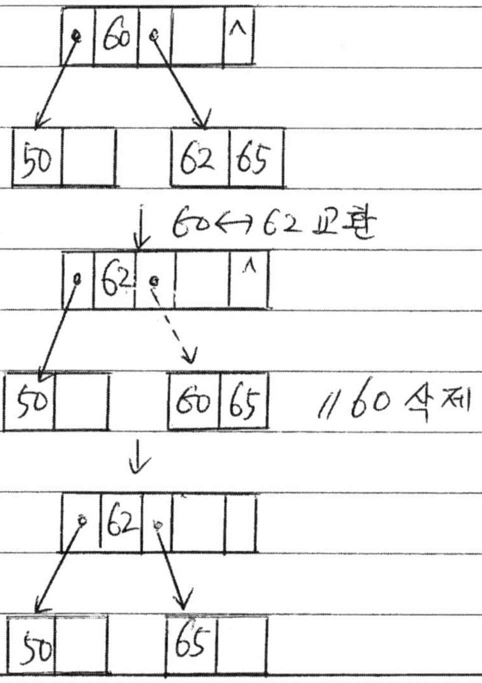	60 삭제시 해당 Node Underflow 발생 후행키값과 서로자리바꿈 65 shift(좌측)
20	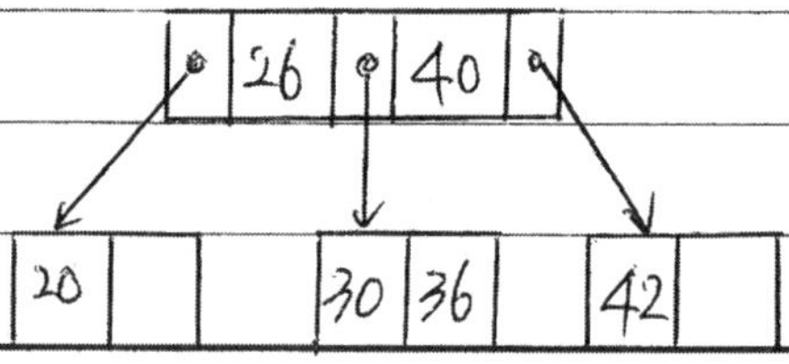	20 삭제시 Underflow 발생

4. 주어진 B-Tree에서 삭제(해당 key) 결과

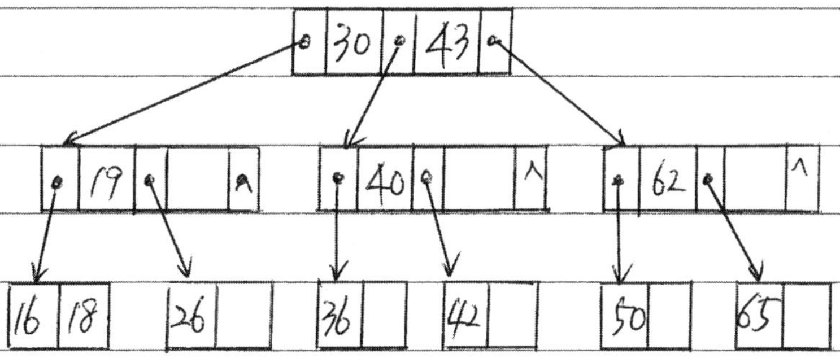

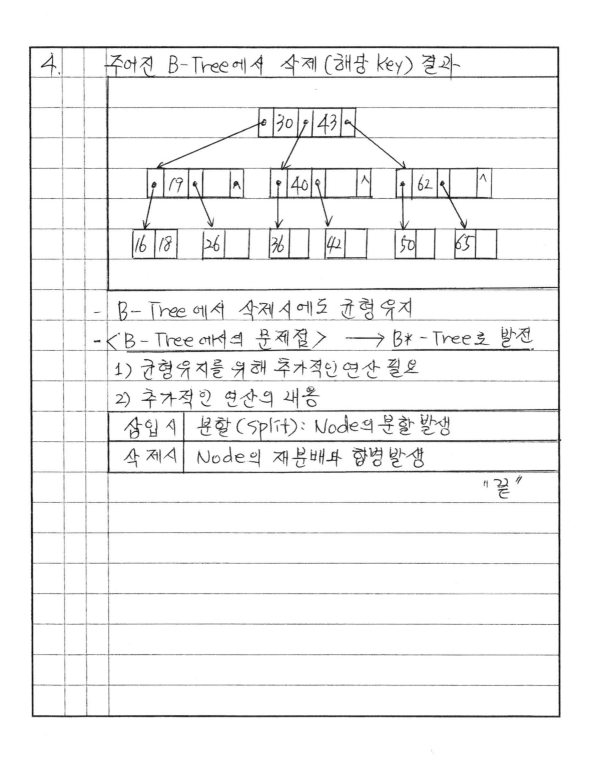

- B-Tree에서 삭제시에도 균형유지
- <B-Tree에서의 문제점> ⟶ B*-Tree로 발전
  1) 균형유지를 위해 추가적인 연산 필요
  2) 추가적인 연산의 내용

삽입시	분할(split): Node의 분할 발생
삭제시	Node의 재분배와 합병 발생

"끝"

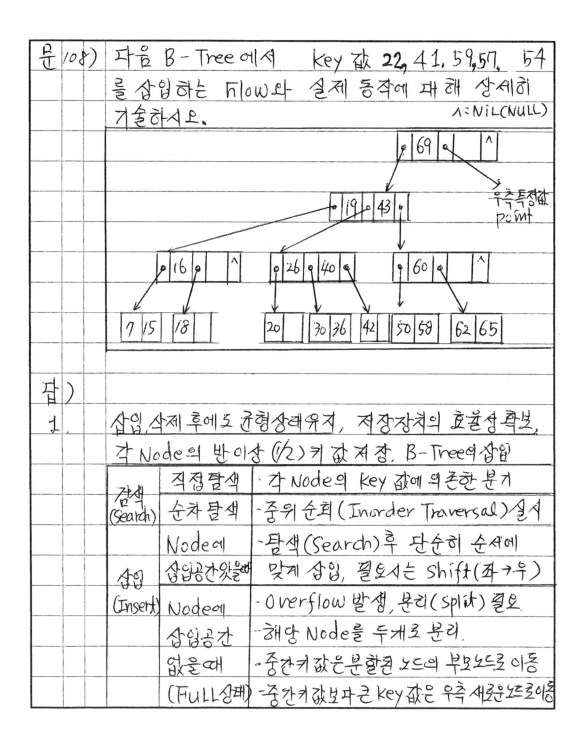

문108) 다음 B-Tree에서 key 값 22, 41, 59, 57, 54를 삽입하는 flow와 실제 동작에 대해 상세히 기술하시오.

^: NiL(NULL)

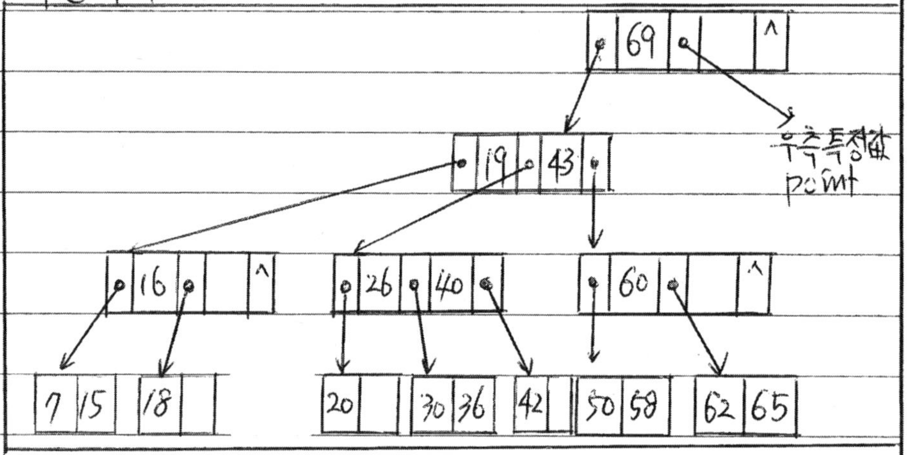

답)

1. 삽입, 삭제 후에도 균형상태유지, 저장장치의 효율성 확보, 각 Node의 반이상(1/2) 키 값 저장. B-Tree의 삽입

검색(Search)	직접탐색	- 각 Node의 key 값에 의존한 분기
	순차탐색	- 중위순회(Inorder Traversal) 실시
삽입(Insert)	Node에 삽입공간 있을 때	- 탐색(Search)후 단순히 순서에 맞게 삽입, 필요시는 Shift(좌→우)
	Node에 삽입공간 없을 때 (FULL상태)	- Overflow 발생, 분리(split) 필요 - 해당 Node를 두개로 분리 - 중간키 값은 분할된 노드의 부모노드로 이동 - 중간키값보다 큰 key값은 우측 새로운 노드로 이동

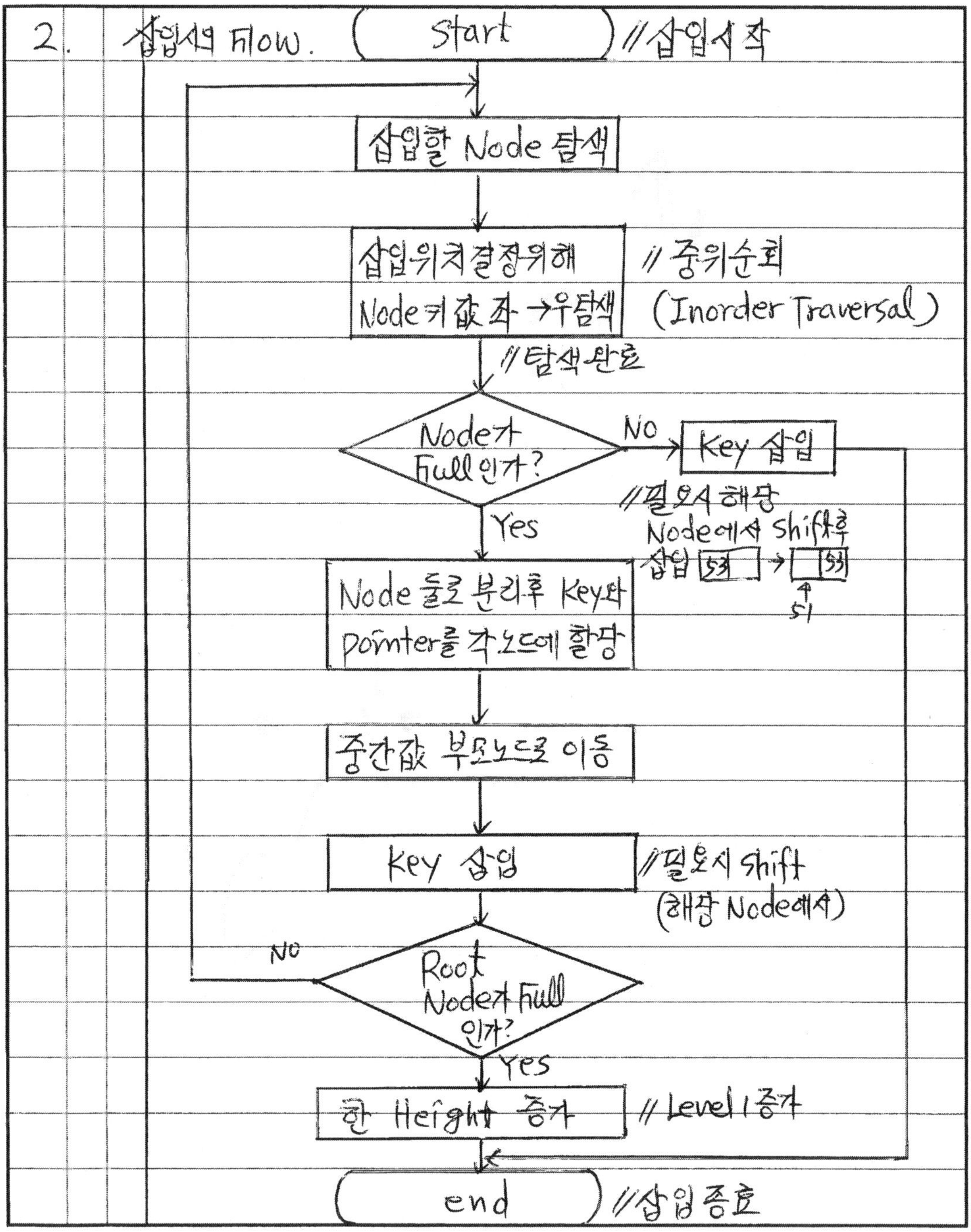

2. 삽입시 Flow.
Start
//삽입시작
삽입할 Node 탐색
삽입위치결정위해
Node키값 좌→우탐색
//중위순회
(Inorder Traversal)
//탐색완료
Node가
Full인가?
No
Key 삽입
//필요시 해당
Node에서 Shift후
삽입
53
53
51
Yes
Node 둘로 분리후 Key와
pointer를 각노드에 할당
중간값 부모노드로 이동
Key 삽입
//필요시 Shift
(해당 Node에서)
No
Root
Node가 Full
인가?
Yes
한 Height 증가
//Level 1증가
end
//삽입종료

3. 주어진 B-Tree에서 22, 41, 59, 57, 54 삽입과정

삽입키	Node 전후 변경상태	설명
20	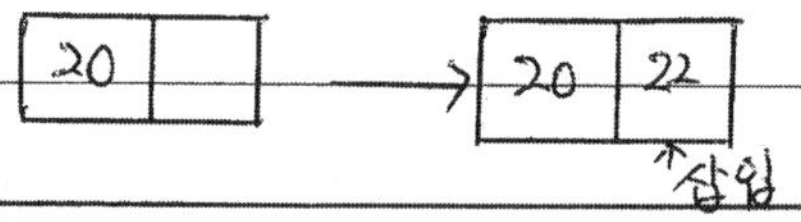	순서대로 삽입
41	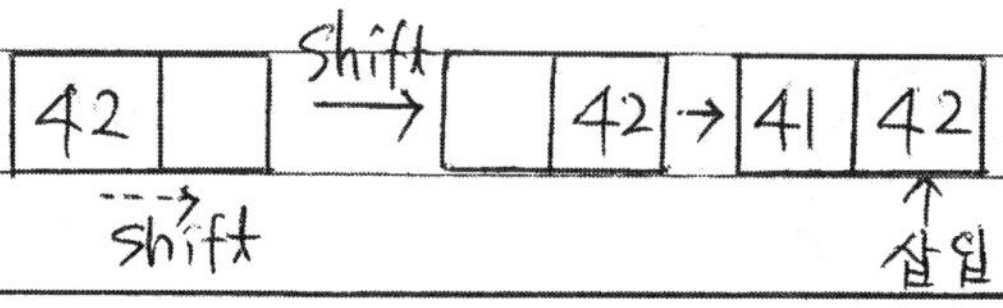	Shift 필요 (우측)
59	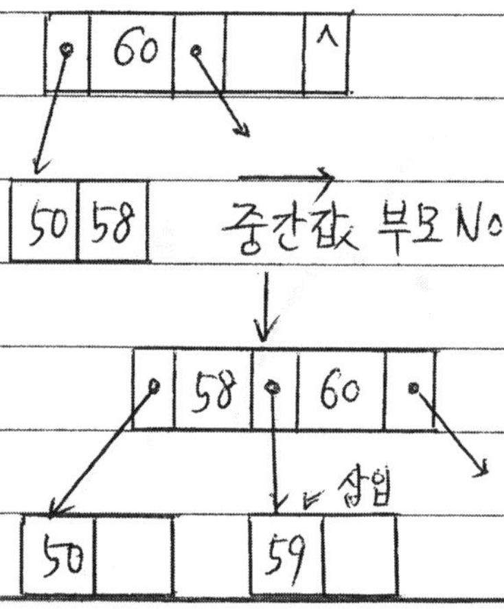	중간값(58) 부모 Node로 이동하고 해당 Node는 분리
57	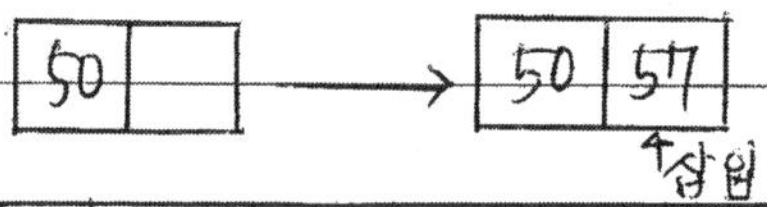	순서대로 삽입
54	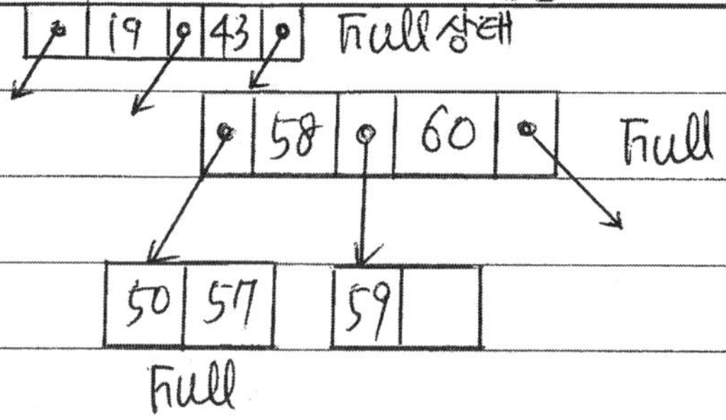	54 삽입 시 Node와 부모 Node 들도 동시에 Full 상태 발생

54 삽입.	단계 1) ↑58 부모노드로 이동 [• 54 • │ ^] [• 60 • │ ^] 단계 2) 58 부모노드 이동시 full상태 [• 19 • 43 •] 중간값 43 다시 부모노드로 이동 ↓ [• 19 • │ ^] [• 58 • │ ^] 단계 3) [• 69 • │ ^] ↓재구성 (43 key와 구성) [• 43 • 69 •]	1)중간값(54) 부모 Node로 이동, 해당노드는 분리. 58 부모노드로 이동하면서 54, 60분리 2) 43 부모노드로 이동 3) Root Node 구성 (Root는 full이 아님). Key 43, 69가 Root에 구성됨.

<삽입 키에 따른 Node 이동>

Key삽입	설 명
20	- 순서대로 삽입 (해당 Node에)
41	- 해당 Node 값 Shift후 삽입
59	- 중간 값 부모 Node로 이동, 해당노드 분리후 삽입
57	- 해당 Node에 순서대로 삽입
54	- 부모 Node 두개 Full 상태 고려하여 삽입.

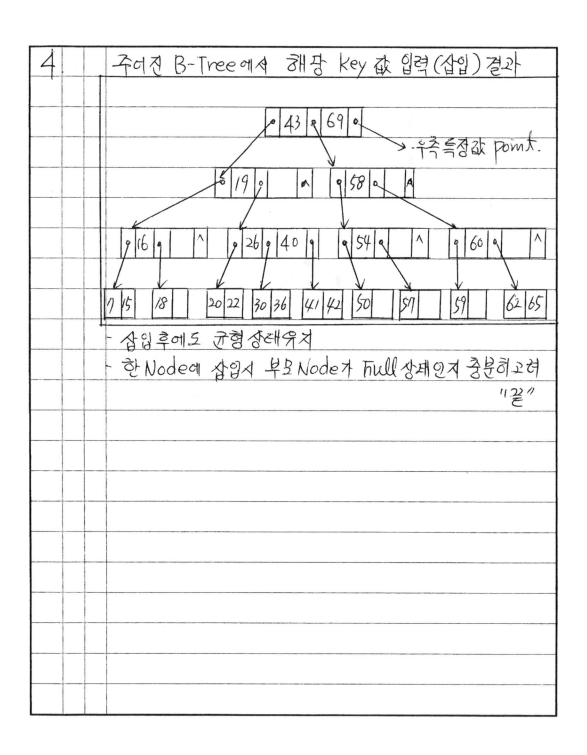

4. 주어진 B-Tree에서 해당 key값 입력(삽입) 결과

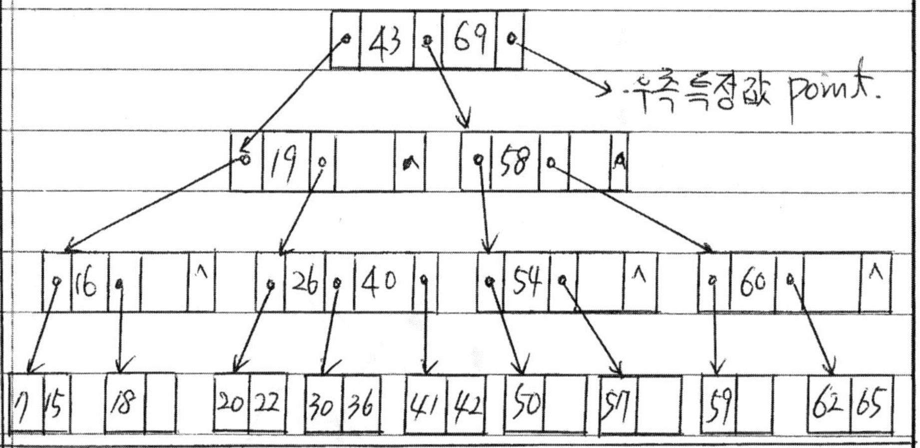

- 삽입후에도 균형 상태유지
- 한 Node에 삽입시 부모Node가 Full 상태인지 충분히고려

"끝"

문109) 아래 차수가 5인 B*-Tree에서 재분배 키 값 24의 삽입과정을 보이시오.

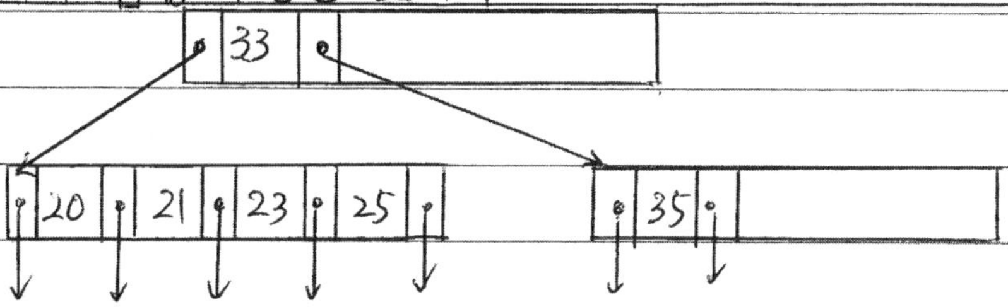

답)

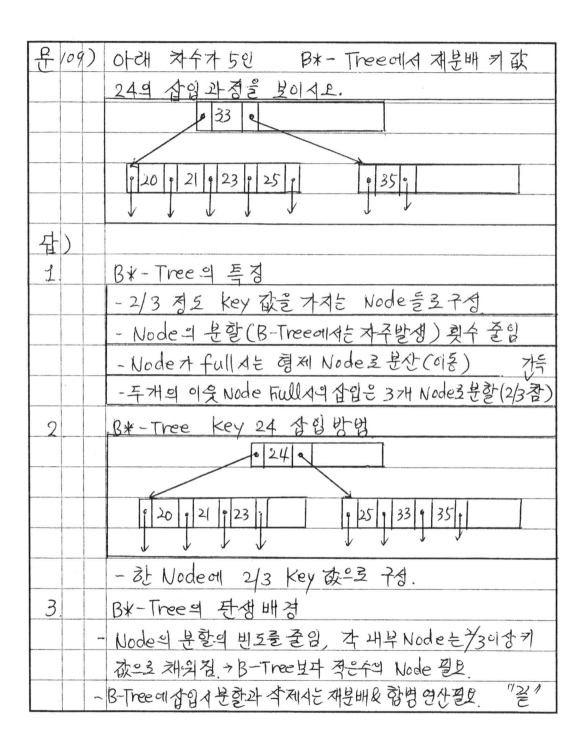

1. B*-Tree의 특징
- 2/3 정도 key 값을 가지는 Node들로 구성
- Node의 분할(B-Tree에서는 자주발생) 횟수 줄임
- Node가 full시는 형제 Node로 분산(이동)
- 두개의 이웃 Node Full시의 삽입은 3개 Node로 분할(2/3 참) (가득)

2. B*-Tree Key 24 삽입 방법

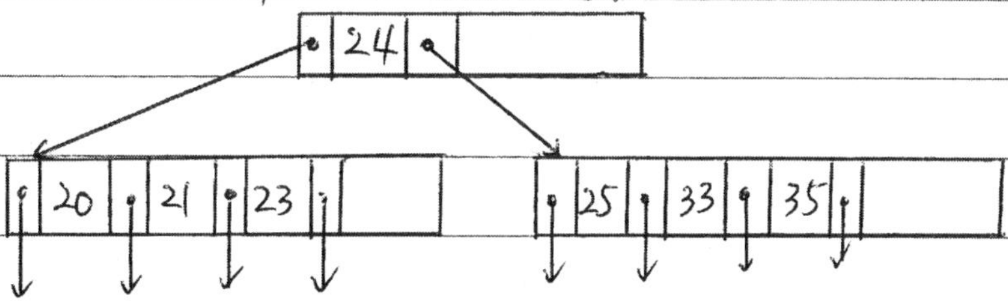

- 한 Node에 2/3 Key 값으로 구성.

3. B*-Tree의 탄생 배경
- Node의 분할의 빈도를 줄임, 각 내부 Node는 2/3이상 키 값으로 채워짐. → B-Tree보다 적은수의 Node 필요.
- B-Tree에 삽입시 분할과 삭제시는 재분배 & 합병 연산필요. "끝"

문 110) B+-Tree에서 키 값 15, 69, 110, 90, 20, 120, 40, 125순으로 삽입시 삽입 과정을 기술하시오.

답)

1. B-Tree의 변형구조, B+-Tree의 개요

가. B-Tree의 순차 탐색 성능향상, B+-Tree의 정의

- Index Set와 Sequence set로 구성, 단말 Node에 Key값, Record 주소를 포함시킨 Tree 구조

나. B+-Tree의 특징

Index Set	Leaf 이외의 Node, Key 값만 존재
순차 set	Leaf node, Key 값들을 순차적으로 탐색 가능.

2. B+-Tree에서의 주어진 Key 값 삽입과정

가. B+-Tree에서 Key 삽입 방법

- 분할시 중간키 값(분할된 왼쪽 Node에서 제일 큰키 값)값이 Copy(복사)되어 부모 Index Node로 이동
- Index Node 분할은 B-Tree와 동일.

나. 주어진 Key 값 삽입과정

삽입 Key	Node들의 변환과정	설명
15, 69, 110	15 | 69 | 110	순서대로 삽입.
90	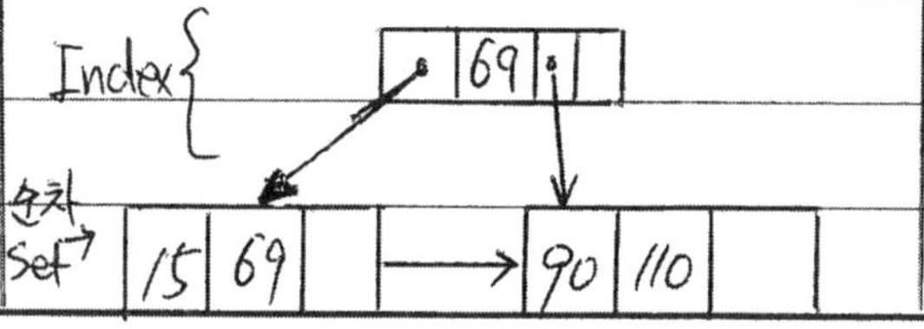	- 분할시 중간키 이동, - 69값 Copy 후 부모 Index로 이동

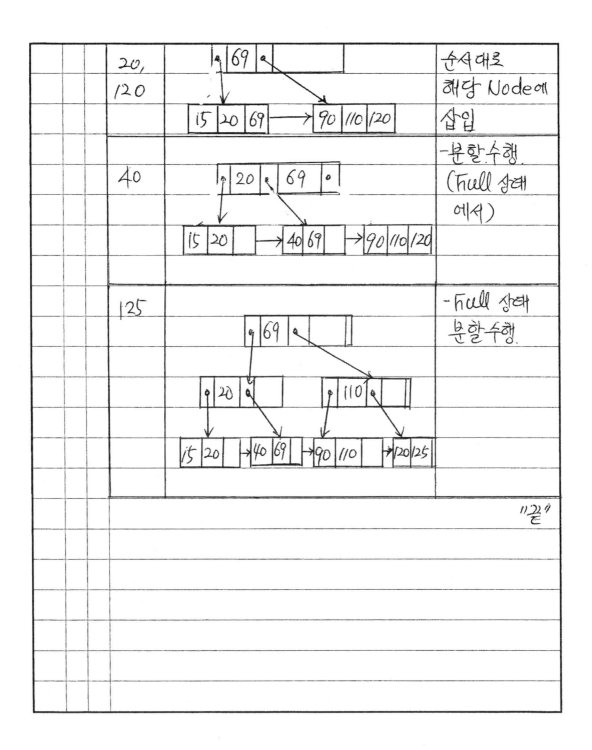

20, 120	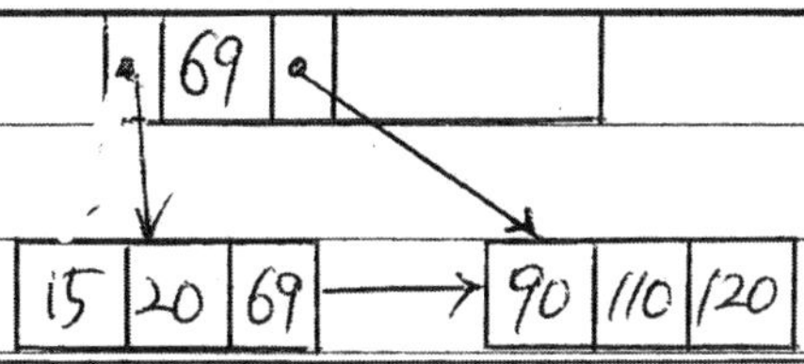	순서대로 해당 Node에 삽입
40	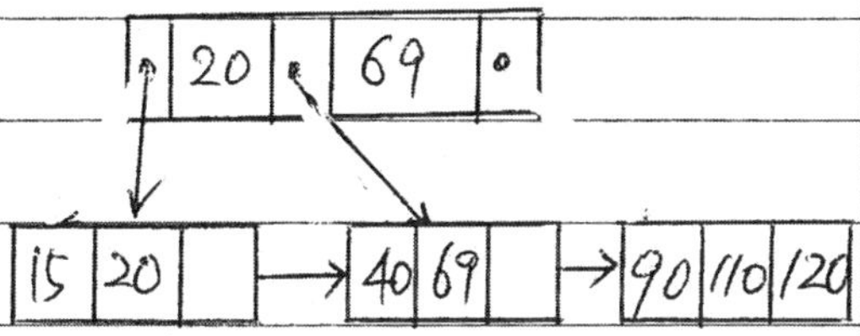	-분할 수행. (Full 상태에서)
125	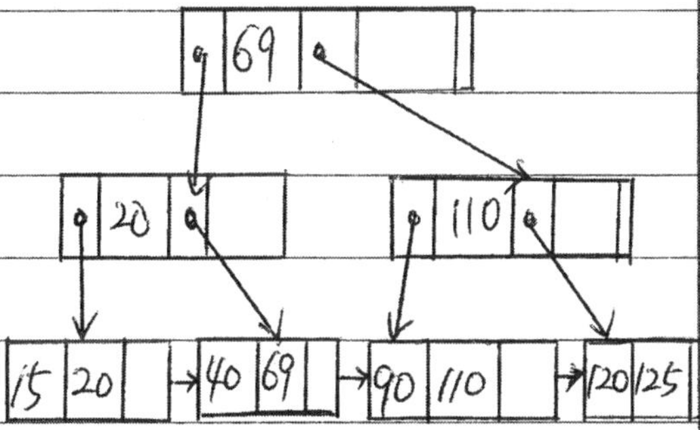	-Full 상태 분할 수행.

"끝"

문 111) T-tree의 Search 과정에 대해 설명하시오.

답)

1. AVL Tree와 B-Tree의 진화, T-tree의 개요.

가. B-Tree와 AVL Tree의 장단점

분류	B-Tree	AVL Tree
장점	- 디스크 I/O 횟수 줄임, 디스크공간 효율적 사용, Tree Height 낮음	- 삽입/삭제 연산시간 짧음 - 검색시간 O(logN)
단점	삽입/삭제시 Node들 간의 Data 교환 횟수 많음.	- 저장공간의 효율성이 떨어짐.

나. (T-Tree의 정의) - 이진검색과 높이 균형특성을 가진 AVL 트리의 성질과 한 Node내 여러개의 Data(Key)를 가지는 B-Tree의 성질을 동시에 가진 Tree.

2. T-tree의 Node 구성과 삽입/삭제 과정.

가. T-tree의 Node 구성

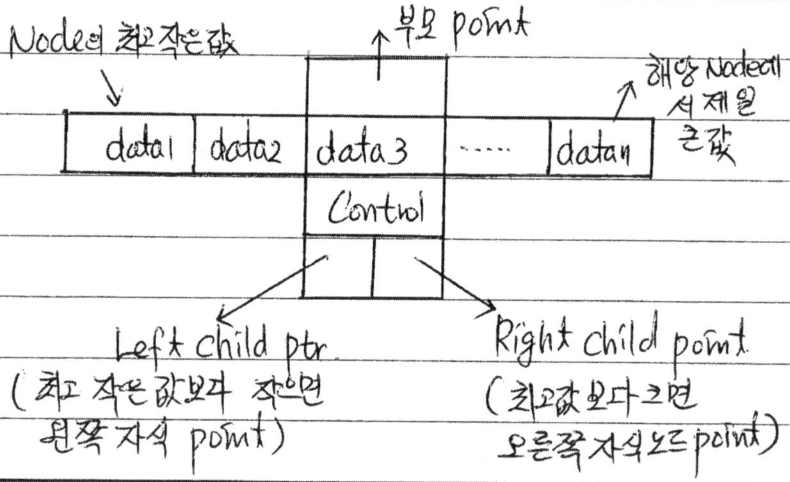

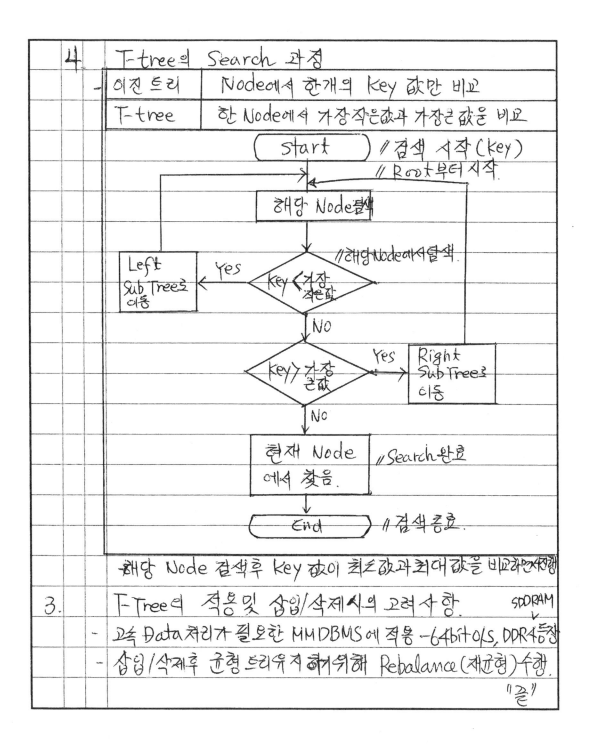

4. T-tree의 Search 과정

- 이진 트리	Node에서 한개의 Key 값만 비교
T-tree	한 Node에서 가장 작은값과 가장 큰 값을 비교

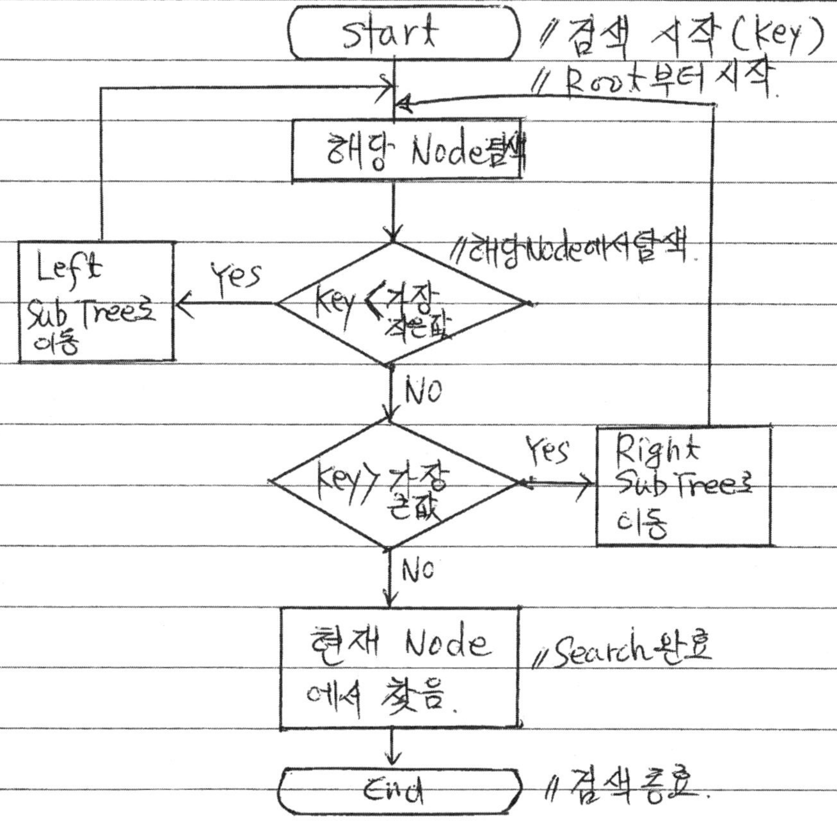

- 해당 Node 검색후 Key 값이 최소값과 최대값을 비교하면서 진행

3. T-Tree의 적용 및 삽입/삭제시의 고려 사항.

- 고속 Data처리가 필요한 MMDBMS에 적용 - 64bit O/S, DDR4 등장 (SDRAM)
- 삽입/삭제후 균형 트리 유지 하기위해 Rebalance(재균형) 수행.

"끝"

비교하시오.

문 112) B-tree, B+-Tree, B*-Tree, R-Tree, T-Tree의 개념을 설명하고

답)

1. Memory의 효율적 사용(낭비제거), 연산속도 높임, Tree의 발전

가. Tree의 발전 과정 (필요성)

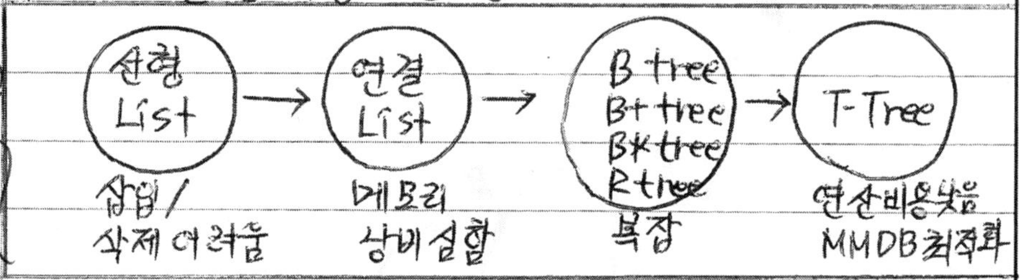

(4)

나. 각 Tree의 정의

B-Tree	Data 정렬후 탐색, 삽입, 삭제, 순차접근이 항상 가능하도록 유지
B+Tree	B-Tree 변형, Index와 순차 부분으로 이원화
B* Tree	각 노드가 최소한 2/3 이상시 분열 과정 (연산용이)
R-Tree	공간(사각형) 정보를 활용한 정보 Indexing 기법
T-Tree	AVL트리 + B-Tree 장점 (고속연산및 search)

2. 각 Tree의 비교

비교항목	B-Tree	B*-Tree	T-Tree	R-Tree
목표	Data저장구조의 최적화		Memory구조최적	다차원데이터 검색최적화
특징	노드 1/2 이상시 분열	2/3 이상시 분열	휘발성 특징을 가짐	질의에 대한 필터링 가능보유
장점	안정성, 신뢰성 Recovery 우수	B-Tree 대비 연산의 용이	Data 저장및 검색속도 빠름	다차원 Data 처리에 적합
단점	저장효율성 낮음	검색속도느림 (B-Tree대비)	대용량처리 어려움	구현복잡
적용	RDD에 저장및 Indexing에 적용		MMDB 처리	ORDB 처리 OODB 처리

"끝"

MEMO

PART

8

그래프(Graph)

Graph의 용어 및 종류, 인접 행렬과 인접 List 표현법, 깊이 우선 검색(DFS: Depth – First Search), 넓이 우선 검색(BFS: Breadth – First Search), 최소 신장 트리(Minimal Spanning Tree)의 개념, Prim's / Kruskal's / Sollin's 알고리즘에 대해 이해할 수 있는 Part입니다.

[관련 토픽 –14개]

문 113) Graph의 용어에 대해 설명하시오 (7가지 이상)

답)

1. Graph의 정의

G = (V, E) // V = 정점의 Set, E = Edge(연결선)의 Set.

2. Graph의 용어 설명

용어	도식	설명
인접 (adjacent)	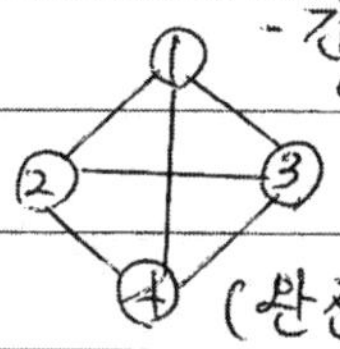 - 간선(V1, V2)가 E(G)에 존재하는 간선이면 V1과 V2는 인접 (완전그래프)	정점 ②의 인접 정점은 ①, ③, ④
부속 (incident)	V1, V2과 인접하였을때 간선(V1, V2)는 정점 V1, V2에 부속 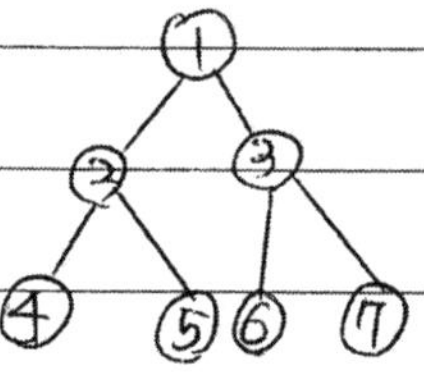	정점 ③의 부속 간선은 (1, 3), (3, 6), (3, 7)
경로 (path)	임의의 정점에서 다른 정점에 이르는 것 (path)	
사이클 (Cycle)	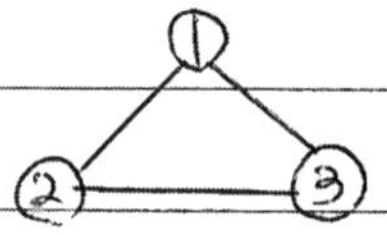 1, 2, 3, 1 경로 시에 Cycle임	처음과 끝의 정점이 같은 경로
차수 (degree)	정점에 부속된 간선들의 수 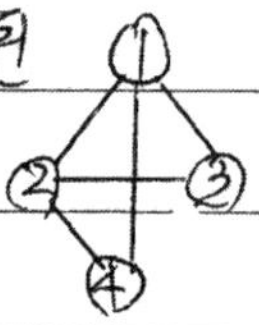	①차수 : 3 ②차수 : 3 ~~③차수 : 2~~ ④차수 : 2

진입 차수 (In-degree) -입력	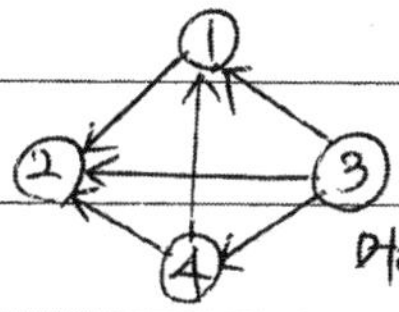	방향G에서 임의 정점 v가 머리(Head)가 되는 간선수	①: 진입 차수2 ②: 진입 차수3 ③: 없음 ④: 진입 차수1
진출 차수 (Out-degree) -출력	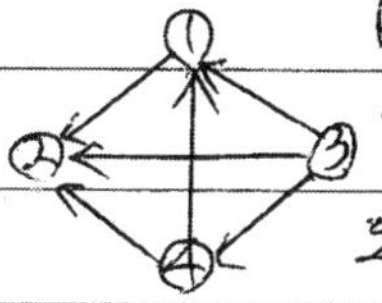	방향G에서 임의 정점 v가 꼬리(tail) 되는 간선들의 수	①: 진출차수1 ②: 없음 ③: 진출차수3 ④: 진출차수2

"끝"

문 114) Graph는 정점과 연결선의 집합으로 표시된다. G=(V, E) 즉 유관한 사물(Object) 또는 개념(Concepts)끼리 서로 연결한 것이 그래프이다. 생활속에서 Graph로 나열이 가능한 항목들을 정점과 간선(연결선)으로 구분해 보시오.

답)

1. 생활속의 Graph 형태로 나열 가능한 항목

그래프(Graph)	정점(Vertex)	간선(Edges)
통신	전화, Computer	광 Cable
전자기기 회로	Chip, Capacity, 저항	선(Line), 배선
기계	이음새	스프링, 막대
급수시스템	저수지, 정화조	배관
교통	교차로, 공항	고속도로, 항로
일정표(pert)	단위작업(Activity)	선결&선행조건
SW 시스템	function	function call
Internet	Web page	Hyperlink
Game	병사의 위치	허용된 움직임
분자구조	분자	화학적 연결
사회적 관계	사람	친구관계(SNS)
경제	주식, 현금	거래

2. Graph 개념의 발전

- Network망, 전산학, 이산수학, 최단 path 찾기 등 다양하게 적용중 "끝"

문 115) Graph의 정의를 설명하고 Graph의 종류에 대해 10개 이상 도식하여 간략히 기술하시오.

답)

1 $G = \{V(G), E(G)\}$, Graph의 정의

- Vertex (정점, node, point)의 집합과 두점을 연결하는 간선 (Edge, 연결선, 아크)의 집합으로 정의

V(G) = G에서 정점들의 집합(Set)
E(G) = 연결선의 집합(Set)

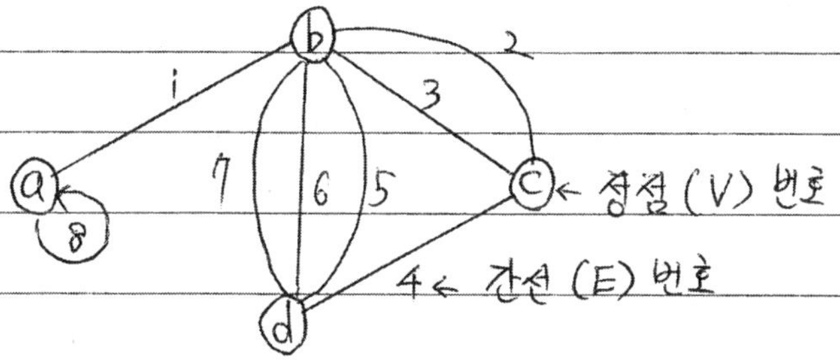

$V(G) = \{a, b, c, d\}$

$E(G) = \{1, 2, 3, 4, 5, 6, 7, 8\}$

2. Graph의 종류

종류	도식	설명
비방향 그래프 (Undirected)		-간선에 방향 표시없음 (a, b) = (b, a)
방향 그래프	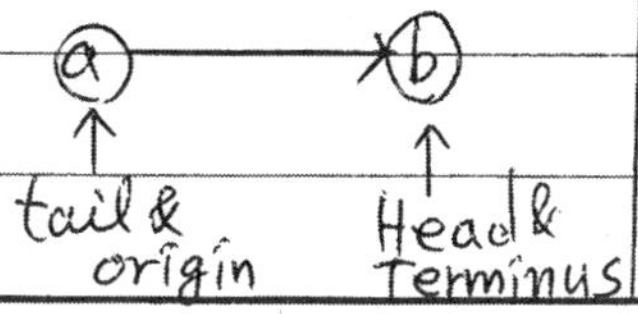	(a, b) ≠ (b, a) -간선에 방향 표시

혼합 그래프 (Mixed Graph)	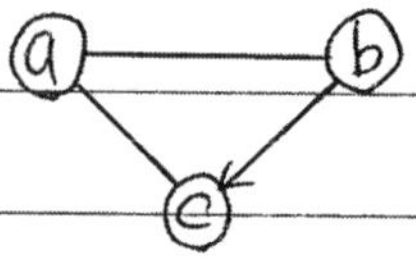	비방향성 간선과 방향성 간선 혼재
단순 그래프 (Simple)	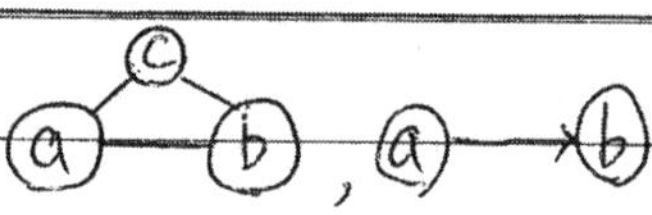	간선이 하나만 존재(정점과 정점)
다중 그래프 (Multi)	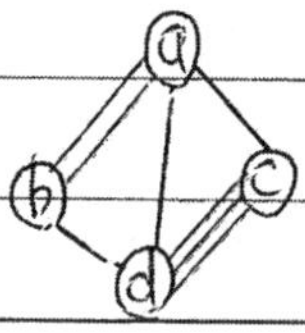	두개의 정점들을 연결하는 간선이 두개 이상 존재
완전 그래프 (Complete)	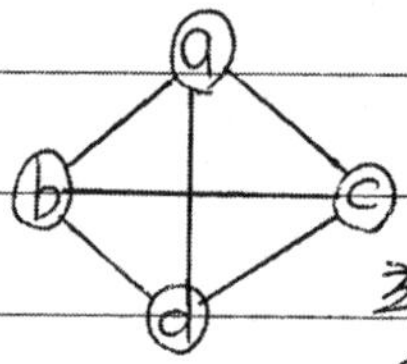 n = 4 간선수=6 최대 간선수= 4(4-1)/2=6	n개 정점으로 구성된 G에서 전체 간선수가 n(n-1)/2개
부분그래프 부그래프 (SubGraph)	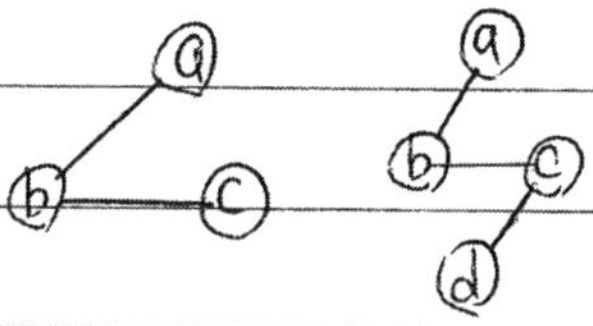	G에서 V(G') ⊆ V(G) E(G') ⊆ E(G) G'를 그래프 G의 부분 Graph & 부그래프
정규 그래프 (Regular)	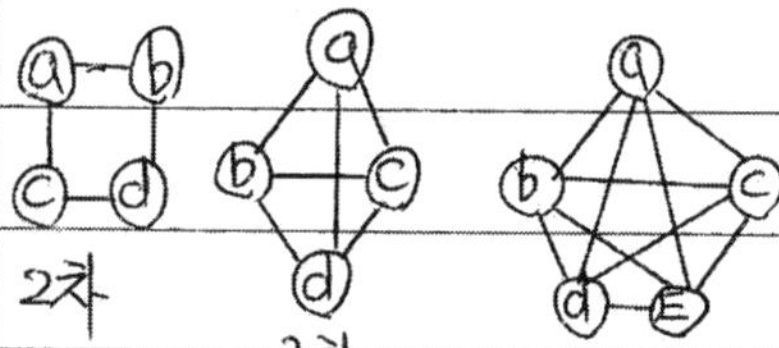 2차 3차 4차 정규그래프	모든 정점의 차수가 동일 (차수=간선의 입력과 출력 수)
연결 그래프 (Connected)	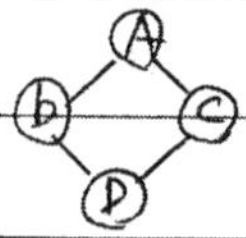	G의 모든 정점이 연결되어 있음.

단절 그래프 (disconnected)	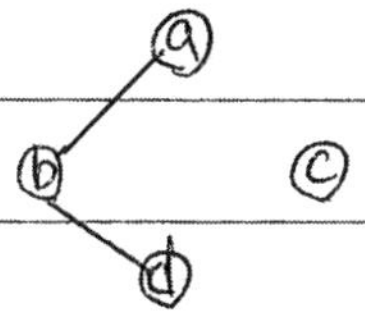	단절된 정점이 존재
강력 연결 그래프 (Strongly 연결)	 방향성 Graph	G에 속한 서로 다른 두 정점 V_i, V_j에서 $V_i \rightarrow V_j$, $V_j \rightarrow V_i$ Directed path 존재
트리 (Tree)	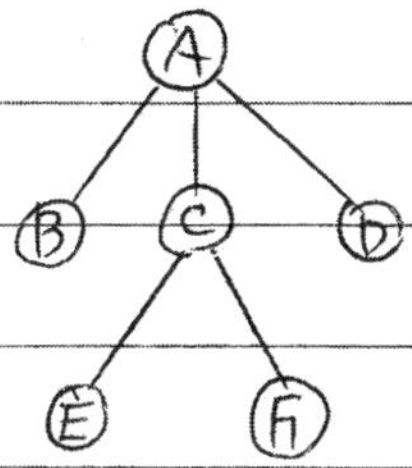	순환이 존재하지 않는 연결 G.

"끝"

문 116) 다음 비 방향성 그래프와 방향성 Graph에서 인접 행렬과 인접 리스트로 표현 하시오.

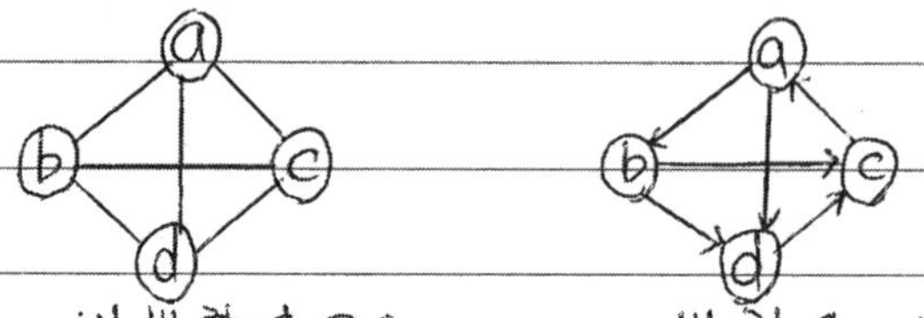

비 방향성 G(a) 방향성 그래프 (b)

답)

1 인접 행렬 (Adjacency Matrix)와 인접 리스트(List)의 정의

가 인접 행렬의 정의 - Array (배열)로 표현

- G의 구조를 메모리상에 표현하기 위해서, 정점들 사이의 인접 관계를 정점 수만큼의 행과 열을 갖는 행렬을 이용하여 표현하는 방법 G=(V, E) → n개 정점 → nxn으로 표현

- 인접 행렬 A의 표현 방식

A(i, j)=1 : 두 정점 사이에 간선 존재, (Vi와 Vj가 인접한 경우)

A(i, j)=Ø : 두 정점 사이에 간선이 존재하지 않는 경우

나 인접 List (Adjacency List)의 정의

- G의 정점의 수가 n개인 경우, n개의 연결 List로 표현하는 방식

2 주어진 G에서 인접행렬로 표현

비방향 G

	a	b	c	d
a	Ø	1	1	1
b	1	Ø	1	1
c	1	1	Ø	1
d	1	1	1	Ø

방향 G

	a	b	c	d
a	Ø	1	Ø	1
b	Ø	Ø	1	1
c	1	Ø	Ø	Ø
d	Ø	Ø	1	Ø

3. 주어진 Graph에서 연결 List로 표현

가. 비방향 그래프 (주어진 Graph)

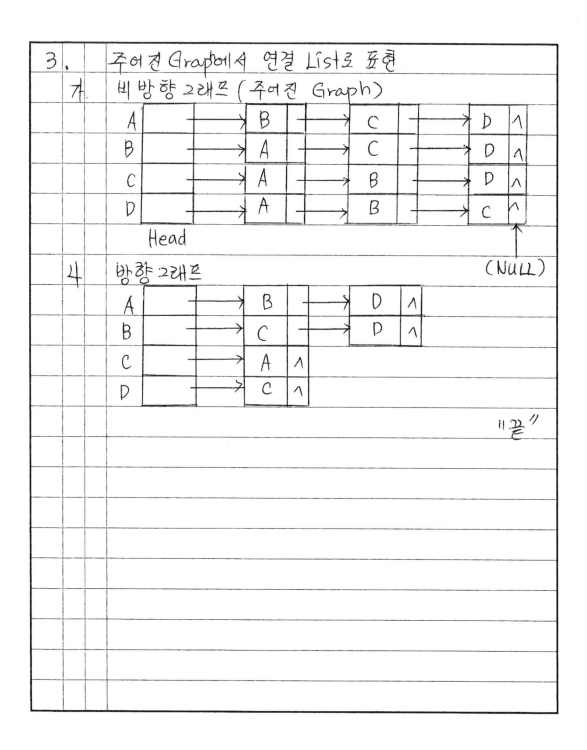

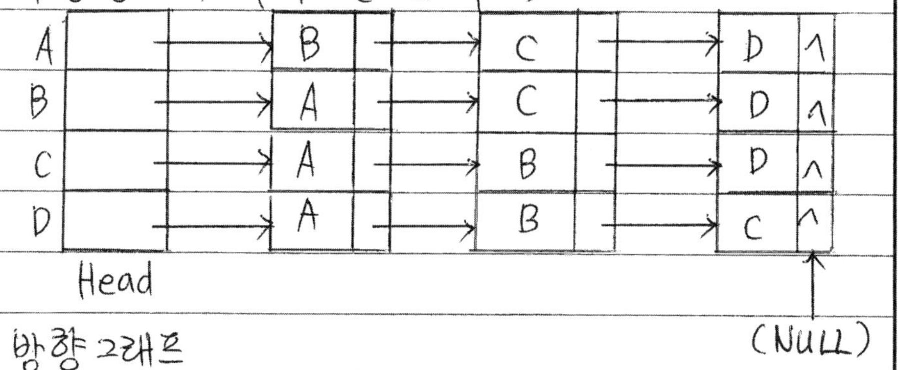

나. 방향 그래프

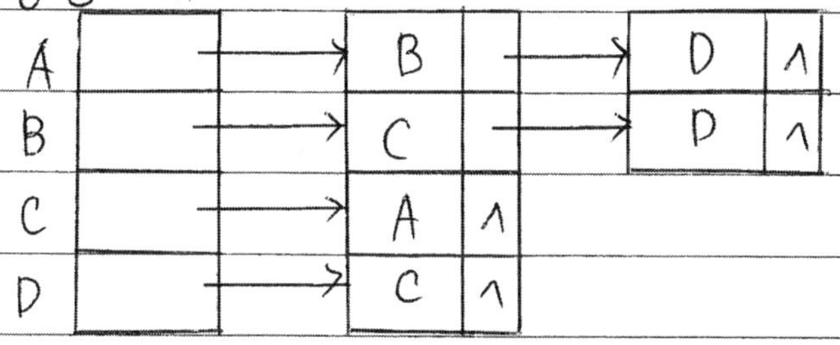

"끝"

문 117) 아래 방향그래프에 대해 아래 질문에 대해 기술하시오.

1) 각 정점에 대하여 진입차수와 진출차수를 구하시오.

2) 인접 행렬을 표현하시오.

3) 인접 리스트를 표현하시오.

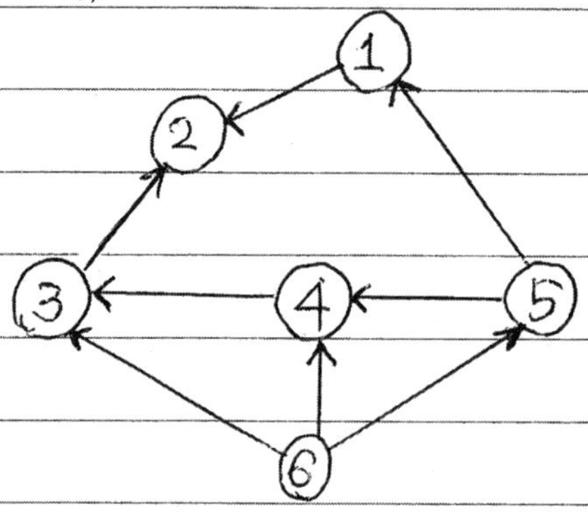

답)

1. 진입차수(In-degree)와 진출 차수의 정의

진입차수	방향그래프 G에서 임의 정점 V가 Head가 되는 간선들의 수
진출차수	방향그래프 G에서 임의 정점 V가 Tail이 되는 간선들의 수

- 주어진 방향그래프에서 진입 차수와 진출차수(out-degree) 표현

정점, Vertex	In-degree	Out-degree
1	1	1
2	2	0
3	2	1
4	2	1
5	1	2
6	0	3

*진입차수: 임의의 정점으로 들어오는 간선의 수

*진출차수: 임의의 정점에서 나가는 간선의 수

2. 인접(Adjacent) 행렬의 표현

	1	2	3	4	5	6
1	0	1	0	0	0	0
2	0	0	0	0	0	0
3	0	1	0	0	0	0
4	0	0	1	0	0	0
5	1	0	0	1	0	0
6	0	0	1	1	1	0

3. 인접 List의 표현

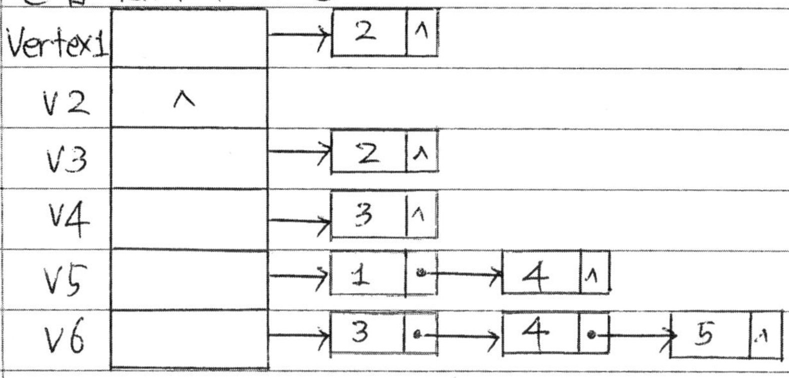

"끝"

문 118) 아래 그래프(Graph)에서 깊이우선 검색(DFS : Depth-First Search)으로 운행(Traversal)시 방문 순서와 Stack의 동작과정을 기술하시오.

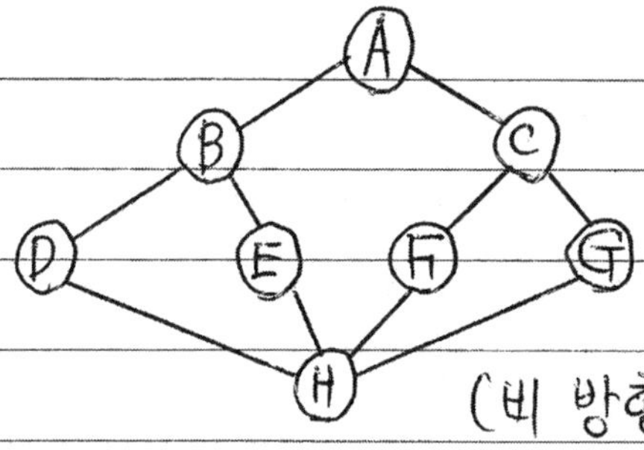

(비 방향성 Graph)

답)

1. Graph의 운행(Traversal)의 방법.

- G=(V, E)를 구성하는 V(G)에 속하는 모든 정점 V로부터 도달 가능한 G의 모든 정점들을(즉, V에 연결된 모든 정점) 방문하는 과정 (한 정점을 한번만 방문)

깊이우선 검색	DFS	Stack 구조를 이용
넓이우선 검색	BFS	큐(Queue) 구조를 이용

2. 비 방향성 Graph에서 DFS(깊이우선 검색) 방법 (방문)

① 시작 정점 V를 결정후방문

② 정점 V인접한 아직 방문하지 않은 새로운 정점 W 선택후 W을 시작정점으로 하여 다시 DFS 시작.

③ 인접 정점 이미 방문상태면 방문되지 않은 인접된 정점을 가지고있던 정점으로 되돌아가서 DFS 다시시작

④ 더 이상 방문할 정점이 없을때 까지 위의 과정 Repeat.

BFS: Breadth-First Search

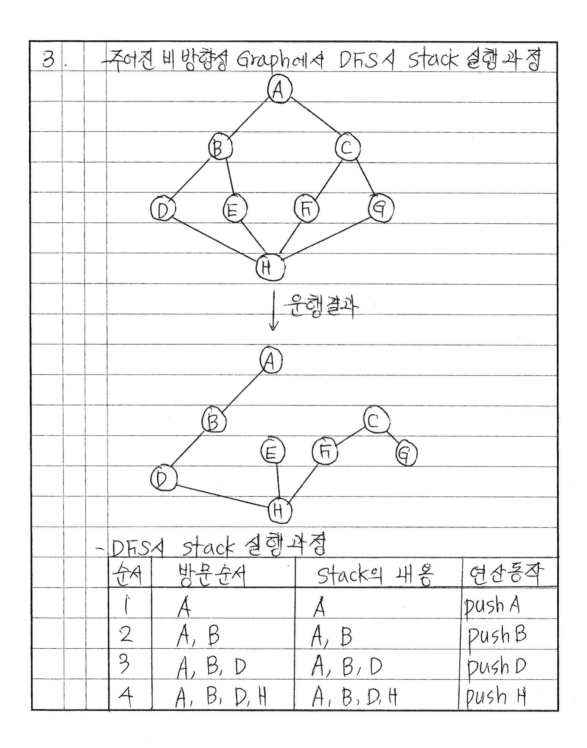

3. 주어진 비 방향성 Graph에서 DFS시 Stack 실행과정

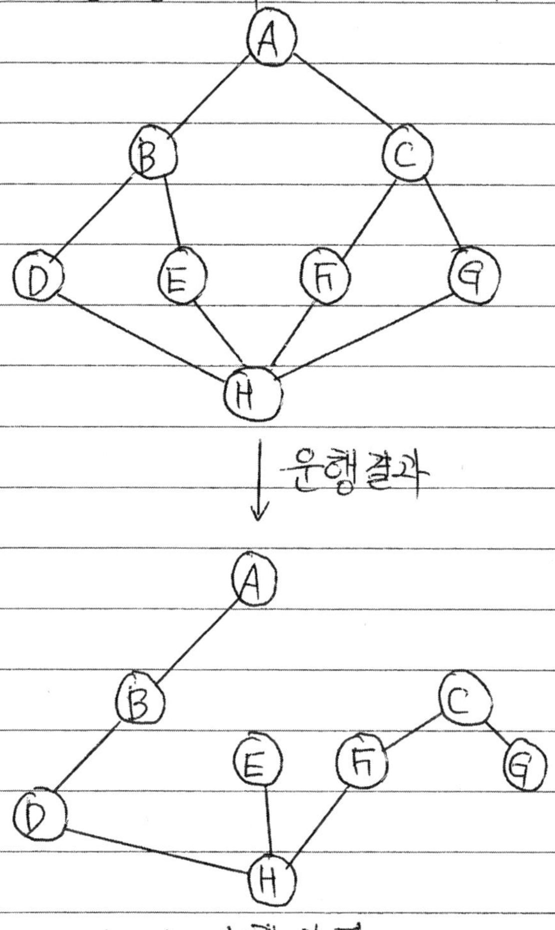

- DFS시 Stack 실행과정

순서	방문순서	Stack의 내용	연산동작
1	A	A	push A
2	A, B	A, B	push B
3	A, B, D	A, B, D	push D
4	A, B, D, H	A, B, D, H	push H

5	A, B, D, H, E	A, B, D, H, E	push E
6		A, B, D, H	pop E
7	A, B, D, H, E, F	A, B, D, H, F	push F
8	A, B, D, H, E, F, C	A, B, D, H, F, C	push C
9	A, B, D, H, E, F, C, G	A, B, D, H, F, C, G	push G
10		A, B, D, H, F, C	pop G
11		A, B, D, H, F	pop C
12		A, B, D, H	pop F
13		A, B, D	pop H
14		A, B	pop D
15		A	pop B
16		NULL	pop A

"끝"

문 119) 아래 그래프 (Graph)에서 넓이 우선 검색 (BFS: Breadth-First Search)으로 운행 (Traversal)시 방문 순서와 Queue의 동작 과정을 기술하시오.

(비 방향성 Graph)

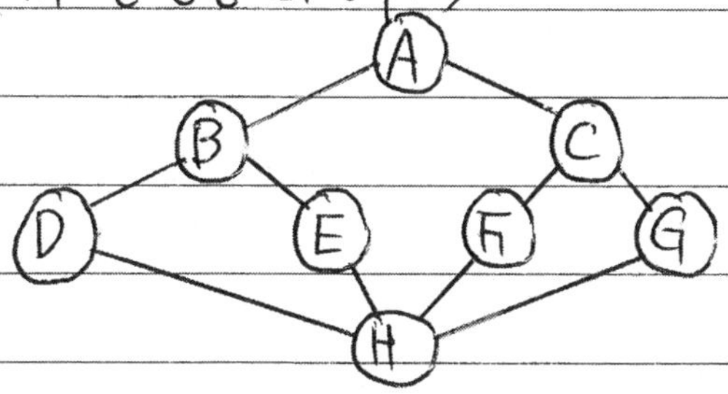

답)

1. Graph의 운행 (Traveral)의 정의

- Graph (V, E)를 구성하는 V(G)에 속하는 모든 정점 V로부터 도달가능한 G의 모든 정점들을 (즉 V에 연결된 모든 정점) 한번만 방문하는 과정

깊이우선 검색	DFS	Stack구조이용, Preorder운행과유사
넓이우선검색	BFS	Queue구조이용, Level order운행과유사

2. 비 방향성 Graph에서 BFS 방문 방법

① 시작 정점 V을 결정후 방문

② 정점 V에 바로 인접한 정점을 순차적으로 방문

③ 다시 새롭게 방문한 정점들에 인접하면서 아직 방문하지 않은 정점에 대해서 넓이우선 검색 방법으로 방문

④ 더이상 방문할 정점이 없을때 까지 위의과정 Repeat.

3. 주어진 비 방향성 Graph에서 BFS시 Queue 동작과정

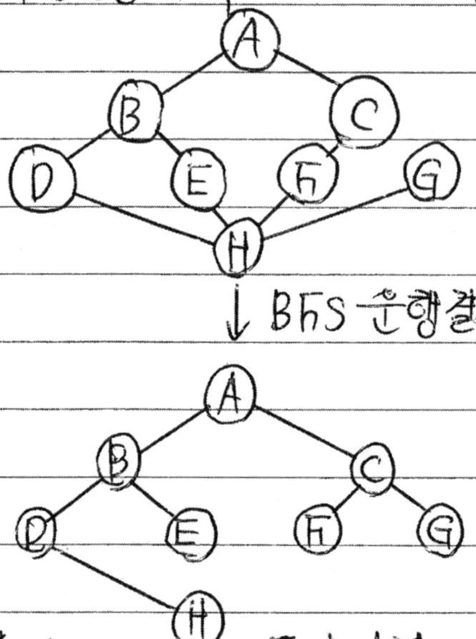

- BFS시 Queue 동작과정

순서	방문순서	Queue의 내용	연산동작
1	A	A	Insert A
2			Delete A
3	A, B, C	B, C	Inset B, C
4			Delete B
5	A, B, C, D, E	C, D, E	Insert D, E
6			Delete C
7	A, B, C, D, E, F, G	D, E, F, G	Insert F, G
8			Delete D
9	A, B, C, D, E, F, G, H	E, F, G, H	Insert H
10			Delete E

11			Delete F
12			Delete G
13			Delete H.

- BFS(넓이 우선 검색)은 Level order와 유사.
- 운행순서는 A, B, C, D, E, F, G, H순.

"끝"

문120) 다음 그래프(Graph)를 이용하여 최적 경로를 찾는데 이용되는 최소 신장트리(Minimal Spanning tree) 알고리즘에 대하여 설명하시오

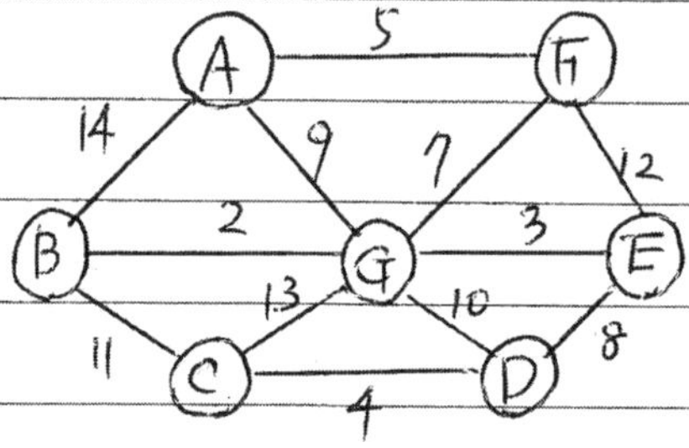

답)

1. 최소 신장 트리의 개요

가. 최소신장트리(Minimal Spanning Tree, MST) 정의

- 연결 Graph G(V, E)에서 연결 간선의 일부를 사용하여 Graph의 모든 정점들을 포함하는 Tree Graph G가 n개의 정점일때 n-1개의 간선을 가지는 트리

나. 최소 신장트리의 대표적인 알고리즘

Kruskal알고리즘	간선들의 비용을 정렬하여 최소 비용간선부터선택
prim 알고리즘	시작 정점에서부터 출발하여 신장트리 집합을 단계적으로 확장해가는 방법

다. Minimal Spanning Tree의 특징

- Graph에 포함된 모든 정점들을 포함하는 Tree.
- n개의 정점일때 n-1개의 간선을 가지는 Tree.
- Cycle(순환)불가, 간선의 가중치의 합을 최소화 하는 Tree.

2\. MST의 개념도 및 대표적인 알고리즘 비교

가. MST(Minimal Spanning Tree)의 개념도

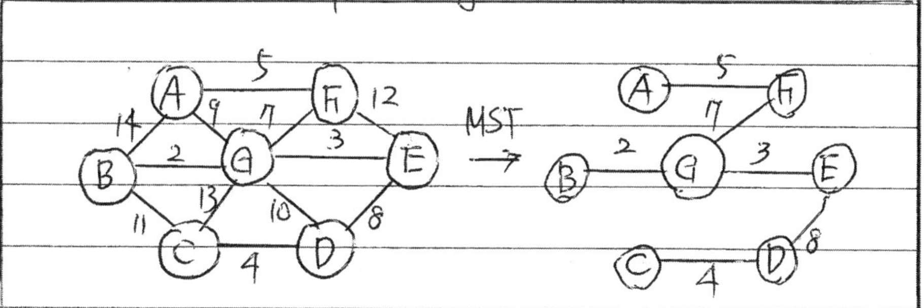

- 모든 정점을 포함하고 순환되지 않으면서 가중치의 합이 최소화가 되는 신장트리.

나. MST의 대표적인 Algorithm Prim과 kruskal 비교

항목	Prim	Kruskal
개념	시작 정점에서 출발하여 신장 트리 집합을 단계적으로 확장해 나가는 방식	간선들의 비용을 정렬(Sort)하여 최소 비용부터 선택하는 방식
MST 생성 절차	① 임의의 정점을 선택하여 최소신장 트리의 Root 노드 결정 ② 트리 정점과 가장자리 정점을 잇는 간선 중 가중치 값이 가장 작은 간선과 2 간선의 끝점인 가장 자리 정점 선택	① Graph의 모든 간선을 가중치로 정렬(Sort) ② 가중치가 가장 작은 간선을 하나의 집합으로 형성하고, 최소비용 신장트리에 추가

			MST 생성 절차	③ 선택한 간선과 가장 자리 정점을 최소 신장 트리에 추가 ④ ③를 반복하여 부분 집합에 정점을 하나씩 추가하여 부분집합 = V 일때까지 확장	③ n-1 개의 간선이 될때까지 ②를 반복 ④ G의 간선이 n-1 개가 되면 kruskal 알고리즘의 최소 비용 신장 트리 완성
			MST 생성 방법	- Root Node(시작 정점)을 기준으로 하나의 Tree를 확장하여 나가는 방식	간선의 비용을 정렬하여 최소 비용의 간선부터 순차적으로 트리를 추가하여 확장하는 방식
			공통점	- 정점이 n개 일때 간선의 수는 n-1 개 - 모든 정점을 반드시 포함해야 함 - 순환 (Cycle)이 발생하면 안됨.	
3.			MST의 응용		
	가.		도로건설 - 도시들을 모두 연결하면서 도로의 길이가 최소가 되도록 함		
	나.		전기회로 - 단자들을 모두 연결하면서 전선의 길이가 가장 최소화		
	다.		통신 - 파이프를 모두 연결, 파이프의 총 길이가 최소화 되도록 설계		
	라.		Computer Network - Network 사이의 Router 의 경로설정, 최적의 통신 경로 선택.		
			"끝"		

문 121) 다음과 같이 7개 신도시의 도로 공사를 최소의 비용으로 설계할때, 다음 물음에 답하시오.
단, 노드는 도시 이름을 나타내고 간선은 공사 비용이다.

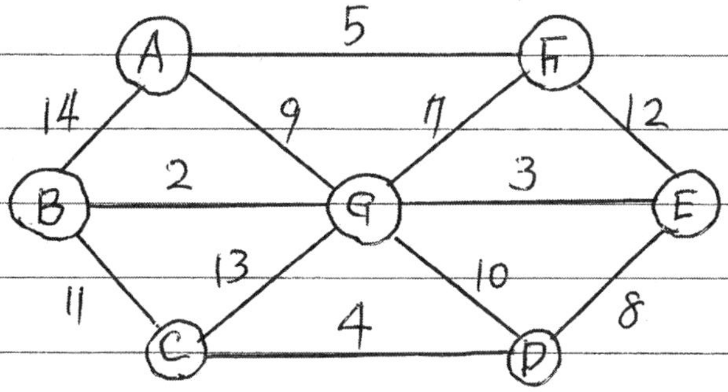

1) MST(Minimal Spanning Tree)의 개념에 대해 설명하시오
2) 위 그래프의 비용 인접 리스트를 도식화 하시오
3) Prim 알고리즘을 이용해서 MST를 구하는 절차를 보이시오. 단, 시작 노드는 A이다.
4) Kruskal 알고리즘을 이용해서 MST를 구하는 절차를 보이시오.

답)

1. 최소 신장트리(Minimal Spanning Tree)의 개요

가. 가중 무방향 Graph(Weighted undirected graph), MST의 정의

- 신장 트리가 되는 G의 SubGraph 중 가중치(Edge의 수)가 최소가 되는 부분 그래프, 각 간선의 비용이나 시간을 나타내는 가중치를 주어진 Graph에서 순환 없이 모든

정점을 연결하여 가중치가 가장 적게 드는 Graph
(신도시 망을 연결할때 도로공사 비용 최소화)

나. Minimum Spanning Tree의 특징

- Graph내에 원래 있던 Edge들만을 포함
- Vertex(정점)의 수가 n일때 n-1개의 Edge만을 포함
- 순환(Cycle)이 없음

2. MST(Minimal Spanning Tree)의 비용인접리스트 도식화

- 비용 인접 리스트는 각 정점의 노드와 노드의 가중치를 표기하여 Graph를 표현하는 방식

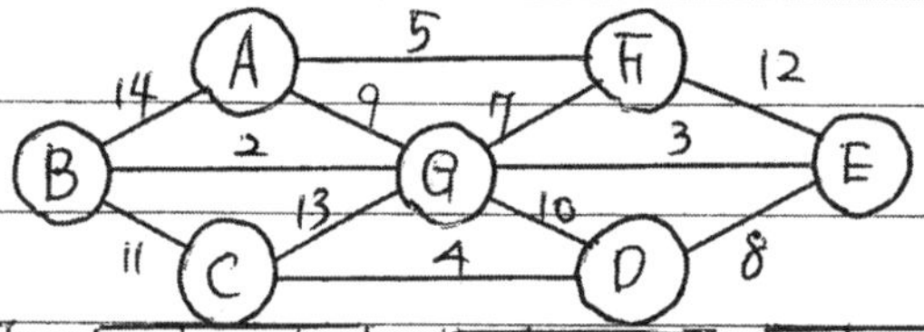

Vertex											
A	→	B	14	→	G	9	→	F	5		
B	→	A	14	→	C	11	→	G	2		
C	→	B	11	→	D	4	→	G	13		
D	→	C	4	→	E	8	→	G	10		
E	→	D	8	→	F	12	→	G	3		
F	→	A	5	→	E	12	→	G	7		
G	→	A	9	→	B	2	→	C	13	→	D 10 → E 3 → F 7

- 각 정점의 Node와 Node의 가중치 표기, 정점 연결선 표시

3. Prim 알고리즘 이용, MST 구하는 절차 (시작 Node는 A)

가. Prim 알고리즘의 정의

- Graph G에서 임의의 한 정점(Vertex)을 선택하여 시작, 각 반복과정마다 그때까지 구성된 최소 Spanning Tree의 부분에 새로운 정점과 에지(Edge)를 선택하여 첨가

나. Prim 알고리즘 적용

- 1) 시작정점에서 최소비용의 정점과 Edge 선택
2) 다음 Vertex에서 또 최소비용의 정점과 Edge 선택
3) Cycle 구조를 만드는 정점은 제외하고 MST를 완성할 때까지 반복

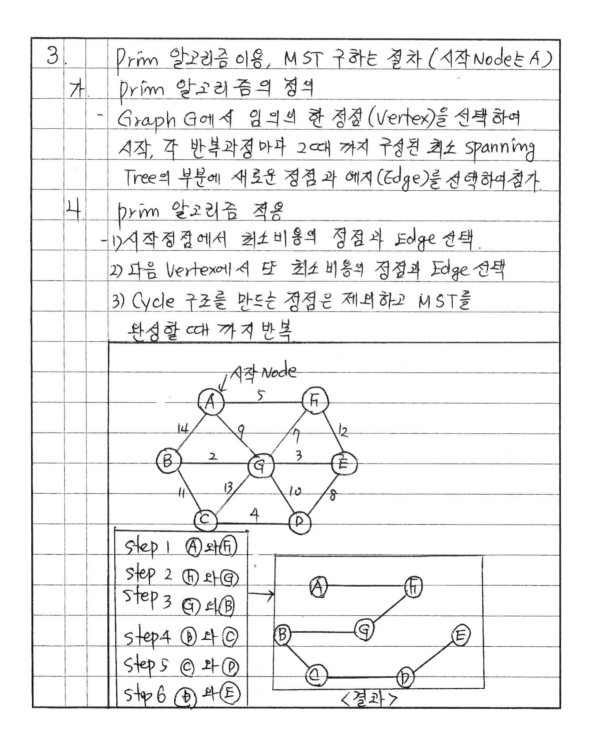

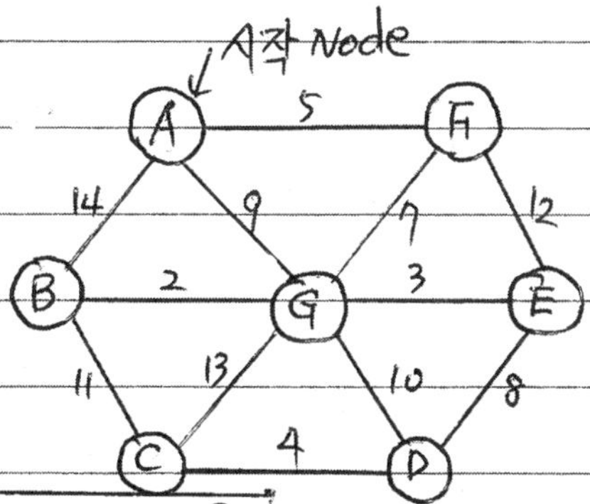

Step 1 A와 F
Step 2 F와 G
Step 3 G와 B
Step 4 B와 C
Step 5 C와 D
Step 6 D와 E

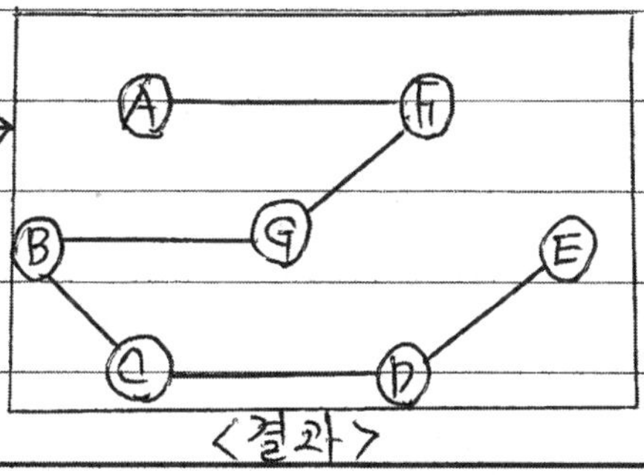

<결과>

4\. Kruskal 알고리즘이용 MST

가. Kruskal 알고리즘의 정의

- 최소의 가중치를 갖는 Edge를 선택, 선택된 Edge들과 사이클이 생기면 해당 Edge를 삭제.
- 가중치가 가장 적은 Edge를 선택하고 Edge와 연결되어 있지 않더라도 가중치가 작은 Edge를 순서대로 선택하는 방법.

나. Kruskal 알고리즘 적용

1) 시작 정점 대신 간선중 최소 비용 간선 순서로 나열한후 선택

2) MST가 완료될때 까지 반복 수행

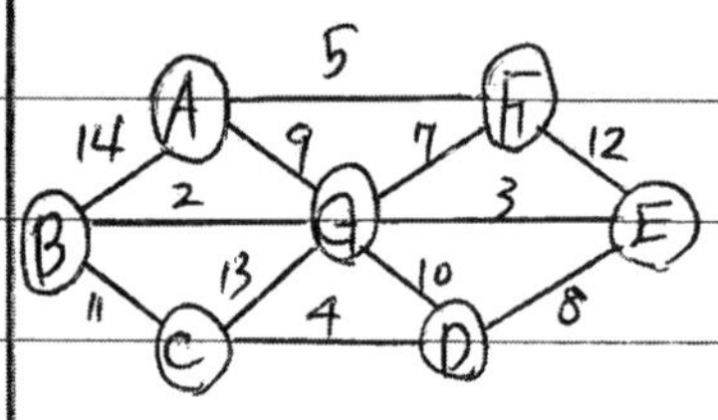

간선간의 최소값이 시작점

시작점

Step 1 : 간선간 최소값 나열

2	B − G	①
3	G − E	②
4	C − D	③
5	A − F	④
7	G − F	⑤
8	D − E	⑥
9	A − G	← Cycle 발생
10	G − D	← Cycle 발생

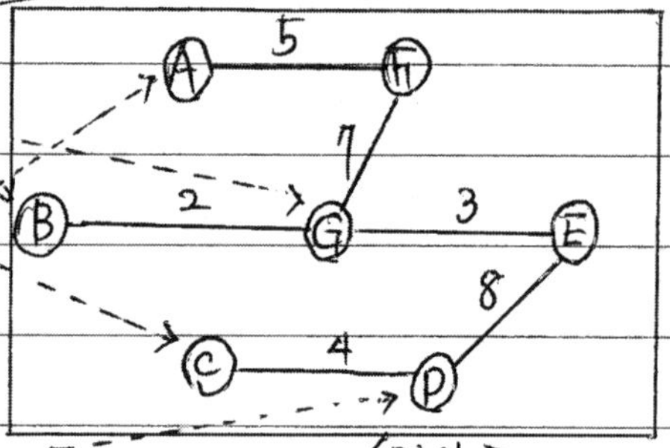

〈결과〉

5. 최소 비용 신장 트리의 종류 및 활용

가. MST(Minimal Spanning Tree)의 종류

- kruskal / prim / Sollin 알고리즘.

나. Minimal Spanning Tree의 활용

Computer N/W 설계	Network 사이의 Router의 경로 설정, 최적의 통신 경로 선택
수송 시스템	고속도로 건설 및 문제 해결시 활용
신도시 건설	신도시 건설시 물류, IT망, 도로등 기반공사
물류 시설	택배, 이동거리, 시간, 장소고려 최적 배달
Navigation	최적화 거리(최단 path) 계산에 적용

"끝"

문122) 다음 Graph에서 Sollin 알고리즘을 적용하여 최소비용 신장트리(Minimum-Cost Spanning Tree)를 작성하시오.

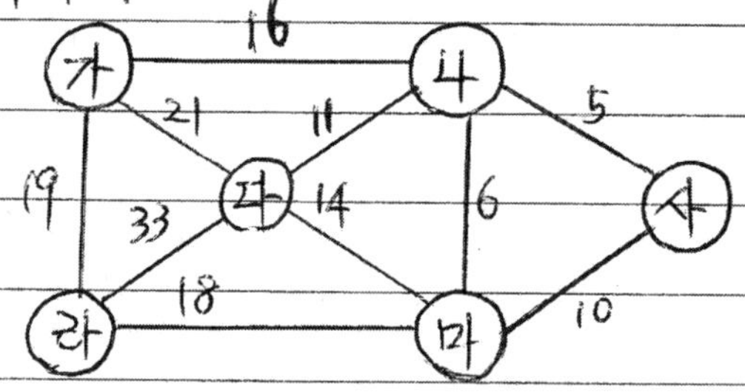

답)

1. 최소비용신장트리의 정의 - Graph에서 모든 정점을 포함하고 정점(Vertex)간 서로 연결되면서 Cycle이 존재하지 않는 그래프, 가중치의 합이 가장 작은 Tree

2. Sollin의 알고리즘

① 각정점을 연결한 간선들 중에 최소 가중치를 가지는 여러개의 간선들을 선택.
② ①과정에서 중복되는 간선 제거, 나머지중 최소가중치간선선택
③ Cycle 발생시 버리고 Cycle이 없을경우는 채택

3. 주어진 Graph에서 Sollin 알고리즘 적용단계

단계	적용단계 도식화	설명	간선수
1	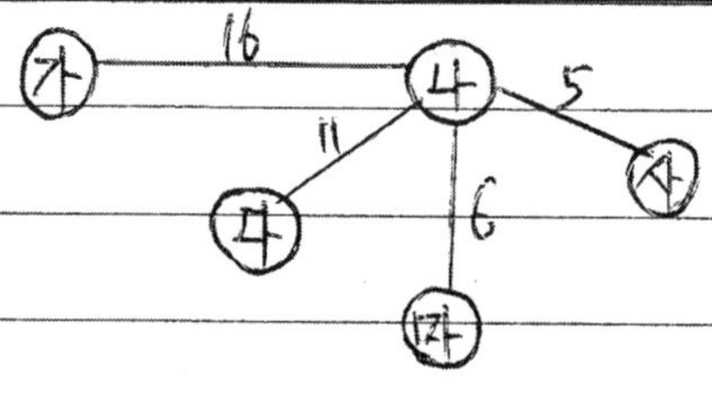	(나) 기준 최소 가중치를 가지는 간선 여러개 선택	4

2		㉤-㉣ 간선선택	5
결과	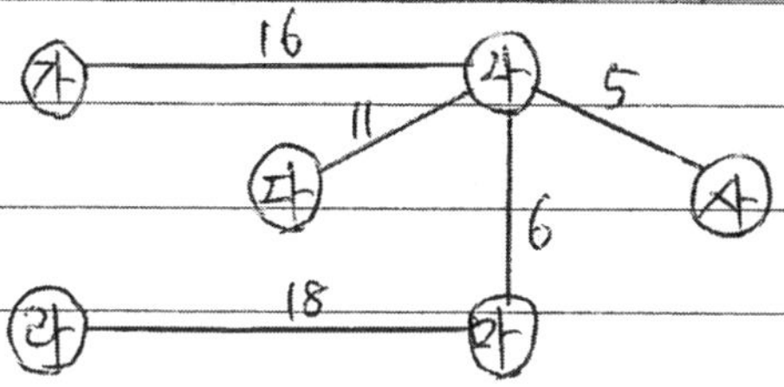		

"끝"

문123) 다음 Graph에서 최소 비용 신장트리로 표시하시오.

1) 크루스컬 알고리즘(kruskal's Algorithm)적용

2) prim's Algorithm 적용

3) Sollin's Algorithm 적용

위의 각 Algorithm 적용시 수행 과정 및 결과를 보이시오

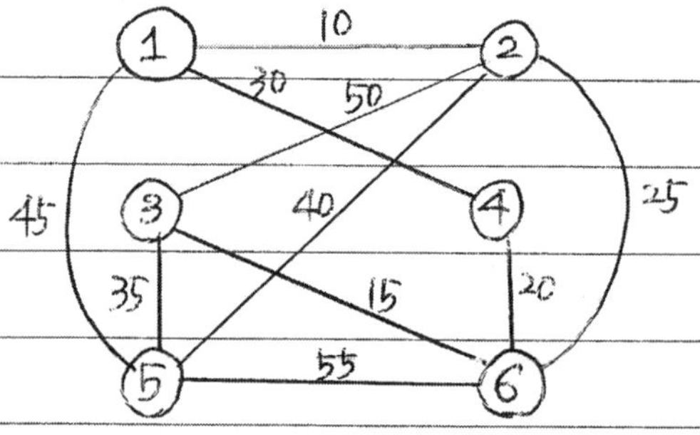

답)

1 최소비용 신장트리(Minimum Cost Spanning Tree, MST)의 정의

- Graph의 각 간선에 양의 가중치 값이 부여된 경우 전체 가중치 값의 합을 최소로 하는 신장 트리.

2. kruskal's Algorithm 적용시 수행과정 및 결과

가. kruskal's Algorithm 의 정의

```
void kruskal() {
  while(T가 n-1개 보다 적은 간선 포함) { //E는 공집합이 아님
    E로부터 최소 비용인 간선(v, w)를 선택;
    E에서 간선(v, w)를 제거;
```

T: Tree E: Edge

If((V, W)가 T내에서 Cycle이 아닌 경우)

T = TU {(V, W)};

else 간선 (V, W)를 버림;

}

}

4. Kruskal's 알고리즘 적용시 수행과정 및 결과

- 무조건 최소비용 간선순으로 순서를 정한후 Cycle이 형성 되지 않으면 그 간선을 채택하는 방법

- 간선의 가중치 값을 오름 차순으로 정렬(Sort)

= {10, 15, 20, 25, 30, 35, 40, 45, 50, 55}

- node 값이 6 임으로 간선은 5개 = {10, 15, 20, 25, 30} 선택

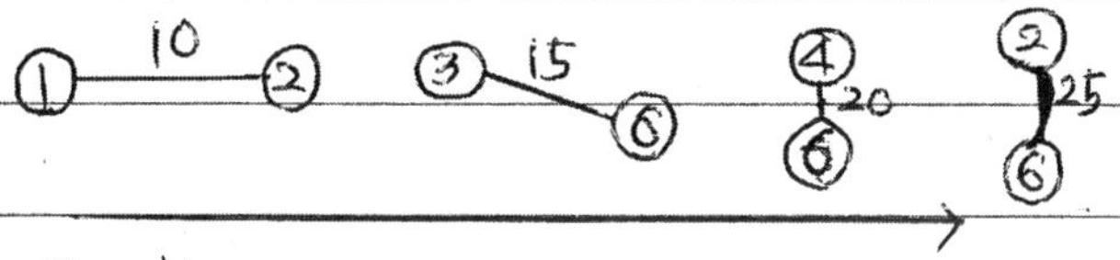

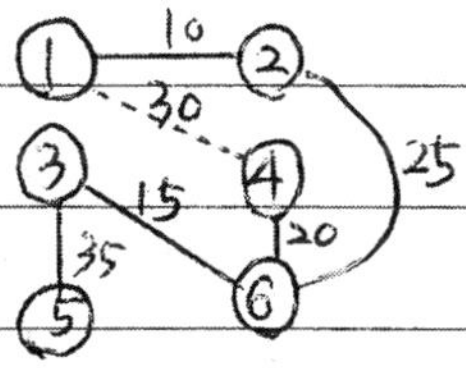

→ 30 선택시 Cycle 발생되어 버림

최종결과

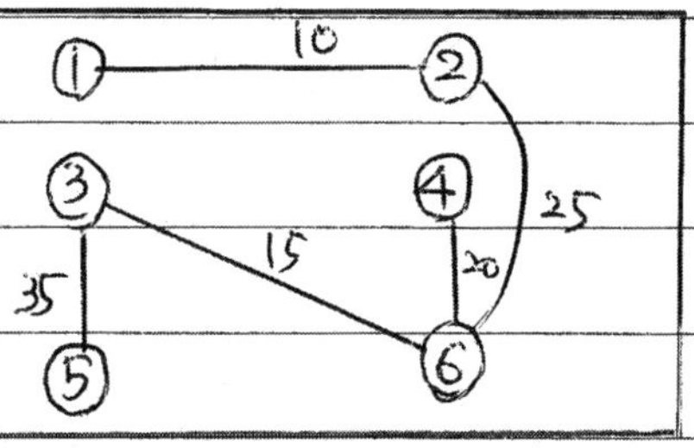

3. prim's Algorithm 적용시 수행과정 및 결과

가. prim's 알고리즘의 정의

```
void prim( ) {
   T = ∅; , W = ∅;
   E로부터 최소 비용인 간선(V, W)를 선택;
   while (T는 n-1개 이하인 간선을 포함 && E는 공집합이아님)
   {
      E에서 간선(V, W)를 제거;
      if(V, W)가 T내에서 Cycle이 생성 안됨) {
         T=TU{V, W}; W=WU{V, W};
      }      //T는 신장트리     //W는 정점 집합(Set)
      else   간선 (V, W)를 버림
   E로 부터 W내의 정점과 최소비용으로 연결된 간선(V, W)선택
   } // while 문 Exit
}
```

나 prim's 알고리즘 적용시 수행과정 및 결과

간선	비용	정점집합 W	신장트리 (T)	설명
(1, 2)	10	{1, 2}	①——②	최소비용 선택
(2, 6)	25	{1, 2, 6}	②——⑥	② 에서최소비용
(6, 3)	15	{1, 2, 3, 6}	③——⑥	⑥에서 최소비용
(6, 4)	20	{1, 2, 3, 4, 6}	④——⑥	③에서 최소 비용 과 ⑥에서최소비용 비교 ⑥선택(④)
(1, 4)	30	Cycle 생성됨	제거 (버림)	
(3, 5)	35	{1, 2, 3, 4, 5, 6}	③——⑤	③에서 최소비용

다. Prim's 알고리즘 적용시 결과

- 정점 집합 W = {1, 2, 3, 4, 5, 6}
- 간선 채용={(1,2), (2,6), (3,6), (4,6), (3,5)}
- 신장 Tree (T)

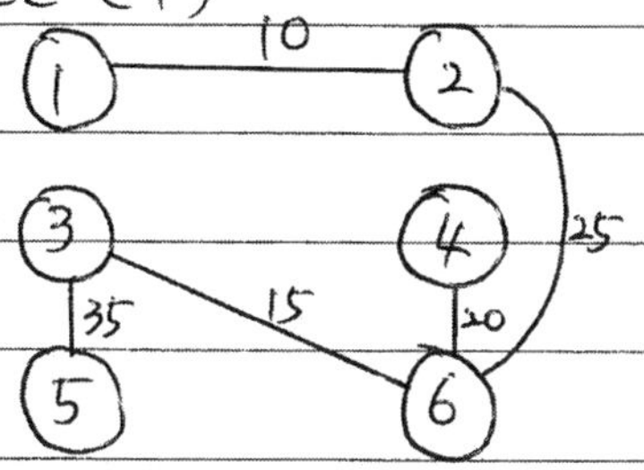

4. Sollin's Algorithm 적용시 수행과정 및 결과

가. Sollin's 알고리즘의 정의

```
void Sollin( )          // 집합 E의 초기값은 주어진 G의 간선 집합
{                       // 집합 Fi의 초기값은 G의 모든 정점들로 구성된
                        // 간선이 없는 숲
   T = φ;
   while(T는 완전한 하나의 트리가 아니고 E는 공집합이 아님){
      for(Fi 내의 각각의 트리 t에 대하여) {
         t와 또 다른 Tree를 연결하는 E의 간선 중
         최소 비용 간선 (u,v)를 선택;
            T= T U {v, w};
            E에서 간선 (u, v)를 제거;
      }
      T에 새로 추가된 간선을 포함하여 Fi를 수정;
   } //while 문 Exit
}
```

단계	간선	신장트리(T)
1	(1,2), (3,6)	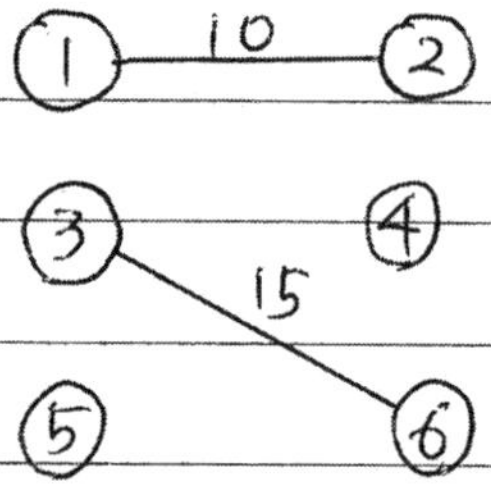
2	(3,5),(2,6),(6.4)	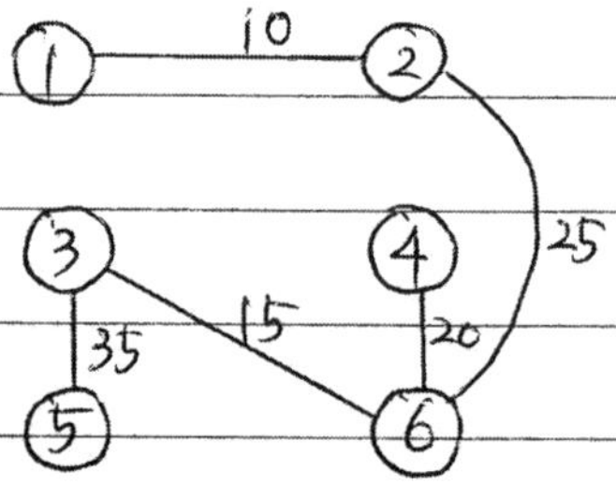

"끝"

문124) 다음 Graph에서 Kruskal 알고리즘을 적용하여 최소 비용 신장 트리를 작성하시오. (오름차순을 적용하시오)

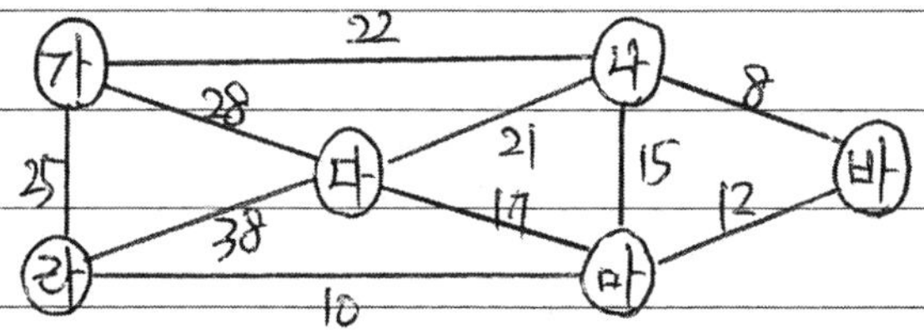

답)

1. 최소비용 신장 트리의 개요.

가. Minimum-Cost Spanning Tree의 정의

- Graph G의 모든 정점들을 순환(Cycle)이 형성되지 않게 신장트리의 형태로 구성, 이들 Tree중에서 가중치의 합이 가장 작은 트리(Tree)

나. Kruskal 알고리즘(Algorithm)의 정의

- 그래프(Graph) G를 구성하는 간선들중에서 최소의 가중치 값을 갖는 간선을 선택하여 트리를 구성하는 방법.

2. Kruskal 알고리즘의 실행 단계

단계	설명
1	G의 간선들을 가중치 값의 오름차순으로 정렬
2	가중치 값이 작은 간선부터 선택하여 Tree를 구성해 가며 Cycle(순환)이 발생되지 않도록함

3	간선의 수가 n-1개가 되면 실행을 중단함

3. 주어진 Graph에서 최소비용신장트리 작성 단계(Kruskal)

단계	작성(도식화)	설명	간선수
∅	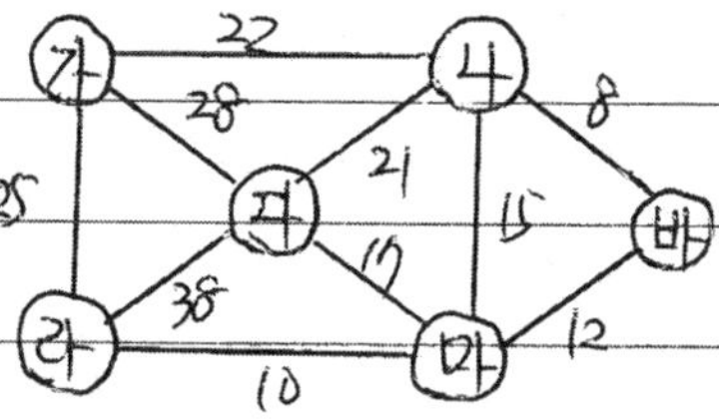	주어진 Graph	-
1	{8, 10, 12, 15, 17, 21, 22, 25, 28, 38}	간선의 가중치 값을 오름차순으로 정렬(Sort)	-
2	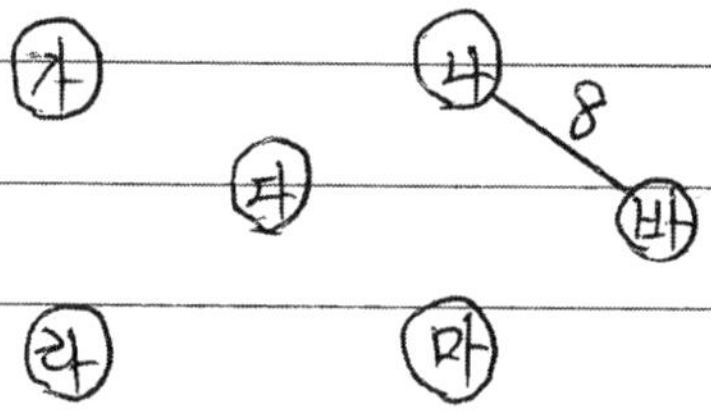	-간선 나, 바 선택 (가중치값 8)	e=1
3	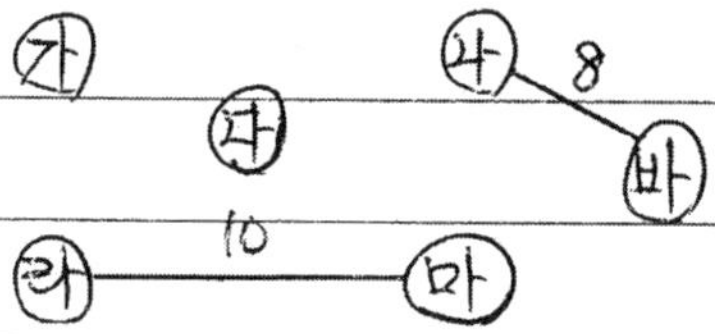	-간선 라, 마 선택 (가중치값 10)	e=2
4	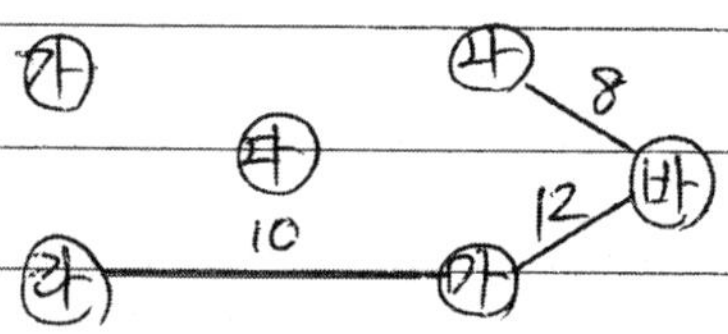	-간선 마, 바 선택 (가중치값 12)	e=3

5	나, 마 선택시 Cycle(순환) 발생 - 제외	간선 나, 마 선택	-
6	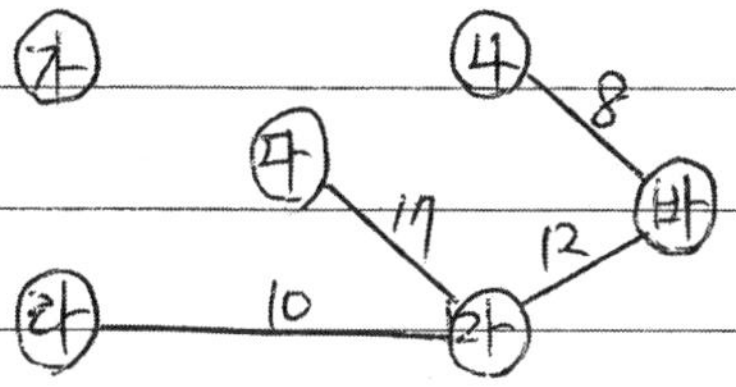	-간선 다, 마 선택 (가중치는 17)	e=4
7	나, 다는 Cycle 발생 -선택 제외	-간선 나, 다 선택	
8	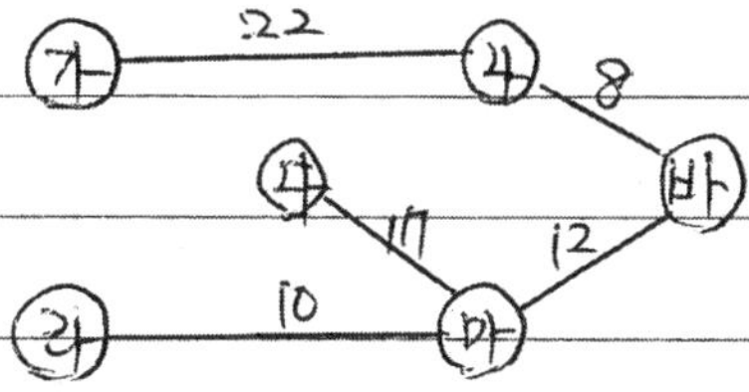	-간선 가, 나 선택 (가중치는 22)	e=5
9	종료	n-1 임 (간선수)	

- 위의 단계 8이 최소 비용 신장 트리임

"끝"

문125) 다음 Graph에서 Prim 알고리즘을 적용하여 최소비용 신장트리(Minimum-Cost Spanning Tree)를 작성하시오

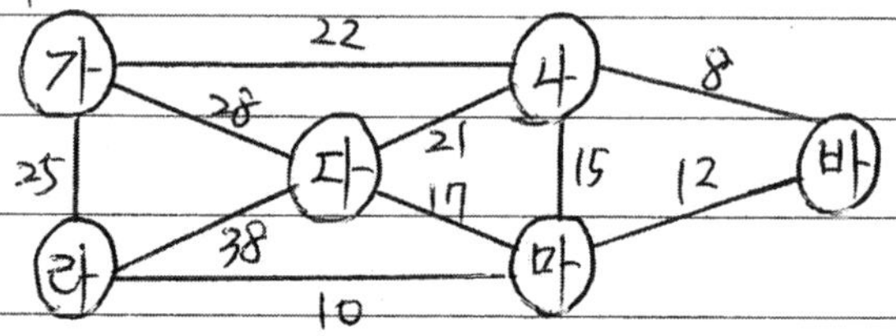

답)

1. 최소비용 신장트리(Minimum-Cost Spanning Tree)의 정의

- ① 모든 정점(vertex)을 포함하고
- ② 정점간 서로 연결되면서 Cycle이 존재하지 않는 그래프
- ③ Tree 중에서 가중치의 합이 가장 작은 트리

2. Prim 알고리즘 적용방법

단계	설명
1	Graph의 간선들중 최소 가중치 값을 갖는 간선(V_i, V_j)을 선택
2	선택된 간선의 정점 V_i나 V_j에 연결된 간선들 중에서 최소 가중치 값을 갖는 간선 선택
3	단계2 과정 반복수행하면서 Tree를 구성
4	순환(Cycle)이 형성되면 그 전에 방문된 정점에서 방문하지 않은 연결선을 찾아 최소 가중치 값을 간선을 선택
5	간선의 수가 n-1개가 되면 실행을 중단

3	주어진 Graph에서 Prim 알고리즘 적용 단계		
단계	적용단계 도식화	설명	간선수
0	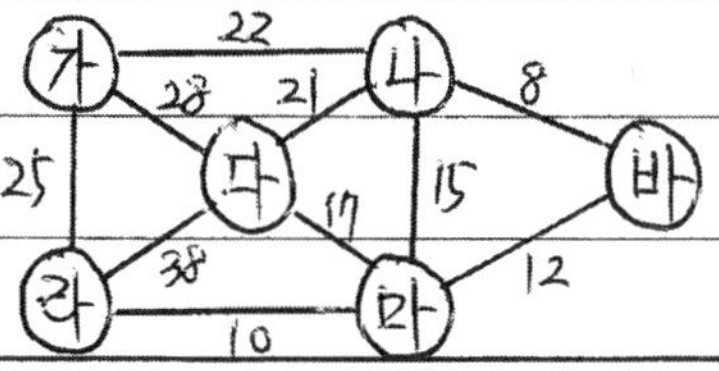	주어진 Graph	-
1	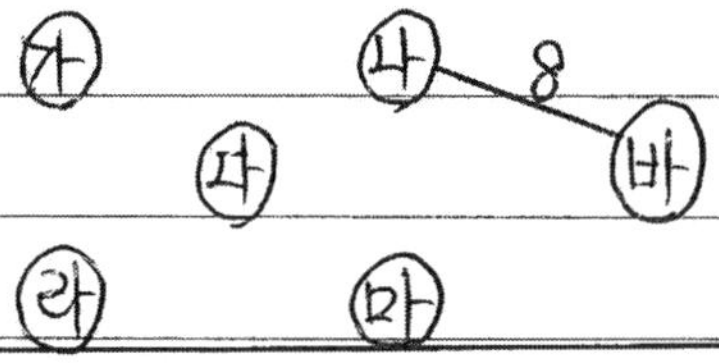	간선 나,바 선택 (최소 가중치 값 8)	e=1
2	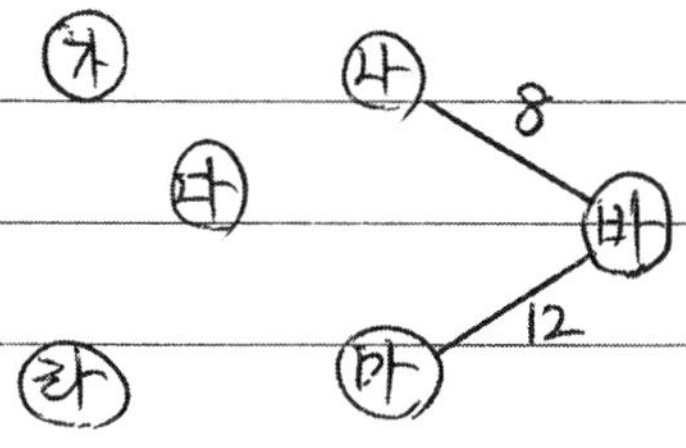	연결된 간선중 최소 가중치 12, (바,마) 선택	e=2
3	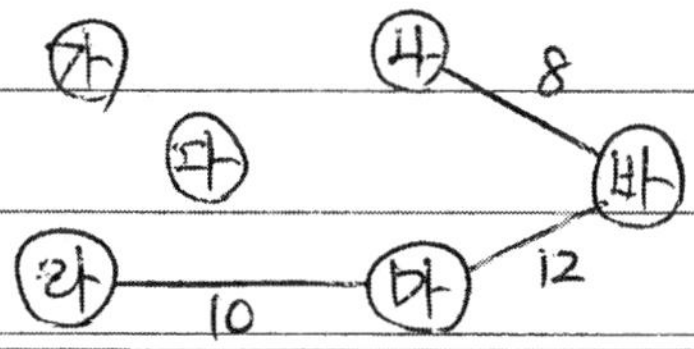	바,마 간선중 최소 가중치는 10.(마,라)선택)	e=3
4	순환 (cycle) 발생 제외 됨 (그전에 방문 절점으로이동)	라,마중 최소 가중치 15, 나,마는 순환됨	-
5	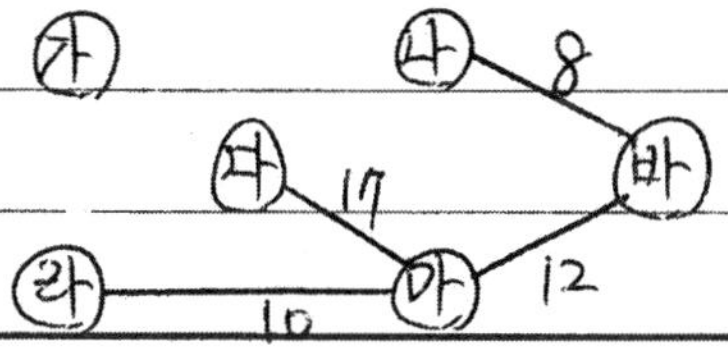	최소가중치 17, 다,마 선택	e=4

6	간선(다,마)에 연결 간선중 21 (최소가중치) 4,다 선택시 Cycle 발생	Cycle(순환) 발생-제외	-
7	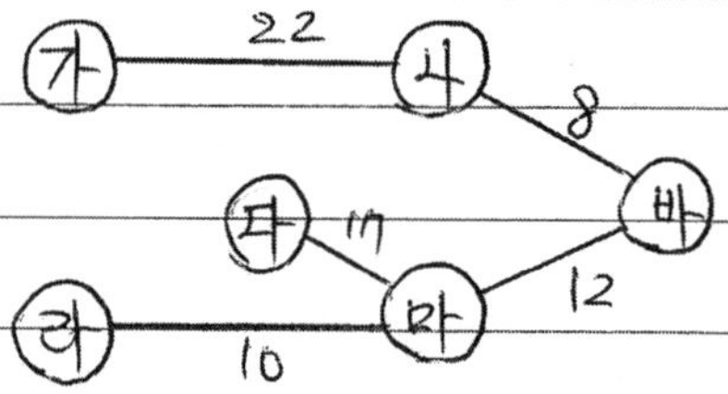	그전에 방문한 정점 나에 연결된 간선중 최소 가중치 22 가,나 선택	e=5
8	간선의 수(e=5)가 n-1 임.	종료	-

위의 단계 7이 prim의 최소 비용 신장트리임

"끝"

문126) 다음 Graph에서 Kruskal 알고리즘을 적용하여 최소 비용 신장 트리를 작성하시오 (내림 차순을 적용하시오)

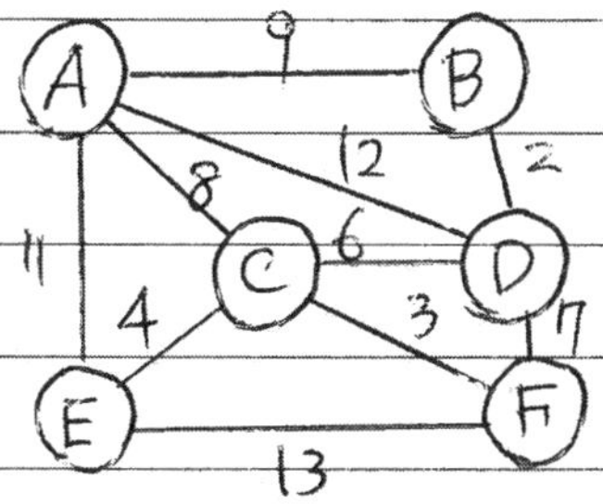

답)

1. Kruskal 알고리즘의 실행 단계 (내림차순 적용)

단계	설명
1	Graph의 간선들을 가중치 값을 내림 차순으로 정렬
2	가중치 값이 큰 간선 부터 선택하여 삭제 하면서 Tree를 구성(정점은 모두방문, Cycle은 안됨)
3	간선의 수가 n-1개가 되면 실행을 중단함.

2. 주어진 Graph에 서 최소비용신장트리 작성 방법

단계	적용	설명	간선수
1	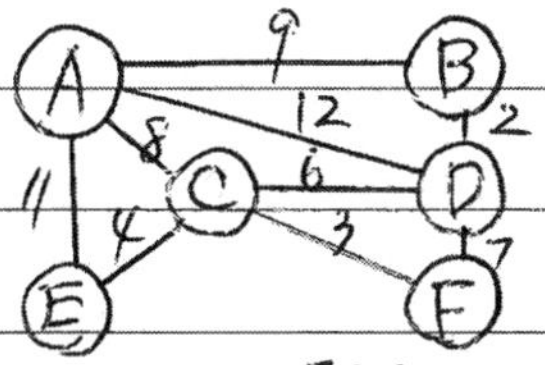 제거 ↓ 내림차순정렬{13,12,11,9,8,7,6,4,3,2}	E, F 간선(13 가중치) 제거 -가장 높은 가중치제거	e=9

2	{12, 11, 9, 8, 7, 6, 4, 3, 2} ↑ ↑ ↑ 제거 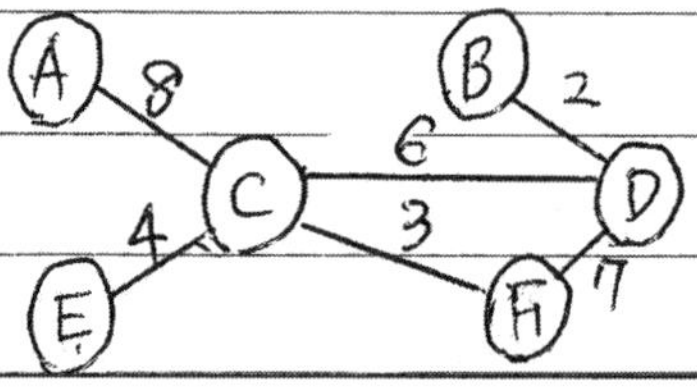 	가중치 12, 11, 9 제거	e=6
3	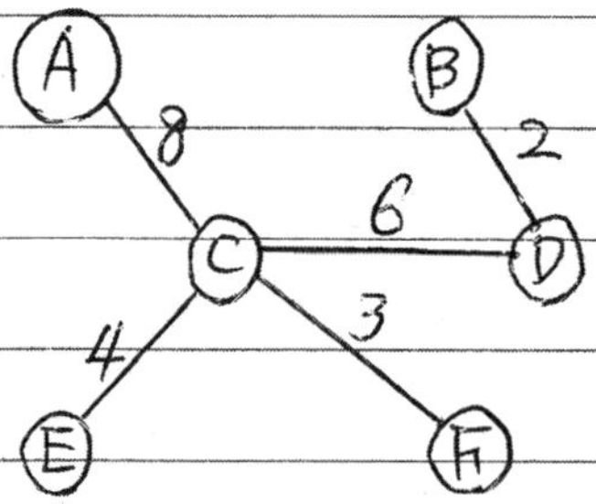 	가중치 7 제거 (Cycle에서 제거)	e=5 (완료)

"끝"

MEMO

PART 9

기타 알고리즘

DMA 동작에 대한 Flow Chart 작성, Buffer 크기에 따른 성능 영향, Dekker 알고리즘, Peterson 알고리즘, Process 병행시의 인터리빙(Interleaving), Two phase Locking, 직렬 불가능(Non-serialization) 및 직렬가능 방법, 기계학습 및 Agent를 설명한 부분으로 이해 위주로 학습할 수 있도록 기술하였습니다.

[관련 토픽 - 17개]

문127) 압축기술에 대해 설명하시오

답)

1. Data 전송효율을 높이기 위한 방법, 압축기술의 개요

가. 데이타 압축(Data Compression)의 정의

- Text, Multimedia(Audio, video) 서비스를 위한 효과적 Data 저장공간 & 전송을 위해 크기를 줄이고, 원 데이타로 복원(복호화)하는 기술(Encoding과 Decoding)

나. Data Compression의 원리

구분	내용
중복제거	-공간적 중복성: 연속되는 공간에서 상관되는 정보 제거 -시간적 중복성: 현재와 과거 프레임중 상관정보 제거
크기축소	-압축율: 압축후 비트수 / 압축전 Bit수
압축대상 특성 반영	-text: Run-length, Huffman, Lempel-zip -정지화상: JPEG, GIF, 디지털콘텐츠: MPEG1/2/4, H.264

2. 데이터 압축의 분류, 대표적 압축기법

가. Data 압축의 복원성에 따른 분류

- 무손실 압축
  - Huffman
  - Run-length
  - Arithmetic
  - Lempel zip
- 손실 압축
  - 예측 - ADPCM, DPCM, Motion보상
  - 변환 - DCT, FFT
  - 중요도 - Filtering, Subsampling
  - 하이브리드 - JPEG, MPEG, H.261

4. Data 압축의 복원성에 따른 분류, 설명, 종류

분류	설명	종류	압축대상
무손실 압축	-복원후의 Data는 압축전의 Data와 완전히 일치하는 방법 -Data의 통계적 특징이용, 효율적 압축	-Huffman -Run-length -Lempel zip	-Text -Data -program -의료영상
손실 압축	-복원후 압축전의 Data와 일치하지 않는 방법, 연속 매체를 압축하는데 적합 -불필요한 내용 & 중요도 낮은 정보 삭제	-예측/변환 -양자화 -보간법.	-Image -Sound -Multi-media
혼합 압축	-손실과 무손실 압축 둘 다 사용 -영상압축에서 많이 사용(큰 압축율) -4단계: 준비→변환→양자화→압축	-JPEG -MPEG -H.264	-영상 정보.

3. 데이터 압축시의 장단점

장점	공간/시간 효율화(저장크기, 작업시간단축), processing 시간 최소화, 전송시간단축(N/W, Interface 시간단축)
단점	자원 사용증가(부호화, 복호화 위한 메모리, 처리시간), S/W 비용증가, S/W 개발 복잡도증가, 품질저하 가능성.

"끝"

문 128) MPEG 7에 대해 설명하시오

답)

1. 내용(Contents) 기반 검색 표준화 사양, MPEG7의 개요

가. MPEG (Motion picture Experts Group) 7의 정의

- MPEG(ISO와 IEC)에서 Multimedia Content Description Interface 명칭으로 내용기반검색을 위한 표현방식에 대한 국제표준화

나. MPEG-7의 등장배경

Easy 검색 필요	기존 문자기반검색 사용시 검색 시간 Overhead 발생
표현방식 단순화 필요	정보프레임(Metadata)을 통해 표현방식 단순화
정보관리 효율성	keyword 기반 검색의 한계 도달, 효과 방안 필요

2. MPEG의 표준화 과정과 MPEG7의 구성요소

가. MPEG의 표준화 과정

표준화 발전과정	세부 설명
MPEG 1	CD-ROM, 동영상 및 오디오 저장 압축기술
MPEG 2	DVD, DTV의 고화질 동영상 & 오디오 압축기술
MPEG 4	BD(Blu-Ray), HDTV 수준의 압축기술표준사양
MPEG-4 AVC	MPEG4의 효율적인 Video 압축
MPEG 7	Multi Media Contents 검색기술(XML 언어)
MPEG 21	전자상거래 Framework 관리 기술포함

나. MPEG 7의 7개 part 구성내용

System part	저장/전송 및 컨텐츠의 제작 Tool, IP관리 툴 제공
DDL	Content의 설명자 & 설명구성에 필요한 기초언어 개발

DDL: Description Definition 언어

Audio part	Audio의 설명자료 & 설명구조의 정의
Video part	Video의 설명자료 & 설명구조의 정의
MDS	Multimedia 설명 Scheme의 정의
Software part	MPEG7과 관련된 전반적인 S/W 개발
Test part	제안된 여러 알고리즘의 test

3. MPEG7의 향후 응용분야

- MPEG7를 기반으로 Data 제작 위한 Tool의 부족, 개선필요
- MultiMedia등 모바일기기에서의 정보활용도 기여 예상.

"끝"

문 129) Data 압축(Compression)의 장/단점에 대해 설명하시오.

☆(2)

답)

1. IT 인프라의 효율적 전송, 저장, 관리. Data 압축의 개요

가. Data Compression의 정의

- Text, MultiMedia(Video, Audio) 서비스를 위한 효과적 Data 저장, 전송을 위해 Data 부피를 줄임(부호화), 또는 복원(복호화)하는 기술

나. Data Compression 기술의 주요 유형

구분	기술 유형
정지화상	JPEG, TIF, GIF 등 수십분의 1로 압축
Digital Contents	-MPEG1 : CD등 디지털영상 매체에 동영상&음향 손실압축 -MPEG2 : 방송통신 고려 범용품질 무손실 압축, 시간압축원리 -MPEG4 : 객체기반압축, 고압축율, 멀티미디어, AV포맷 -H.264/AVC : 무선통신등 다양한 통신환경 수용압축, MPEG4 2배

- text는 통계적 부호화 (허프만부호화) - 각 심볼에 대한 고정길이 인코딩

2. Data Compression의 장, 단점

가. Data의 저장측면의 장/단점

장점	-저장공간 효율성(특성에 따라 손실, 무손실 압축적용, 저장장치 사용최소화) -Storage 저장을 위한 시간소요 최소화 제공
단점	-processing 자원 사용 증가 : 부호화, 복호화 처리시간 요구 -부호화, 복호화에 따른 별도의 전용 SW 비용 증가

나. Data 활용 측면에서의 장/단점

장점	사용률 저하 데이터의 압축사용을 통한 정보 생명주기 관리 실현

ILM

장점	-대용량 Content의 실시간품질보장, N/w 대역폭활용성능제
단점	-정보의미 변조: 손실저장시 원데이타 복원시 원본변조/품질저하가능성
	-다양한 압축알고리즘을 위한 S/W 개발 복잡도 증가

3. Data의 효율적 저장및 전송을 위한 압축 서비스 동향

- HEVC(High Efficiency video Coding) 개발 진행됨 (UHDTV 해상도)
- H264/AVC 기술 적용: MPEG4 대비 40% 압축 효율, 영상품질우수(HD)
- CDN/DWDM, CDP기술과 연계 활용

"끝"

문130) 주어진 ASCII Code 범위내에서 하나의 문자를 입력 받아 숫자, 대문자, 소문자를 구별하는 순서도(flow chart)와 pseudocode를 작성 하시오.

<ASCII Code>

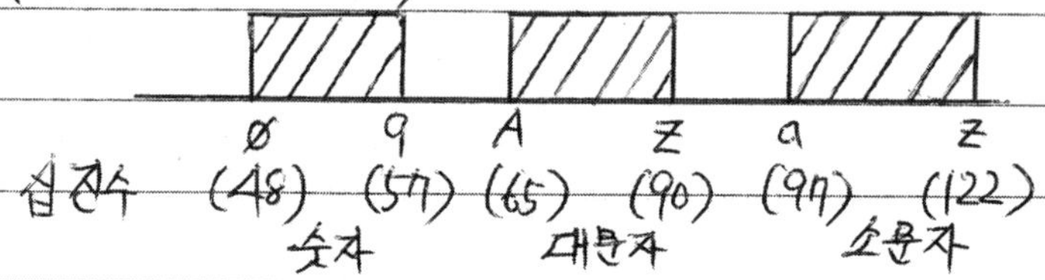

답)

1. ASCII(American Standard Code for Information Interchange)의 정의
- 문자를 숫자로 표현 하기 위하여 정한 값, 십진수 0~127에 대응하는 각각의 문자를 정의하여 컴퓨터에 사용
- 128개 문자 표현위해 7bit 필요 → UTF-8 주로 사용

2. 숫자, 대문자, 소문자를 구별하는 순서도(주어진 문제)

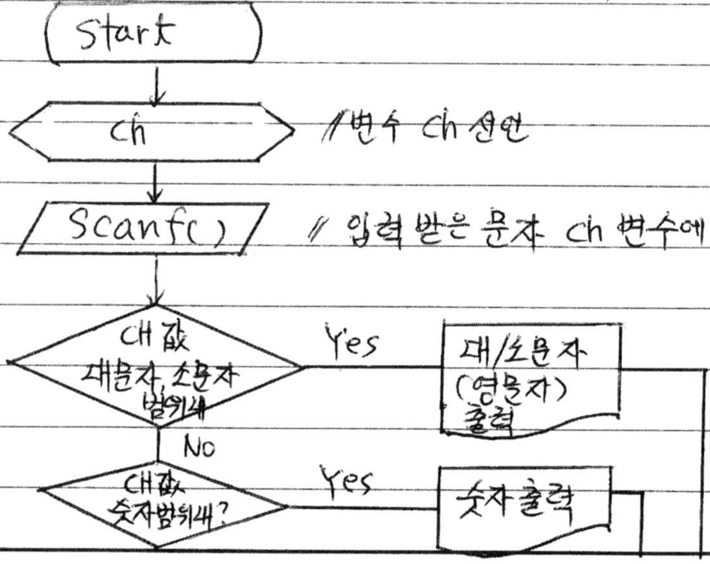

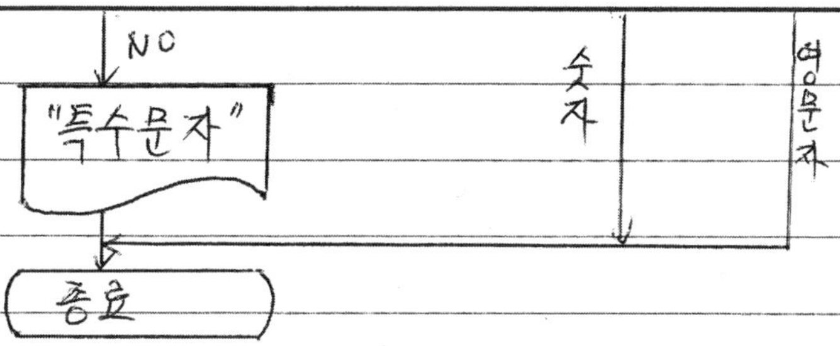

3. pseudocode (의사) 작성

```
main(){
    char ch;    //변수선언
    scanf("%c", &ch);
    if(('ch≥'A' && ch≤'Z')||(ch≥ 'a' && ch≤'z'))
        printf(" 영문자");
    else if(ch≥'0" && ch≤'9')
        printf("숫자");
    printf("특수문자");
}
```

"끝"

문 131) 1~100까지 홀수 짝수 합을 각각 구하여 출력하는 순서도(Flowchart)와 pseudoCode를 작성하시오.

답)

1. Main() 함수의 구성 방법

main(){ OddEven(); Output() }

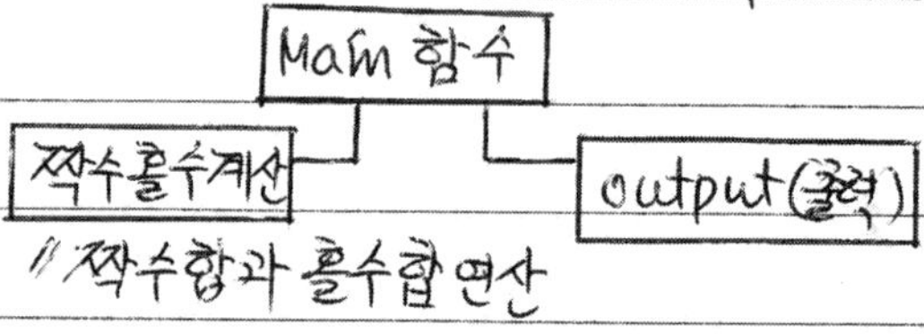

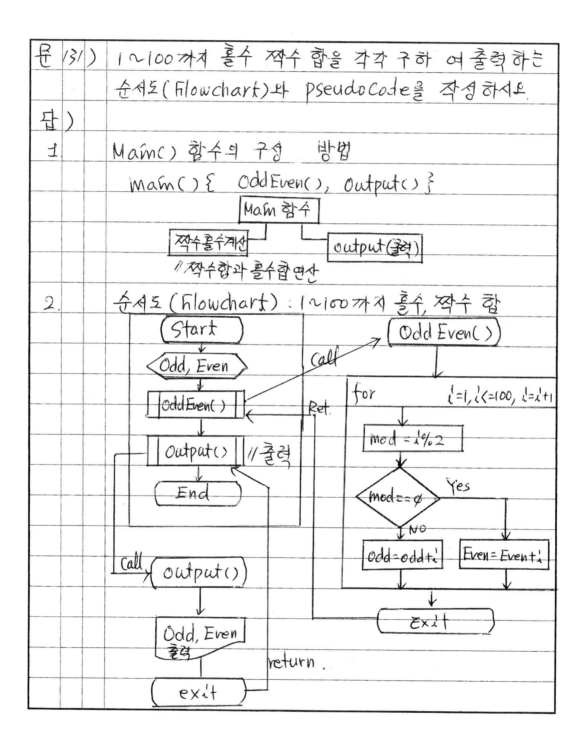

2. 순서도(Flowchart) : 1~100까지 홀수, 짝수 합

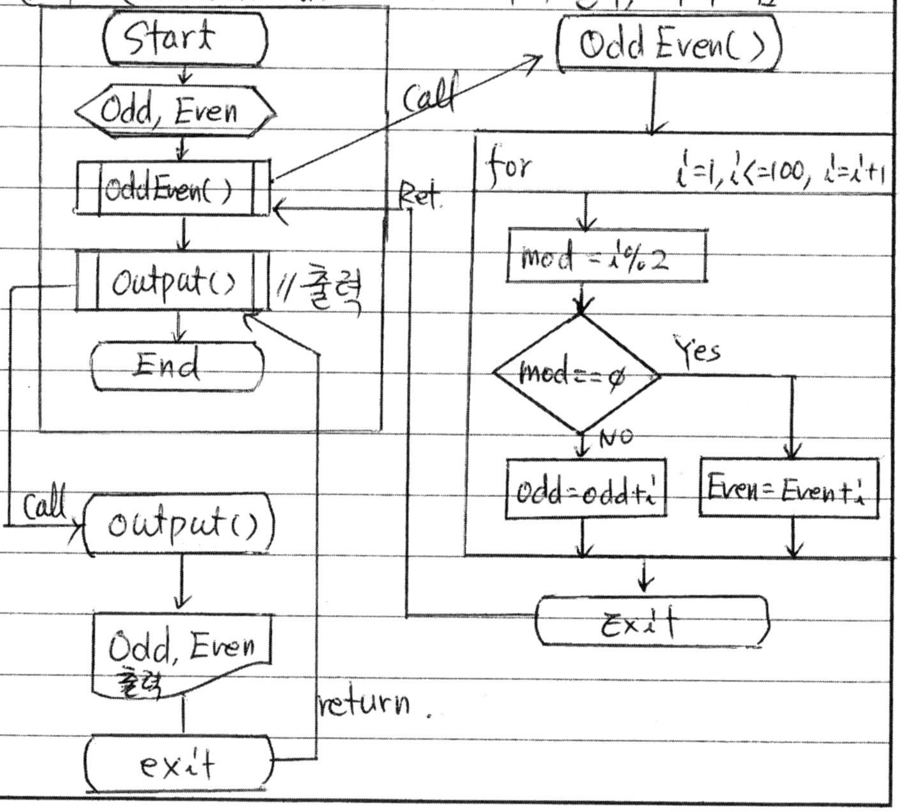

3 Pseudocode 작성

```
int Odd, Even;
main(){
    OddEven();   //call
    Output();    //출력
}
OddEven(){
        int mod, i;
        for ( i=1; i<=100; i=i++){
            mod = i % 2; //2로 나눈후 나머지값계산
            if(mod ==0)
                even=even+i;
            else
                Odd = odd+i;
        } //for문 Exit
}
output(){
    printf("%d %d", Odd, Even); //홀수, 짝수합
}                                    출력
```

문)32) process들이나 Thread들의 상호배제 구현을 위한 Dekker 알고리즘을 추상화하여 설명하고 pseudo-Code로 구현하시오.

답)

1. 두개이상의 process나 Thread의 상호배제구현 가능한 Dekker 알고리즘의 정의.

- 상호배제를 처음으로 Software적으로 해결한 알고리즘.
- 네덜란드수학자 Dekker에 의해 개발

Dekker 알고리즘의 특징
1. 공유메모리를 사용, 두개이상의 process나 Thread가 하나의 자원(임계영역)를 효과적으로 사용 가능
2. 검사및조정(Testandset) 명령과 같은 H/W 제어에 의존않음.
3. Busy Waiting 알고리즘.

2. Dekker 알고리즘의 도식화(추상화)및 C-언어구현

가. Dekker 알고리즘의 도식화

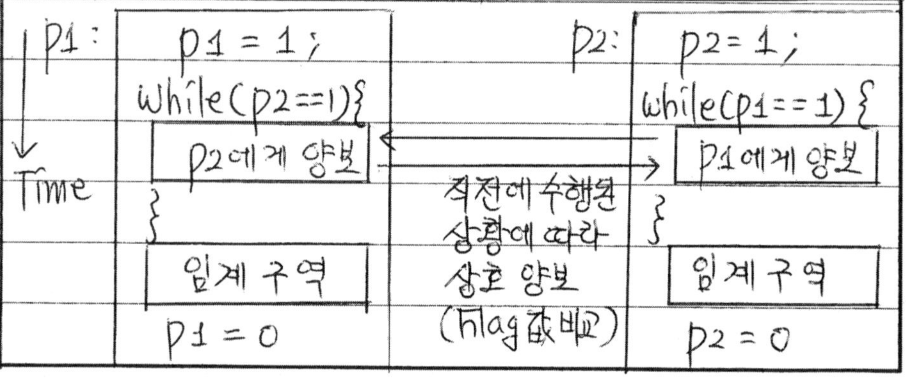
p1:
p1 = 1;
while(p2==1){
p2에게 양보
}
임계 구역
p1 = 0
Time
p2:
p2 = 1;
while(p1 == 1){
p1에게 양보
}
임계 구역
p2 = 0
직전에 수행된 상황에 따라 상호 양보 (flag값비교)

- 동일한 Time에 process1과 process2과 동시에 임계 영역을 사용하고자 할때.

나. C-언어로 Dekker 알고리즘 구현 및 설명

초기값	
int takeprocess = 1;	
Byte p1wantCS = 0;	//Critical section 수행을 원하는 상황.
Byte p2WantCS = 0;	

// p1: process1 수행	// p2: process2 수행
while(!done){	while(!done){
p1wantCS = 1; //TRUE ①	p2wantCS = 1; //TRUE ①
while(p2wantCS) { ②	while(p1wantCS) { ②
if(takeprocess==2){ ③	if (takeprocess == 1) { ③
p1wantCS = ∅;	p2wantCS = ∅; ④
While (takeprocess==2);	while(takeprocess==1); ④
⑤ //Busy waiting	⑨ //Busywaiting ⑧
p1wantCS = 1;	p2wantCS = 1;
} //If문 종료	} //if문 종료
} //while문 종료	} //while문 종료
임계 구역 수행	임계 구역 수행
⑥ takeProcess = 2; //양보 (p2에게)	⑩ takeProcess = 1; //양보 (p1에게)
⑥ p1wantCS = ∅;	⑪ p2wantCS = ∅;
⑦ } //p1 process 수행끝	⑫ } //p2 process 수행끝

3. C언어 Code의 동작과정 설명

단계	실행과정 설명	실행순
1	초기값 설정 (두개 process와 차지할 process(1))	p1, p2 동시
2	process p1, p2가 동시에 실행	p1과 p2 동시
3	두개의 process가 임계구역을 차지하기위해 Flag set(True로) ①	p1과 p2 동시
4	p1, p2 둘다 ①에 의해 True 상태 임으로 ②번과 같이 while문 수행	p1과 p2 동시
5	초기값 takeProcess 값이 1 임으로 p2 수행, ③번 수행 (p2의 ③번)	p2
6	p2는 p2WantCS=Ø로 Clear하고 Busy waiting mode로 전환 (④번)	p2
7	p2WantCS=Ø으로 clear되어 p1의 ⑤번조건 만족되어 임계 구역 수행함	p1
8	- 다음 차지할 process는 p2에게 양보하기위해 takeprocess=2로 세팅, - p1 수행 종료되었음으로 p1WantCS=Ø ⑥	p1
9	p1 Process 수행 종료 ⑦번	p1
10	p2 Process wakeup ⑧번	p2
11	p1 process에서 p1 WantCS=Ø으로	p2

12	Clear되었음으로 ⑨번 조건 수행 p2의 임계 영역 수행	p2
13	-다음 차지할 process는 p1 에게 양보해기위해 takeprocess=1로 세팅⑩ -p 2수행 종료되었음으로 p2wantcs=Ø ⑪	p2
14	p2 process 수행 종료 ⑫	p2
15	p1 과 p2의 임계 영역 수행 완료	Return

-상호배제, 진행조건, 한계대기 충족함. "끝"

문 133) process나 Thread들간의 상호배제 구현을 위한 Peterson 알고리즘을 추상화 하여 설명하고 pseudo-code로 작성하고 동작과정을 설명하시오. 의정의

답)

1. 상호배제를 위한 병렬 programming 알고리즘, peterson 알고리즘
- process 들이나 Thread들간의 상호배제 구현, 1981년 수학자 Gary peterson에 의해 개발됨
- Flag와 Turn 변수를 사용, 상호배제, 진행조건, 한계대기충족.

2. Peterson 알고리즘의 추상화

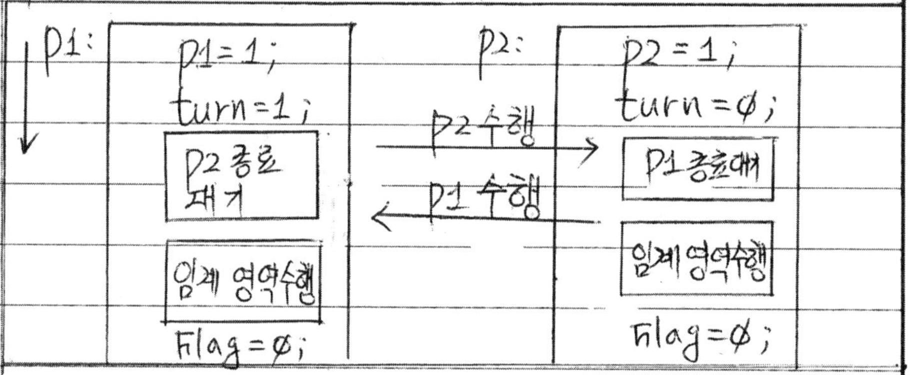

- 항상 Px를 수행하고 Px를 수행 (X=1 or 2)

3. peterson 알고리즘의 Coding 구현및 설명

초기값
Bool Flag[2]; // process의 Flag 상태 표시 int Turn;
Flag[0]=0, Flag[1]=1, Turn=0

P1	P2
while(1){ flag[0] = 1;	while(1){ flag[1] = 1; // 임계구역 사용 원함
Turn = 1;	Turn = 0;
While(Flag[1] &&	while(flag[0] &&
Turn == 1){	Turn == 0){
// P2 종료까지 wait	// P1 종료까지 wait
}//while문 종료	}//while문 종료
임계영역 실행	임계영역 실행
Flag[0] = 0; //false	Flag[1] = 0; //false
}while문 종료	}//while문 종료

- Flag=1로 하여 임계 영역에 들어가고 싶다는 의사 표시.
- 두개의 process가 동시에 임계영역에 진입한다고 할때는 Turn 변수가 늦게 수행된 process가 기회를 양보.
- 임계영역에서 나오는 process는 flag[]=false로 함으로써 다른 process가 임계영역에 들어가도록(진입) 허용함

"끝"

문 134) 프로그램 병행성에 대해 설명하고 아래와 같이 두개의 프로세스(process) p1과 p2가 병행실행되는 경우 모든 가능한 인터리빙(Interleaving)을 보이시오.

p1		p2
n=1 ①		m=2 ③
n=m ②		m=n ④

답) ☆

1. (프로그램 병행성의 정의) - 하나의 자원에 다수의 프로그램(Process나 Thread)들이 동시에 접근하여 작업을 처리.

2. 주어진 조건에서 병행 실행 분석 및 인터리빙의 경우의 수

가. 주어진 p1, p2 조건에서의 병행 실행 분석

- 2개의 process p1, p2가 서로 공유 Data에 접근할 경우, 공유 Data의 최종값이 프로세스 수행 순서에 의해 결정

→ 병행 process의 동기화가 요구됨 ☆

나. 조건에 따른 Interleaving의 경우의 수 (6가지가 존재)

01 34 ☆ (3)

Case1 ①→②→③→④순

Process		Value n	Value m
p1	n=1	1	NULL
p1	n=m	NULL	NULL
p2	m=2	NULL	2
p2	m=n	NULL	NULL
결과값		NULL	NULL

Case2 ①→③→②→④ 순

Process		Value n	Value m
p1①	n=1	1	NULL
p2③	m=2	1	2
p1②	n=m	2	2
p2④	m=n	2	2
결과값		2	2

Case 3 ①→③→④→②순

Process		Value n	Value m
p1	n=1	1	NULL
p2	m=2	1	2
p2	m=n	1	1
p1	n=m	1	1
결과값		1	1

Case4 ③→④→①→② 순

Process		Value n	Value m
p2	m=2	NULL	2
p2	m=n	NULL	NULL
p1	n=1	1	NULL
p1	n=m	NULL	NULL
결과값		NULL	NULL

(3)

Case 5 ③→①→④→② 순			
Process		Value n	Value m
P2	m=2	NULL	2
P1	n=1	1	2
P2	m=n	1	1
P1	n=m	1	1
결과 값		1	1

Case 6 ③→①→②→④ 순			
Process		Value n	Value m
P2	m=2	NULL	2
P1	n=1	1	2
P1	n=m	2	2
P2	m=n	2	2
결과 값		2	2

3. 병행성 제어를 위한 알고리즘의 종류

저수준 병행성제어	구조적 (C언어)	Dekker 알고리즘, Peterson/Dijkstra 알고리즘, Semaphore(세마포어), Event Counter/Sequencer
고수준 병행성제어	객체 (JAVA)	모니터 (Monitor), Critical regions, Conditional critical regions

"끝"

문 135) DMA(Direct Memory Access) 동작을 Flow chart 형태로 작성하시오.

답)

1. 입출력 Data 전송(주기억장치와 보조기억장치), DMA의 개요

가. DMA(Direct Memory Access)의 정의

DMA	CPU 관여 없이 주변장치들(HDD, SSD 등)이 주기억 메모리에 직접 접근하여 읽거나 쓸 수 있도록 하는 기능
DMAC	DMA Controller, DMA 제어기.

- DMA는 CPU 사이클 스틸링(CPU Cycle stealing) 활용

나. DMA Interface의 등장 배경

PIO 전송 보완	Programmed I/O 방식의 전송속도 개선
CPU Usage	CPU 사용도 줄임 - I/O 제어(Read/write)시
DMA 기능	Direct로 주 Memory 접근 방식의 필요성

2. DMA 구성도 및 동작 Flow 표현 방식

가. DMA 구성도(CPU, DMAC, Memory, I/O 장치)

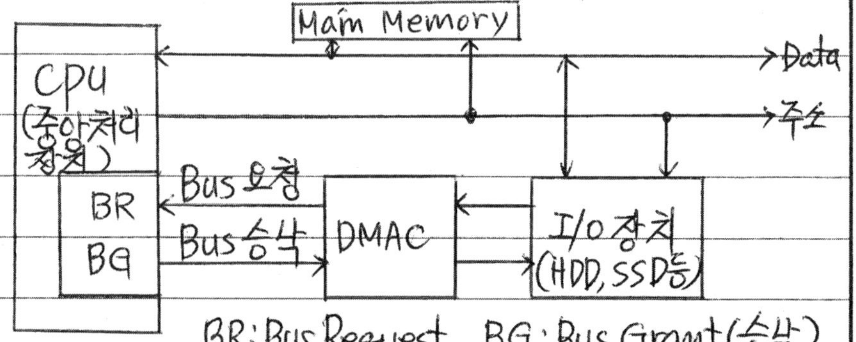

BR: Bus Request, BG: Bus Grant(승낙)

PIO(Programmed Input/output)

4 DMA 동작의 Sequence Diagram 형태의 Flow

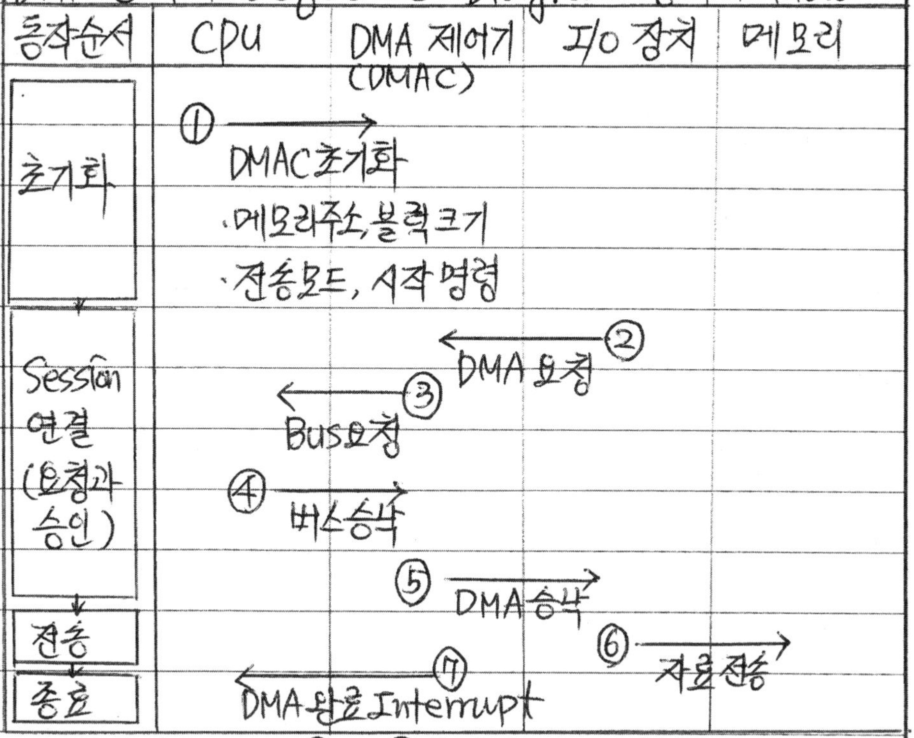

-DMA 동작은 위의 ① ~ ⑦ 동작순으로 수행됨

동작순서	설명	시점
①	CPU와 DMAC간 초기화	Poweron시
②	I/O 장치에서 DMAC로 DMA 요청	자료전송필요시
③	DMAC에서 CPU로 Bus 요청	자료전송필요시
④	CPU가 DMAC에게 버스요청 Grant	DMAC 버스요청
⑤	DMAC가 I/O 장치에게 DMA 승낙	DMAC 버스요청
⑥	I/O 장치와 메모리간 Data 전송통신	DMA 승낙후
⑦	DMAC가 CPU에게 DMA 완료 통보	자료전송완료후

3. DMA 동작을 순서도(Flow chart) 형태로 작성 및 설명

가. DMA 동작의 Flow chart

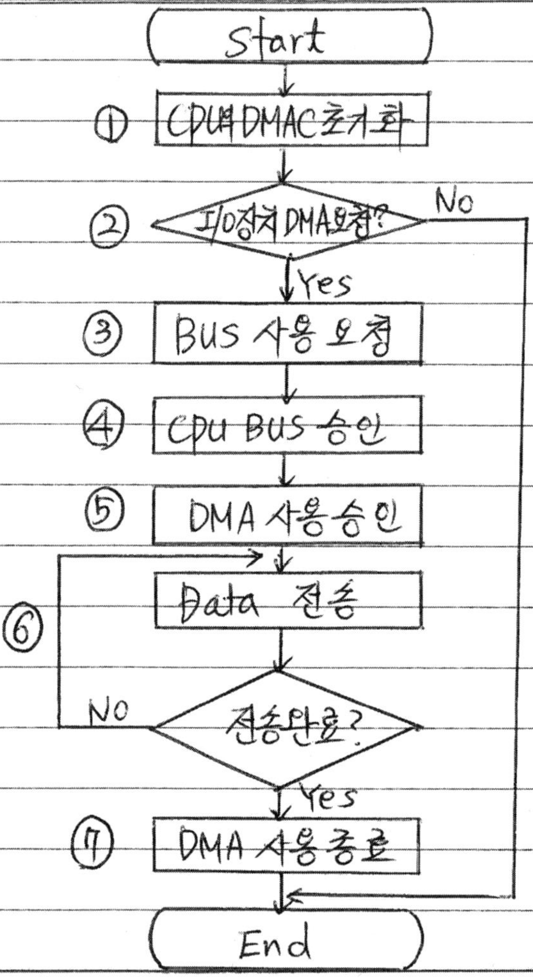

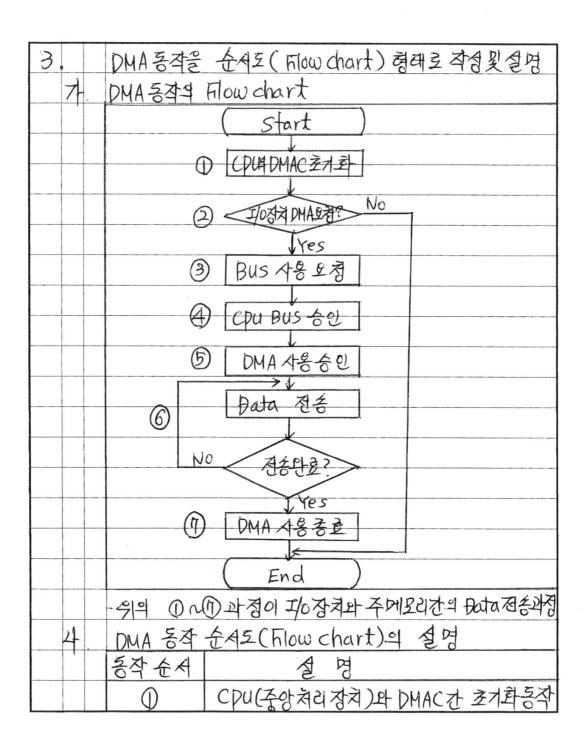

- 위의 ①~⑦ 과정이 I/O장치와 주메모리간의 Data 전송과정

4. DMA 동작 순서도(Flow chart)의 설명

동작 순서	설 명
①	CPU(중앙처리장치)와 DMAC간 초기화동작

②	I/O Device에서 DMAC로 DMA 제어 요청
③	DMAC에서 CPU로 BUS사용 요청 (BR)
④	CPU가 DMAC에서 BUS사용승인 (Grant)-BG
⑤	DMAC가 I/O Device에게 DMA 승낙 알림
⑥	I/O 장치와 주Memory간 Data 전송실시
⑦	DMAC가 CPU에게 DMA 완료 통보 Interrupt

4. CPU와 DMAC가 동시에 메모리 접근요청시 처리 방법

- CPU는 메모리 접근이 지연되어도 단지 시간 지연의 영향만을 가지고 대기(waiting) 가능함.
- DMAC에게 메모리 접근의 우선권을 부여. (CPU wait)
- CPU는 DMAC의 메모리 접근동안 1 Cycle를 대기해야 함.
- DMAC가 CPU로 부터 메모리 Cycle을 훔침. (Cycle stealing)

"끝"

문136) 반가산기 회로를 Verilog HDL(Hardware Description Language)으로 모델링하시오 ☆(2)

답)

1. 반가산기 회로와 Verilog HDL의 정의

가. (반가산기(Half-adder)의 정의) - 두개의 입력 값을 더해서 합(Sum)과 자리올림수(Carry)를 출력하는 회로

나. Verilog HDL(H/W Description Language)의 정의

☆(- 복잡한 회로를 언어 형태로 추상화하여 쉽게 설계하는 방법

다. Verilog HDL Modeling의 유형

☆

구조적 모델링	논리 Gate, Flip-Flop 등 연결로 표현, Netlist 사용
Dataflow	Data의 이동 표현, 연산자를 사용한 연속 할당문
동작적 모델링	if~else, case, while, for 등과 같은 구문 사용

2. 반가산기(Half-adder)의 회로 및 논리식, HDL 표현

가. 반가산기의 회로 및 논리식

☆

회로	논리식
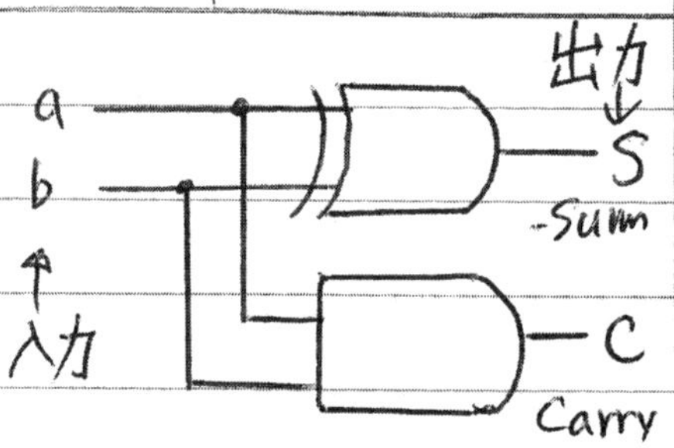	(아래 표)

a	b	c	s
0	0	0	0
0	1	0	1
1	0	0	1
1	1	1	0

- 入力(입력) a, b에 대해 出力(출력) S, C

나. Verilog HDL Modeling(모듈 구현)

- 모듈 구현 : Module 선언, 선언부, Body, Modue 종료

☆

module module_name (port_list); ← Module선언

port 선언
reg 선언
wire 선언
parameter 선언

← 선언부

하위모듈 호출
always, initial문
function, task 정의문
assign문.
function, task 호출문

← Body

endmodule ← 종료

3. 반가산기의 Verilog Moduling

Coding ☆(2)

추상화	HDL 표기

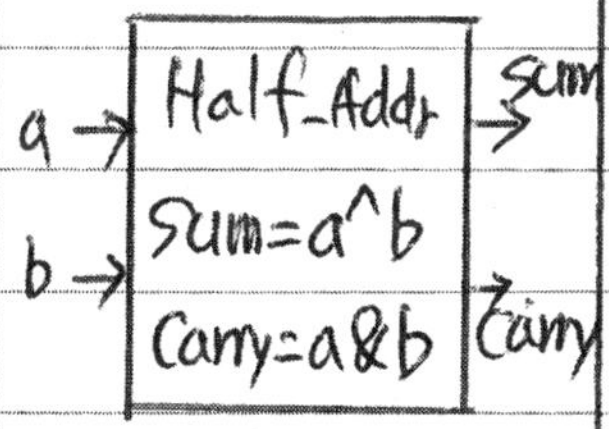
 	
	module Half_Addr (a, b, sum, carry);
	module name Module port
	input a, b;
	output sum, carry;
	~~Wire~~
	assign sum = a^b; // XOR연산
	assign Carry = a & b; // AND연산
	XOR (sum, a, b);
	AND (Carry, a, b);
	endmodule

"끝"

문137) (1) Two phase Locking에 대해 설명하고 이 protocol의 장점과 단점에 대해 설명하시오.

(2) 다음 각 트랜잭션에 대해 Two phase Locking을 적용한 결과를 보이시오

T1	T2
READ(A)	READ(B)
READ(B)	READ(A)
IF (A=∅) B=B+1	IF (B=∅) A=A+1
WRITE(B)	WRITE(A)

답)

1. Two phase Locking의 정의 및 동작

가. (Two phase Locking의 정의) - Data 무결성을 보장하기위해 모든 트랜잭션들이 Lock과 UnLock 연산을 확장단계와 수축단계로 구분하여 수행하는 방식

나. 2PL의 동작과 설명

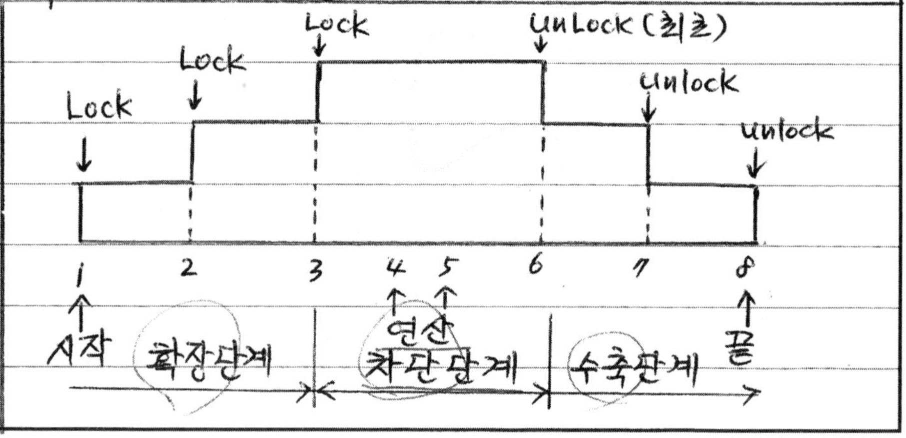

★	확장단계	트랜잭션은 Lock만 수행할 수 있고 Unlock 불가
	수축단계	트랜잭션은 Unlock만 수행할 수 있고 Lock 불가

다. 2PL의 장단점

★(3)

장점	직렬가능성보장	2PL단계준수시 직렬가능성보장, 검사불필요
	범용적 사용	직렬가능성 보장할 수 있는 protocol로 가장 많이 사용
단점	교착상태 발생 가능성	- Deadlock 발생가능성 ┌ Lock시 무한대기발생 - 두개이상의 트랜잭션 T가 그 집합안에 있는 T에 의해

3. Two phase Locking 적용한 결과

★★★(3)

T1	T2	
X-LOCK(A)	X-LOCK(B)	확장단계
X-Lock(B)	X-LOCK(A)	확장단계
READ(A)	READ(B)	
READ(B)	READ(A)	
IF(A=0) B=B+1	IF(B=0) A=A+1	
UNLOCK(A)	UNLOCK(B)	수축단계
WRITE(B)	WRITE(A)	
UnLock(B)	UNLOCK(A)	수축단계

"끝"

답하시오.

문 138) UNIX 시스템 호출을 이용한 다음 프로그램을 보고 질문에
(단, 프로그램 수행 권한은 root임)

```
#include <stdlib.h>
#include <stdio.h>
#include <unistd.h>
char *usage = "usage:test file1 file2 \n";
main(int argc, char **argv)
{
  if(argc!=3) {
     printf(usage); exit(1);
  }
  if(link(argv[1], argv[2])==-1){
     printf("link failed \n"); exit(1);
  }
  if(unlink(argv[1])==-1){
    printf("unlink failed\n"); unlink(argv[2]);
    exit(1);
  }
  printf("succeeded\n");
  exit(0);
}
```

단, 위 프로그램을 수행하기 위해서 다음과 같이 UNIX

답안 작성시 줄이만 작성하세요.

UNIX 명령어를 수행한다.

$ test f1 f2

(1) 위 프로그램의 동작 과정을 설명하고, 수행결과에 대하여 설명하시오.

(2) 위 프로그램에서 link 시스템 호출의 장점과 단점에 대하여 설명하시오.

답)

1. Unix에서 Link를 사용하는 목적과 종류

가. Unix에서 Link를 사용하는 목적

- 파일명이나 디렉토리명이 길어서 간단한 이름으로 사용하기 위함.
- 위치가 복잡한 경로로 이동하고자 할 경우, 한번에 이동하기 위함
- 파일이 Bin디렉토리에 위치하지 않을때 Bin 디렉토리에서 실행하기 위함.

나. Link의 종류

Hard Link	Symbolic Link
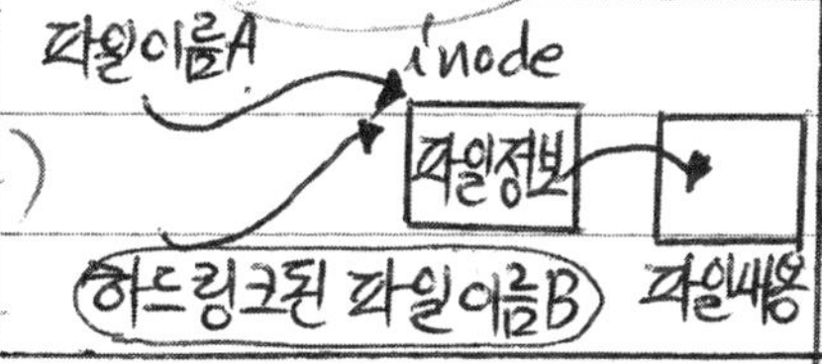	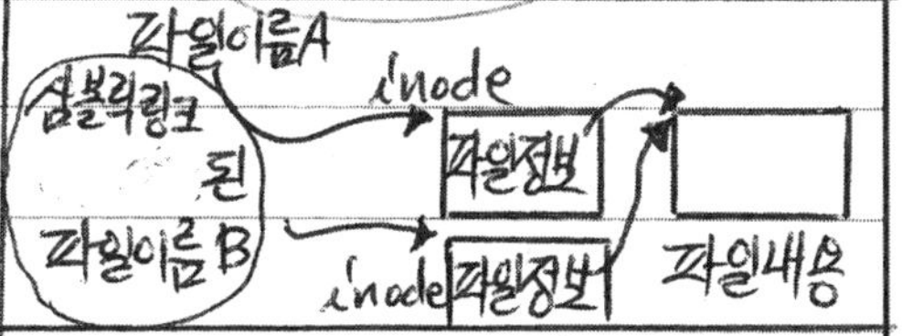
원본파일의 inode와 링크파일의 inode가 공유되는 구조	원본파일과 다른 inode를 가지며 원본파일을 가리키는 포인터 구조
-. Hard 링크수가 0이면, 원본파일 삭제됨. -. 속도빠름(부팅사용)	-. 심볼릭 링크파일 삭제해도 원본파일존재
	-. 파일하나를 여러 사람이 공유 사용.
-. 서로다른 Filesystem간 링크불가	-. 서로다른 File system간 Link 가능.
-. 디렉토리 Link는 불가능.	-. 디렉토리 Link 가능.

2. $ test f1 f2 수행시 동작과정설명과 수행 결과

가. $ test f1 f2 수행시 동작과정설명

수행 flow chart	Code 동작 과정
$ test f1 f2	Shell에서 test f1 f2 실행
#include <stdlib.h>	표준 라이브러리 사용
#include <stdio.h>	표준 I/O 사용
#include <unistd.h>	표준 입출력 파일 정의
char *usage="usage:test file1 file2\n";	External usage 선언 (전역) 변수

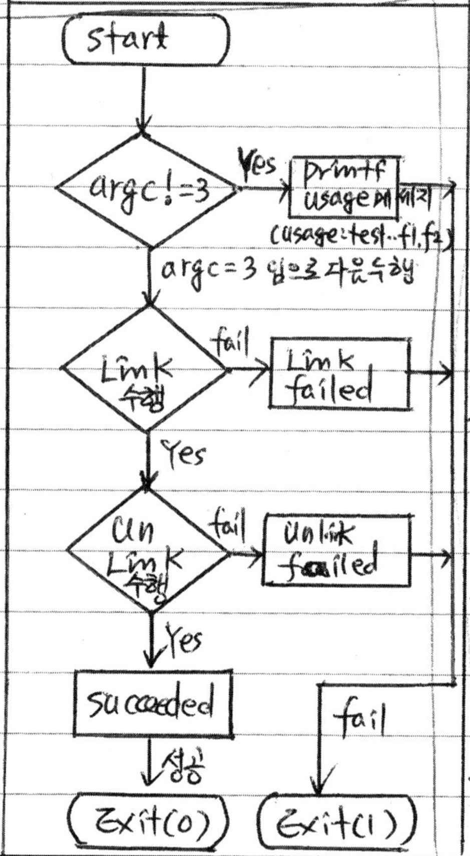

main 함수 시작

Argc는 입력인자 개수 3
Arg v: 입력인자 배열
Arg v[0] = test
Arg v[1] = f1
Arg v[2] = f2

- f1과 f2의 Link 동작수행
- 비정상시 "Link failed" Message 출력

- f1과 f2의 UnLink 동작수행
- 비정상시 "UnLink failed" Message 출력
- f1을 삭제

- Link와 UnLink 수행시 Succeed 출력

(여백 메모: 헤더 설명 생략 / flow chart로 도식화(수행과정)할것 ★★(5) / ★설명.)

4. 수행결과 설명

수행 과정을 논리적으로 각 단계별 기술 필요 ☆☆(3)

단계	내용	정상수행시	비정상수행시
1단계	입력인자 확인	다음단계 수행 ↓	usage:test file1 file2 문자출력후 완료(종료)
2단계	Link수행 (f1→f2)	다음단계 수행 ↓	Link failed 출력후 종료
3단계	UnLink 수행(f1)	다음단계 수행 ↓	UnLink failed 출력후 종료
최종	문자표시	Succeeded	-
완료	종료	Exit(0)	Exit(1)

3. Link 시스템 호출의 장점과 단점.

구분	내용	설명
장점	디스크생성제한	-다른파일시스템에존재하는 파일에 대해서 Hard Link는 불가
	권한 제한	-슈퍼유저만 디렉토리에 Hard 링크생성가능 -심볼릭링크사용시 디렉토리 Link가능
단점	원본파일 보호 안됨	-Hard Link(하드링크)수가 0 이면 원본파일 삭제됨
	이름중복안됨	-Hard Link시 동일명이면 Error
	취약점 존재	-Bufferoverflow등의 공격 취약.

"끝"

문 139) 다음 Schedule은 직렬불가능(Non-serializable)하다. 원하는 값과 실제 수행값을 표기하고, 직렬화 하기 위한 방안은 무엇인지 설명하시오. (문제점과)

(R은 Read, W는 write를 의미) (A=100, B=100)

답

1. 실제 수행 시의 값과 원하는 값의 비교.

	T1(Task)	T2(Task)	A=100, B=100.
	R(A)		
	A=A+100		
	W(A)	T1-T2 충돌	
		R(A)	A=200
		A=A×2	A=400
		W(A)	A=400
		R(B)	B=100
		B=B×2	B=200
		W(B)	B=200.
	R(B)	T2-T1 충돌	
	B=B+100		
	W(B)		
원하는값	A=200, B=200	A=200, B=200	
실제값	A=200, B=300	A=400, B=200	

원하는 값이 아님(Non-serializable)

★ (이해) DB ACID

2. 문제점과 개선 방안.

풀어서 문제점 나열

문제점	1) T1 - T2 충돌로 인한 A값 변경됨
	2) T2 - T1 충돌로 인한 B값 변경됨
	3) Data 원자성이 보장안됨 (A, B 모두)
	4) 무결성이 보장안됨 (Data가 변경됨)
개선방안	1) T1 수행후 T2 수행 (T1이 먼저 수행되었으므로)
	2) Two phase Locking 적용 ☆

"끝"

동작 flowchart화 하시오.

기능을 이해하고 설명할것.

문 140) 아래 주어진 프로그램이 수행하는 기능에 대해 설명하고 버퍼크기(Buffer size)가 성능(performance)에 미치는 영향에 대해 설명하시오.

답)

1. Code의 동작(수행)하는 기능에 대한 설명 (3)

Code	기능설명
#include <unistd.h>	Unix POSI(portable OS Interface) API
#include <fcntl.h>	File 제어 API
#define BUFSIZE 2048	Buffer 사이즈 2K
#define PERM Ø744	파일접근권한 = rwxr--r--
int A-Func(char*name1, char*name2)	파일1, 파일2
{	
int in, out; int numread; char buffer[BUFSIZE];	변수선언
if((in=open(name1, O_RDONY))==-1) return(-1);	파일1을 Read only로 생성, fail시 ret(-1)
if((out=open(name2, O_WRONLY | O_CREAT | O_TRUNC, PERM))==-1){ close(in); return(-2); }	파일2를 Write + Creat O-TRUNC: 파일의 길이를 Ø으로 만듬.
while((numread=read(in, Buffer, BUFSIZE))>0){	
if(Write(out, buffer, numread)< numread){ close(in); close(out); return(-3); } }	File1을 읽고 파일2에 Copy한다.
close(in); close(out);	
if(numread==-1) return(-4); else return(Ø)	함수실행 종료.
}	

```
void maim()
{
  A-Func("t.in", "t.out");     ... 함수실행의 시작
}
```

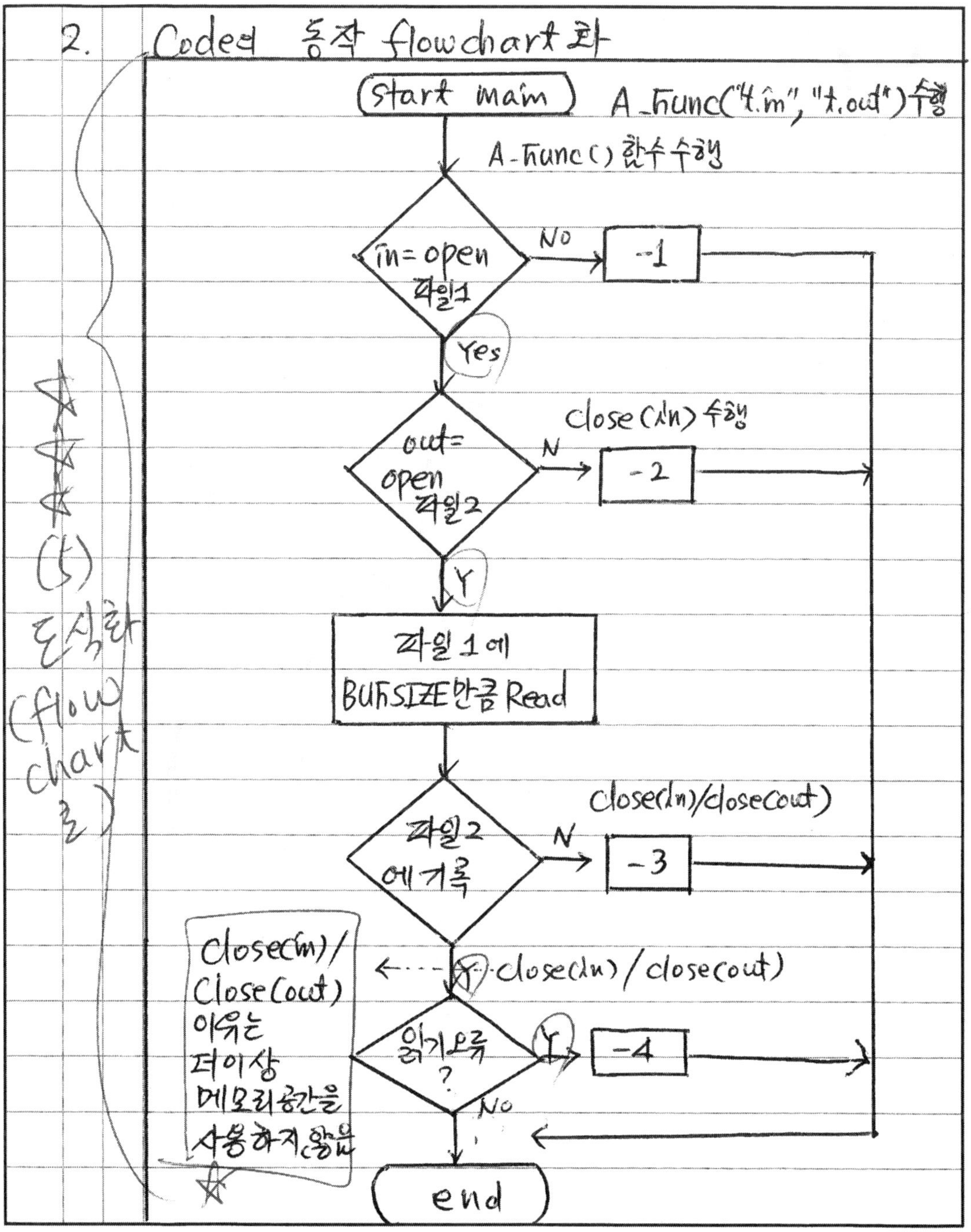
2. Code의 동작 flowchart화
Start main
A_func("f.in", "f.out") 수행
A_func() 함수 수행
in = open 파일1
No
-1
Yes
close(in) 수행
out= open 파일2
N
-2
Y
파일1에 BUFSIZE만큼 Read
close(in)/close(out)
파일2에 기록
N
-3
Y close(in) / close(out)
읽기오류 ?
Y
-4
No
end
close(in)/ Close(out) 이유는 더이상 메모리공간을 사용하지 않음
(5) 도식화 (flow chart로)

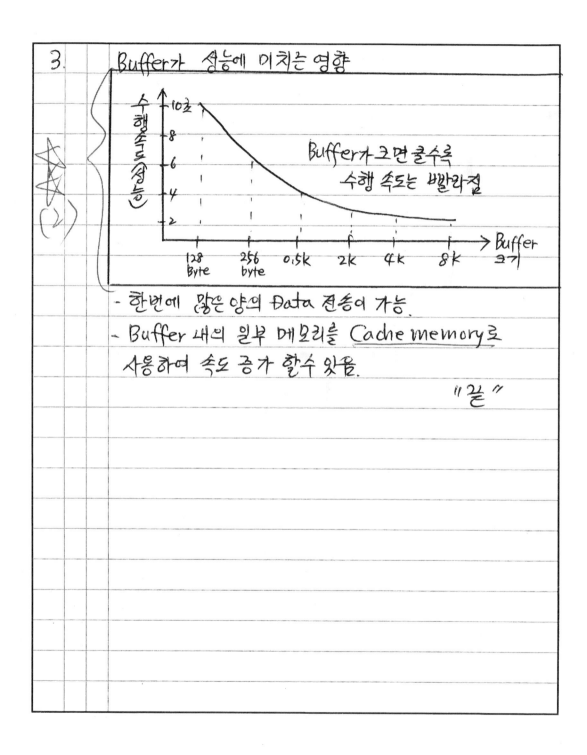

3. Buffer가 성능에 미치는 영향

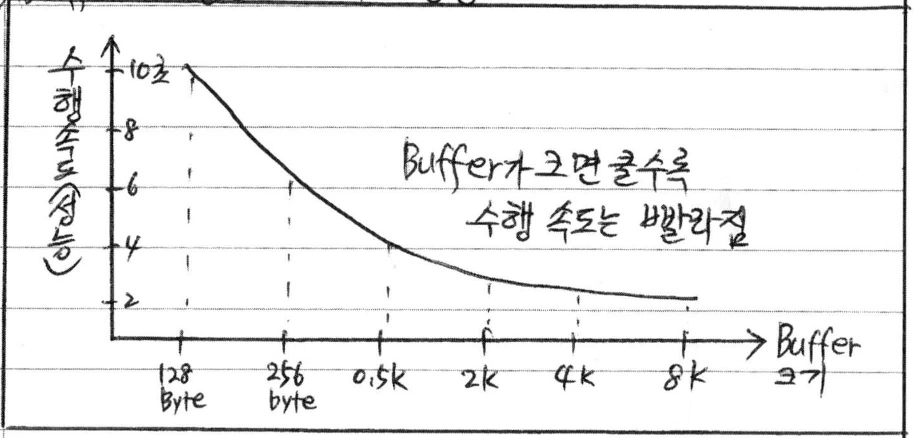

- 한번에 많은 양의 Data 전송이 가능.
- Buffer 내의 일부 메모리를 Cache memory로 사용하여 속도 증가 할수 있음.

"끝"

문 141) 기계 학습(Machine Learning) 알고리즘의 종류에 대해 설명하시오.

답)

1. 반복 Issue Zero화 점진적 개선 → 인공지능화 기계 학습 개요

가. 기계 학습(Machine Learning)의 도식과 정의

과거 경험과 입력 Data → 점진적 개선	정의
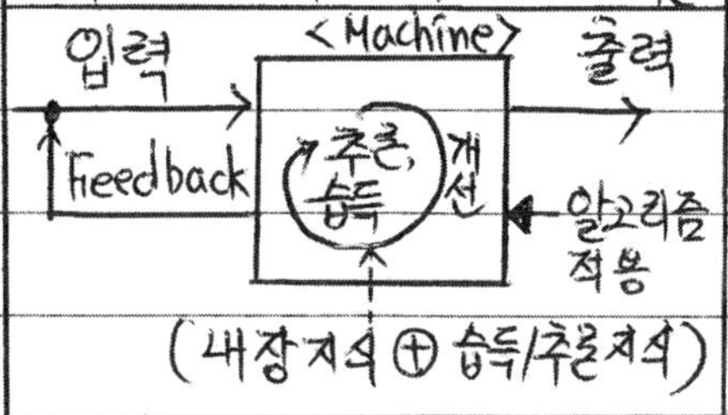	-Computer S/W에 문제 해결 과정에 추론과 경험 요소를 내포하여 동일 문제나 유사 문제 해결시 신속히 결과 도출 (점진적 지능화)

나. 기계 학습 알고리즘과 필요성, 효과

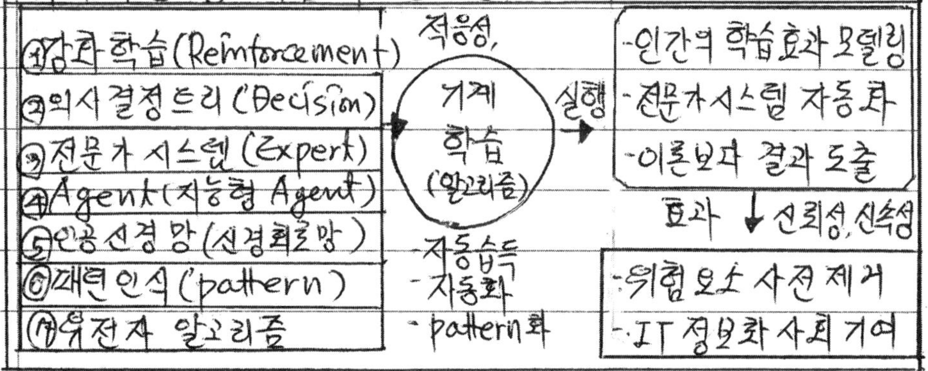

2. Machine Learning Algorithms의 종류 및 활용

종류	설명	활용/방법
①	잘한 행동 칭찬, 못한 행동 벌 → 지식 확대	Dynamic programming
②	학습결과를 의사결정 Tree로 표현, 귀납(확실성)	의료분야, 게임, 인공지능
③	지식 DB와 의사 결정 규칙 내재화	지식기반 시스템

④	사용자 대신 자율적 작업수행 (습득)	전자상거래, 메시징
⑤	인간의 뇌 세포와 결합구조 모방 ← 정보처리소자	인공지능, 타상처
⑥	기존사실과 이지의 입력을 class별로 분류 (신경)	데이터 마이닝
⑦	자연세계의 진화과정을 Computing화	자동차 최적경로

3. 기계학습의 활용분야 (현업에 적용중)

- Big Data 분석시 R을 활용한 기계 학습 적용
- PC에 3D 제스처 입력장치 제어 SW (pattern, 강화, 의사결정)
- UI/UX 적용 S/W에 Dynamic programming 적용.

"끝"

문142) 인공지능 분야에 활용되는 에이전트(Agent)에 대해 설명하시오.

답)

1. (사용자 원하는 작업 자동수행 SW) Agent의 개요

가. (기존 경험에 대한 추론 → 결과반영 → 행동) Agent의 정의

- Software 내에 과거 학습 경험을 바탕으로 추론과 지각 능력을 탑재 사용자 입장에서 자율적으로 작업을 수행할 수 있는 독립적인 program.

나. 에이전트(Agent)의 특징

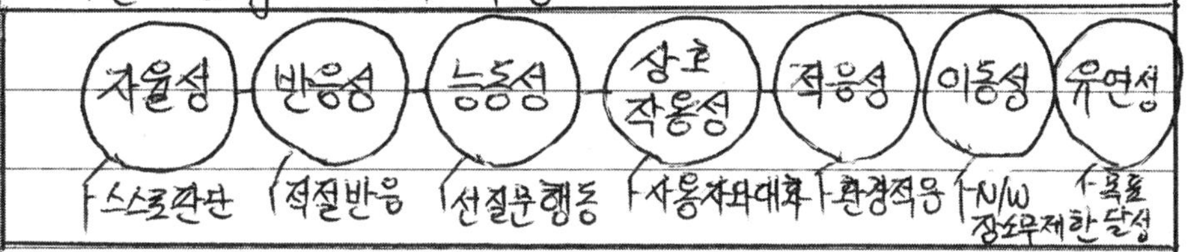

2. Agent의 구조 및 종류

Agent의 구조

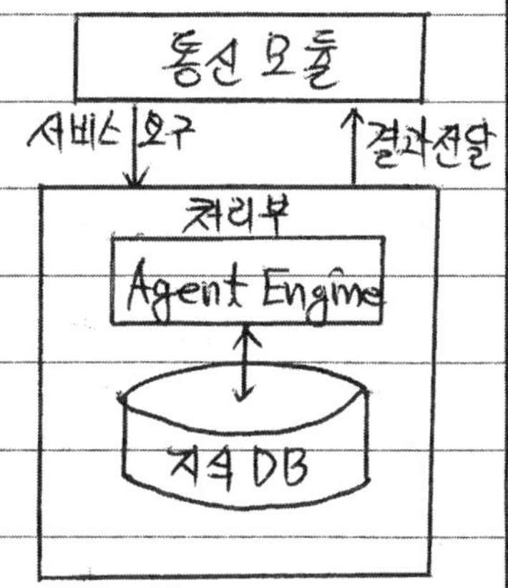

Agent의 종류

협동	타 Agent와 공동 작업 수행
인터페이스	특정 응용 System과 Easy I/F
이동	N/W상 한 Node에서 다른노드로이동
정보/인터넷	정보원으로 부터 정보습득, 관리, processing 가능
반응	상호 작용 가능, 외부 자극에 반응
혼성	협동+I/F, 이동+반응
지능형	자율적, 학습능력과 적응능력

I/F: Interface

3. Agent의 응용분야

분야	내용
문서오류 자동수정	Excel, Word등 오류문구 자동 Messaging
인터넷 정보처리	정보 검색, 정보여과, Web site Agent등
전자상거래	상품 추천, 비교 구매, 물품 배달 가능시간
사용자 I/F	Macro를 통한 Service, 사용자습성 파악
Messaging	전화 메시지, 전자우편등 온라인 메시지 지능처리

"끝"

문143) Agent 기술에 대해 설명하시오

답) ★★

1. 특정(Specific)한 일을 자율적으로 실행하는 Agent의 개요.

가. Autonomous process, Agent의 정의

- Computing 환경에서 사용자 & 다른 program을 대신해 특정한 일을 자율적으로 해결해 주는 Software.

나. 기존 Software와 구별되는 Agent의 특징

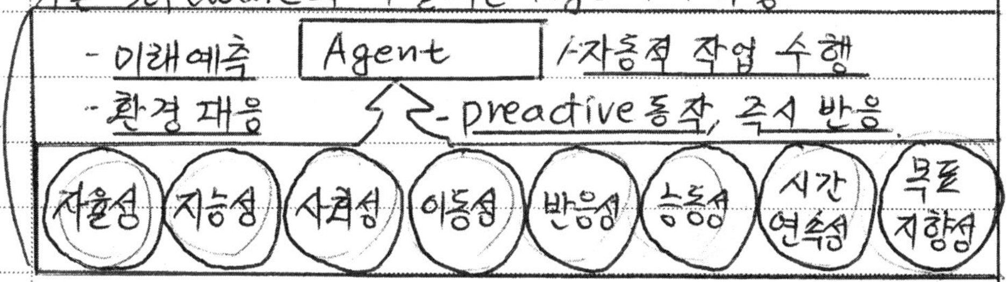

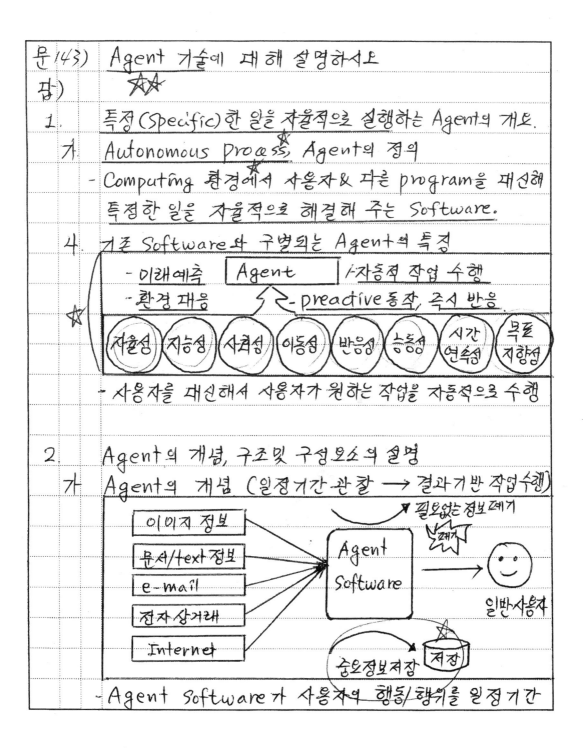

- 사용자를 대신해서 사용자가 원하는 작업을 자동적으로 수행

2. Agent의 개념, 구조 및 구성요소의 설명

가. Agent의 개념 (일정기간 관찰 → 결과기반 작업수행)

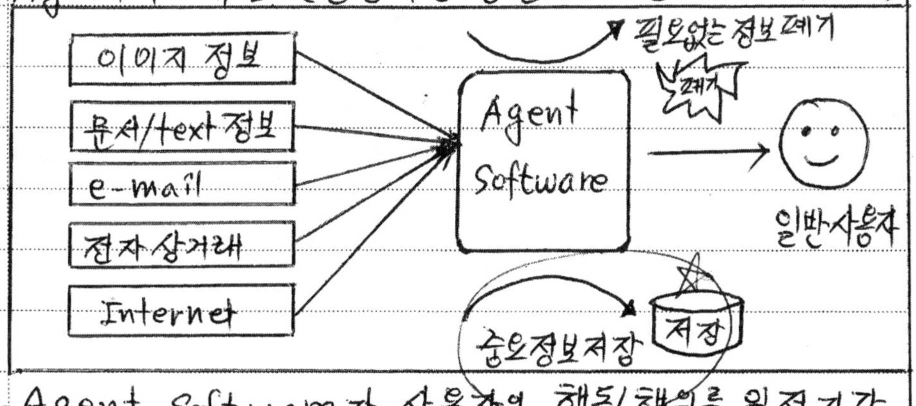

- Agent Software가 사용자의 행동/행위를 일정기간

동안 관찰하고 그 결과를 기반으로 사용자를 대신하여 작업수행

나. Agent의 구조

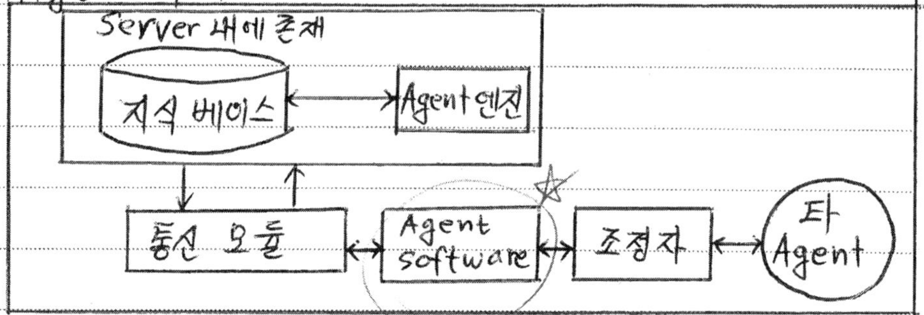

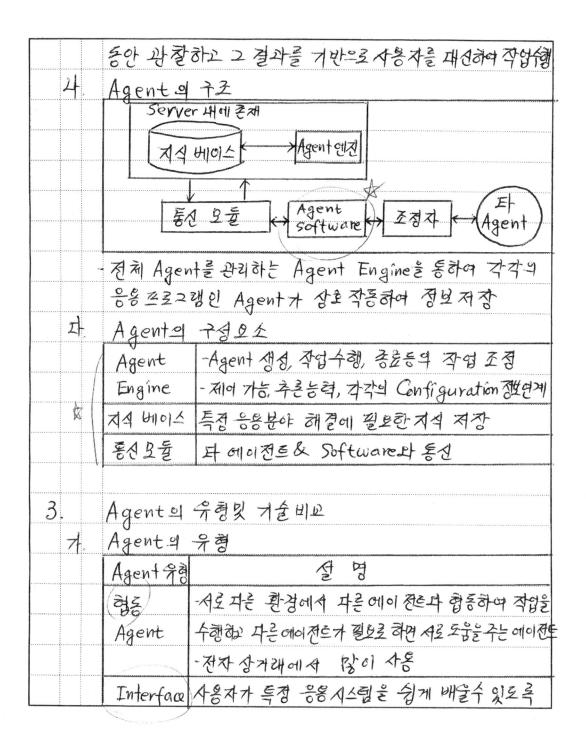

- 전체 Agent를 관리하는 Agent Engine을 통하여 각각의 응용프로그램인 Agent가 상호 작동하여 정보저장

다. Agent의 구성요소

Agent Engine	-Agent 생성, 작업수행, 종료등의 작업 조정 - 제어 가능, 추론능력, 각각의 Configuration 정보연계
지식 베이스	특정 응용분야 해결에 필요한 지식 저장
통신모듈	타 에이전트 & Software와 통신

3. Agent의 유형및 기술비교

가. Agent의 유형

Agent 유형	설 명
협동 Agent	-서로 다른 환경에서 다른 에이전트와 협동하여 작업을 수행하고 다른에이전트가 필요로 하면 서로 도움을 주는 에이전트 -전자 상거래에서 많이 사용
Interface	사용자가 특정 응용시스템을 쉽게 배울수 있도록

Agent	도움을 주는 에이전트, - 학습에이전트라고도 불림
이동 Agent (Mobile Agent)	- 사용자 요구사항에 대한 수행을 위하여 직접 Target server를 이동해 가면서 작업, 해당결과만을 사용자에게 전달 - WMS(Web Monitoring Service)에 유용
정보 Agent	검색 에이전트로서 분산되어 있는 여러 가지 정보원으로부터 정보를 습득, 관리, 처리할 수 있는 에이전트. 웹 로봇이라고 불림
Multi Agent	- Agent 하나가 독자적으로 해결할 수 없는 일을 상호협력으로 해결 - 복잡문제해결 → 여러 Agent들이 서로 협력작업 수행 Software
Interface Agent	- Audio CD play 시 3차원 동영상 반응 - 관찰, 습관 파악 후 반복적인 일련의 과정 처리 멀티모달 기술
인터넷 Agent	Web/Information Agent, 입력된 모호성 제거 → 계획 작업
Intelligent	학습, 추론(도움말 제시), 계획

사. Agent와 유사기술 개념 비교

구분	특 징
바이러스	고의적이고 악의를 가진 파괴적인 프로그램
Java Applet	서버 등 타 시스템에서 이동해 와서 정보의 저장 없이 수행되는 일회성 프로그램
Agent	자신의 상태 정보를 보관하여 지속적으로 살아 행동하며, 사용자를 도와주는 program.

4. Agent의 활용분야 및 기술의 장단점

구분	내 용

전자상거래	여러 쇼핑몰에서 판매하는 상품을 가격이나 특정조건에 맞게 비교하는 기능
고객관리	고객응대, 자동 답신 Mail 전송, Dash 서비스
개인 비서	회의일정체크, 전자우편여과&정리, 여행계획, 각종예약대행
검색	개인이 관심있는 정보나 신문기사를 선택하여 제공
기타	Workflow 관리, Network 감시 등에 사용

4. Agent 기술의 장단점

장점	단점
-정보수집에 필요한 시간을 단축	-타시스템 플랫폼의 자료유출, 변조, 파괴&자원의 점취
-비교상품의 정보제공	-Agent 프로그램오류에 의한 시스템 사고가능성
-전자상거래의 활성화	-Agent 프로그램을 고의로 수정하여 내용을 유출
-기업 경쟁력 강화	-Service 거절로 인한 불편 초래 가능성

"끝"

MEMO

PART
10

부록.
알고리즘 Source Code

1파트부터 7파트까지 학습하는 데 참조가 되는 Source Code를 수록하였습니다. 관련된 알고리즘 소스코드는 총 22개로 다음과 같습니다. Binary변환, Callbyname, Callbyreference, Callbyvalue, FactorialN, FibonacciCode, FibonacciSequence, TheTowerOfHanoi, DoubleLinkedListInsertDelete, LinkedListOrderedInsertDeletePrint, QueueInsertDelete, stackPushPop, Bubble_Flag, Bubble_noFlag, BubbleSort, InsertSort, QuickSort, SelectionSort, BinarySearch, InterpolationSearch, SequentialSearch, Tree 순회 등 총 22개 알고리즘 소스를 수록하였고 Visual Studio 환경에서 정상적으로 실행된 Source Code입니다. [관련 Source Code - 22개]

1 Binary변환 Source Code

```
// 본문 문)12
// BinaryTarnsfer.cpp : Defines the entry point for the console application.

#include "stdafx.h"
#include <stdio.h>

void main(void) {
        int i,j;
        static char A[32];      // 문자열 저장
        scanf_s("%d", &i);      // 정수 입력
        printf("%d =",i);       // 정수 Print

        for(j=0;j<=31; j++) {
                A[j] = i%2;     // 나머지 값을 Array에 저장
                i = i/2;        // 몫 재설정
        }

        for(j=31; j>=0; j--)
                printf("%d", A[j]);
        printf("\n"); // New line
}
```

2 Callbyname Source Code

```
// 본문 문)11
// callbyname.cpp : Defines the entry point for the console application.

#include "stdafx.h"
#include <stdio.h>

int sqrt(int x);
int var;                        // 전역변수 선언

void main(void) {
      int result;
      var = 10;                 //전역변수(External) 사용
      result = sqrt(var);       // call by name
      printf("%d", result);
}

int sqrt(int x) {
      var *= var;               // 변수 x를 var로 복사됨
      return var;
}
```

3 Callbyreference Source Code

```
// 본문 문)11
// Callbyreference : 실매개변수의 주소를 형식매개변수에 복사
// callbyreference.cpp : Defines the entry point for the console application.

#include "stdafx.h"
#include <stdio.h>
int ifact(int, int*);        // ifact() 함수 선언

void main(void) {
        int n, count=1;
        scanf_s("%d", &n);
        printf("%d\n", ifact(n, &count));
        printf("Value of Parameter : %d", count);

}
int ifact(int x, int *fac) {  // Count의 주소를 fac에 복사
        int i =1;
        while(i++<x)
                *fac *= i;               // 실매개 주소값의 내용에 저장
        return *fac;                     // fac주소값의 내용을 return
}
```

④ Callbyvalue Source Code

```
// 본문 문)11
// Callbyname : 실매개변수의 값을 형식매개변수에 복사
// callbyvalue.cpp : Defines the entry point for the console application.


#include "stdafx.h"
#include <stdio.h>
int sqrt(int);                // 함수 선언

void main() {
      int result, var;        //변수 선언
      var = 10;                      //변수 초기화
      result = sqrt(var);            //실매개변수
      printf("%d, %d", result, var);
}
int sqrt(int x) {
      x = x * x;
      return(x);
}
```

5 FactorialN Source Code

```
// 본문 문)14
// FactorialN.cpp : Defines the entry point for the console application.

#include "stdafx.h"
#include <stdio.h>

int main() {
	int i,n, fact = 1;
	scanf_s("%d", &n);      // 정수 입력
	printf("%d =",n);       // 정수 Print
	for(i=1;i<=n;i++)
		fact *= i;          // fact = fact * i

	printf(" %d ",fact);    // 정수 Print
	return fact;
}
```

6 FibonacciCode Source Code

```
// 본문 문)16
// FibonacciCode.cpp : Defines the entry point for the console application.

#include "stdafx.h"
#include <stdio.h>
int Fibo(int n);

int main(void) {
        int i;
        Fibo(6);
        return 0;
}
int Fibo(int n) {
        printf("n 실행순서: %d \n",n);
        if(n==1)
                return 0;
        else if (n==2)
                return 1;
        else
                return Fibo(n-1) + Fibo(n-2);
}
```

7 FibonacciSequence Source Code

```
// 본문 문)16
// FibonacciSequence.cpp : Defines the entry point for the console application.

#include "stdafx.h"
#include <stdio.h>
int Fibo(int n);

int main(void) {
	int i;
	for(i=1;i<15;i++)
		printf("%d", Fibo(i));		//결과 보기
	return 0;
}

int Fibo(int n) {
	if(n==1)
		return 0;
	else if (n==2)
		return 1;
	else
		return Fibo(n-1) + Fibo(n-2);
}
```

8 TheTowerOfHanoi Source Code

```
// 본문 문)18
// TheTowerOfHanoi.cpp : Defines the entry point for the console application.

#include "stdafx.h"
#include <stdio.h>
#include <Windows.h>

#define typedef byte char;
void HanoiTowerMove (int num, char from, char by, char to);
int Count(void);

int main(void) {
        int num = 0;
        printf("원반의 갯수 : ");
        scanf_s("%d", &num, sizeof(num));
        HanoiTowerMove(num, 'A','B','C');
        printf("이동한 횟수 : %d\n", Count()-1);
        system("pause");
        return 0;
}

void HanoiTowerMove(int num, char from, char by, char to) {
        Count();
        if(num==1)
                printf("원반 1 : %c -> %c로 이동\n", from ,to);
        else {
                HanoiTowerMove(num-1,from,to,by);
                printf("원반 %d : %c -> %c로 이동\n", num,from,to);
                HanoiTowerMove(num-1,by,from,to);
         }
}

int Count() {
        static int num = 0;     // static 변수로 Count 함.
        num++;
        return num;
}
```

9 LinkedListOrderedInsertDelete Source Code

```
// 본문 문)23
// DoubleLinkedListInsertDelete.cpp : Defines the entry point for the console application.

#include "stdafx.h"
#include "stdafx.h"
#include <stdio.h>
#include <stdlib.h>
#include <string.h>

typedef int element;          //int -----> element

typedef struct Double_LinkedList {
      struct  Double_LinkedList *LLink;
      element Data;
      struct  Double_LinkedList *RLink;
} DoubleLL;                   //double linked list

typedef struct DoubleLL_Type {
      DoubleLL *Head;
      DoubleLL *Tail;
}D_T;

int nNodCnt = 0;              //데이터 갯수 counting

void initiallize(D_T* D);     //초기화
void free_input(D_T* D);
void first_input(D_T* D);
void last_input(D_T* D);
void printF(D_T* D);
void R_printF(D_T* D);
void first_remove(D_T* D);
void last_remove(D_T* D);
void count_element();
void free_remove_Data(D_T* D);
```

```
int main(void){
	D_T double_linked_list;
	initiallize(&double_linked_list);
	int result;
	printf("--------------------------\n");
	printf("1. 첫번째 위치에 데이터 삽입-> 1\n");
	printf("2. 마지막 위치에 데이터 삽입-> 2\n");
	printf("3. 원하는 위치에 데이터 삽입-> 3\n");
	printf("4. 첫번째 위치에 데이터 삭제-> 4\n");
	printf("5. 마지막 위치에 데이터 삭제-> 5\n");
	printf("6. 원하는 위치에 데이터 삭제-> 6\n");
	printf("7. 정방향 데이터 출력      -> 7\n");
	printf("8. 역방향 데이터 출력      -> 8\n");
	printf("9. 종료                   -> Exit\n");
	printf("----------------------------\n");
	while (1) {
		printf("---------------------\n");
		printf("선택---------> ");
		scanf_s("%d", &result);
		if (result == 1) {
			printf("1. 첫번째 위치에 데이터 삽입\n");
			first_input(&double_linked_list);
		}
		else if(result == 2) {
			printf("2. 마지막 위치에 데이터 삽입\n");
			last_input(&double_linked_list);
		}
		else if (result == 3) {
			printf("3. 원하는 위치에 데이터 삽입\n");
			free_input(&double_linked_list);
		}
		else if (result == 4) {
			printf("4. 첫번째 위치에 데이터 삭제\n");
			first_remove(&double_linked_list);
		}
		else if (result == 5) {
			printf("5. 마지막 위치에 데이터 삭제\n");
			last_remove(&double_linked_list);
```

```
            }
            else if (result == 6) {
                    printf("6. 원하는 위치에 데이터 삭제");
                    free_remove_Data(&double_linked_list);
            }
            else if (result == 7) {
                    printf("7. 정방향 데이터 출력  \n");
                    printF(&double_linked_list);
            }
            else if (result == 8) {
                    printf("8. 역방향 데이터 출력  \n");
                    R_printF(&double_linked_list);
            }
            else {
                    printf("9. 종료\n");
                    break;
            }
            printf("------------------------------\n");
    }
    return 0;
}

void initiallize(D_T *D) { // Linked List 초기화
    D->Head = NULL;
    D->Tail = NULL;
}

void first_input(D_T *D) {   //(2) DOUBLE_LINKED_LIST Head 부분에 데이터 삽입
    DoubleLL* new_Data = (DoubleLL*)malloc(sizeof(DoubleLL)); // 삽입할 새로운 데이터
    if (new_Data == NULL) {
            printf(" 동적할당 실패!!\n ");
            return;         //종료
    }
    else {                  //new_Data != NULL
            memset(new_Data, 0, sizeof(DoubleLL));
            if (D->Head == NULL) {          //맨 처음 데이터를 삽입할 때
                    nNodCnt++;              //<------------데이터 갯수 +1
                    D->Head = new_Data;
```

```
                printf("데이터 삽입:    ");
                scanf_s("%d", &D->Head->Data);
                D->Tail = new_Data;
                return;
            }
            else {                  //(D->Head != NULL) 데이터가 하나 이상 이미 존재할 때
                nNodCnt++;  //<------------데이터 갯수 +1
                new_Data->RLink = D->Head;
                D->Head->LLink = new_Data;
                D->Head = new_Data;
                printf("데이터 삽입:    ");
                scanf_s("%d", &D->Head->Data);
                return;
            }
        }
}

void last_input(D_T* D) {     //DOUBLE_LINKED_LIST 꼬리 부분에 데이터 삽입
        DoubleLL* NEW_LAST_Data = (DoubleLL*)malloc(sizeof(DoubleLL));
        if (NEW_LAST_Data == NULL) {
            printf("동적할당 실패!!\n");
            return;         //종료
        }
        else { //NEW_LAST_Data != NULL, 동적할당 성공!!
            memset(NEW_LAST_Data, 0, sizeof(DoubleLL)); //<- INITIALLIZE
            if (D->Head == NULL) { //맨 처음 데이터를 삽입할 때
                nNodCnt++;      //<------------데이터 갯수 +1
                D->Head = NEW_LAST_Data;
                printf("데이터 삽입:    ");
                scanf_s("%d", &D->Head->Data);
                D->Tail = NEW_LAST_Data;
                return;
            }
            else {          {
                nNodCnt++;      //<------------데이터 갯수 +1
                D->Tail->RLink = NEW_LAST_Data;
                NEW_LAST_Data->LLink = D->Tail;
                D->Tail = NEW_LAST_Data;
```

```
                printf("데이터 삽입:    ");
                scanf_s("%d", &D->Tail->Data);
                return;
            }
        }
}


void printF(D_T* D) {
        DoubleLL* INDEX = D->Head;
        if (D->Head == NULL) {
                printf("출력할 데이터가 없습니다.\n");
                return;        //종료
        }
        else {
                while (INDEX != NULL) {
                        printf("%d  ", INDEX->Data);
                        INDEX = INDEX->RLink;
                }
        }
        printf("\n");
}

void R_printF(D_T* D) {
        DoubleLL* INDEX = D->Tail;
        if (D->Tail == NULL) {
                printf("출력할 데이터가 없습니다.\n");
                return;        //종료
        }
        else {
                while (INDEX != NULL) {
                        printf("%d  ", INDEX->Data);
                        INDEX = INDEX->LLink;
                }
        }
        printf("\n");
}
```

```
void first_remove(D_T* D) {
        if (D->Head == NULL) {
                printf("제거할 데이터가 없습니다.\n");
                return;         //종료
        }
        else { //(D->Head != NULL)
                DoubleLL* REMOVE_Data = NULL;
                if (D->Head == D->Tail) {
                        REMOVE_Data = D->Head;
                        D->Head = D->Head->RLink;
                        D->Tail = D->Head;
                        nNodCnt--;//<------------데이터 갯수 -1
                        free(REMOVE_Data);    //메모리 해제
                }
                else { //(D->Head != D->Tail)
                        REMOVE_Data = D->Head;
                        D->Head = D->Head->RLink;
                        nNodCnt--;//<------------데이터 갯수 -1
                        free(REMOVE_Data);    //메모리 해제
                }
        }
}

void last_remove(D_T* D)
{
        if (D->Head == NULL) {
                printf("삭제할 데이터가 없습니다.\n");
                return;         //종료
        }
        else {
                DoubleLL* REMOVE_LAST_Data = NULL;
                if (D->Head == D->Tail) {   //삭제할 데이터가 하나밖에 없는 경우
                        REMOVE_LAST_Data = D->Tail;
                        D->Tail = D->Tail->LLink;
                        D->Head = D->Tail;
                        nNodCnt--;//<------------데이터 갯수 -1
                        free(REMOVE_LAST_Data);       //메모리 해제
                }
```

```
                else {
                        REMOVE_LAST_Data = D->Tail;
                        D->Tail = D->Tail->LLink;
                        D->Tail->RLink = NULL;
                        nNodCnt--;              //<------------데이터 갯수 -1
                        free(REMOVE_LAST_Data);
                }
        }
}

void count_element() { //데이터의 갯수 출력
        printf("element count of double linked list is : %d [개]\n", nNodCnt);
}

void free_remove_Data(D_T* D) {
        int position = 0;
        int cnt_position = 1;
        if (D->Head == NULL) {
                printf("삭제할 데이터가 없습니다.\n");
                return;         //종료
        }
        else {                  //삭제할 데이터가 하나라도 있는 경우
                DoubleLL* temp_index = D->Head;
                DoubleLL* REMOVE = NULL;
                printf("Remove -> Position is:  ");
                scanf_s("%d", &position);
                if ((position < 1) || (position >nNodCnt)) {
                        printf("삭제할 수 없는 위치입니다.\n");
                        return;         //종료
                }
                else {
                        while (cnt_position != position) {
                                temp_index = temp_index->RLink;
                                cnt_position++;
                        }
                        if (temp_index == D->Head) {
                                if (D->Head == D->Tail) {
                                        REMOVE = D->Head;
```

```
                        D->Head = NULL;
                        D->Tail = NULL;
                        nNodCnt--;      //<-------데이터 갯수 -1
                        free(REMOVE);
                    }
                    else { //(D->Head != D->Tail)
                        REMOVE = temp_index;
                        temp_index = temp_index->RLink;
                        D->Head = temp_index;
                        D->Head->LLink = NULL;
                        REMOVE->RLink = NULL;
                        nNodCnt--;      //<-------데이터 갯수 -1
                        free(REMOVE);
                    }
                }
                else {  //(temp_index != D->Head)
                    if (temp_index == D->Tail) {
                        REMOVE = D->Tail;
                        temp_index = temp_index->LLink;
                        D->Tail = temp_index;
                        D->Tail->RLink = NULL;
                        nNodCnt--;      //<-------데이터 갯수 -1
                        free(REMOVE);
                    }
                    else { //temp_index != D->Tail
                        REMOVE = temp_index;
                        temp_index = temp_index->LLink;
                        temp_index->RLink = REMOVE->RLink;
                        REMOVE->RLink->LLink = temp_index;
                        nNodCnt--;      //<-------데이터 갯수 -1
                        free(REMOVE);
                    }
                }
            }
        }
}

void free_input(D_T* D) {
```

```
if (D->Head == NULL)   {
        printf("초기 데이터 삽입이기 때문에 사용자의 권한없이 처음위치에 데이터가 생성됩니다.\n ");
        first_input(D);
}
else {
        DoubleLL* PLUS_NODE = (DoubleLL*)malloc(sizeof(DoubleLL));
        if (PLUS_NODE == NULL) {
                printf("동적할당에 실패했습니다.\n");
                return;          //종료
        }
        else {  //동적할당 성공
                memset(PLUS_NODE, 0, sizeof(DoubleLL));
                printf("+ 시킬 데이터를 입력하세요:  ");
                scanf_s("%d", &PLUS_NODE->Data);
                int position = 0;
                int cnt_position = 1;
                DoubleLL* TEMP_INDEX = D->Head;
                printf("삽입하고자 하는 위치를 입력하세요:  ");
                scanf_s("%d", &position);
                if ((position<1) || (position >nNodCnt)) {
                        printf("삽입할 수 없는 위치입니다.\n");
                        return;         //종료
                }
                else {
                        nNodCnt++;//<-------------데이터 +1
                        while (position != cnt_position) {
                                TEMP_INDEX = TEMP_INDEX->RLink;
                                cnt_position++;
                        }
                        if (TEMP_INDEX == D->Head) {
                                TEMP_INDEX->LLink = PLUS_NODE;
                                PLUS_NODE->RLink = D->Head;
                                D->Head = PLUS_NODE;
                                nNodCnt++;
                                return;
                        }
                        else {  //TEMP_INDEX != D->Head
```

```
                                        if (TEMP_INDEX == D->Tail) {
                                                PLUS_NODE->LLink = D->Tail->LLink;
                                                D->Tail->LLink->RLink = PLUS_NODE;
                                                D->Tail->LLink = PLUS_NODE;
                                                PLUS_NODE->RLink = D->Tail;
                                                nNodCnt++;
                                                return;
                                        }
                                        else {
                                                PLUS_NODE->RLink = TEMP_INDEX;
                                                PLUS_NODE->LLink = TEMP_INDEX->LLink;
                                                TEMP_INDEX->LLink->RLink = PLUS_NODE;
                                                TEMP_INDEX->LLink = PLUS_NODE;
                                                nNodCnt++;
                                                return;
                                        }
                                }
                        }
                }
        }
}
```

10 LinkedListOrderedInsertDeleteSourcePrint Source Code

```
// 본문 문)24
// LinkedListOrderedInsertDeletePrint.cpp : Defines the entry point for the console application.

#include "stdafx.h"
#include <stdio.h>
#include <stdlib.h>
#include <dos.h>
#include <conio.h>

typedef struct _node {
        int data;
        struct _node *next;
} node;

//node *LinkedList;
node *head, *tail;              /* 전역변수 */


void init_list(void) {
        head = (node*)malloc(sizeof(node));
        tail = (node*)malloc(sizeof(node));
        head->next = tail;      /* 머리->꼬리 */
        tail->next = tail;      /* 꼬리->꼬리 , Why? next 가 Null or 기타 엉뚱한 곳
                                가리키면 메모리주소 찾을 수 없게 됨 -> 결국 시스템 다운 */
}

node *insert_after(int k, node* t) { /* 뒤의 노드만 가리키므로 특정 노드 뒤에 넣는 것만 가능 */
        node *s;
        s = (node*)malloc(sizeof(node));
        s->data = k;
        s->next = t->next;
        t->next = s;
        return s;
}
```

```
int delete_next(node *t) {
        node *s;
        if (t->next == tail)
                return 0;
        s = t->next;
        t->next = t->next->next;        /* s->next 해도 되지 않을까? */
        free(s);
        return 1;
}

node *find_node(int k) {
        node *s;
        s = head->next;
        while (s->data != k && s != tail)
                s = s->next;
        return s;
}

int delete_node(int k) {
        node *s;
        node *p;
         p = head;
        s = p->next;
        while (s->data != k && s != tail)  {
                p = p->next;
                s = p->next;
        }
        if (s != tail) {
                p->next = s->next;
                free(s);
                return 1;
        }
        else
                return 0;
}

node *insert_node(int t, int k) {     /* k 앞에 t 삽입 */
        node *s;
```

```
        node *p;
        node *r;
        p = head;
        s = p->next;
        while (s->data != k && s != tail) {
                p = p->next;
                s = p->next;
        }
        if (s != tail) {
                r = (node*)malloc(sizeof(node));
                r->data = t;
                p->next = r;
                r->next = s;
        }
        return p->next;
}

node *ordered_insert(int k) {
        node *s;
        node *p;
        node *r;
        p = head;
        s = p->next;
        while (s->data <= k && s != tail) {    /* k 로 비교해서 장소 찾기 */
                p = p->next;
                s = p->next;
        }
        r = (node*)malloc(sizeof(node));
        r->data = k;
        p->next = r;
        r->next = s; // p의 next를 pointer
        return r;
}

void print_list(node *t) {
        printf("\n");
        while (t != tail) {
                printf("%-8d", t->data);
```

```
            t = t->next;
        }
}

node *delete_all(void) {
        node *s;
        node *t;
        t = head->next;
        while (t != tail) {
            s = t;
            t = t->next;
            free(s);
        }
        head->next = tail;
        return head;
}

int _tmain(int argc, _TCHAR* argv[]) {

        node *t;

        init_list();
        print_list(head->next);
        ordered_insert(10);
        ordered_insert(5);
        ordered_insert(8);
        ordered_insert(3);
        ordered_insert(1);
        ordered_insert(7);
        printf("\nInitiak Linked list is ");
        print_list(head->next);

        delete_node(8);
        print_list(head->next);

        printf("\nInitial Linked list is ");
        print_list(head->next);
```

```
        printf("\nFinding 4 is %s successful", find_node(4) == tail ? "un" : "");

        t = find_node(5);
        printf("\nFinding 5 is %s successful", t == tail ? "un" : "");

        printf("\nInserting 9 after 5");
        insert_after(9, t);
        print_list(head->next);

        t = find_node(5);
        printf("\nDeleting next last node");
        delete_next(t);
        print_list(head->next);

        printf("\nInserting node 2 before 3");
        insert_node(2, 3);
        print_list(head->next);

        printf("\nDeleting node 2");
        if (!delete_node(2))
                printf("\n deleting 2 is unsuccessful");
        print_list(head->next);

        printf("\nDeleting all node");
        delete_all();
        print_list(head->next);
        return 0;
}
```

11 QueueInsertDelete Source Code

```
// 본문 문)31
// QueueInsertDelete.cpp : Defines the entry point for the console application.

#include "stdafx.h"
#include <stdio.h>
#include <stdlib.h>
#define MAX_QUEUE_SIZE 10              //queue 최대 크기

int queue[MAX_QUEUE_SIZE];
int front = -1;                // Queue front 초기 조건
int rear = -1;                 // Queue rear 초기 조건
void Insertqueue(int item);
int Deletequeue();


int main(){
      int a, b, c;

      Insertqueue(1);          //queue : 1
      Insertqueue(2);          //queue : 1/2
      Insertqueue(3);          //queue : 1/2/3
      printf("<queue point>\nfront=%d  rear=%d  \n",front, rear);
      a = Deletequeue();       //queue : 2/3        a == 1
      b = Deletequeue();       //queue : 3        b == 2
      c = Deletequeue();       //queue :          c == 3
      printf("<queue test>\na=%d  b=%d  c=%d\n", a, b, c);
      printf("<queue point>\nfront=%d  rear=%d  \n",front, rear);
      return 0;
}

int is_empty(){                //queue가 비어있는지 확인
      if(front == rear)
            return 1;
      else
```

```
            return 0;
}

int is_end(){                       //더 이상 넣을 자리가 없는지 확인
        if(rear == MAX_QUEUE_SIZE - 1)
            return 1;
        else
            return 0;
}

void Insertqueue(int item){
        if(is_end()){
            printf("Insertqueue error\n");    //넣을 곳이 없으면 삽입 불가
            exit(1);
        }
        rear++;
        queue[rear] = item;
}

int Deletequeue(){
        if(is_empty()){
            printf("Deletequeue error\n");    //큐가 비어있으면 삭제 불가
            exit(1);
        }
        front++;
        return queue[front];
}
```

⑫ stackPushPop Source Code

```
// 본문 문)29
// stackPushPop.cpp : Defines the entry point for the console application.

#include "stdafx.h"
#include <stdlib.h>

typedef int ElementType;

typedef struct tagNode
{
	ElementType Data;
}Node;

typedef struct tagArrayStack
{
	int Capacity;
	int Top;
	Node *Nodes;
}AS;

void AS_CreateStack(AS **Stack, ElementType Capacity);   /* 스택 생성 */
void AS_DestroyStack(AS *stack);                         /* 노드 해제 */
void AS_Push(AS *Stack, ElementType Data);               /* 스택 추가 */
ElementType AS_Pop(AS *Stack);                           /* 스택 삭제 */
ElementType AS_Top(AS *Stack);                           /* 최상위 값 꺼내기*/
ElementType AS_IsEmpty(AS *Stack);                       /* 비어있는지 검사 */

void main(){
	AS* Stack = NULL;
	AS_CreateStack(&Stack, 5);    //스택 생성
	AS_Push(Stack, 10);   // Push 10
	AS_Push(Stack, 20);   // Push 20
	AS_Push(Stack, 30);   // Push 30
	AS_Push(Stack, 40);   // Push 40
```

```
        // Stack 정보 표시
        printf("Capacity Top : %d\nTop Value : %d\n", Stack -> Top, AS_Top(Stack));
        AS_Pop(Stack);          // Pop 40
        AS_Pop(Stack);          // Pop 30
        AS_Pop(Stack);          // Pop 20
        // Stack 정보 표시
        printf("Capacity Top : %d\nTop Value : %d\n", Stack -> Top, AS_Top(Stack));

        AS_Push(Stack, 50);     // Push 50
        AS_Push(Stack, 60);     // Push 60

        // Stack 정보 표시
        printf("Capacity Top : %d\nTop Value : %d\n", Stack -> Top, AS_Top(Stack));

        // Top 삭제
        printf("Top delete......%d\n", AS_Pop(Stack));

        // Top 표시
        printf("Top is %d\n", AS_Top(Stack));

        // 삭제 및 표시
        while(1){
                if(AS_IsEmpty(Stack)){
                        printf("Stack is empty...\n");
                        break;
                }
                printf("Top Value : %d\tCapacity Top : %d\n", AS_Pop(Stack), Stack -> Top);
        }
        AS_DestroyStack(Stack);         // Node 해제
}

// 스택 생성
void AS_CreateStack(AS **Stack, ElementType Capacity){
        (*Stack) = (AS *)malloc(sizeof(AS)); // 스택을 자유 저장소에 생성
        // 입력된 Capacity 만큼의 노드를 자유 저장소에 생성
        (*Stack) -> Nodes = (Node *)malloc(sizeof(Node)*Capacity);
        (*Stack) -> Capacity = Capacity;        // Capacity 및 top 초기화
        (*Stack) -> Top = 0;
```

```
}

// 노드 해제
void AS_DestroyStack(AS *stack){
        // 노드를 자유 저장소에서 해제
        free(stack -> Nodes);
        // 스택을 자유 저장소에서 해제
        free(stack);

}

// 스택 추가
void AS_Push(AS *Stack, ElementType Data){
        int position = Stack -> Top;
        Stack -> Nodes[position].Data = Data;
        Stack -> Top++;

}

// 스택 삭제
ElementType AS_Pop(AS *Stack){
        int Position = --(Stack -> Top);
        return Stack -> Nodes[Position].Data;
}

// 최상위 값 꺼내기
ElementType AS_Top(AS *Stack){
        int Position = Stack -> Top - 1;
        return Stack -> Nodes[Position].Data;
}

//  비어있는지 검사
ElementType AS_IsEmpty(AS *Stack){
        return (Stack -> Top == 0);
}
```

⑬ Bubble_Flag Source Code

```
// 본문 문)36
// Bubble_Flag.cpp : Defines the entry point for the console application.//

#include "stdafx.h"
#include <stdio.h>
#define TRUE 1
#define FALSE 0
void swap(int *u, int *v);
void BubbleSort(int list[], int n);

void main(void){
        int list[5] = {8, 4, 3, 9, 7};
        BubbleSort(list,5);
        for(int i=0; i<5;i++){
                printf("%4d",list[i]);
        }
}

void BubbleSort(int a[], int n){
        int i, j, Flag;
        for(i=0;i<n-1;i++)    {                  // 행 비교
                Flag = TRUE;
                for(j=0; j<n-1-i; j++){          //열 비교
                        if(a[j] > a[j+1]){                // 인접 Key 값과 비교
                                swap(&a[j], &a[j+1]);
                                Flag = FALSE;    // 정렬되어 있지 않음을 표시
                        }
                }
                if (Flag == TRUE) break; //Swap 한 값이 없으면 정렬이 완료된 상태로 판단하고 Exit
        }
}

void swap(int *u, int *v){
        int temp;
        temp = *u;
        *u = *v;
        *v = temp;
}
```

14 Bubble_noFlag Source Code

```
// 본문 문)36
// Bubble_noFlag.cpp : Defines the entry point for the console application.

#include "stdafx.h"
#include <stdio.h>
#define TRUE 1
#define FALSE 0
void swap(int *u, int *v);
void BubbleSort(int list[], int n);

void main(void){
	int list[5] = {8, 4, 3, 9, 7};
	BubbleSort(list,5);
	for(int i=0; i<5;i++){
		printf("%4d",list[i]);
	}
}

void BubbleSort(int a[], int n){
	int i, j, temp;
	for(i=0;i<n-1;i++)	{		// 행 비교
		for(j=0; j<n-1-i; j++){	//열 비교
			if(a[j] > a[j+1])	// 인접 Key 값과 비교
				swap(&a[j], &a[j+1]);
		}
	}
}

void swap(int *u, int *v){
	int temp;
	temp = *u;
	*u = *v;
	*v = temp;
}
```

⑮ BubbleSort Source Code

```
// 본문 문)35, 문)36
// BubbleSort.cpp : Defines the entry point for the console application.

#include "stdafx.h"
#include <stdio.h>

void bubble(int *, int n);

int main(void){
        int data[5] = {2,5,1,4,3};
        bubble(data,5);
        for(int i=0; i<5;i++){
                printf("%4d",data[i]);
        }
        return 0;
}

void bubble(int a[], int n){
        int i, j, temp, S; //Flag 변수는 Sorting이 완료 판단을 위한 Flag 변수임..i..행, j..열 검색
        for( i=0; i<n-1; i++ ){
                S = 1;      //정렬되어 있다고 가정, Flag=1의 의미는 정렬 완료
                for(j=0; j<n-1;j++){          {
                        if(a[j] > a[j+1]) {  // 인접요소의 비교
                                temp = a[j];
                                a[j] = a[j+1];
                                a[j+1] = temp;
                                S = 0;   // 정렬되어 있지 않음을 표시
                        }
                }
                if(S==1) break; //바뀐 값이 더 이상 없으면 정렬완료 상태로 간주하는 Flag 사용
        }
}
```

16 InsertSort Source Code

```
// 본문 문)40, 문)41, 문)42
// InsertSort.cpp : Defines the entry point for the console application.

#include "stdafx.h"
#include <stdio.h>
void InsertSort(int list[], int n);

void main(void){
	int list[5] = {5, 3, 2, 4, 1};
	InsertSort(list,5);
	for(int i=0; i<5;i++) {
		printf("%4d",list[i]);
	}
}

void InsertSort(int a[], int n){
	int i, j, InsData;
	for(i=1; i<n; i++) {
		InsData = a[i];			//정렬하고자하는 key값 저장
		for(j=i-1; j>=0; j--) {
			if(a[j] > InsData)  a[j+1] = a[j];	// 우측 Shift
			else break;		//삽입 위치 확인 후 Exit
		}
		a[j+1] = InsData			;//찾은 위치(삽입할 위치)에 정렬할 Key 삽입
	}
}
```

17 QuickSort Source Code

```
// 본문 문)51
// QuickSort.cpp : Defines the entry point for the console application.

#include "stdafx.h"
#include <stdio.h>
typedef unsigned char byte;
void quicksort(byte arr[ ], byte start, byte end);
void swap(byte *a, byte *b);

void main(void){
byte i;
        byte iLength;
        byte arr[] = { 18, 20, 8, 90, 4, 28, 25 };
        iLength = sizeof(arr);              // arr의 byte 길이
        quicksort(arr, 0, iLength-1);
        for(i = 0; i < iLength; i++)
                printf("\n%d", arr[i]); // 결과값 검증 작업, 정상적으로 sorting이
                                            되었는지를 검증하는 과정을 수행함.
}

void quicksort(byte arr[ ], byte start, byte end){
byte left = start;
        byte right = end;
if( ( end - start) >= 1 ){      // 범위 결정
        byte pivot = arr[start];        // pivot 위치 설정
                while ( right > left ){
                        while( ( arr[left] <= pivot) && (left <=end) && (right
                                > left) ) // Limit check array size left++;
                                // pivot 기준 우측 이동하면서 pivot 값보다 크면 Stop.
                        while( ( arr[right] > pivot) && (right >=start) && (right
                                >=left) ) right--;
                                // pivot 기준 좌측 이동하면서 pivot 값보다 적으면 stop.
                        if(right > left)
                                swap(&arr[left], &arr[right]); // 분할
```

```
            } // while 문 exit
            swap(&arr[start], &arr[right]);
                        // left와 right pointer 값이 Cross 발생 시는 pivot
                           과 right pointer 값을 swap
                        // 이 의미는 어떤 경우라도 피봇(pivot) 값보다 작음
            quicksort(arr, start, right-1); // 좌측 분할 영역 sort
            quicksort(arr, right+1,end);    // 우측 분할 영역 sort
} // if 문 exit
        else
        {
            return; //// quicksort exit
        }

} // quicksort end

void swap(byte *a, byte *b)
{
        byte temp = *a;
        *a = *b;
        *b = temp;
}
```

18 SelectionSort Source Code

```
// 본문 문)39
// SelectionSort.cpp : Defines the entry point for the console application.

#include "stdafx.h"
#include <stdio.h>
void swap(int *u, int *v);
void SelectionSort(int list[], int n);

void main(void)
{
        int list[5] = {8, 5, 3, 9, 7};
        SelectionSort(list,5);
        for(int i=0; i<5;i++) {
                printf("%4d",list[i]);
        }
}

void SelectionSort(int a[], int n){
        int i, j, k;
        for(i=0;i<n-1;i++){
                k=i;
                for(j=i+1; j<n; j++){
                        if(a[j] < a[k]){
                                k=j;     // 가장 작은 Key 값을 앞으로 보냄

                        }
                }
                swap(&a[i], &a[k]);
        }
}

void swap(int *u, int *v){
        int temp;
        temp = *u;
        *u = *v;
        *v = temp;
}
```

19 BinarySearch Source Code

```
// 본문 문)61
// BinarySearch.cpp : Defines the entry point for the console application.

#include "stdafx.h"
#include <stdio.h>

int bSearch(int list[], int found, int k);
void bubble_sort(int list[], int size);
void swap(int *u, int *v);


int main(){
	int a[]={2,8,23,35,3,9,25,37,5,10,27,40,6,11,30,45}; // 알고리즘 책자의 Key 값사용
	int i, position, key, size = sizeof(a) / sizeof(a[0]);

	printf("\n정렬되지 않은 Key 값 => ");

	for(i=0; i<size; i++){
		printf("%d ",a[i]);
	}

	bubble_sort(a, size);          // 자료 정렬
	printf("\n정렬된 Key 값 ========> ");
	for (i = 0; i < size; i++){
		printf("%d ", a[i]);
}
	printf("\n");
	printf("Search a Key : ");
	scanf_s("%d", &key);

	if((position = bSearch(a, key, size)) != -1) {          // 이진 탐색
		printf("%d is exist at Array \n", key);          //found
		printf("mid = %d  value = %d\n", position, a[position]);
	}
```

```
        if (position == -1)
                printf("not found.\n");

        return 0;
}

int bSearch(int a[], int key, int k) //Binary Search 수행
{
        int row = 0;
        int high = k;
        int mid;

        while (1) {
                mid = (high - row) / 2 + row;
                if (key == a[mid])      return mid;
                else if(key < a[mid])    high = mid -1;
                else if(key > a[mid])    row = mid + 1;

                if (row > high) return  -1;
        }
        return mid;
}

void bubble_sort(int a[], int size) //bubble sort
{
        int i, j;
        for (i = 0; i < size; i++) {
                for (j = 0; j < size - i - 1; j++) {
                        if (a[j] > a[j+1]) {
                                swap(&a[j], &a[j+1]);
                        }
                }
        }
}

void swap(int *u, int *v){
        int temp;
        temp = *u;
        *u = *v;
        *v = temp;
}
```

20 InterpolationSearch Source Code

```
// 본문 문)65
// InterpolationSearch.cpp : Defines the entry point for the console application.

#include "stdafx.h"
#include <stdio.h>
static int arr[20]={9,10,11,12,15,45,55,61,66,70,73,75,79,81,85,86,87,89,90,99};
// 알고리즘 책자의 Key 값 사용
void printList(int s, int e);
int interpolationSearch(int arr[], int key, int size);

int main(void) {
	int i, num;

	printf("Index=:");
	for(i=0; i<20; i++)
		printf("%3d",i);
	printf("\nKey  =:");
	printList(0, 19);
	printf("Search Key = ");
	scanf_s("%d", &num);
	printf("## interpolationSearch\n");
	if ((i = interpolationSearch(arr, num, 20)) != -1 ) {
		printf("\n\nresult Mid = %d\n", i);
	}
	else{
		printf("\nNot Found!\n");
	}
	getchar();
	printf("--------------------\n");
	return 0;
}

int interpolationSearch(int arr[], int key, int size)
{
```

```
        int low = 0;
        int high = size - 1;
        int mid;

        while ( (arr[high] != arr[low]) && (key >= arr[low]) && (key <= arr[high]) ) {
                mid = low + ((key - arr[low]) * (high - low) / (arr[high] - arr[low]));
                printf("\n low=%d, high=%d, mid=%d", low, high, mid); // 범위 표시

                if (arr[mid] < key)      //원하는 Key 값이 크면 low 값 이동..
                        low = mid + 1;
                else if (key < arr[mid])
                        high = mid - 1;  //원하는 Key 값이 작으면 high 값 이동..
                else
                        return mid;      //원하는 Key 값을 Search 함.
        }
        if (key == arr[low])
                return low ;
        else
                return -1;
}

void printList(int s, int e)
{
        int i;
        for(i=s; i<=e; i++){
                printf("%3d", arr[i]);
        }
        printf("\n");
}
```

21 SequentialSearch Source Code

```
// 본문 문)59
// SequentialSearch.cpp : Defines the entry point for the console application.

#include "stdafx.h"
#include <stdio.h>
int seqsearch(int a[], int n, int key);


void main(){
int k=0, i, key;
        int a[9]= {10,20,30,40,50,60,70,80,90};
        for (k=0; k<9; k++) {
                printf("%2d  ",a[k]);
        }
        printf("\n");
        int n =sizeof(a)/sizeof(int);          // 배열의 크기 계산
        printf("Enter a Key : ");
        scanf_s("%d", &key);                   // Key 입력
        if((i = seqsearch(a, n, key)) != -1)  // Search 성공
                printf("%d is exist at [%d]\n", key, i);
        else
                printf("%d is not exist\n", key);
        getchar();
        printf("-------------------\n");
}


int seqsearch(int a[], int n, int key)
{
        int i;                  // i는 Index
        for (i=0; i<n; i++){
                if (key == a[i])        // Key 값 비교
                        return i;             // Key 탐색 성공
        }
        return -1;      // Key 탐색 실패
}
```

22 Tree 순회 Source Code

```
// 본문 문)78
// Tree 순회.cpp : Defines the entry point for the console application.

#include "stdafx.h"
#include <stdio.h>
#include <stdlib.h>
#include <string.h>


typedef struct _node {                  // tree의 구성
        int key;                        // node의 key 값
        struct _node *left;             // node의 left 값
        struct _node *right;            // node의 right 값
} node;

node *head, *tail;    // node의 head 값(부모 node)과 child node의 선언
//-----------------------------------------------
// Stack 구현부
//-----------------------------------------------
#define MAX 30         // stack의 size

node *stack[MAX]={NULL}; // stack의 초기화
int TOP;               // TOP Pointer 선언

void initStack(void) {
        TOP = -1;      // TOP Pointer 초기화
}

node *push(node *tnode) {
        if(TOP>= MAX-1) {
                printf("stack overflow!\n");
                return NULL;
        }
        stack[++TOP] = tnode; // TOP Pointer 값의 관리
```

```
	return tnode;
}

node *pop() {
	if(TOP<0) {
		printf("stack underflow!\n");
		return NULL;
	}
	return stack[TOP--];  // TOP Pointer 값의 관리
}

int isEmptyStack() {
	return (TOP==-1);      // Stack Empty 설정
}

//-----------------------------------------------
// 큐(Queue) 구현부
//-----------------------------------------------
node *queue[MAX]={NULL,};    // queue의 초기화
int front, rear;             // queue의 변수 선언

void initQueue() {
	front = rear = 0;        // queue의 변수 초기화
}

node* enqueue(node *tnode) {
	if((rear+1)%MAX == front) {
		printf("queue overflow!\n");
		return NULL;
	}
	queue[rear] = tnode;
	rear = (rear+1)%MAX;
	// printf("\nr-%d ", rear); // rear 값의 표시
	return tnode;
}

node* dequeue() {
	node *tnode;
```

```
        if(front == rear) {
                printf("queue underflow!\n");
        }
        tnode = queue[front];
        front = (front+1)%MAX;
        // printf("\nf-%d ", front);  // front 값의 표시
        return tnode;
}

int isEmptyQueue() {
        return (front == rear);
}

//------------------------------------------------
// Parse Tree 구현부
//------------------------------------------------
void initTree() {
        head = (node*)malloc(sizeof(node));
        tail = (node*)malloc(sizeof(node));
        head->left  = tail;
        head->right = tail;
        tail->left  = tail;
        tail->right = tail;
}

int isOperator(int ch) {
        return (ch=='+' || ch=='-' || ch=='*' || ch=='/' || ch=='=');
}

node* makeParseTree(char *exp) { // tree 형태로 구성
        node *tnode;
        while(*exp) {
                while(*exp == ' ')
                        exp++;
                tnode = (node*)malloc(sizeof(node));
                tnode->key = *exp;
                tnode->left = tail;
                tnode->right = tail;
```

```
            if(isOperator(*exp)) {
                tnode->right = pop();
                tnode->left = pop();
            }
            push(tnode);
            exp++;
        }
        return pop();
}

int isLegalExpression(char *exp) {
        int f=0;
        while(*exp) {
            while(*exp == ' ')
                exp++;
                if(isOperator(*exp))
                    f--;
                else
                    f++;
                if(f < 1)
                    break;
                exp++;
        }
        return (f==1);
}

void visit(node *tnode) {
        printf("%c ", tnode->key);
}

void traversePreorder(node *tnode) {        // root -> left -> right
        if (tnode != tail) {
            visit(tnode);
            traversePreorder(tnode->left);
            traversePreorder(tnode->right);
        }
        return;
}
```

```
void traverseInorder(node *tnode) {        // left -> root -> right
      if (tnode != tail) {
            traverseInorder(tnode->left);
            visit(tnode);
            traverseInorder(tnode->right);
      }
      return;
}

void traversePostorder(node *tnode) {      // left -> right -> root
      if (tnode != tail) {
            traversePostorder(tnode->left);
            traversePostorder(tnode->right);
            visit(tnode);
      }
      return;
}

void traverseLevelorder(node *tnode) {     // root -> left -> right
      enqueue(tnode);
      while(!isEmptyQueue()) {
            tnode = dequeue();
            visit(tnode);
            if(tnode->left != tail)
                  enqueue(tnode->left);
            if(tnode->right != tail)
                  enqueue(tnode->right);
      }
}

int main() {
      char postfix[100];
      initTree();
      initStack();
      initQueue();

      //strcpy_s(postfix, "a b * c d e + / -"); // 알고리즘 책자.. 문78, p213
      //printf("\n      -----------------");
```

```
    printf("\n 산술식표현 : X = A + ( B + C / D ) * E - F"); // 알고리즘 책자.. 문72, p202
    printf("\n          ------------------------------");
    strcpy_s(postfix, "X A B C D / + E * + F - =");

    head->right = makeParseTree(postfix);
    printf("\n Preorder   : ");
    traversePreorder(head->right);
    printf("\n Inorder    : ");
    traverseInorder(head->right);
    printf("\n Postorder  : ");
    traversePostorder(head->right);
    printf("\n Levelorder : ");
    traverseLevelorder(head->right);

    getchar();
    return 0;
}
```

저자소개

저자 권영식

- 성균관대학교 정보통신대학원 정보보호학과 졸업(공학석사)
- 삼성전자 선임/책임 연구원
- 도시바 삼성 스토리지 테크놀러지 – 코리아(주) 수석연구원
- 컴퓨터시스템응용 기술사, 정보시스템 수석감리원, 정보통신 특급기술자
- 과학기술정보통신부 IT 멘토
- 데이터관리인증심사원(DQC-M)
- 韓(한) · 日(일)기술사 교류회 위원
- http://cafe.naver.com/96starpe 운영자

정보관리기술사
컴퓨터시스템응용기술사
– vol. 6 알고리즘

2015. 3. 26. 초 판 1쇄 발행
2019. 1. 7. 개정증보 1판 1쇄 발행

지은이 | 권영식
펴낸이 | 이종춘
펴낸곳 | BM 주식회사 성안당
주소 | 04032 서울시 마포구 양화로 127 첨단빌딩 5층(출판기획 R&D 센터)
10881 경기도 파주시 문발로 112 출판문화정보산업단지(제작 및 물류)
전화 | 02) 3142-0036
031) 950-6300
팩스 | 031) 955-0510
등록 | 1973. 2. 1. 제406-2005-000046호
출판사 홈페이지 | **www.cyber.co.kr**
ISBN | 978-89-315-5441-0 (13000)
정가 | 29,000원

이 책을 만든 사람들
기획 | 최옥현
진행 | 최창동
본문 디자인 | 이다혜
표지 디자인 | 임진영
국제부 | 이선민, 조혜란, 김혜숙
마케팅 | 구본철, 차정욱, 나진호, 이동후, 강호묵
제작 | 김유석